George Bush · Brent Scowcroft

Eine neue Welt

George Bush
Brent Scowcroft

Eine neue Welt

Amerikanische Außenpolitik in Zeiten des Umbruchs

Aus dem Amerikanischen übersetzt von Stephan Fuchs

Ullstein

Die Deutsche Bibliothek – CIP-Einheitsaufnahme

Bush, George:
Eine neue Welt : amerikanische Außenpolitik in Zeiten des Umbruchs / George Bush ; Brent Scowcroft.
Aus dem Amerikan. übers. von Stephan Fuchs. – Berlin : Ullstein, 1999
Einheitssacht.: A world transformed <dt.>
ISBN 3 550 07105 1

Titel der amerikanischen Originalausgabe:
A World Transformed

Satz: Utesch GmbH, Hamburg
Druck und Verarbeitung:
Graphischer Großbetrieb Pößneck GmbH, Pößneck
ISBN 3 550 07105 1
Printed in Germany 1999

Gedruckt auf alterungsbeständigem Papier
mit chlorfrei gebleichtem Zellstoff

Inhalt

George Bush
Für meine verständnisvolle und geliebte Familie,
besonders Barbara,
und für das hervorragende Team, das an meiner Seite stand

Brent Scowcroft
Für Jackie und Karen, die Lichter in meinem Leben

Vorwort zur deutschen Ausgabe

Ein Jahrzehnt ist vergangen, seit die Berliner Mauer gefallen ist – das Schlüsselereignis all jener Entwicklungen, die zur deutschen Einheit und zum Ende des kalten Krieges geführt haben. Es ist schwer zu glauben, daß die Wiedervereinigung weniger als ein Jahr nach diesem begeisternden Tag Anfang November 1989 vollendet war. Zumal damals nicht wenige davon überzeugt waren, daß dieser Prozeß zehn Jahre brauchen würde.

Es stand viel auf dem Spiel. Der Prozeß der Wiedervereinigung und die Fragen, die dadurch aufgeworfen wurden, lagen im Zentrum der Beendigung des kalten Krieges. Es waren Fragen und Probleme, deren Antworten und Lösungen sich zur wichtigsten politischen und strategischen Umwälzung Europas seit 1815 zusammengefügt haben. Nicht nur das Ringen der Supermächte, das fast ein halbes Jahrhundert lang gedauert hatte, wurde zu Ende gebracht, auch der Zweite Weltkrieg und die Umwälzungen, die bis ins Jahr 1914 zurückgingen, fanden ihren verspäteten Abschluß. Außerdem bewirkte die Aufnahme Ostdeutschlands in die Bundesrepublik das Ende des Warschauer Paktes und auch die – nicht unproblematische – Wiedererstehung Deutschlands als einer Großmacht. Was würden – was sollten – die Auswirkungen auf den politischen und den wirtschaftlichen Aufbau sowie auf die Sicherheitsstrukturen eines neuen Europa sein? Die verschiedenen Akteure zeigten in der entscheidenden Phase unterschiedliche, gelegentlich auch enttäuschend unvereinbare Ansichten zu diesen Fragen. Auf amerikanischer Seite war uns klar, daß es geduldige Planung und Diplomatie erforderte, alle Beteiligten zu einem Konsens zu bringen, und wir erwarteten, daß dies viel Zeit brauchen würde. Letztlich aber stellte die Wiedervereinigung durch das deutsche Volk selbst ihren eigenen Fahrplan auf.

Zusehends wurde die Einheit unvermeidbarer, besser früher als später. Dies trug dazu bei, den Prozeß zu beschleunigen, und machte es den Gegnern schwer, sich dem entgegenzusetzen. Diese Eile übertrug sich auch auf die verschiedenen Abkommen im Umfeld des Einheitsprozesses, die Einigung über das militärische Gleichgewicht und vor allem den Wegfall der Einschränkungen der deutschen Souveränität. Wenn es dennoch ein Prinzip gab – wenn auch manchmal mit Unbehagen –, das von allen Seiten im Zusammenhang mit der Wiedervereinigung und dem Ende des kalten Krieges geteilt wurde, dann war es das Prinzip der Selbstbestimmung der Völker. Zum ersten Mal seit der Zeit vor dem Ersten Weltkrieg konnte sich dieses Prinzip frei entfalten. Die Bereitschaft von Michail Gorbatschow, zu diesem Grundsatz im sowjetischen Einflußbereich (wenn auch nicht in der UdSSR selbst) nicht nur wie traditionell üblich Lippenbekenntnisse abzugeben, ließ den Funken auf die Revolutionen in Ost- und Mitteleuropa überspringen. Dies machte es möglicherweise auch für ihn selbst einfacher, einem Abkommen zu dem kniffligsten Problem zuzustimmen, das der Wiedervereinigung im Wege stand – der Mitgliedschaft Deutschlands im atlantischen Bündnis.

Natürlich war die Selbstbestimmung in Osteuropa ein politisches Ziel der westlichen Verbündeten – der Vereinigten Staaten, Großbritannien und Frankreich – gewesen, seit die Rote Armee die Elbe erreicht hatte. Als es jedoch um Deutschland ging, wurde dieser Angelegenheit in den europäischen Hauptstädten mit mehr als nur einem Hauch von Unbehagen begegnet. Die Erinnerung an zwei Weltkriege war noch wach, und die Aussicht, einen neuen deutschen Koloß – wenn auch nur einen wirtschaftlichen – in der Mitte Europas entstehen zu lassen, schürte die Angst vor neuen Rivalitäten. Abgesehen von unserer Unterstützung für Kanzler Kohl sahen wir unsere wesentliche Rolle im Wiedervereinigungsprozeß darin, uns für die vorbehaltlose Zustimmung zur Selbstbestimmung Deutschlands unter den westlichen Verbündeten stark zu machen, als ein Fürsprecher dieses Prinzips in der Sowjetunion aufzutreten und sowohl Ost als auch West davon zu überzeugen, daß es richtig und weise sei, den eingeschlagenen Weg zu verfolgen. Wir waren zuversichtlich, daß das neue, demokratische Deutschland mit seiner Vergangenheit gebrochen hatte und es auch weiterhin eine positive Entwicklung nehmen würde. Wir glaubten aber auch, daß der sicherste Weg zu erneuter Zwietracht in Europa darin lag, die Fehler von Versailles zu wiederholen. Ein Übereinkommen, das es versäumte, die Souveränität Deutschlands wiederherzustellen und seine Selbstbestimmung zu bekräftigen, konnte das neue Deutschland nur dazu verleiten, einen »Sonderweg« für sich zu suchen. Genauso wäre eine Regelung über die künftige europäische Sicherheit, die den Anschein vermittelt hätte, der Sowjetunion unsere Bedingungen aufzuzwingen, in Moskau zum Keim von Unzufriedenheit und Revanchismus geworden.

Zehn Jahre später fragen wir uns, was diese Bemühungen bewirkt haben. War unser Vertrauen in Deutschland als konstruktive Macht gerechtfertigt? Oder hatte Margaret Thatcher recht, als sie voraussagte, unsere Versuche, ein vereintes Deutschland als vollwertigen und souveränen Partner in ein neues Europa einzubinden (das sich selber etwas schwerfällig auf dem Weg zu einer Art von Einheit befand), würden letztlich dazu führen, Europa an Deutschland zu ketten und nicht umgekehrt?

Gewiß waren der Weg Deutschlands hin zu einer neuen Identität steinig und der Fortschritt gelegentlich schleppend. Der Übergang, im Inneren wie nach außen, vollzog sich ruckweise. Dem strahlenden Optimismus, mit dem Helmut Kohl und die Westdeutschen zunächst den wirtschaftlichen Wiederaufbau der DDR angegangen waren – voller Enthusiasmus wurde vorhergesagt, daß der Lebensstandard im Osten binnen fünf Jahren dem des Westens angeglichen sein werde –, folgten Pragmatismus im Westen und Zynismus im Osten. Die ökonomischen Kosten der Vereinigung, die Aufarbeitung von vier Jahrzehnten Planwirtschaft, waren für den Westen unerwartet astronomisch hoch – und ebenso ging es mit den sozialen Folgekosten im Osten, wo die Arbeitslosigkeit auf demoralisierende 20 Prozent schoß. Aber ein großer Teil der wirtschaftlichen Kosten war unvermeidlich, allein schon, um weitergehende politische und wirtschaftliche Folgen zu vermeiden. So wurde zum Beispiel Helmut Kohls Entscheidung, den Ostdeutschen 1990 die Währungsunion und den Kaufkraftausgleich anzubieten, als Abfluß westlicher Ressourcen heftig kritisiert. Die Realisierung hat aber ohne Zweifel das Chaos und die drohende Krise vermieden, die durch eine unkontrollierbare Flut von Umsiedlern entstanden wären.

Dennoch haben sich die verlockenden Versprechungen der westlichen Konsumgesellschaft für einen großen Teil der ostdeutschen Bevölkerung – und besonders für die ältere Generation – als trügerisch erwiesen. Viele hatten das Gefühl, im Stich gelassen zu werden und unter dem Zwang der »Verwestlichung« als Bürger zweiter Klasse behandelt zu werden. Das vollständige Zusammenwachsen des deutschen Volkes mag noch eine ganze Generation benötigen, und die neue, gemeinsame deutsche Identität wird erst unter den Jungen, die jetzt heranwachsen, ihre Wurzeln schlagen können.

Wie genau diese Identität aussehen und wie Deutschland dann auf der Weltbühne auftreten wird, beginnt sich erst zu entwickeln, während das deutsche Volk mit den praktischen Problemen der Einheit und der Souveränität kämpft. Vierzig Jahre lang hatten die Deutschen keine wirklich unabhängige Sicherheits- und Außenpolitik, sondern waren abhängig von den Supermächten. Jetzt, da keine unmittelbare Bedrohung für die Sicherheit des Landes besteht und Deutschland ein Schwergewicht innerhalb Europas und der NATO darstellt, tragen die Deutschen ihren Anteil an den neuen Herausforderungen und der gesamten Verantwortung ebenso wie die anderen europäischen Mächte – im Irak, in Bosnien und jüngst im Kosovo. Dennoch haben die Deutschen bis vor kurzem noch gezögert, ihren Platz in der internationalen Friedenssicherung einzunehmen.

Seit dem Ende des Zweiten Weltkriegs haben die Deutschen versucht, Nation und Nationalismus auseinanderzuhalten. Dabei wurden nachfolgende Generationen dazu erzogen, »nationale« Ambitionen zu mißbilligen und die europäische Einigung freudig anzunehmen. Das ging sogar so weit, daß es per Gesetz verboten war, die deutsche Armee zu einem anderen Zweck als zur Landesverteidigung einzusetzen. Die verständliche Ablehnung einer von außen aufgedrängten Rolle und die starke, wohlorganisierte Friedensbewegung haben jedoch dazu geführt, daß das neue Deutschland mit sich selbst um die Bestimmung seiner Rolle in der Staatengemeinschaft ringen mußte – selbst dann, als die erste Krise nach dem Ende des kalten Krieges, die irakische Invasion in Kuwait, die Aufmerksamkeit der Welt im Moment der Vollendung der deutschen Einheit auf sich zog und jedermann daran erinnerte, daß der Einsatz von Gewalt auch weiterhin ein Werkzeug der internationalen Politik sein würde.

Das »Timing« der Golfkrise war sowohl unglücklich als auch möglicherweise opportun für Deutschland. Die Selbstvertiefung Deutschlands in seine inneren Angelegenheiten – den Vollzug der Einheit – wurde unterstrichen, und ebenso der tief verwurzelte politische Widerstand gegen jedes substantielle militärische Engagement im Ausland bekräftigt, obwohl Bonn tief in die Taschen gegriffen hat, um die Kosten des Krieges mitzutragen. Gleichzeitig provozierte die Golfkrise – als ein überzeugendes Beispiel eines gerechten Krieges, des »bellum iustum«, der auch noch unter der Aufsicht der Vereinten Nationen geführt wurde – eine breite Debatte über die Verantwortung Deutschlands im Sinne einer aktiven Beteiligung an der internationalen Sicherheit. Für Helmut Kohl machten die innere Debatte über die deutsche Politik während der Golfkrise und die Kritik von außen deutlich, wie wichtig es war, den Status seines Landes zu normalisieren. Es war an der Zeit, mit der Vergangenheit abzuschließen. So setzte er sich entschieden dafür ein, die rechtlichen Barrieren abzubauen, die einem Einsatz deutscher Truppen im Ausland entgegenstanden, insbesondere bei friedenserhaltenden Maßnahmen.

Es ist eine Ironie der Geschichte, daß Helmut Kohl, auch und gerade nachdem er sein Land in den Kreis der Großmächte zurückgeführt hatte und Architekt und erster Kanzler eines wiedervereinigten Deutschlands geworden war, sehr wohl der letzte »europäische« Kanzler Deutschlands gewesen sein mag. Er tat alles, um sicherzustellen, daß Deutschland sich nicht allein auf seine eigenen Interessen hin ausrichtete, sondern die engen Verbindungen zu seinen Nachbarn (besonders Frankreich) pflegte und die wirtschaftliche Integration Europas vorantrieb. Es wird häufig übersehen, daß der Euro ohne Helmut Kohls energischen Einsatz vielleicht niemals Wirklichkeit geworden wäre. Seine Entscheidung, ein letztes Mal als Spitzenkandidat einer Bundestagswahl anzutreten, spiegelt seine Überzeugung wider, daß noch viel Arbeit zu leisten sei, um eine sichere und friedvolle Zukunft für Europa zu schmieden – und seine Hingabe daran, Deutschland einen eigenen Platz in dieser Zukunft zu sichern.

Heute, zehn Jahre später, stellen wir uns die Frage: War unser Vertrauen in eine Zukunft Deutschlands als einer konstruktiven Großmacht gerechtfertigt? Wir glauben, daß die Antwort uneingeschränkt »Ja« lautet – und das liegt zu einem guten Teil an den Anstrengungen, die Helmut Kohl unternommen hat. Unter seiner Führung hat es Deutschland abgelehnt, einen »Sonderweg« zu gehen, und das hat später unter Kohls Nachfolger Gerhard Schröder Früchte getragen. Deutschland hat sich schließlich dazu bereit gefunden, die Bürde von Führung und Verantwortung in europäischen Sicherheitsangelegenheiten mitzutragen. Helmut Kohl hat auf seine eigene Weise ebenfalls dafür gearbeitet, sicherzustellen, daß die Sorgen und düsteren Vorhersagen von Margaret Thatcher zumindest während seiner Regierungszeit unbegründet blieben. Er hat an seinen Nachfolger ein Deutschland in Europa, kein deutsches Europa übergeben, eine Triebfeder der Zusammenarbeit, nicht der Herrschaft. Wir erinnern uns an die große Bedeutung, die für Helmut Kohl die starken Bindungen innerhalb der NATO und jene über den Atlantik gehabt haben – Beziehungen, die die Wiedervereinigung und die lebenswichtige Umformung des atlantischen Bündnisses erleichtert haben. Wir wissen diese Hinterlassenschaft und seine engagierte Partnerschaft sehr zu schätzen.

George Bush und Brent Scowcroft
Washington, im Juli 1999

Vergangenheit und Vorgeschichte

GEORGE BUSH

Als die Fähre mit Michail Gorbatschow an Bord langsam durch das graue Wasser des New Yorker Hafens auf die Anlegestelle der Küstenwache auf Governors Island zufuhr, breitete sich ein Gefühl gespannter Erwartung unter den in Trauben wartenden amerikanischen und sowjetischen Staatsdienern aus. Der Anlegeplatz war weitgehend von Zuschauern geräumt worden, und die Angehörigen der Küstenwache standen mit ihren Familien an den Fenstern ihrer Wohnungen und versuchten fieberhaft, einen Blick auf den sowjetischen Staatschef zu erhaschen, als er den Boden der Insel betrat. Es war ein klarer Tag, dieser 7. Dezember 1988, und ich freute mich auf das Treffen mit Gorbatschow, der gerade eine wichtige Ansprache vor den Vereinten Nationen gehalten hatte – prallvoll mit weitreichenden Vorschlägen zur Rüstungskontrolle. Jetzt kam er zu einem kurzen Gipfeltreffen mit Präsident Ronald Reagan, das an seinen Besuch in New York angehängt worden war.

Um ehrlich zu sein, war mir nicht so ganz wohl in meiner Haut. Ich war seit Martin Van Buren im Jahre 1836 der erste amtierende Vizepräsident, der zum Präsidenten gewählt worden war. Darum befand ich mich in der etwas merkwürdigen Lage, meine aktuelle Position gegenüber meiner künftigen abwiegen zu müssen. Denn noch war ich nur der designierte Präsident, einige Wochen vor meiner Amtseinführung, und ich bestimmte noch nicht die Richtlinien der Politik. Gleichzeitig war mir bewußt, daß Gorbatschow viel daran lag herauszufinden, in welche Richtung ich in bezug auf die Sowjetunion zu gehen gedachte. Es war ein Balanceakt, den ich seit den Wahlen im November zu vollführen versuchte. Ich mußte meine eigenen Pläne vorsichtig von denen von Präsident Reagan abgrenzen, der schließlich noch die Verantwortung trug und mir gegenüber in den vergangenen acht Jahren außerordentlich freundlich und rücksichtsvoll gewesen war. Ich versuchte, alles zu vermeiden, was den Eindruck erwecken könnte, seine Autorität zu untergraben, etwa eigene Treffen mit ausländischen Staatschefs. Ich wollte ganz entschieden ein zuverlässiger Vizepräsident sein, der bislang – und auch weiterhin – loyal zu seinem Präsidenten stand.

Ich hatte Gorbatschow zum ersten Mal am 13. März 1985 getroffen, als ich in Moskau Präsident Reagan und die Vereinigten Staaten beim Begräbnis seines Vorgängers als Generalsekretär der KPdSU, Konstantin Tschernienko, vertreten hatte. In den frühen 80ern hatte die Sowjetunion das Ableben einer Reihe von Führern erlebt – von Leonid Breschnew über Juri Andropow bis Tschernienko –, und ich war zu allen Begräbnissen nach Moskau geflogen. Ich glaube, es war James Baker, der für mich den Slogan »Du stirbst, ich fliege« geprägt hatte, um diese Reisen zu beschreiben. Obwohl diese Ereignisse natürlich etwas düster waren, boten sie doch immer eine Reihe von Möglichkeiten. Staatsbegräbnisse gaben den anwesenden Staatsmännern die Gelegenheit zu kurzen Unterredungen und den neuen Amtsträger in Augenschein zu nehmen. Wegen der hohen Sterblichkeit im Kreml in dieser Zeit hatten wir nur wenig Wissen über die Persönlichkeiten der sowjetischen Führer aus erster Hand – immer wenn wir uns auf einen eingestellt hatten, war er auch schon wieder tot.

Nach der Beerdigung von Tschernienko wurde unsere Delegation, zu der auch der Außenminister George Shultz gehörte, in einen reich ausgestatteten Empfangsraum mit hoher Decke geführt, wo unvermeidlich eine steife und formelle Stimmung herrschte und uns Gorbatschow begrüßte. Ich schrieb meinen ersten Eindruck von ihm in einem Telegramm nieder, das ich an Präsident Reagan schickte. Die Sprache spiegelt sowohl die Zeit als auch den Argwohn des kalten Krieges wider, aber rückblickend denke ich, daß der Inhalt in die Richtung zeigte (wenn auch vielleicht unwissentlich), die dann eingeschlagen werden sollte:

> Gorbatschow wird die sowjetische Ideologie für den westlichen Geschmack wesentlich effizienter verpacken als alle (ich wiederhole: alle) seine Vorgänger. Er hat ein entwaffnendes Lächeln, warme Augen und eine engagierte Art, zuerst einen unangenehmen Punkt anzusprechen und sich dann wieder schnell zurück-

zunehmen, um eine echte Kommunikation mit seinen Gesprächspartnern herzustellen.

Er kann sehr entschieden sein. Ein Beispiel: Als ich sehr präzise Fragen nach den Menschenrechten stellte, unterbrach er meine Ausführungen, um mit denselben rhetorischen Floskeln zu kontern, die wir schon kennen. Zitat: »Innerhalb der Grenzen der USA respektieren Sie die Menschenrechte nicht.« Oder (Bezug nehmend auf die schwarze Bevölkerung): »Sie unterdrücken brutal deren Rechte.« Aber dann kam folgendes: »Wir sind bereit, darüber nachzudenken«, und: »Lassen Sie uns Berichterstatter benennen und die Sache besprechen.« Im Kern sagte er also: »Belehren Sie uns nicht über Menschenrechte, greifen Sie den Sozialismus nicht an, aber lassen Sie uns die gegenseitigen Positionen diskutieren.«

Wenn ich Jahre später diese Zeilen lese, sind sie fast ein Rezept für die Entwicklung der amerikanisch-sowjetischen Beziehungen in den folgenden Jahren. Wir diskutierten Probleme aus und ließen nicht zu, daß sie den Fortschritt blockierten. Es gab aber noch andere Zeichen des Wechsels, obwohl wir damit 1985 vielleicht noch nichts anfangen konnten. Am Ende unseres Treffens hielt Shultz eine großartige Ansprache, in der er Gorbatschow mitteilte, daß Reagan persönlich mit dem sowjetischen Führer in Kontakt treten wollte. Er tat das mit großer Authentizität und Wärme. Und es wurde aus Gorbatschows Antwort selbst in der Übersetzung deutlich, daß er die gleiche Art von Aufrichtigkeit von Mann zu Mann anbot. Vielleicht war das kein Staats- und Parteichef, der sich hinter derselben alten Rhetorik verschanzen würde wie seine Vorgänger.

Während des Gipfeltreffens im Dezember 1987 entwickelte ich ein zuverlässiges Gefühl dafür, wie Gorbatschow einzuschätzen war. Als ich ihn in der sowjetischen Botschaft traf, besprachen wir den kommenden Präsidentschaftswahlkampf. Natürlich verspürte er nicht den Wunsch, sich in amerikanische Wahlen einzumischen, aber ich hatte doch den Eindruck, daß er nicht unglücklich wäre, falls ich gewinnen sollte. Ich nehme an, er erwartete sich davon Berechenbarkeit und Kontinuität gegenüber der Regierung Reagan bei der Rüstungskontrolle, der Zusammenarbeit in regionalen Fragen und dabei, die Sowjets zu mehr Offenheit und Reformen zu ermuntern.

Ich sagte Gorbatschow, er solle sich keine Sorgen machen über die »leeren Kanonen der Rhetorik«, deren Donnergrollen er während des Wahlkampfes vernehmen würde, und erklärte ihm, was der Ausdruck bedeutete. Diesen Satz hatten chinesische Staatsmänner, insbesondere Mao Tse-tung, Jahre zuvor verwendet, um ihre Propaganda zu beschreiben, mit der sie die Vereinigten Staaten kritisierten. Stören Sie sich nicht an den übertriebenen Beschimpfungstiraden, sollte das heißen, sondern sehen Sie sich lieber unsere Taten und Handlungen an. Ich erklärte, daß der kommende Präsidentschaftswahlkampf nur so strotzen würde von starken und unversöhnlichen Stellungnahmen allen möglichen Ursprungs zu den amerikanisch-sowjetischen Beziehungen – das brauchte er nicht allzu ernst zu nehmen. Ich sagte ihm auch, daß ich bereit sei, die Beziehungen zwischen unseren Ländern neu zu überdenken.

Ein Vorfall im Laufe das Tages zeigte, daß Gorbatschow ein gewiefter Politiker war. Wir sollten in der gleichen Fahrzeugkolonne von der sowjetischen Botschaft zum Weißen Haus fahren, und er verspätete sich etwas, was ihn aber nicht weiter zu stören schien. Spontan bat er mich, in seinen »Panzer«, die gepanzerte Limousine, zu steigen und mit ihm zu fahren. Während unserer Fahrt säumte eine enorme Menge von Amerikanern die Straße, um einen Blick auf ihn zu werfen. Irgendwann sagte ich ihm, daß ich mir wünschte, er hätte die Zeit, auszusteigen und mit den Leuten zu sprechen – das käme sicher sehr gut an. Eine Minute später kam die Limousine quietschend zum Stehen, weil Gorbatschow den Fahrer angewiesen hatte, an die Seite zu fahren. Sowjetische und amerikanische Geheimdienstler hatten Mühe, sich rechtzeitig in Position zu begeben, während er schon in die Menge der überraschten und erfreuten Zuschauer eintauchte, Hände schüttelte und alle auf russisch begrüßte. Es war ein erstaunlicher Anblick und wirkte auf ihn wie eine Adrenalinspritze. Als er wieder ins Auto stieg, war er sichtlich erbaut von dem freundlichen Empfang.

Während des Besuches lernte ich später auch seine Frau Raissa Gorbatschowa ein wenig besser kennen, als ich bei der Gegeneinladung Gorbatschows für Reagan in der sowjetischen Botschaft neben ihr saß. Der Abend zog sich mit Zeremonien, Formalien und feierlichen Toasts in die Länge. Nach einem herrlichen Menü, bei dem wir alle zuviel gegessen hatten, erschien am anderen Ende des

Speisesaals eine russische Opernsängerin. Sie war sehr begabt, aber nicht sehr hübsch – ich glaube, diese Aussage hielte jedem objektiven Test stand. Um den ansonsten eher freudlosen Abend etwas aufzulockern, beugte ich mich zu Raissa Gorbatschowa, als die Sängerin mit ihrem letzten Lied begann, und sagte: »Ich glaube, ich werde mich verlieben.« Sie wartete einen Augenblick und sah mich ernst an. »Tun Sie das lieber nicht«, sagte sie dann, »denken Sie an Gary Hart!« Sie war offenbar genau über die Schwierigkeiten informiert, die dem früheren Senator während der Vorwahlen zur Präsidentschaft zum Verhängnis geworden waren. Ich sah ihr in die Augen, um herauszufinden, ob sie mich auf den Arm nahm; doch nein, ich glaube, sie meinte es ernst.

Jetzt, ein Jahr später auf Governors Island, traf ich Gorbatschow in meiner neuen Rolle und mitten in einer sowjetischen Propaganda-Offensive. Er hatte es mittlerweile geschafft, die ganze Welt in seinen Bann zu ziehen, und war vielleicht der beliebteste Staatsmann überhaupt. Seine Ansprache vor der UNO an diesem Tag war sowohl ihrem Inhalt als auch ihrer Form nach packend gewesen, und es war offensichtlich, daß ihm die Bewunderung gefiel, die mit seinem Auftritt dort einherging. Es war eine Rede, die Mut machte. Gorbatschow hatte gesagt, daß die Drohung mit oder der Einsatz von Gewalt nicht länger ein Mittel der Außenpolitik sein sollte. Er hatte angekündigt, die sowjetische Militärdoktrin in eine defensivere Richtung zu verschieben und die Truppenstärke der sowjetischen Armee in den kommenden zwei Jahren um eine halbe Million Mann zu reduzieren. Das war zwar angesichts der Größe der Roten Armee nicht sehr viel, aber doch ein vielversprechender Anfang. Er gab auch bekannt, daß etliche gepanzerte Divisionen aus der Tschechoslowakei, Ungarn und Ostdeutschland abgezogen und aufgelöst werden sollten. Ich war gespannt darauf, was er noch hinzufügen würde, wenn er mit dem Präsidenten sprach.

Mit strahlendem Lächeln stieg Gorbatschow aus der Fähre und winkte. Er trug einen gut geschneiderten grauen Anzug und eine seriöse rote Krawatte. Nachdem Präsident Reagan ihn begrüßt hatte, gesellte ich mich in einem Anflug von Selbstbewußtsein an der Mole zu ihnen, und bald darauf fanden wir uns in einem der Gebäude wieder. Die restliche Amtszeit von Präsident Reagan betrug nurmehr anderthalb Monate, und so war dies sein Abschiedstreffen mit dem Mann, den er zu respektieren gelernt hatte und für den er jetzt echte Zuneigung und Freundschaft empfand. Reagan hatte die amerikanisch-sowjetischen Beziehungen enorm vorangebracht. Er hatte den Mythos zerstreut, daß er absolut nichts mit der Sowjetunion zu tun haben wollte, und die sowjetische Führung sah ihn nicht länger als unverbesserlichen kalten Krieger an.

Unsere Unterhaltung war recht merkwürdig, eine Mischung aus Alt und Neu. Ich sprach selten. Einmal fragte mich Reagan, ob ich noch etwas hinzufügen wollte. Ich sagte, ich hoffte, darauf aufzubauen, was wir in den amerikanisch-sowjetischen Beziehungen schon erreicht hatten. Wir würden etwas Zeit brauchen, die verschiedenen Fragen zu prüfen, aber was schon getan worden sei, würde nicht zurückgenommen werden. Gorbatschow sagte, daß er verstehe. Ihm erschienen die Aussichten für unsere Beziehungen günstig. Es gab viel, was er und ich zusammen tun konnten, und er forderte mich auf, über verschiedene Möglichkeiten nachzudenken.

Um nicht über Details zu sprechen, bekannte ich mich allgemein zur Kontinuität von Reagans Politik gegenüber der Sowjetunion. Ich sagte Gorbatschow, daß ich einen neuen Stab zusammenstellen wollte. Ich hätte nicht die Absicht, die Entwicklung anzuhalten, aber natürlich würde ich meine eigenen Vorstellungen zur nationalen Sicherheit formulieren wollen. Das neue Team würde aus Leuten bestehen, die hofften, die Beziehungen weiterzuentwickeln, und wenn wir einen Durchbruch in Nicaragua erzielen konnten (wohin die Sowjets Hilfslieferungen schickten), würde das bei Fragen der Rüstungskontrolle und auch sonst sicher hilfreich sein. Er antwortete nicht direkt darauf und gab auch seine eigenen Vorstellungen von der Zukunft der amerikanisch-sowjetischen Beziehungen nicht preis – nur einige vage allgemeine Bemerkungen, daß er hoffte, die Dinge würden sich weiterhin so entwickeln wie bisher.

Auf der sowjetischen Seite saß auch Anatoly Dobrynin, ein Mann, den ich gut kannte und mochte. Er war über zwanzig Jahre lang der sowjetische Botschafter in den Vereinigten Staaten gewesen und jetzt ein wichtiger Berater Gorbatschows. In einer Pause kam Gorbatschow zu mir und sagte, daß ich, wenn ich ihm besondere vertrauliche Botschaften zukommen lassen wollte, dies über Dobrynin tun könnte. Angesichts der Tatsache, daß der Außenminister Eduard Schewardnadse, der Sekretär des Zentralkomitees

Alexander Jakowlew, der amtierende Botschafter Anatoli Dubinin und andere auch anwesend waren, war ich etwas überrascht, daß Gorbatschow Dobrynin als offiziellen »Back Channel« bestimmt hatte. Im nachhinein denke ich, er wollte mir signalisieren, daß er begierig war, in den sowjetisch-amerikanischen Beziehungen voranzukommen und mit mir als Präsidenten engen Kontakt aufzubauen. Das war ein gutes Zeichen.

Während des Treffens sträubte sich Gorbatschow nur einmal. Es ist leicht zu erkennen, wenn er sich ärgert. Seine Augen funkeln, sein Gesicht wird rot, sein Mund nimmt einen harten Zug an, und er zuckt irgendwie mit den Schultern. Später, als ich ihn viel besser kennengelernt hatte, hatte ich oft das Gefühl, daß er manchmal absichtlich ein wenig Entrüstung in eine Aussage legte, um seine Ansicht mit mehr Leidenschaft zu untermauern. Aber bei dem Treffen auf Governors Island wurde er wirklich ärgerlich, als Reagan ihn in aller Harmlosigkeit nach dem Fortschritt bei den Reformen und der Perestroika (»Umbau«) fragte. In einem echten Gefühlsausbruch antwortete Gorbatschow: »Haben Sie schon alle Reformen abgeschlossen, die Sie durchführen wollten?« Ich glaube, er hat die Frage als Kritik mißverstanden, denn nachdem wir über unseren Wunsch gesprochen hatten, daß die Reformen Erfolg haben sollten, beruhigte er sich wieder, und seine gute Laune kehrte zurück.

Es gibt eine gewisse Empfindlichkeit, die bei einer Reihe von ausländischen Staatsmännern zutage tritt, wenn sie mit den Vereinigten Staaten zu tun haben; die Vorstellung, daß wir uns arroganterweise selber als vollkommen ansehen, während andere noch einen weiten Weg vor sich haben. In der Tat sieht es oft so aus, als würden wir andere Länder in Fragen wie etwa den Menschenrechten öffentlich belehren oder konfrontieren. Aus diesem Grunde gab ich mir immer große Mühe, sehr vorsichtig zu sein, wenn ich ausländische Staatschefs oder Diplomaten über die inneren Angelegenheiten ihrer Länder befragte. Ich zögerte nie, ihnen unser rückhaltloses Bekenntnis zu den Menschenrechten deutlich zu machen, aber ich versuchte zu vermeiden, als pedantischer Oberlehrer aufzutreten. In diesem Fall schien Gorbatschow zu glauben, daß Reagan im Sinne bestimmter westlicher »Elemente«, wie er sie nannte, sprach, die der Hoffnung anhingen, die Reformen würden versagen und die Sowjetunion daraufhin in Chaos und Stillstand fallen.

Gorbatschows Besuch wurde am folgenden Tag vorzeitig abgebrochen, weil uns die Nachricht erreichte, daß ein schreckliches Erdbeben Armenien erschüttert hatte. Mindestens 50000 Menschen waren ums Leben gekommen und eine halbe Million obdachlos geworden. Im Nachfeld entwickelten sich weitere Tragödien, und zum ersten Mal seit dem Zweiten Weltkrieg ließ die Sowjetunion ausländische Hilfe zu. Die Hilfsorganisation AmeriCares, die von meinem Klassenkameraden Bob Macauley gegründet worden war, hatte vor, ein Flugzeug mit medizinischen Hilfsgütern nach Jeriwan zu schicken. Macauley rief an, um zu fragen, ob jemand aus meiner Familie den Flug gerne übernehmen würde. Er hatte das Gefühl, daß eine solche Geste viel für das russische Volk bedeuten würde.

Unser Sohn Jeb und sein zwölfjähriger Sohn George P. meldeten sich dafür, obwohl das bedeutete, daß sie deswegen Weihnachten nicht zu Hause verbringen konnten. Sie gingen ihrer Pflicht nach und halfen beim Ausladen des Flugzeugs und wurden dann von einem Begrüßungskomitee zur Seite genommen. Sie besuchten ein Krankenhaus und holten später ihre Weihnachtsandacht in einer kleinen Kapelle nach. Meine beiden Jungs weinten, überwältigt von dem, was sie zu sehen bekommen hatten. Später sagte mir Gorbatschow einmal, und Schewardnadse sagte das gleiche auch zu James Baker, daß es eine enorme Wirkung in der ganzen Sowjetunion gehabt habe, die Familie Bush, Vater und Sohn, weinen zu sehen, weil das bedeutete, daß Amerika sich wirklich für das Leid interessierte. Dies spiegelt eine wichtige Veränderung, einen neuen Ton in unserer gegenseitigen Einstellung als Völker und Menschen wider.

Am Tag nach dem Gipfel von Governors Island setzte ich mich im Haus des Vizepräsidenten am Marineobservatorium in Washington mit Brent Scowcroft, meinem designierten Berater für Fragen der nationalen Sicherheit, zusammen. Ich sagte ihm, daß ich gerne attraktive Ideen entwickeln würde, um die Beziehungen zu Moskau voranzubringen – ich wollte nicht nur auf die Vorschläge Gorbatschows antworten, sondern etwas Mutiges und Innovatives tun, das die amerikanische Führung in ihrer traditionellen Rolle bestätigen würde, die Entwicklungen auf dem internationalen Parkett zu bestimmen. Gorbatschow hatte uns enorme Möglichkeiten eröffnet, fundamentale Veränderungen vorzunehmen. Obwohl ich die dramatischen Verschiebungen der nächsten vier Jahre nicht vorhersehen konnte, glaubte ich doch, daß wir auf der Grundlage von Gorbatschows Bereitschaft zu Reformen und besseren Beziehungen zu den Vereinigten Staaten gute Möglichkeiten zu bedeutenden Durchbrüchen hatten, insbesondere im Bereich der Rüstungskontrolle.

Es gab auch eine praktische Notwendigkeit, auf Gorbatschows Vorschläge zu reagieren. Obwohl seine Truppenreduzierungen die sowjetische Überlegenheit im konventionellen Bereich keineswegs abbauen würden, war mir klar, daß seine Vorschläge den Europäern, insbesondere den Deutschen, sehr gefallen würden. Gorbatschow war in Europa sehr beliebt, fast schon lag Euphorie in der Luft. Seine Rede verstärkte den Druck auf die künftige Regierung, aktiv zu werden und es ihm mit eigenen Vorschlägen gleichzutun. Ich wollte nicht als kleinlicher Präsident angesehen werden, der hinter Gorbatschow zurückfiel und ihm als Antwort nur ein Bein stellen konnte. Aber ich wollte auch keinen dummen und kurzsichtigen Zug machen.

Ich war vermutlich Gorbatschow gegenüber weniger mißtrauisch als andere in meinem entstehenden Team. Ich dachte, genauso wie Premierministerin Margaret Thatcher es einmal formuliert hatte, daß er ein Mann war, mit dem ich arbeiten könnte. Ich kannte ihn schon gut genug, um der Überzeugung zu sein, daß es ihm Ernst damit war, die Sowjetunion und die Beziehungen der Supermächte verändern zu wollen. Gorbatschow war – und ist – ein stolzer Russe. Er hat Überzeugungen. Ich wußte, daß er sich der Reformierung seines Landes und dessen Außenpolitik so sehr verschrieben hatte, daß er von der Revolution, die er in Gang gesetzt hatte, nicht zurücktreten konnte und würde. Ich schloß mich nie der Ansicht an, die viele der prominenten Sowjetunion-Experten vertraten, nämlich, daß er uns sofort mit irgend etwas Provokativem auf die Probe stellen würde – nur um zu sehen, wie die neue Regierung reagieren würde. Ich glaubte aber sehr wohl, daß er genau beobachten würde, ob wir einen Kurswechsel zu einer härteren Richtung vornehmen würden als jener, die Reagan gegen Ende seiner Regierungszeit eingeschlagen hatte.

Wenn ich auf die Entwicklung meiner Beziehung zu Gorbatschow zurückblicke, bin ich sehr berührt davon, wie sie die Veränderungen der amerikanisch-sowjetischen Beziehungen in der letzten Phase des kalten Krieges widerspiegelt. Wir begannen in den 80ern mit formalen Treffen wie jenen, die ich schon beschrieben habe, und sprachen uns gegenseitig eher steif mit »Herr Vorsitzender« und »Herr Vizepräsident« (später dann »Herr Präsident«) an und landeten dann in den frühen 90ern bei informellen und wirklich freundschaftlichen Gesprächen zwischen »Michail« und »George«. (Unsere Frauen Barbara und Raissa erfuhren in ihrer Beziehung eine ganz ähnliche Entwicklung.) Dieses wachsende gegenseitige Vertrauen wurde enorm wichtig und half uns beiden dabei, schwierige und zu jener Zeit umstrittene Entscheidungen zu treffen. Ich hatte das Gefühl, ihm vertrauen zu können, und ich glaube, daß auch er das Gefühl hatte, dem Westen in dieser Zeit der tiefen und schließlich auch letzten Krise der Sowjetunion trauen zu können. Wäre die Dynamik zwischen uns und den anderen Staatschefs anders gewesen, wären die Veränderungen, die wir erleben durften, vielleicht wesentlich schmerzhafter gewesen. Nicht, daß es Krieg gegeben hätte, aber der Charakter des vereinten Deutschland oder der Weg zu Waffen- und Truppenreduzierungen – ganz zu schweigen vom Umgang mit dem Golfkrieg – wäre zweifellos anders gewesen und unsere Welt vielleicht weniger sicher.

Ein Unterschied zwischen unserer Beziehung und jenen, die vorangegangen waren, war die Häufigkeit der Kontakte, die ich mit Gorbatschow hatte. Ich hatte vielleicht mehr Umgang mit ihm als alle meine Vorgänger zusammengenommen mit ihren sowjetischen Kollegen. Ich mochte den persönlichen Umgang mit Gorbatschow – ich mochte *ihn*. Wie viele amerikanische Präsidenten können das wohl über die Führer der Sowjetunion sagen? Roosevelt und Truman über Stalin? Kennedy über Chruschtschow? Nixon über Breschnew? Ich weiß, daß Präsident Reagan Gorbatschow auch positiv gegenüberstand – ein wahrlich gegenseitiges Gefühl –, aber er hatte nicht die Möglichkeit, so eng mit ihm zusammenzuarbeiten wie ich. Gorbatschow und ich fanden heraus, daß wir uns einfach zusammensetzen und reden konnten. Wir konnten Probleme rund um die Welt angehen. Ich hatte ein Gefühl dafür, wofür sein Herz schlug. Offenheit und Aufrichtigkeit ersetzten den automatischen Argwohn der Vergangenheit. Das war ein starker Gegensatz zu den dunklen Jahrzehnten des kalten Krieges, die wir hinter uns lassen sollten.

Als ich mich im Spätherbst auf meine Präsidentschaft vorbereitete, überlegte ich, welche Leute ich auf den Schlüsselpositionen in der neuen Regierung haben wollte, die dann die Hauptverantwortung für die Fragen tragen sollten, die ich anzugehen vorhatte. Ich hatte das Glück, unter drei Präsidenten der Republikanischen Partei gedient zu haben – Richard Nixon, Gerald Ford und Ronald Reagan. Ich hatte mich auch als Kongreßabgeordneter mit Lyndon B. Johnson von der Demokratischen Partei beschäftigt und später, aus der Entfernung, mit dem Demokraten Jimmy Carter. Durch ihre Erfahrungen hatte ich gelernt, wie Außenpolitik und die Entscheidungsfindung in Fragen der nationalen Sicherheit funktionieren sollten, wie man mit dem Kongreß zusammenarbeiten konnte und welche Herausforderungen die Präsidentschaft selbst bereithielt.

Am meisten lernte ich von Ronald Reagan über die Präsidentschaft. Ich kannte ihn eigentlich nicht richtig, als er mich 1980 bat, mit ihm »auf einem Ticket«, wie wir das nennen, zum Vizepräsidenten zu kandidieren. Eine der großartigsten Erfahrungen meines Lebens ist, daß ich ihn bald sehr gut kennenlernen konnte. Er war ein Beispiel dafür, wie man eine starke Führungspersönlichkeit sein kann und gleichzeitig ein freundlicher und zuvorkommender Mensch – ich bin mir sicher, daß das ein Vorbild für die ganze Nation war. Er hatte einige feste Prinzipien, die ihm den Weg wiesen und die er immer und immer wiederholte. Jedermann wußte genau, welche Ansichten er über Fragen wie Steuern oder die Sowjetunion hatte. Ich bewunderte, wie es ihm gelang, bei komplexen Problemen seine Ansichten auf eine einfache, aber durchdringende Weise dem amerikanischen Volk nahezubringen.

Reagan zeigte, daß Führungsqualität nicht mit einem aufdringlichen Stil gleichgesetzt werden muß. Einige können durch Rhetorik führen, mit großen Reden, andere hingegen durch Charakter, Beispielhaftigkeit. Ich habe mich bei blumigen Sätzen, die sich ein Redenschreiber ausgedacht hatte, nie ganz wohl gefühlt. Ich hatte das Gefühl, daß die Leute mich durchschauten, wenn ich versuchte, den großen historischen Lehrmeister zu spielen, oder mich einer allzu kunstvollen Sprache bediente. Ich fragte Reagan bei einem unserer wöchentlichen Treffen unter vier Augen einmal, wie es ihm gelang, einige seiner höchst emotionalen Reden durchzustehen. Ich dachte an die Ansprache, die er in der Nähe von Omaha Beach in der Normandie gehalten hatte, um jene zu ehren, die dort gefallen waren. Er sagte mir, daß er den Text, nachdem er ihn geschrieben hatte, immer und immer wieder durchgegangen war, damit seine Gefühle dabei etwas reduziert wurden. Dadurch konnte er die Worte im richtigen Sinn sprechen, ohne mitten im Satz überwältigt zu werden. Ich erlernte diese Kunst nie, meine Stimme überschlug sich einfach zu schnell.

Auch wenn ich es nicht so gut ausdrücken konnte wie Reagan, wußte ich doch, was ich mir für unser Land und die Welt erhoffte. Ich wollte die großen Probleme angehen wie etwa die stets spürbare Konfrontation der Supermächte. Ich war fest entschlossen, alles in meiner Macht Stehende zu tun, um die Welt sicherer und ein wenig besser zu machen, damit die Menschen nicht mehr in der ständigen Angst vor dem Atomkrieg leben mußten. Obwohl ich mich mit den technischen Fragen der Rüstungskontrolle nicht besonders gut auskannte, wollte ich Atomwaffen in einer Weise reduzieren, die unser Abschreckungspotential nicht einschränken würde. Es fiel mir schwer, meine Visionen für das Land in dramatischen Reden deutlich zu machen. Ich war mir aber sicher, daß Ergebnisse – solide Ergebnisse, die zu einer friedlicheren Welt führen würden – viel geeigneter waren, die Leute zu überzeugen, als reine Rhetorik.

Auch ich hatte einige zentrale Prinzipien und Werte. Alles, was ich aus der Geschichte und von meinem Vater Prescott Bush gelernt hatte, alles, was ich aus meiner Zeit im Dienste der Marine wertschätzte, ließ sich in den Worten »Pflicht«, »Ehre«, »Heimatland« bündeln. Ich glaube, es ist die Pflicht des einzelnen, seinem Land zu dienen. Das kann nicht nur militärischen Dienst bedeuten, besonders in Zeiten des Krieges, sondern auch ein Amt, in das man berufen oder gewählt wird. Ich denke, daß es wichtig ist, etwas in das System zurückzugeben, auch einmal ins Rampenlicht zu treten und nicht einfach von den Zuschauerplätzen aus zu nörgeln und zu kritisieren. Sowohl Ehre als auch Integrität sind sehr wichtig für mich. Der Vietnamkrieg und der Watergate-Skandal hatten bei vielen Presseleuten eine feindselige und zynische Einstellung erzeugt – sie schienen überzeugt zu sein, daß alle Staatsdiener käuflich seien oder unfähig, die Wahrheit zu sagen, daß sie alle auf die eine oder andere Weise willkürlich und unehrlich seien. Das Ergebnis war, daß jedem Gerücht ungeachtet seines Wahrheitsgehalts nachgespürt wurde – egal, wieviel Schaden dadurch bei Unschuldigen verursacht werden konnte. Angesichts dieses Klimas fand ich es wichtig, daß meine Regierung nicht nur versuchte, den höchsten Ansprüchen zu genügen, sondern dies auch demonstrierte. Ich glaube, daß wir damit Erfolg hatten und meine Regierung aus Leuten bestand, die ihre Ämter auch respektierten. Ich weiß, daß ich in den Jahren, die ich im Staatsdienst war, Fehler gemacht habe. Aber ich hoffe, daß Historiker, wenn sie sich mit der Ära Bush befassen, zu dem Schluß kommen, daß ich stets mit Ehre und Integrität gedient habe.

Abgesehen von Beispielen präsidialer Führungskraft wie bei Reagan haben meine Vorgänger auch Einblicke darin erlaubt, wie die Maschinerien der Außenpolitik und der nationalen Sicherheit funktionieren sollten. Ich wollte ein »praktischer« Präsident sein. Mir war wichtig, daß die Leute in den Schlüsselpositionen wußten, daß ich mich selber in viele Details der Verteidigungspolitik, des internationalen Handels und der Außenpolitik einmischen würde, ohne jedoch zu versuchen, alle Einzelheiten und komplexen Zusammenhänge in der Gestaltung der Politik beherrschen zu wollen. Ich hatte vor, genug zu lernen, um informierte Entscheidungen zu treffen, ohne mich in Einzelheiten zu verlieren – also kein politisches »Mikro-Management«. Ich wollte mich stark auf die Experten in den einzelnen Ministerien stützen, in der endgültigen Analyse dann auf den fundierten Rat meines Kabinetts und des nationalen Sicherheitsberaters. Ein Präsident muß sich mit starken Persönlichkeiten umgeben – und darf sich nicht scheuen, dann zu delegieren.

Gleichzeitig können starke Persönlichkeiten aber auch einige Probleme in der praktischen Entscheidungsfindung und -umsetzung hervorrufen. Ich war zur Genüge Zeuge der unvermeidlichen persönlichen Konflikte und Kompetenzrangeleien zwischen Kabinettsmitgliedern, Beratern und Ministerien geworden. Deshalb war ich fest entschlossen, unsere Entscheidungsstruktur und die Abläufe in der neuen Regierung klar zu definieren, um die Wahrscheinlichkeit solcher Probleme möglichst gering zu halten. Der *Secretary of State*, der Außenminister, ist der Chefdiplomat des Präsidenten und die wichtigste Quelle für Informationen zur Außenpolitik. Ich stellte mir aber auch eine besondere Rolle für meinen nationalen Sicherheitsberater vor, der den nationalen Sicherheitsrat der USA (NSC) koordiniert. Der Sicherheitsrat besteht aus vier festen Mitgliedern: dem Präsidenten, dem Vizepräsidenten, dem Außenminister und dem Verteidigungsminister. Der Direktor der Central Intelligence Agency (CIA) und der Vorsitzende der Vereinten Stabschefs von Marine, Luftwaffe und Armee sowie der nationale Sicherheitsberater kommen ebenfalls als feste Berater zu den Sitzungen des Sicherheitsrats. Ich brauchte in der Person des Sicherheitsberaters einen ehrlichen Makler, der dem Präsidenten objektiv die Ansichten der verschiedenen Kabinettsmitglieder zu allen Bereichen präsentieren konnte. Wenn der Sicherheitsberater von allen Seiten Respekt genoß, konnte er viele der vorhersehbaren Konflikte rechtzeitig lösen. In jedem Fall wollte ich zwei besondere und vertrauenswürdige Leute in diesen beiden Schlüsselstellungen haben.

Meine Wahl für den Posten des Außenministers fiel auf einen altgedienten Politiker, James Baker, den ich schon sehr lange als harten Verhandler und Unterhändler kannte und schätzte. Ich wußte auch, daß ich Brent Scowcroft, einen weiteren vertrauten und vertrauenswürdigen Freund, als nationalen Sicherheitsberater haben wollte. Er war unter Henry Kissinger stellvertretender Sicherheitsberater gewesen und hatte dann unter Präsident Ford den Posten des Sicherheitsberaters bekleidet, während ich Direktor der CIA war. Ich hatte auch in meiner Zeit als Vizepräsident eng mit ihm zusammengearbeitet, während er verschiedene Funktionen in der Regierung innehatte. Er wünschte sich als seinen Stellvertreter Robert Gates, den er während der Regierung Ford in seinen Stab als Sicherheitsberater geholt hatte. Gates war auch unter Präsident Carter noch im Sicherheitsrat geblieben und später in die CIA gewechselt, wo er bis zum Vizedirektor aufgestiegen war. Ich war mit dieser Wahl von Scowcroft sehr zufrieden.

Für den Posten des CIA-Direktors – das hatte mich die eigene Erfahrung gelehrt – brauchte ich jemanden, der die Geheimdienste gut verwaltete, sich aber nicht in die Politik einmischte. Ich hielt mich an die goldene Regel, nach der man den Inhaber dieses Postens lieber nicht austauschen sollte. Ich habe dies nie bereut: Mit William

Webster blieb mir ein Mann erhalten, dem der Respekt des gesamten Sicherheitsrates sicher war. Die Wahl des Verteidigungsministers war etwas schwieriger. Die Anhörungen, die nach einer Nominierung im Kongreß folgen, zermürbten meinen Kandidaten weit mehr, als ich mir hatte vorstellen können. In der Folge hielt dies viele andere angesehene Politiker davon ab, Posten in Washington annehmen zu wollen. Im zweiten Anlauf hatte ich daher vor, mit einem Bewerber anzutreten, der eine eigene Hausmacht im Kongreß besaß. Richard Cheney war ein idealer Kandidat – sofern ich ihn überreden konnte, den Kongreß zu verlassen. Er hatte viel Erfahrung in Außen- und Verteidigungspolitik und war außerdem der Stabschef von Präsident Ford gewesen. Und er wußte, wie Politik umgesetzt wird. Zu meiner Überraschung akzeptierte er mein Angebot sofort und wurde wie erwartet schnell in seinem Amt bestätigt.

Das Amt des Vorsitzenden der Vereinten Stabschefs wird ebenfalls am besten nach der Regel gehandhabt, daß der Amtsinhaber sich nicht ändern sollte, wenn eine neue Regierung die Macht übernimmt. Admiral William Crowe blieb uns aber nur bis zu seiner Pensionierung im September 1989 erhalten. Cheney schlug vor, ich solle Colin Powell für die Nachfolge benennen. Zunächst war ich ein wenig zögerlich: Powell war vom Alter wie auch vom Dienstgrad her (er war gerade erst zum Vier-Sterne-General befördert worden) eigentlich nicht der erste Anwärter auf diesen Posten. Ich ließ mich dann aber schnell überzeugen, daß er der richtige Mann war, und es ist wohl unnötig zu erwähnen, daß ich diese Entscheidung nie bereut habe. Die zwei weiteren Personen, mit denen ein Präsident beinahe täglich zu tun hat (wenn auch vorrangig in innenpolitischen Belangen), sind der Vizepräsident und der Stabschef des Weißen Hauses. Mit Dan Quayle und John Sununu waren in diesen Posten zwei intelligente Männer tätig, die auch großes Interesse an Außenpolitik und Abrüstung hatten.

Als der Januar 1989 und damit die Amtsübergabe näher rückten, traf ich mich fast jeden Tag mit Brent Scowcroft zu unseren – wie wir sie nannten – »An die Zukunft denken«-Sitzungen. Er kam am 2. Januar nach Camp David (Präsident Reagan erlaubte mir großzügig, die Einrichtungen dort zu nutzen, wenn er nicht da war), um über die Chancen und Herausforderungen zu sprechen, die vor uns lagen. In der entspannten Umgebung, besonders auf unseren langen Spaziergängen in den verschneiten Wäldern im Umkreis von Camp David, sinnierten wir über die Sowjetunion, Rüstungskontrolle und eine allgemeine Überprüfung unserer Politik. Wir versuchten nicht, zu irgendwelchen Schlüssen zu kommen, sondern nur, klar zu sagen, was benötigt wurde und wo die Schwerpunkte liegen sollten. Ich brannte darauf, anfangen zu können.

Kurz darauf, am 9. Januar, hatte ich mit Henry Kissinger, John Sununu, James Baker und Brent Scowcroft ein langes Gespräch über die Sowjetunion. Ich habe großen Respekt vor Kissingers Wissen über Geschichte und seinen politischen Analysen. Er sprach von der Notwendigkeit, in einem größeren Rahmen zu denken, und er fand wohl – obwohl er zu höflich war, das deutlich zu sagen –, daß es uns in unserem Denkansatz für Europa und die Sowjetunion an einem breiten strategischen Konzept mangelte. Kissinger machte sich auch dafür stark, einen separaten, informellen Kommunikationskanal nach Moskau aufzubauen (was auch andere Regierungen schon getan hatten), vielleicht mit ihm als Kontaktmann. Ich war etwas skeptisch. Ich wollte sichergehen, daß wir nicht die falschen Signale an Moskau sandten. Wenn einige in der Regierung eine Meinung vertraten, andere aber geheime Verhandlungen führten, konnte das widersprüchliche Botschaften erzeugen. Obwohl sie hilfreich sind, können »Back Channels« entscheidende Leute über eine kommende politische Entscheidung oder über Details aus einer Unterhaltung des Präsidenten mit einem ausländischen Staatsmann im dunkeln lassen.

Ich zögerte zwar damit, jemanden als formellen »Back Channel« einzusetzen, hatte aber doch die Möglichkeit offengelassen, als Gorbatschow auf Governors Island Dobrynin für diese Rolle vorschlug. Ich nutzte die Gelegenheit, Kissinger auf seine nächste Reise nach Moskau eine persönliche Nachricht für Gorbatschow mitzugeben. Ich dankte ihm für die Aufmerksamkeit, die meinem Sohn Jeb und meinem Enkel bei ihrem Aufenthalt in Armenien zuteil geworden war. Ich unterstrich auch die Bemerkungen, die ich ihm gegenüber während seines Besuches bei der UNO gemacht hatte, und erklärte, daß das neue Team einige Zeit brauchen würde, um sich über die zentralen Fragen der amerikanisch-sowjetischen Beziehungen klarzuwerden – insbesondere über die Rüstungskontrolle. Ich fand es auch wichtig, unseren Dialog über die Rüstungskontrollgespräche hinaus zu entwickeln – hin auf die breiteren Beziehungen, die wir heranbilden wollten.

BRENT SCOWCROFT

Ich stimmte mit Kissinger überein: Ich war ein entschiedener Befürworter von »Back Channels« als Mittel, an Bürokratien auf beiden Seiten vorbeizugehen und unmittelbaren Kontakt zu Gorbatschow sicherzustellen. Aber Dobrynin, den Gorbatschow bereits darauf angesprochen hatte, genügte diesen beiden Ansprüchen mehr, als Kissinger das tun konnte. Im Januar trafen sich Baker und ich in Bakers Haus mit Dobrynin, um unsere Ansichten auszutauschen und um zu besprechen, welche Vorkehrungen für diesen Kanal zu treffen seien. Wie sich herausstellte, trug der Kanal keine Früchte, obwohl ich meinerseits in den kommenden Monaten mehrfach versuchte, ihn zu nutzen. Dobrynin wurde krank und war daher vielleicht nicht mehr im engeren Umkreis, als es zu einer Reihe von personellen Veränderungen kam, die seinen Zugriff auf Gorbatschow verminderten oder ganz abbrachen. Ich fand es schade, daß wir dadurch den informellen Kommunikationsweg verloren, der uns bei den Briten, Franzosen und Deutschen soviel Nutzen brachte.

Einige Tage nach seiner Rückkehr aus Moskau schickte uns Kissinger einen detaillierten und faszinierenden Bericht über seine ausführlichen Gespräche mit der sowjetischen Führung. Er erlaubte uns einen Einblick in die Denkweise Gorbatschows. Der sowjetische Führer sagte, er begrüße einen vertraulichen Dialog mit der amerikanischen Regierung, und fügte hinzu, er werte die Tatsache, daß sich der neugewählte Präsident noch vor der Amtseinführung an ihn gewandt hatte, als ein Zeichen von Vertrauen und aufrichtigem Bekenntnis zum Dialog.

Gorbatschow sagte Kissinger, es werde keinen Druck von sowjetischer Seite bei den START-Verhandlungen zur Reduzierung strategischer Waffen geben. Er gehe aber davon aus, daß der politische Dialog bereits im März beginnen könne. Er skizzierte eine Reihe von internationalen Problemen, besonders in Europa. »Meines Erachtens sollten wir in Deutschland etwas aufpassen, und damit mei-

ne ich beide deutsche Staaten«, sagte er und fügte hinzu: »Wir dürfen nichts unternehmen, was in Deutschland eine Krise auslösen könnte.« Er ließ sich nicht weiter darüber aus, was er damit meinte. Was die Reformbestrebungen in Osteuropa anbetraf, so brachte die Zeit bestimmte Veränderungen mit sich, die niemand aufhalten konnte, und das traf auch auf Westeuropa zu. Aber beide Seiten sollten vorsichtig sein, um die Sicherheit des jeweils anderen nicht zu gefährden. In diesem Sinne wollte er den Dialog angehen.

Gorbatschow diktierte eine Antwort, die Kissinger mit zurück nach Washington nehmen sollte: »Ich bin bereit, einen Meinungsaustausch in Anerkennung der Notwendigkeit zu beginnen, unsere Politik in internationalen Fragen anzugleichen. Ich schätze ihre Botschaft sehr, insbesondere, daß zu diesem frühen Zeitpunkt ein vertraulicher Kanal eingerichtet worden ist.« Aus dem Ton und dem Inhalt der Botschaft ergab sich ganz klar, daß er eine positive Atmosphäre schaffen wollte und bereit war, direkt dort weiterzumachen, wo er mit der Regierung Reagan aufgehört hatte.

Kissinger schrieb in seinem Bericht, daß, als er schon zum Gehen aufgestanden war, Gorbatschow nachdenklich geworden war. »Ich führe ein merkwürdiges Land«, hatte er zu Kissinger gesagt. »Ich versuche, mein Volk in eine Richtung zu lenken, die es nicht versteht und in die viele nicht gehen wollen. Als ich Generalsekretär wurde, dachte ich, daß die Perestroika zum jetzigen Zeitpunkt schon abgeschlossen wäre. Statt dessen haben die wirtschaftlichen Reformen gerade erst begonnen. Eines aber ist sicher: Was auch immer mit der Perestroika geschieht, dieses Land wird nie mehr dasselbe sein.« Kissinger fragte ihn, wie er so entschieden sein konnte in seinem Versuch, die Grundlagen des alten Systems zu verändern, wo er doch selber dessen Produkt war. »Es war leicht zu sehen, was daran falsch war«, sagte Gorbatschow. »Schwieriger ist herauszufinden, was besser funktioniert. Aber ich brauche eine lange Periode des Friedens.« Kissinger schloß daraus, daß der sowjetische Präsident für das Gelingen der Perestroika Zeit gewinnen wollte und daß er versuchte, in der Außenpolitik Wege dafür zu finden. Er war auch überzeugt, daß Gorbatschow bereit sein würde, dafür einen gewissen Preis zu zahlen.

Die NATO führen

BRENT SCOWCROFT

Als es nach der Amtsübernahme darum ging, unsere neuen politischen Leitlinien vorzustellen, hatten wir auch eine ganze Palette von praktischen Anforderungen zu berücksichtigen. Wir mußten uns auf den NATO-Gipfel Ende Mai in Brüssel vorbereiten, gefolgt von einem G-7-Gipfel der sieben führenden Wirtschaftsmächte im Juli. Die meisten NATO-Gipfel waren eigentlich nur Routine, aber dieser war wichtiger als sonst: Das Bündnis feierte vierzigsten Geburtstag, und die etwas diffusen, aber doch dramatischen Abrüstungsankündigungen, die Gorbatschow in seiner Ansprache vor der UNO im Dezember vorgestellt hatte, drängten das Bündnis – und uns – politisch in die Defensive.

Zwei unmittelbare Herausforderungen, die miteinander zu tun hatten, lagen vor der NATO, und die Veränderungen im Ost-West-Verhältnis beeinflußten die Wahrnehmung von beiden. Erstens war das die Aufnahme der geplanten Gespräche über die Reduzierung von konventionellen, nicht-atomaren Streitkräften in Europa (KSE). Zweitens – und das war ein umstrittenes Thema – ging es um die Strategie des Bündnisses bezüglich der atomaren Kurzstreckenwaffen (SNF), um ihre Modernisierung und darum, ob und wann wir den Abbau dieser Waffensysteme verhandeln sollten. Die Themen waren für die NATO enorm wichtig, aber trocken und undramatisch – das Timing hätte schlechter nicht sein können.

Gorbatschow hielt wohlgesetzte und aufmerksam verfolgte Reden über Frieden und Demokratie in Osteuropa, und auf der anderen Seite debattierten wir im Westen schal über Panzer und Raketen. Das Gefühl der nachlassenden Spannungen zwischen den Supermächten brachte in Verbindung mit Gorbatschows intensiver PR-Kampagne einige europäische Spitzenpolitiker dazu, die Notwendigkeit substantieller Rüstungsausgaben in Frage zu stellen. Außerdem wurde vor allem in Deutschland die emotionale Frage wieder aufs Tapet gebracht, ob wir unsere verbleibenden Atomwaffen weiterhin in Kontinentaleuropa stationieren sollten. Es kamen Zweifel daran auf, ob die USA ihre Prioritäten richtig gesetzt hatten – jetzt, da die Sowjetunion den kalten Krieg schon hinter sich gelassen zu haben schien. Es war ein diplomatischer Alptraum, die Deutschen dazu zu bewegen, diese Fragen überhaupt nur anzusprechen, geschweige denn, das Bündnis dazu zu bringen, einvernehmliche Lösungen zu beschließen.

KSE und SNF schnell anzugehen, war eine drängende praktische Notwendigkeit, auch wenn das politische Umfeld feindselig war. Sowohl Präsident Bush als auch ich glaubten fest daran, daß die NATO moderne Atomwaffen brauchte – eine Ansicht, die in der ganzen Regierung geteilt wurde und eine lang etablierte Haltung der USA widerspiegelte. Diese Waffen waren nötig, um die Überlegenheit des Warschauer Paktes im konventionellen Bereich auszugleichen, denn diese Gefahr bestand auch weiterhin. Das war auch der »offizielle« Standpunkt des Bündnisses, wie auch der der Vereinigten Staaten und Großbritanniens, aber die gemeinsame Haltung der NATO verdeckte eine wachsende Unstimmigkeit mit Westdeutschland. Dort war der öffentliche Widerstand gegen Atomwaffen besonders stark, wodurch sich Bundeskanzler Helmut Kohl einem größeren innenpolitischen Problem gegenübersah.

Weil sie oftmals eine Reichweite unter 500 Kilometer hatten, waren die Kurzstreckenraketen mit ziemlicher Sicherheit auf Ziele in Deutschland – Ost oder West – gerichtet. Die Westdeutschen fühlten sich daher als Schauplatz eines atomaren Angriffs wie auf dem Präsentierteller. Die starke und wohlorganisierte Anti-Atom-Bewegung in der Bundesrepublik mobilisierte wortstark die Opposition gegen die Modernisierung und rief statt dessen zur Abschaffung der verbleibenden Waffen auf (88 Startrampen verglichen mit 1400 auf sowjetischer Seite). Unter dem Druck Westdeutschlands hatte sich die NATO 1987 schon darauf geeinigt, die Entscheidung über die Modernisierung zu verschieben, bis ein »integriertes Konzept« für die Verzahnung von Rüstungskontrolle und Bündnisstrategie vorlag. Dieses Vorhaben sollte bis zum NATO-Gipfel im Mai abgeschlossen sein und dort beraten werden. Angesichts dieses heißen politischen Eisens und der abgekühlten Unterstützung für die Regierung hofften Kohl und sein Koalitionspartner Hans-Dietrich Genscher von der FDP, daß die Entscheidung bis nach den Bundestagswahlen von 1990 hinausgezögert werden könnte.

Auf der anderen Seite standen die Vereinigten Staaten und Großbritannien und sprachen sich im Sinne der Mehrheit der NATO-Mitglieder dafür aus, daß wir weder die Zahl der Atomwaffen reduzieren noch auf die Modernisierung verzichten konnten, solange wir nicht die Überlegenheit des Warschauer Paktes bei den konventionellen Streitkräften ausgeglichen und eine Art von allgemeinem Gleichgewicht erreicht hatten. Zusätzlich war die Reduzierung sowjetischer Truppen für uns wichtig, weil dies Teil unseres Plans war, die sowjetische Besatzungsarmee zum Abzug aus Osteuropa zu bewegen. So sollte der Liberalisierung ohne die Bedrohung eines militärischen Übergriffs mehr Raum gegeben werden. Die Mitglieder der NATO stimmten im großen und ganzen darin überein, daß die Gespräche über die konventionellen Waffen vor jenen über die atomaren liegen sollten, aber viele fanden es auch wichtig, den Deutschen bei ihren innenpolitischen Nöten entgegenzukommen und die Modernisierung der Raketen zu verschieben.

Wir hatten Verständnis für Kohls Dilemma, insbesondere, weil wir alles nur Mögliche tun wollten, um ihm politisch den Rücken zu stärken. Wir bevorzugten ihn gegenüber den Sozialdemokraten, die sich seit der Zeit, in der sie von Helmut Schmidt geführt worden waren, nach links bewegt hatten. Die Sozialdemokraten unterstützten jetzt die Abschaffung von Atomwaffen, und wir fanden, daß ihre traditionellen Ansichten zur Außen- und Verteidigungspolitik der Sowjetunion in die Hand spielten. Ein Teil des akuten Problems war auch die allzu große Bereitschaft bei einigen Gruppen in Westdeutschland – besonders bei den Sozialdemokraten und den Grünen –, die Redekunst Gorbatschows, mit der er Abrüstungswillen bekundete, für bare Münze zu nehmen. Sowohl Präsident Bush als auch Premierministerin Margaret Thatcher forderten von der Sowjetunion Beweise für Reduzierungen im konventionellen Bereich, bevor wir zustimmen konnten, das Bollwerk der NATO abzubauen.

Am 14. Januar hatten sich beide Bündnisse dazu bereit erklärt, die Verhandlungen über die konventionellen Streitkräfte aufzunehmen, die im Rahmen der KSZE (Konferenz für Sicherheit und Zusammenarbeit in Europa, das 1975 in Helsinki gebildete Forum für Fragen der Sicherheit zwischen Ost und West) stattfinden sollten.

Wir hatten von unseren Vorgängern eine Bündnisposition geerbt, die von Baker auf der Eröffnungssitzung am 6. März in Wien vorgetragen wurde. Er rief zu ungleichen Einschnitten bei der NATO und dem Warschauer Pakt auf, um zu gleichen Truppenstärken zu kommen – etwa fünf bis zehn Prozent unter dem, was die NATO im Augenblick insgesamt zu bieten hatte. Dieser Vorschlag wurde sofort und von vielen Seiten als ungenügend und phantasielos kritisiert, weil das sehr wenig von der NATO verlangte, aber sehr viel vom Warschauer Pakt – nämlich Reduzierungen um mehr als die Hälfte in allen Bereichen. Der Warschauer Pakt akzeptierte die Vorschläge aber wider Erwarten, und Schewardnadse, der die Vorschläge des Ostblocks präsentierte, machte sich sogar für weitere Einschnitte auf beiden Seiten stark.

Schewardnadses Vorschläge waren eine Art unangenehmer Überraschung. Wir hatten zuvor darüber spekuliert, daß Moskau vielleicht eine eindrucksvolle Initiative enthüllen würde, mit der die NATO bloßgestellt werden sollte. Dennoch trug die offensichtliche, fast schon beflissene Bereitschaft der Sowjetunion, in größeren Schritten weiterzumachen, als in den Vorschlägen der NATO enthalten war oder wir überhaupt zu überlegen bereit schienen, dazu bei, die Kritik neu zu entfachen: Die Regierung Bush sei im kalten Krieg gefangen und reagiere nicht auf die Möglichkeiten, die die Sowjets anzubieten schienen. Der Kongreßabgeordnete Les Aspin, Vorsitzender des Verteidigungsausschusses im Repräsentantenhaus, beschuldigte die NATO, sie habe keine Vision für ein neues Sicherheitskonzept für das Ende des Jahrhunderts. Im Ergebnis würden »wir aussehen wie ein Haufen Erbsenzähler, und Gorbatschow sieht aus wie einer, der neue Beziehungen in Europa aufbauen will«. Weit davon entfernt, Gorbatschow die Initiative abzunehmen, hatten die NATO-Vorschläge unsere Probleme noch verschärft und uns weiter in die Defensive gedrängt.

Die Debatte über die atomaren Kurzstreckenwaffen erschütterte das Bündnis aber über die nächsten Monate, und es würde geduldige Diplomatie nötig sein, um vor dem NATO-Gipfel einen Konsens herzustellen. Wir mußten klarmachen, daß die NATO in der Lage war, entschlossen die Initiative zu ergreifen – um damit der Öffentlichkeit zu zeigen, daß der Westen und nicht Gorbatschow Europa den Weg in die Zukunft weisen würde. Die Verbündeten in der NATO waren aber noch weit voneinander entfernt, und auf beiden Seiten gab es starke Persönlichkeiten. Während Präsident Bush und Premierministerin Thatcher sich zwar in der Hauptsache einig waren, war sie völlig unwillig, auch nur die geringsten Veränderungen zuzulassen, die die Verteidigung der NATO schwächen könnten. Auf der anderen Seite war Bundeskanzler Kohl entschlossen, die Modernisierung der Raketen zumindest zu verzögern und zu beginnen, über ihre Abrüstung zu sprechen. Ein starker Arm war nötig, um die beiden Seiten zusammenzubringen. Aus unserer Sicht würde die Auflösung der Unterschiede rechtzeitig vor dem Gipfel – auf eine Weise, die die NATO stärken würde und uns aus dem Hintertreffen Gorbatschow gegenüber herausbrachte – der erste Test für die Führerschaft von Präsident Bush innerhalb des Bündnisses sein.

GEORGE BUSH

Ich war immer der Meinung, daß die Vereinigten Staaten eine sehr große Verantwortung für den Frieden in Europa tragen und eine Verpflichtung haben, die NATO anzuführen. In den 30er Jahren haben wir auf schmerzliche Weise gelernt, daß es ein Fehler war, uns nach dem Ersten Weltkrieg in die Isolation zurückzuziehen. Wir sahen einfach zu, wie Europa mit dem Faschismus kämpfte, es war aber unvermeidlich, daß wir in den Kampf zur Wiederherstellung der Freiheit hineingezogen wurden. Als der kalte Krieg begann, wurde Westeuropa zur Front gegen die sowjetische Bedrohung, und unsere Verbündeten waren darauf angewiesen, daß die Vereinigten Staaten der NATO die Richtung zeigten; der amerikanische Präsident mußte die Führung übernehmen.

Ich wollte, daß der persönliche Kontakt großen Raum sowohl in unserem diplomatischen Ansatz als auch bei der Führung im Bündnis und in anderen Bereichen einnehmen würde. Es gibt Stimmen, die sagen, daß persönliche Beziehungen zwischen Staatsmännern unwichtig oder sogar unnötig seien. Henry Kissinger meinte mir gegenüber einmal, daß dies kein Ersatz für echte nationale Interessen sein könnte. Er legte dar, daß der Führer eines Landes niemals seine Politik ändern würde, nur weil er einen anderen Führer gut leiden kann. Ich nehme an, es könnte in der Tat gefährlich werden, wenn man sich naiv einlullen ließe in der Erwartung, daß die andere

Seite aus Freundschaft Dinge im eigenen Sinne tut. Aber ich fand diese Gefahr ziemlich klein. Für mich gingen persönliche Diplomatie und Führerschaft Hand in Hand.

Es gibt auch allgemeingültige Gründe, warum der amerikanische Präsident engere Beziehungen mit seinen Kollegen aufbauen sollte. Wenn ein ausländischer Staatsmann den Charakter und die Eigenheiten des Präsidenten kennt (und umgekehrt), dann gibt es aller Voraussicht nach weniger Fehleinschätzungen auf beiden Seiten. Persönliche Beziehungen mögen zwar keine echten Streitfragen lösen können, aber sie können doch etwas guten Willen erzeugen und dabei helfen, Mißverständnisse zu vermeiden. Dieses Wissen hilft einem Präsidenten dabei, politische Leitgedanken zu formulieren und anzupassen, die es anderen Führern einfacher machen, auf solche Linien einzuschwenken. Das kann den Unterschied zwischen Argwohn und »Im Zweifel für den Angeklagten« ausmachen – und erlaubt das Manövrieren in schwierigen politischen Situationen.

Ich hatte vor, den persönlichen Kontakt so einzusetzen, daß ausländischen Staatsmännern deutlich wurde, daß die Vereinigten Staaten sich für sie und ihre Angelegenheiten interessierten und nicht abseits standen. Wenn ein Präsident zuviel Diplomatie auf höchster Ebene an die unteren Ränge delegiert, dann entsteht leicht der Eindruck des Desinteresses oder sogar der Arroganz gegenüber dem Ausland. Jeder Staats- oder Regierungschef ist stolz auf sein Land und sollte mit Würde und Respekt behandelt werden – was auch die frühzeitige Rücksprache einschließt. Die meisten Länder haben Respekt vor den Vereinigten Staaten und wollen spüren und darauf vertrauen können, daß die Vereinigten Staaten auch großen Respekt vor ihnen, ihren Sitten, Gebräuchen und ihrer Souveränität haben. Es ist wichtig, mit den richtigen Gesten zu signalisieren, daß wir ihren Standpunkt würdigen. Je mehr Kontakte bestehen, desto besser ist es für die Zusammenarbeit, besonders dann, wenn es gilt, gemeinsam Probleme zu lösen. Wenn man jemandes durch persönliche Kontakte aufgebautes Vertrauen hat, kann man sehr viel mehr bewegen. Allerdings kann man dieses gegenseitige Vertrauen nicht erringen, wenn man nicht bewußt daran arbeitet. Ich hatte Glück; ich kannte viele der ausländischen Führer schon seit Jahren, oft noch aus der Zeit, bevor sie ihre Ämter übernommen hatten, und das würde dabei helfen, Vertrauen aufzubauen.

Präsident Bush investierte enorm viel Zeit in persönliche Diplomatie, und meines Erachtens war das unverzichtbar für den Erfolg unserer Außenpolitik. Seine direkten Beziehungen zu seinen Amtskollegen machten einen enormen Eindruck auf diese – die meisten waren sehr geschmeichelt. Sie waren nicht länger Fremde mit nur gelegentlichen Kontakten. Der Präsident rief seine wichtigsten Verbündeten und Freunde oft an, häufig ohne ein besonderes Anliegen, sondern nur, um zu plaudern und Ansichten über die allgemeine politische Lage auszutauschen. Einige von ihnen, etwa sein Freund, der niederländische Premierminister Ruud Lubbers, und der ägyptische Präsident Hosni Mubarak, wurden zu regelrechten Resonanzböden für Trends und Standpunkte in ihrer Region. Fast jeden Tag gab es solche Telefonate, manchmal nur kurze, um etwas nachzufragen, aber oft auch lange und detaillierte Diskussionen. Er genoß es, diesem selbstgesteckten Ziel näher zu kommen, und sprach mit ausländischen Führern vermutlich häufiger als seine vier oder fünf Vorgänger zusammen. Dieser Kontakt hatte zur Folge, daß die ausländischen Kollegen ihn persönlich gut kannten und wußten, welche grundlegenden Werte wir vertraten. Daher waren sie bereit, in unserem Sinne zu reagieren, wenn er anrief und um Unterstützung bat. Im Ergebnis waren diese Kollegen für uns da, wenn wir sie brauchten, oftmals nur deswegen, weil sie aus den vielen Gesprächen Bescheid wußten und Verständnis und Sympathie zeigten.

Auch Führer, die für die Politik der USA weniger wichtig waren, erfreuten sich der Aufmerksamkeit des Präsidenten. Bis zum Jahresende 1989 hatte er zum Beispiel mit jedem Regierungschef in Lateinamerika telefoniert. Das praktische Ergebnis wurde sichtbar, als wir im Dezember Truppen nach Panama schickten, um dort die Demokratie wiederherzustellen: Üblicherweise hätte das einen Sturm der Entrüstung unter den lateinamerikanischen Führern entfacht, die bei ausländischer Einmischung – insbesondere durch »Yankees« – sehr empfindlich waren. Die Tatsache, daß diese Führer George Bush kannten und wußten, was für ein Mensch er war und welche Ziele er verfolgte, führte zu sehr zurückhaltenden Reaktionen – ohne Konsequenzen auf die Operation in Panama.

Die persönliche Diplomatie ergänzte die traditionellen diplomatischen Prozesse und verstärkte diese enorm. Das Außen- und das

Verteidigungsministerium als die normalen Kanäle zu verwenden und ihre Wirkung durch die Anrufe des Präsidenten zu verstärken, war eine kraftvolle Kombination, um Unterstützung für die Politik der USA zu bekommen. Die Außenministerien der anderen Länder hatten oft ihre eigene Sichtweise der Dinge, manchmal reichlich verschieden von den Ansichten ihrer Staats- oder Regierungschefs. Der Quai d'Orsay in Frankreich (das dortige Außenministerium) galt zum Beispiel bei unserem Außenministerium als feindselig und sperrig. Es war sehr hilfreich für James Baker, daß die verschiedenen Außenministerien wußten: Wenn sie in einer Angelegenheit negativ eingestellt waren oder untätig bleiben wollten, erhielten sie vielleicht schon bald eine Anfrage ihres Regierungschefs, die von einem Anruf durch George Bush ausgelöst worden war. Dieser Ansatz vermittelte unseren Freunden den Eindruck, daß wir unsere Hausaufgaben gemacht hatten, mit einer Stimme sprachen und sie wirklich um Rat fragten, wenn wir politische Leitlinien formulierten.

Deutschland wurde zum wichtigsten Schlachtfeld, um Gorbatschows Propaganda in Europa zu begegnen. Seine Ansprache vor den Vereinten Nationen im Dezember hatte die Debatte über die atomaren Kurzstreckenraketen dort weiter angeheizt. Und sie machte es schwieriger, die deutsche Öffentlichkeit von der Notwendigkeit einer frühen Entscheidung über die Modernisierung zu überzeugen. Auch das Drängen der deutschen Regierung auf baldige Verhandlungen über die Reduzierung dieser Waffen wurde stärker. Bonn argumentierte, daß solche Gespräche zeigen würden, wie sich der Westen auf die neuen Bedingungen einstellen wollte. Außerdem würde es – sollte die NATO sich Verhandlungen verweigern – so aussehen, als sei sie nicht willens, sich vom kalten Krieg zu verabschieden. In Bonn ließ man düster anklingen, daß ein solcher Eindruck die regierende Koalition untergraben könnte.

GEORGE BUSH

Die Deutschen versteiften sich immer mehr darauf, sowohl mit Verhandlungen über atomare Rüstungskontrolle zu beginnen, als auch die Modernisierung der Raketen zu verschieben – ohne darauf zu warten, wie sich die Verhandlungen über konventionelle Waffen entwickelten. Für mich, insbesondere aber für Margaret Thatcher, waren das Fragen, bei denen die Deutschen sich in die falsche Richtung orientierten und bei denen ein Kompromiß gefährlich sein konnte. Solange ich Helmut Kohl kannte, war er stets ein Freund der Vereinigten Staaten gewesen und hatte fest zur Solidarität in der NATO gestanden. Aber ich war mir bewußt, daß seine politischen Probleme ihn in Versuchung führen konnten, in dieser Frage mit dem Bündnis zu brechen. Als Vizepräsident hatte ich ihn auf meiner Europareise besucht, um die umstrittene Stationierung von Pershing-II-Mittelstreckenraketen durchzusetzen, und hatte dabei die Demonstrationen dagegen erlebt. Das Problem mit der Modernisierung war besonders unangenehm, aber ich war mir sicher, daß wir ihm dabei helfen konnten. Wenn das Bündnis eine klare und starke Haltung einnahm, war das für Kohl eine gute Rückendeckung. Ich zweifelte daran, daß die deutsche Bevölkerung von ihm wirklich erwartete, daß er sich von der NATO abwandte.

Kohls CDU und ihre Schwesterpartei CSU regierten die Bundesrepublik in einer Koalition mit der FDP, die von Hans-Dietrich Genscher geführt wurde. Aus diesem Grund konnte Kohl sich häufig nicht die Freiheit nehmen, in umstrittenen Fragen Stellung zu beziehen, wenn das die Wählerschaft spaltete. Er mußte sich ständig mit seinen Partnern abstimmen und im innenpolitischen Kaffeesatz lesen, wenn er nicht seine dünne parlamentarische Mehrheit und damit die Kanzlerschaft verlieren wollte. Die FDP hatte genau dieses einige Jahre zuvor verursacht, als sie die Koalition mit Kohls Vorgänger, Helmut Schmidt von der SPD, verlassen hatte. Genscher war auch schon unter Schmidt Außenminister gewesen und besaß daher großen Einfluß.

Ich war zuversichtlich, daß Kohl die Oberhand behalten würde. Bis zu diesem Punkt war er ein vollendeter Politiker gewesen, vielleicht der fähigste, den ich jemals gekannt habe, und ich bewundere ihn bis heute. Egal, wie tief er in den Wahlprognosen gefallen war (typischerweise hing er während des Wahlkampfes weit zurück) oder wie oft ihn seine Kritiker oder politische Auguren für tot erklärt hatten, war es ihm über die sechzehn Jahre seiner Regierungszeit immer gelungen, wieder hochzukommen. Seine politischen Instinkte schienen unfehlbar zu sein. Er hatte politisch immer dadurch überlebt, daß er dem Widerstand nicht nachgab, sondern ihn verstand, vorwegnahm und die Ansichten seiner Gegner in Betracht zog. Er war über die Machenschaften der Opposition stets informiert und alarmiert, aber in den endgültigen Analysen ging er stets von seinen eigenen Überzeugungen aus. Wenn es hart auf hart kam, so hatte ich stets den Eindruck, daß er sich im Sinne der Vereinigten Staaten und der NATO durchsetzte. Kohl ist ein großer, leutseliger Mann und wirkt manchmal wie ein enormer Bär. Er liebt gute Scherze. Ich neckte ihn oft wegen Petra Kelly, eines deutsch-amerikanischen Heißsporns, die eine starke Führungsrolle in der Anti-Kohl-Bewegung bei der Partei der Grünen ausübte – sie protestierte frei von der Leber weg, war eine auftreibende Persönlichkeit und provozierte die Christdemokraten auf jede erdenkliche Weise und bei jeder Gelegenheit. Ich war als Vizepräsident einmal in Krefeld Kohls Gast gewesen, wo wir die ersten deutschen Auswanderer nach Amerika gewürdigt hatten. Damals waren die Grünen geradezu militant gewesen, nicht einfach naturliebende Umweltschützer, wie der Name suggeriert. Während der Zeremonien in Krefeld beteiligte Frau Kelly sich an Demonstrationen gegen die Stationierung amerikanischer Atomwaffen in Europa. Danach gelang es ihr, ein Essen zu sprengen, das Kohl für mich gegeben hatte. Während sie sich den Weg zu unserem Tisch bahnte, bevor sie von den Sicherheitsleuten aufgehalten wurde, drehte ich mich zu Kohl um und fragte unschuldig: »Ist Ihre Zuneigung zu Petra emotionaler Natur, oder geht es um physische Anziehung?« Ich dachte, er würde sich totlachen.

BRENT SCOWCROFT

Um eine Spaltung des Bündnisses in der Frage der Atomwaffen zu verhindern, mußten wir die Gespräche über die konventionellen Waffen in Gang bringen. Wenn wir dann die Eckwerte des konventionellen Gleichgewichtes kannten und die Abrüstung im gegenseitigen Vertrauen begonnen hatte, würden wir die Rahmenbedingungen kennen, um zu bestimmen, wie viele Atomwaffen wir brauchten. Damit hätten wir auch die Basis, um die Verhandlungen darüber zu beginnen, wie es die Deutschen forderten. Die Atomwaffen ganz abzuschaffen, stand völlig außer Frage. Eine Modernisierung, auch wenn sie nicht unerläßlich war, würde doch die Entschlossenheit der NATO unterstreichen, die notwendigen Kapazitäten zur Abschreckung und Verteidigung beizubehalten. Ich fand, daß eine Verschiebung die zunehmende Haltung in Europa weiter verschlimmern konnte, daß keine weiteren Anstrengungen zur Verteidigung nötig seien. Die Sowjets waren schließlich gerade jetzt wegen unserer resoluten Politik der Stärke in all den Jahren in allen Bereichen auf dem Rückzug. Wir sollten diese Politik nicht im Augenblick des Sieges aufgeben. Dann gab es da auch noch unseren Kongreß. Der wurde immer unwilliger, Geld für die Modernisierung von taktischen Atomwaffen auszugeben, besonders, wenn die Europäer diese gar nicht haben wollten.

Am 10. Februar, ein Tag bevor Baker in Bonn zu seinem Antrittsbesuch erwartet wurde, rief Kohl die NATO offiziell dazu auf, die Entscheidung über die Modernisierung der atomaren Kurzstreckenwaffen bis 1991 oder 1992 zu verschieben. Er erläuterte, daß die bestehenden Systeme bis 1995 oder 1996 nicht ersetzt zu werden brauchten, eine Entscheidung also nicht schon 1990 erfolgen mußte – dem Zeitpunkt der westdeutschen Wahlen. Das war eine unliebsame Überraschung. Die Anfrage schien ein Versuch zu sein, Baker jede Möglichkeit zu nehmen, den Deutschen ihre Zustimmung zu einer Stellungnahme abzuringen, die im Prinzip die Modernisierung guthieß. Dieses Vorspiel zu Bakers Besuch verhieß nichts Gutes, und das wurde während seines Aufenthalts bestätigt. Kohl versteifte sich sogar noch weiter in seiner Haltung. Er wiederholte nicht nur seinen Aufruf, die Entscheidung über die Modernisierung wenigstens bis nach der Wahl zu vertagen, sondern drängte auch noch, daß die NATO Verhandlungen mit Moskau über die Reduzierung von atomaren Kurzstreckenraketen aufnehmen sollte, ohne abzuwarten, bis wir die zentrale Frage der konventionellen Truppenstärken gelöst hatten. Genscher ging noch einen Schritt weiter: In einem Radiointerview am 14. Februar stellte er die Notwendigkeit der Modernisierung von Atomwaffen generell in Frage, nachdem doch die Sowjetunion weitere Schritte zur Abrüstung versprochen hatte.

Kohl schien auf die schwindende politische Unterstützung für seine Koalition zu reagieren, weil die Frage der Atomwaffen ein zentrales Thema für die sozialdemokratische Opposition war. Der Christian Science Monitor berichtete am 5. April, eine Umfrage in Westdeutschland habe gezeigt, daß beinahe zwei Drittel der Bevölkerung für einen Rücktritt Kohls seien. Mitte April bildete er sein

Kabinett um und bestand immer deutlicher auf frühen Verhandlungen, was wiederum die Debatte im Bündnis anheizte.

GEORGE BUSH

Um zu versuchen, das Problem direkt anzugehen, sprach ich mit Kohl und schlug vor, er solle zu einem informellen Treffen nach Camp David oder Washington kommen, damit wir die Probleme lösen konnten. Kohl beteuerte, daß ihn Koalitionsprobleme von einer Reise abhielten, bot aber an, daß er seinen Berater Horst Teltschik – Scowcrofts Pendant in Bonn – schicken würde. Das fand ich in Ordnung, denn Teltschik hatte Kohls Vertrauen. Kohl versprach, daß der Besuch umgehend arrangiert werden würde, aber am Ende kann es nicht dazu. Teltschiks wiederholte Absagen ließen mich zu dem Schluß kommen, daß Kohl nicht nur unter zunehmendem Druck stand, die Entscheidung über die Modernisierung zu verzögern und frühe Verhandlungen mit Moskau zu unterstützen. Er schien auch zu glauben, daß er nicht mit uns in Konsultationen eintreten konnte – aus Angst, er könne in der deutschen Öffentlichkeit als zu kompromißbereit bloßgestellt werden. Seine Ausweichmanöver gingen mir immer mehr auf die Nerven. Wir mußten zu irgendeinem Beschluß kommen, wenn wir vor dem NATO-Gipfel noch eine Übereinkunft finden wollten.

Am 12. April traf ich mich mit NATO-Generalsekretär Manfred Wörner, früherer Verteidigungsminister unter Kohl und prominenter CDU-Politiker. Er legte mir ans Herz, ich solle nicht zulassen, daß die wachsende Debatte über die Atomwaffen den Geburtstag der NATO verderben würde, und erinnerte mich daran, daß es an der Zeit war, dem Bündnis eine neue Richtung zu geben. »Wir sind in einer historischen Situation«, sagte er, »und obwohl wir erfolgreiche Arbeit leisten, bleibt in der Öffentlichkeit der Eindruck zurück, daß allein Gorbatschow Geschichte macht.« Wörner schlug vor, daß wir uns jetzt auf die politischen Botschaften des Bündnisses konzentrieren und nicht einfach versuchen sollten, Moskau mit Rüstungskontrollvorschlägen zu beeindrucken. Die NATO müsse den Weg in die Zukunft weisen und sich selber als Quelle der Stabilität und Sicherheit in Zeiten politischen Wandels darstellen. »Die Vereinigten Staaten sollten nicht erwarten, daß andere hierzu viel beitragen wollen«, warnte er. »Alle warten auf die Amerikaner.«

Wörner hatte recht: Es lag an mir, sowohl eine Lösung für die atomaren Kurzstreckenwaffen zu finden, die die Verbündeten vor dem Gipfel unter einen Hut bringen würde, als auch den Rahmen für eine neue Ausrichtung der NATO abzustecken.

Einige Tage später kam der britische Außenminister Geoffrey Howe nach Washington, um das Problem zu besprechen. Er wiederholte Margaret Thatchers erklärten Widerstand gegen Verhandlungen – das hatte sie mir schon in unserer ersten Unterhaltung nach meiner Amtseinführung deutlich gemacht. Ich teilte einige ihrer Bedenken: Wenn wir erst einmal mit solchen Gesprächen begonnen hatten, würde der öffentliche Druck, alle Raketen abzurüsten, sehr schnell wachsen – noch bevor wir Schritte in Richtung einer Balance im konventionellen Bereich ergreifen konnten. Howe übermittelte als grundlegende Botschaft von Thatcher, daß die Vereinigten Staaten sich hier heraushalten sollten, damit sie das Problem mit Kohl lösen konnte. Ich war nicht bereit, das zuzulassen, zum Teil auch, weil wir fanden, daß die Beziehung Thatcher-Kohl nicht ganz reibungslos funktionierte. Außerdem war Frau Thatcher deutlich unnachgiebiger als wir und weitaus emotionaler in bezug auf die Gefahren eines Kompromisses. Darin konnte ich nicht die richtigen Voraussetzungen sehen, um mit Kohl eine gemeinsame Position zu finden. Ich denke, daß Frau Thatcher sich nicht sicher darüber war, wie ich die NATO zu führen gedachte, und sie behauptete in der Öffentlichkeit die sehr harte Linie bei den atomaren Kurzstreckenwaffen. Vielleicht dachte sie, daß dies es für mich schwerer machen würde, mich mit den Deutschen zu arrangieren. Ich glaube auch, daß sie immer noch im Sinne der besonderen amerikanisch-britischen Beziehungen sprach, wie sie das unter Reagan getan hatte. Aber ich war entschlossen, daß der Präsident der Vereinigten Staaten das Bündnis führen sollte.

BRENT SCOWCROFT

Im Bewußtsein der politischen Probleme in Deutschland trafen sich die Verteidigungsminister der NATO-Staaten am 20. April und entwarfen ein Kommuniqué, das zwar dazu aufrief, »flexible Atomwaffen über das ganze Einsatzspektrum« beizubehalten und diese auch auf den neuesten Stand der Technik zu bringen. Im Grunde wurde darin aber die deutsche Forderung akzeptiert, die Entscheidung über die Modernisierung bis 1991 zu verschieben. Nicht einmal einen Tag nach dieser versöhnlichen Geste ließ Bonn eine Bombe hochgehen: Aus einem Enthüllungsbericht in der Presse erfuhren wir, daß die Regierungskoalition sich darauf geeinigt hatte, sofortige Ost-West-Verhandlungen über die Reduzierung atomarer Kurzstreckenwaffen aufzunehmen. Die Presse schien absichtlich informiert worden zu sein, um öffentlichen Druck auf die NATO auszuüben, sich der deutschen Haltung anzuschließen, anstatt die Frage in geheimen Verhandlungen zu besprechen.

GEORGE BUSH

Ich war über diesen einseitigen Schritt verärgert. Ich fand, daß dies ein Beispiel dafür war, wie man mit seinen Partnern im Bündnis nicht umgehen sollte. Als ich am nächsten Tag mit Kohl sprach, erklärte er mir, daß die Koalition sich in der Frage der Atomwaffen geeinigt und ein internes Konsenspapier dazu verfaßt hatte. Er versprach, mir dieses Papier umgehend zukommen zu lassen, und bat mich darum, Genscher und seinen neuen Verteidigungsminister Gerhard Stoltenberg zu empfangen, die am kommenden Montag nach Washington kamen, um Baker, Cheney und Scowcroft zu treffen. Das würde ihm die Möglichkeit geben zu behaupten, daß Deutschland sich mit seinen Verbündeten in der Frage beratschlagt hatte – womit er implizierte, daß die deutsche Haltung noch zur Debatte stand –, und er wollte zu Hause den Eindruck erwecken, daß er wenigstens den Vorschlag unterbreitet hatte, auch wenn der dann nicht angenommen wurde. Ich sagte Kohl, daß ich die Situation verstand und mich nicht einmischen wollte, daß er das Thema atomare Kurzstreckenraketen aber mit uns hätte besprechen sollen, bevor derartige Entscheidungen getroffen und der Öffentlichkeit bekanntgemacht werden. Ich wollte nicht, daß Bonn uns mit einem Fait accompli konfrontierte. »Das heißt auch, keine Lecks, die nur dazu dienen, uns auf eine Position festzunageln«, fügte ich deutlich hinzu. Er schob die Verantwortung für das Leck auf seine Koalition aus drei Parteien, die viel Raum für derlei Probleme böte. Es würde ohnehin schwierig sein, alle Angelegenheiten nur zwischen uns zu halten. Er würde in jedem Fall noch mit den anderen Verbündeten sprechen müssen, wenn die NATO-Minister ihre Vorlage für die Gespräche vorstellen würden, und es gab keine Möglichkeit zu überwachen, daß der Inhalt oder die Debatte nicht der Öffentlichkeit bekannt wurde.

»Das ist nicht das Problem«, antwortete ich. »Das Problem ist, daß eine klare Haltung der Bundesrepublik im Namen der NATO nicht im Vorfeld eingenommen werden sollte. Wir müssen etwas Raum haben, um Differenzen zu diskutieren und eine gemeinsame Position zu erarbeiten. Wir müssen das jetzt klären, damit wir einen erfolgreichen NATO-Gipfel erwarten dürfen – ohne irgendwelchen Sand in unserem ansonsten tadellos laufenden Bündnisgetriebe.«

Margaret Thatcher teilte meinen Ärger und meine Sorgen hinsichtlich der deutschen Taktik. Am nächsten Tag erzählte ich ihr von meinen Bemühungen, Kohl zu überzeugen, sich im Vorfeld abzustimmen, und von meinen Bedenken über seine mangelnde Kooperation. Ich war der Meinung, daß die letzte Stellungnahme des Bündnisses, alle Waffensysteme müßten auf den neuesten Stand gebracht werden, fürs erste genügen sollte und, realistisch gesehen, vermutlich das Äußerste war, was wir von den Deutschen erwarten konnten. Detaillierte Entscheidungen über die Stationierung konnten bis 1991 warten.

Margaret Thatcher machte ihrem eigenen Ärger Luft. Sie glaubte, daß die deutsche Position die Haltung Genschers und nicht die Kohls wiedergab und daß Genscher die Vorschläge als Mittel dazu verwendete, für seine Haltung Verständnis zu gewinnen. Tatsächlich unterstellte sie, es sei möglich, daß Kohl auf die Vereinigten Staaten und Großbritannien hoffte, um Genschers Bestrebungen zu kontern. Die NATO sei nicht Deutschland, und wir dürften nicht zulassen, daß Bonn dem Bündnis Vorschriften machte. In letzter Konsequenz, wenn wir fest im Sinne der NATO zusammenhielten, konnte Kohl sich nicht von seinen amerikanischen und britischen Verbündeten abwenden – die Folgen würden »zu schrecklich« sein. Es läge an Washington und London, das Bündnis zu »retten«, behauptete sie. Wir müßten Deutschland gegenüber hart bleiben; sie seien im Unrecht gewesen, als sie ihre Haltung öffentlich machten. Sie bot sich an, ihre eigene Position öffentlich zu machen, aber nicht als ihre eigene, sondern als die der NATO.

Die Botschaft am Ende des Gipfels dürfe nicht lauten, daß es unter den Verbündeten kein Rückgrat gebe, erklärte Thatcher.

Dann hätten wir versagt. Es dürfe keine Zweifel, sie wiederholte, keine Zweifel daran geben, daß Verhandlungen über die atomaren Kurzstreckenwaffen außer Frage stünden. »Die Deutschen wissen sehr genau, daß die Strategie der ›Flexible Response‹ auf den atomaren Kurzstreckenraketen basiert und diese deshalb auf dem neuesten Stand bleiben müssen«, sagte sie erzürnt. »Die Deutschen sind sich mit uns darin einig, daß wir eine Mischung von atomaren und konventionellen Waffen in Europa brauchen, aber sie leugnen dieses Prinzip durch ihre Haltung zu bestimmten Waffen. Das ist nicht Kohl. Das ist Genscher, der mit seinen fünf Prozent der deutschen Wählerschaft versucht, die NATO zu dominieren.«

Dennoch erkannte Frau Thatcher an, daß wir die Entscheidung über die Stationierung von modernisierten Raketen auf dem Gipfel vertagen konnten und daß diese Verschiebung der beste Kompromiß war, den wir bekommen konnten. »Wichtig ist die Übereinstimmung zwischen den USA und Großbritannien«, sagte sie, »denn ohne unsere zwei Länder würde es die NATO nicht geben.« Sie fragte, ob wir wenigstens unser Telefonat veröffentlichen könnten, um zu zeigen, daß die Vereinigten Staaten und Großbritannien dabei zusammenarbeiteten, mit den Deutschen umzugehen. Ich sagte, ich hätte Kohl gebeten, nichts mehr an die Öffentlichkeit dringen zu lassen, und ihm die Zusage entlockt, daß es kein Fait accompli geben würde. Ich zog es vor zu warten, bis die Gespräche mit den Deutschen in Washington vorbei waren, bevor wir dazu eine Stellungnahme abgaben. Wir würden vertraulich und mit den besten Vorsätzen vorgehen, wenn die Deutschen kommen.

Dieses Gespräch war typisch Thatcher, stark und prinzipientreu. Es zeigten sich darin die Reibereien, die sie mit den Deutschen hatte – und die Notwendigkeit, daß ich versuchte, einen ausgeglichenen Weg zu finden, um mit Kohls Widerspenstigkeit zurechtzukommen. Ich hatte die Stärke von Frau Thatcher über die Jahre immer wieder bewundert. Ich hatte sie 1977 in Houston kennengelernt, als ich bei einer Tagung der English Speaking Union die Einführung zu ihrem Vortrag übernommen hatte. Sie war damals noch nicht Premierministerin, und ich hatte zu der Zeit kein öffentliches Amt inne. Ich war von ihren rhetorischen Qualitäten sehr beeindruckt. Später, als ich Vizepräsident war, traf ich sie häufig, wenn ich nach London reiste oder sie in die Vereinigten Staaten kam. Sie und ich wurden gute Freunde. Ich bedaure, daß wir uns nie so nahestanden, wie sie das mit Ronald Reagan getan hatte.

Frau Thatcher hatte tiefen Respekt vor und empfand Zuneigung für Reagan. Reagan bestimmte zwar normalerweise bei internationalen Treffen den Ton, schien aber dann oft den Rest der Diskussion Frau Thatcher zu überlassen und sie auch für ihn sprechen zu lassen. Sie genoß es, in beider Namen tätig zu werden, und sagte häufig Sätze wie: »Ron und ich denken ...« Ich war mir der Bedeutung der amerikanisch-britischen Beziehungen wohl bewußt und wollte eng mit Frau Thatcher zusammenarbeiten, mußte aber für mich selbst sprechen. Wenn wir Differenzen hatten, bügelten wir sie aus. In ihren Memoiren schreibt sie, daß es für mich wichtig war, mich durchzusetzen. Ich glaube, ihr Eindruck stammt daher, daß ich entschieden hatte, daß es nur einen Sprecher für die Vereinigten Staaten geben würde. Ich weiß, daß sie das verstand, aber es war eine Veränderung verglichen mit der zusätzlichen Autorität, mit der sie früher hatte sprechen können.

Frau Thatcher hatte niemals keine Meinung, und sie vertrat ihre Position immer mit Nachdruck. Es war mir klar, warum sie so eine starke Führungspersönlichkeit geworden war. Sie war selbstsicher und zögerte niemals, Dinge anzusprechen oder Differenzen mit anderen zu haben. Während Mitterrand seine Argumente oft in Lehren aus der Geschichte verpackte, neigte Thatcher eher dazu, ihre Position deutlich und offen kundzutun, ohne sich mit Nettigkeiten aufzuhalten. Sie war stark, aber nicht rauh. Sie war auch immer gut vorbereitet und hatte ein großes Wissen – ein echter Experte in Rüstungskontrollfragen. Ich legte großen Wert auf ihre Weisheit und ihren Scharfblick, besonders im Umgang mit Europa und der NATO. Ich habe von ihr, wie auch von Reagan, gelernt, wie bedeutend es ist, sich an Prinzipien zu halten, und ich respektierte ihre Härte und ihr totales Selbstvertrauen. Sie machte sich nicht gern zum Narren, und ich habe nie erlebt, daß sie sich für Humor hätte erwärmen können. Sie war persönlich nicht so locker wie Brian Mulroney, John Major oder Helmut Kohl. Sicherlich hatten Michail Gorbatschow und Boris Jelzin mehr Leichtigkeit als sie.

Margaret Thatcher hat aus ihrer Zuneigung für die Vereinigten Staaten nie ein Hehl gemacht, auch nicht aus der großen Bedeutung, die sie den Beziehungen zwischen unseren Ländern beimaß. Sie arbeitete hart daran, das »Besondere« an dieser Beziehung am Leben zu erhalten. Sie wollte nicht, daß unsere Länder im internationalen Rahmen auseinanderdrifteten – und wenn das bedeutete, daß sie Kompromisse eingehen mußte, gestand sie uns immer zu, daß im Zweifel wir recht hatten. Ich war ihr dafür sehr dankbar. Die europäische Integration machte ihr ganz klar Probleme, und sie sah die Vereinigten Staaten als ihren wichtigsten Verbündeten und sogar Freund an. Ich denke, sie sah in uns auch ein Gegengewicht zu dem, was sie sorgenvoll als wachsende deutsch-französische Kooperation ansah. Sie vertraute den Europäern nicht wirklich.

BRENT SCOWCROFT

Genau wie bei Frau Thatcher, so war auch meine Reaktion auf den Schritt der Deutschen nicht gerade freudig. Die Atmosphäre war ohnehin etwas gespannt, und eine einseitige Entscheidung bei einer Frage von solcher Bedeutung für viele Beteiligte war nicht hilfreich – vor allem, wenn dann ein regelrechter Jahrmarkt auf die Reise geschickt wurde, um den anderen das schmackhaft zu machen. Baker, Cheney und ich trafen uns am 24. April mit den beiden deutschen Ministern, aber die Stimmung war alles andere als versöhnlich. Obwohl eine Reihe von Vorschlägen gemacht wurden (darunter auch der, einseitig die Kurzstreckenwaffen zu reduzieren und die Sowjets aufzufordern, sich unseren Obergrenzen anzuschließen), kamen wir nicht weiter. Die Situation drohte, sich zu einer größeren Krise zu entwickeln.

Die Sackgasse der Unvereinbarkeit zwischen der Position Deutschlands und der USA erzeugte in Washington zunehmend Kritik. Senator Sam Nunn, Vorsitzender des Streitkräfteausschusses im Senat, meinte, daß die NATO sich selber in den Fuß schieße, und er sah keine gangbare Strategie, um mit dem amerikanisch-deutschen Bruch umzugehen. Paul Nitze, der gerade als Chefberater der Regierung für Rüstungskontrolle in den Ruhestand gegangen war, warnte davor, daß die USA in Gefahr seien, sich im Bündnis durch ihre Weigerung, in Verhandlungen einzusteigen, zu isolieren. Er erklärte, daß es für Westdeutschland politisch unmöglich sei, der Modernisierung von Kurzstreckenwaffen zuzustimmen, ohne gleichzeitig eine Entscheidung zu haben, daß mit dem Warschauer Pakt verhandelt werden würde. Die Wahrnehmung in der Öffentlichkeit war daher, daß wir nicht über die atomaren Kurzstreckenraketen verhandeln wollten – was richtig war –, aber auch, daß wir nicht genau wußten, was wir tun wollten – was nicht richtig war. Wir wollten die Verhandlungen über Atomwaffen verzögern, bis die Frage der konventionellen Waffen diskutiert wurde. Das Problem bestand darin, Kohl einen Weg zu weisen, dieser Verhandlungsstrategie zuzustimmen, ohne ernsten politischen Schaden zu nehmen oder die fundamentalen Sicherheitsbedürfnisse der NATO zu gefährden.

GEORGE BUSH

Kohl rief mich am 5. Mai wieder an, um die Situation zu besprechen. Ich sagte ihm, daß es mich ärgerte, daß unsere privaten Differenzen öffentlich wurden – ich versuchte schließlich, mit ihm auf einen harmonischen Gipfel hinzuarbeiten. Er versicherte mir, daß er sein Bestes tun würde, um rechtzeitig vor dem Gipfel zu einem Kompromiß zu kommen, und er hielt die Chancen für gut. Ich war mir da nicht so sicher. Obwohl er zwei Tage zuvor in Rom gesagt hatte, daß er kein Problem darin sähe, die Gespräche über die Raketen in Verbindung zu den Verhandlungen über konventionelle Streitkräfte zu sehen, hatte ich noch nichts in der Art gehört, daß erst klare Fortschritte in Form von konkreten Reduzierungen bei den konventionellen Waffen zu sehen sein mußten. Wir drehten uns im Kreise und kamen nicht voran. Ich hoffte immer noch, daß eine direkte und offene Diskussion zwischen Kohl und mir einen Weg zu einem Konsens in der Sache eröffnen und ein Desaster auf dem Gipfel vermeiden könnte.

Die Sowjetunion nutzte die Zwietracht in der NATO umgehend aus. Am 11. Mai fand sich Baker plötzlich wohlüberlegt neben Gorbatschow im Rampenlicht wieder, als dieser den geplanten Abzug von 500 atomaren Gefechtsköpfen für Kurzstreckenraketen aus Osteuropa ankündigte (wodurch der Sowjetunion immer noch wesentlich mehr verbleiben würden, als wir hatten). Kohl und Genscher begrüßten den sowjetischen Schritt, und Genscher merkte an, daß dadurch die Entschiedenheit Bonns, sich für frühe Verhandlungen über die atomaren Kurzstreckenwaffen einzusetzen, weiter be-

stärkt würde. Regierungsmitglieder aus Westdeutschland und anderen europäischen Ländern ließen der Presse gegenüber durchblikken, daß Washington Moskau einmal mehr zugestanden hatte, die Entwicklung zu dominieren.

BRENT SCOWCROFT

Am 17. Mai war Stoltenberg wieder für zwei Tage zu Gesprächen in Washington. Er traf sich in erster Linie mit Richard Cheney, aber ich traf die beiden zum Lunch. Es war clever von Kohl, Stoltenberg allein zu schicken: Er stand der Position der USA viel näher als Genscher und hatte den Außenminister kürzlich dafür kritisiert, daß er die Angelegenheit falsch angehe. Der deutsche Standpunkt war, daß die NATO Gesprächen über die atomaren Kurzstreckenraketen zustimmen sollte, sobald die Sowjets deutlich gemacht hatten, daß es ihnen mit tiefen Einschnitten bei den konventionellen Streitkräften Ernst war, insbesondere bei gleichen Obergrenzen für Panzer. Es war jedoch nicht die Rede davon, die Reduzierungen tatsächlich abzuwarten, bevor über die Raketen verhandelt werden sollte.

Stoltenberg brachte auch den früheren Vorschlag wieder auf, die Frage der Verzahnung der getrennten Gespräche über konventionelle und atomare Waffen durch eine Expertenkommission erwägen zu lassen. Dahinter steckte im Grunde die Bestrebung, früher zu Verhandlungen zu kommen. Die Frage war dann nicht, ob wir das machen sollten, sondern wann genau. Ich dachte, daß die Einschaltung einer Expertenkommission dem Bündnis vielleicht ermöglichen würde, den Gipfel ohne Konfrontation zu überstehen, aber das bedeutete auch eine Verschiebung der Entscheidung, wodurch die Angelegenheit weiter unter der Oberfläche gären würde. Abgesehen davon, daß wir damit im Prinzip die Verhandlungen akzeptierten, hatte ich auch meine Zweifel daran, ob Kohl mit dem Vorschlag viel geholfen wäre. Er schien sich zwar endlich in die richtige Richtung zu bewegen, aber wir konnten die deutschen Vorschläge, wie sie derzeit aussahen, noch immer nicht akzeptieren.

Mittlerweile hatten wir unsere eigene Position zur Frage einer Verzahnung entwickelt. Sie besagte, daß die Gespräche über die atomaren Kurzstreckenwaffen nicht beginnen konnten, bevor ein Vertrag über die Reduzierung konventioneller Waffen ausgehandelt ist und die Umsetzung begonnen hat; die Reduzierungen bei den konventionellen Streitkräften standen also klar im Vordergrund. Eine Bedingung war, daß einige atomare Kurzstreckenwaffen auch nach den Verhandlungen übrigbleiben mußten. Wir waren überzeugt, daß dieser Ansatz den Deutschen erlauben würde, für sich in Anspruch zu nehmen, einiges erreicht zu haben. Es stellte sich heraus, daß dies der Fall war: Am 21. Mai sagte Kohls Regierungssprecher Hans Klein vor der Presse, daß die Westdeutschen unser Angebot als eine Grundlage zur Einigung ansahen, daß aber »die Lösung noch nicht ganz vollständig ist«.

Frau Thatcher war mit unserem neuen Vorschlag nicht zufrieden, besonders, weil wir sie im Vorfeld nicht konsultiert hatten. Wie sie in ihren Memoiren schreibt, wollte sie noch immer ein klares Bekenntnis der NATO zu Atomwaffen und deren Modernisierung. Am liebsten wären ihr gar keine Verhandlungen gewesen, schrieb sie: »Und wenn es schon welche geben mußte, dann wollte ich härtere Bedingungen als jene, die im amerikanischen Text standen. Vor allem durfte es keine schwammigen Aussagen über eine ›dritte Null‹ (die Abschaffung aller atomaren Kurzstreckenwaffen) geben.«

Obwohl wir uns damit brüsteten, uns stets mit unseren Verbündeten abzustimmen, gab es davon doch Ausnahmen. Die Wahrheit ist, daß wir wußten, wie Frau Thatcher reagieren würde, und daß wir deshalb beschlossen hatten, im Vorfeld nichts verlauten zu lassen. Wir waren überzeugt, daß wir den Deutschen diese Geste schuldig seien und daß es mehr nutzen als schaden würde. Außerdem: Hätten wir die Briten konsultiert, wäre es doch sehr merkwürdig gewesen, über ihre starken Einwände hinwegzugehen.

Wir hatten gehofft, daß wir die Frage der atomaren Kurzstreckenraketen vor dem NATO-Gipfel vom Tisch haben würden, aber jetzt – nur noch zwei Wochen vorher – wurde deutlich, daß dies nicht gelingen würde. Wir würden die Meinungsverschiedenheiten auf dem Gipfel selbst beilegen müssen – in einer Weise, die den festlichen Charakter des Treffens nicht ruinieren würde.

GEORGE BUSH

Mitten im Bündnistumult über die Truppenreduzierungen nahm ich mir etwas Zeit, um am 20. und 21. Mai für François Mitterrand den Gastgeber zu spielen. Das war unser erstes Treffen seit einem Essen in Tokio anläßlich des Begräbnisses von Kaiser Hirohito im Februar. Ich hatte ihn nach Kennebunkport eingeladen, um dem amerikanisch-französischen Verhältnis neue Impulse zu geben, denn in den vergangenen Jahren war es etwas unter Druck geraten. Es gab häufig Differenzen zwischen dem *State Department*, unserem Außenministerium, und dem Quai d'Orsay. Aber auch einige Mitarbeiter im Stab der Regierung Reagan hatten das Gefühl gehabt, daß Mitterrand schwierig sei. Offen gesagt, mochten sie ihn einfach nicht und trauten sich eher, das zu äußern, weil sie wußten, daß er und Reagan sich nicht so nahestanden. Das wollte ich ändern, und ein gemütliches, ruhiges Wochenende in Kennebunkport in unserem Heimatstaat Maine konnte dafür die Gelegenheit bieten.

Camp David und Kennebunkport waren ausgezeichnete Orte, um dort entspannte Gespräche zu führen. In Camp David machte das die ruhige Lage in den Bergen aus, die Bäume, die Wanderwege, die Filme und die verschiedenen sportlichen Aktivitäten. Sie trugen dazu bei, daß Gespräche sehr offen verliefen und die Gelegenheit entstand, Gäste auch persönlich kennenzulernen. In unserem Haus in Maine lag es an der salzigen Luft und den frischen Meeresfrüchten, den Wellen, die an die Felsen schlugen, und den Angelfahrten oder auch Spritztouren mit meinem 28-Fuß-Schnellboot *Fidelity* in den Küstengewässern des Atlantik. Die Leute schätzten es zwar auch, ins Weiße Haus zu kommen, aber die Treffen dort waren formeller und weniger geeignet für einen freimütigen Meinungsaustausch.

Als ich mein Vorhaben erwähnte, glaubte meine Frau Barbara, ich sei verrückt geworden. Jeder rechnete mit dem Schlimmsten. Der förmliche und ruhige französische Staatspräsident kam in unser höchst informelles Haus! Schlimmer noch, Mitterrand war nicht gerade ein Sportler, und die üblichen Freizeitaktivitäten in Kennebunkport – Angeln, Tennis, Golf, Wassersport und Hufeisenwerfen – hatten für ihn wahrscheinlich wenig Anziehungskraft. Als der Termin näher rückte, kam ein großes französisches Vorausprotokoll, um die Örtlichkeiten zu inspizieren. Die Abteilung stellte, genau wie unsere eigenen Leute, ein umfangreiches Anforderungsprofil auf. Wir bekamen das Gefühl, daß ganze Arrangement könnte vielleicht doch unpassend sein. Letzten Endes hätten wir uns aber gar keine Sorgen machen müssen. Mitterrand gefiel der Aufenthalt, und als ich ihn im Juni 1995 in Paris anrief, erzählte er mir, wie sehr ihm die familiäre Atmosphäre zugesagt habe.

Ich kannte Mitterrand schon längere Zeit. Als er 1981 zum ersten Mal zum Präsidenten gewählt worden war, hatte Präsident Reagan mich gebeten, nach Paris zu fliegen und ihm unseren Wunsch nach engen Beziehungen nahezubringen. Reagan war besorgt, weil Mitterrand angekündigt hatte, daß er einige Kommunisten in seiner Regierung haben wollte. Ich kann mich noch gut daran erinnern, wie er uns mitteilte, daß er einige Ministerien, die nicht von großer Bedeutung waren, mit Kommunisten besetzt hatte. »In den nächsten fünf Jahren wird die Wählerschaft der Kommunisten von vierzehn auf sieben Prozent gefallen sein.« Ich gewann bei diesem Treffen den klaren Eindruck, daß Mitterrand der Meinung war, wir seien übertrieben besessen von der Kommunistenangst, und daß wir in allen Kommunisten nur aggressive Stalinisten sehen konnten. Unser Außenministerium war skeptisch, daß seine Taktik der Einbindung in die Regierungsverantwortung den gewünschten Effekt haben würde, und glaubte, daß er von den Kommunisten ausgetrickst worden sei. Aber Mitterrand behielt recht. Von 1977 bis 1987 haben die Kommunisten in Frankreich über die Hälfte ihrer Stimmen verloren.

Als ich selber das Präsidentenamt übernahm, hatte ich mit Mitterrand schon eine Freundschaft aufgebaut, aber noch nicht annähernd so eng wie zu der Zeit meines Abschieds. Ich fragte mich zunächst, ob er wohl argwöhnte, daß ich als Konservativer wohl eher den Gaullisten als ihm zugetan sein würde. Er wußte, daß ich für einen seiner Rivalen, Jacques Chirac, der damals Bürgermeister von Paris war, großen Respekt empfand und mit ihm befreundet war. Aber ich machte die Erfahrung, daß meine Beziehungen zu Mitterrand interessant und lohnend waren.

Mir gefiel die Art, wie Mitterrand Entscheidungen traf. Wenn ich ihn wegen schwieriger Probleme anrief, gab er mir immer eine klare Antwort. Er sagte mir, was er tun würde, dann ging er hin und tat es. Es gefiel mir auch, seinen historischen Analysen zuzuhören. Bei Treffen von Staatsoberhäuptern liebte er es, anhand von Beispielen zu erläutern, wie uns die Geschichte dabei helfen könnte, gegenwärtige Entwicklungen zu verstehen. Er hatte einen trockenen Sinn für Humor und ein Glitzern in den Augen, das eine Wärme verriet, für die er in der Öffentlichkeit nicht bekannt war.

Während der Reagan-Jahre schienen Formalitäten und das Protokoll Stolpersteine auf dem Weg zu guten Beziehungen zu sein. Der französische und der US-Präsident haben in ihrer Funktion als Staatsoberhäupter einen anderen Rang als ihre Kollegen in den G-7-Ländern – das heißt, ein Präsident steht protokollarisch über einem Premierminister. Die jeweiligen Stabsangehörigen hatten eine starke Rivalität darüber entwickelt, wie sie ihre Präsidenten bei internationalen Treffen besonders gut plazieren konnten. Mir war das völlig egal, und wenn ich Mitterrand gegenüber in Protokollfragen nachgeben konnte, dann tat ich das gerne. Ich konnte nicht finden, daß dadurch die Vereinigten Staaten weniger galten. Er war älter als ich, er war länger im Amt, also warum nicht Respekt zeigen? Meiner Ansicht nach muß man bei Differenzen seine Position deutlich vertreten, aber man darf sich nicht mit Fragen der »Stellung« oder Protokollfolge aufhalten. Dieses Wohlwollen sprach sich nicht bei allen Mitarbeitern in den beiden Regierungen herum, aber wir arbeiteten daran, und wir ließen nicht zu, daß die Differenzen außer Kontrolle gerieten. Ich genoß es immer, mit dem weisen französischen Führer zusammenzutreffen. Seine sozialistische Innenpolitik stand im Gegensatz zu meinen Ansichten, aber er erwies sich als verläßlicher Verbündeter und Freund.

In Kennebunkport besprachen Mitterrand und ich die Schwierigkeiten der NATO in der Frage der Truppenreduzierungen. Einige Tage zuvor hatte er die amerikanisch-britische Haltung unterstützt, daß das Bündnis Fortschritte beim Ausgleich der konventionellen Streitkräfte abwarten sollte, bevor wir über die Raketen verhandelten. Ich erklärte unsere Strategie, die Verhandlungen über die konventionellen und atomaren Waffen zu verbinden, um die Deutschen dafür zu gewinnen. Ich merkte an, daß Frau Thatcher keine Änderungen in unserer derzeitigen Haltung wünschte, daß es aber nötig sei, einen Weg zu finden, Helmut Kohl zur Seite zu stehen, ohne die NATO zerfallen zu lassen.

Mitterrand glaubte, daß Kohl von der öffentlichen Meinung in Deutschland beeinflußt war, die Atomwaffen ablehnte, obwohl er persönlich den Vereinigten Staaten nahestand. »Es gibt eine Reihe von Einflußfaktoren«, fügte er hinzu, »aber die Popularität von Gorbatschow ist ein besonders wichtiger. Dann gibt es da noch den Zweiten Weltkrieg, die Zerstörung Deutschlands, die Kommunisten, die Neutralisten, die Grünen und die ›Realisten‹.« Obwohl sie politisch nicht alle auf einer Linie lägen, bildeten diese Gruppen eine gemeinsame informelle Front, die ›nein‹ sagte. »Das hat zu dem idealistischen Standpunkt beigetragen, daß Atomwaffen abgelehnt werden und statt dessen die Hoffnung im Raum steht, es könnte eine deutsch-sowjetische Vereinbarung geben, die zur Wiedervereinigung führt«, sagte er. »Das ist Träumerei, weil die Europäer und die Sowjets sich von jeher vor dem deutschen Expansionismus fürchten. Der deutsche Expansionismus datiere aus dem zwölften Jahrhundert und der Zeit der teutonischen Ritter, glauben die Sowjets; sie sind da zutiefst mißtrauisch.«

Obwohl er den deutschen Sozialisten, den Sozialdemokraten, freundlich gesinnt sei, sagte Mitterrand, sei es schwierig, mit ihnen vernünftig über die NATO zu sprechen. Er würde lieber mit Kohl arbeiten, und wir sollten ihn unterstützen. »Wo wir gerade so offen sprechen«: Ein großes Problem sei der Antagonismus zwischen Kohl und Thatcher. »Er nennt sie ›diese Frau‹«, vertraute er mir an. Thatcher sei auch irritiert über die deutsch-französische Achse. »Jahrhundertelang hat sich Großbritannien dafür eingesetzt, kontinentale Allianzen zu verhindern. Das steckt noch immer tief im britischen Unterbewußtsein.«

»Nichtsdestotrotz«, fuhr er fort, »ist es wichtig, zu überlegen, was wir – technisch gesprochen – in Brüssel wollen. Die Sowjets fragen nach der dritten ›Null‹ (Mittel- und Langstreckenraketen waren auf beiden Seiten bereits völlig eliminiert worden. Die Abschaffung der Kurzstreckenraketen würde also eine dritte Nulllösung bringen). In der derzeitigen Situation ist das unmöglich, weil die Sowjetunion bei den konventionellen, chemischen und Atomwaffen überlegen ist. Die dritte Null würde nicht zu einem Gleichgewicht führen. Kohl sieht das auch so, aber er kann nicht viel sagen. Also sagt er: ›Laßt uns verhandeln.‹ Wir sollten ihm helfen, das Gesicht zu wahren. Er stimmt mit uns darin überein, daß wir die dritte Null vermeiden wollen; deshalb müssen wir erst die konventionellen Waffen reduzieren.« Die Notwendigkeit der Modernisierung sei nicht vordringlich – das könne bis 1992 warten.

Nachdem er schon über das Thema gesprochen hatte, fragte ich Mitterrand, was er über eine deutsche Wiedervereinigung denke.

»Solange die Sowjetunion stark ist, wird das nie geschehen«, sagte er voraus. »Seit 1917 haben die Sowjets diese Heidenangst, eingekreist zu werden. Seit ihrem Bürgerkrieg haben sie diese Belagerungsmentalität. Jetzt haben sie Schwierigkeiten in Osteuropa, im Baltikum und so weiter. Sie werden da mit einer Wiedervereinigung kein Risiko eingehen wollen.«

»Was wäre Ihre Antwort, wenn man Sie nach einer Wiedervereinigung fragen würde?« wollte ich wissen.

»Wenn die deutsche Bevölkerung das wollte, dann würde ich mich nicht dagegenstellen«, sagte er, »aber es hat sich seit dem Zweiten Weltkrieg nicht genug verändert, daß man es erlauben könnte.« Er könne aber nicht sehen, daß dieses in den nächsten zehn, fünfzehn Jahren passieren würde. »Die Sowjets werden bei der deutschen Frage nie nachgeben«, fügte er hinzu. »Gorbatschow ist hochzufrieden, daß Ostdeutschland der reaktionärste seiner Satellitenstaaten ist.«

»Kann Gorbatschow die Situation kontrollieren?« fragte ich. »In Polen und Ungarn bewegt sich einiges.«

»Es mag sich eines Tages manches ändern, auf längere historische Sicht«, gab er zu. Er könne jedoch jetzt noch nicht erkennen, daß die Deutschen nach der Wiedervereinigung drängten. Solch ein Schritt, ebenso wie eine deutsche Atombombe, stelle einen *casus belli* dar.

Mitterrand wollte nicht mit der *Fidelity* ausfahren, also machten wir am Nachmittag in Begleitung seiner Frau Danielle einen Spaziergang durch die Wälder. Maine sah nie schöner aus. Ich bin davon überzeugt, daß dieser entspannte und freundschaftliche Besuch dabei half, zwischen uns ein tiefes Vertrauen zu etablieren, das in den folgenden Jahren dazu führte, daß er uns im Zweifel stets gewähren ließ, wann immer wir unterschiedlicher Ansicht waren.

BRENT SCOWCROFT

Am 26. Mai brachen wir zum NATO-Gipfel auf und reisten dabei über Italien. Wir wählten diese Route nicht nur deshalb aus, damit wir die Italiener etwas ausführlicher in unsere Vorschläge einweihen konnten. Sondern auch, weil wir angesichts der Tatsache, daß wir während des *Memorial Day* in Europa sein würden, dringend einen US-Soldatenfriedhof besuchen mußten. Italien war eine sehr gute Wahl. Bislang hatte noch kein Präsident in diesem

Land einen Friedhof besucht, und so ergab sich die Gelegenheit, einer der weniger berühmten, aber schmerzhaften und schwierigen Phasen des Zweiten Weltkrieges die gebührende Achtung zuteil werden zu lassen: den Landungsversuchen von Anzio. Wie sich herausstellte, war das eine großartige Wahl. Der amerikanische Friedhof in Nettuno war wunderschön, von hingebungsvollen italienischen Arbeitern makellos gepflegt. Der Gottesdienst berührte uns sehr, das Wetter war prachtvoll. Wir fuhren mit einem Gefühl des Patriotismus, tiefer Dankbarkeit und auch Trauer für all jene dort Begrabenen, die sich für ihr Land geopfert hatten, wieder ab. Es war tröstlich, daß ihre Gräber an einem derart schönen Ort lagen und so liebevoll gepflegt wurden.

Nach dem üblichen Durchlauf von Sitzungen, Essen und Debatten über unsere Vorschläge – die die Italiener zu unterstützen versprachen – brachen wir nach Brüssel auf. Wir waren uns alle wohl bewußt, wieviel vom Ergebnis des Gipfels abhing. Konnten wir die deutsche Regierungskoalition stützen? Würde es uns gelingen, Großbritannien und Westdeutschland zu einem Kompromiß zu leiten? Würde der Präsident aus dem Gipfel als klare und entschiedene Führungspersönlichkeit hervorgehen? Konnten wir Gorbatschow ausstechen und damit eine Revision des negativen Bildes erreichen, das die Presse von den Fähigkeiten des Präsidenten und der Regierung in der Außenpolitik zeichnete?

Der Beginn des Gipfels war nicht sehr verheißungsvoll. Bei der ersten gedrängten und lauten Kaffeepause für die Regierungschefs und die Außenminister war Margaret Thatcher unzufrieden und aufgewühlt. Obwohl sie sich gegenüber Abgesandten unserer Regierung zuletzt versöhnlich gezeigt hatte, wiederholte sie dem Präsidenten gegenüber vertraulich ihre Bedenken. Sie sprach noch weiter, als wir schon in den Sitzungsraum gingen, wo sie und Präsident Bush nebeneinander plaziert waren.

In der formellen Sitzung präsentierte der Präsident unseren Vorschlag im Detail. Er bestand aus vier Punkten: erstens, den Warschauer Pakt darauf festzulegen, der von der NATO vorgeschlagenen Obergrenze für Panzer, gepanzerte Truppentransporter und Artillerie für beide Seiten zuzustimmen. Die Ausrüstung, die der Reduzierung zum Opfer fiel, sollte zerstört werden. Zweitens, unseren bestehenden Vorschlag, 15 Prozent der derzeitigen Stückzahlen von bestimmten Hubschraubern und Kampfflugzeugen abzuschaffen, noch zu erweitern. Drittens, die Kampfeinheiten der USA und der Sowjetunion in Europa auf eine Obergrenze von 275 000 Mann zu reduzieren. Das würde einen Abzug von rund 325 000 sowjetischen Soldaten bedeuten (im Vergleich zu 30 000 von unseren). Viertens, den Zeitplan zu beschleunigen, um innerhalb von sechs Monaten zu einer Einigung zu kommen und die Reduzierungen bis 1992 oder 1993 abzuschließen.

Das Ergebnis der folgenden Debatte war ermutigend. Der Vorschlag war durchdacht, und die Art und Weise, wie wir im Vorfeld die Ansichten unserer wichtigsten Partner ausgelotet hatten, führte zu einer Reihe von unterstützenden Stellungnahmen. Die Stimmung der Anwesenden war optimistisch. Sogar Frau Thatcher begrüßte den Vorschlag leidenschaftlich, und die erste Runde des Kampfes, die konventionellen Waffen betreffend, war ein absoluter Erfolg. Die erste sowjetische Reaktion war auch positiv. In einer ersten offiziellen Stellungnahme sagte Gorbatschow, daß er die Initiative »mit Befriedigung« aufgenommen habe, und fügte hinzu, dies sei eine »aufrichtige und detaillierte Antwort« auf die Vorschläge des Warschauer Paktes. Er sagte noch, dies könne dazu führen, daß wir wesentlich früher zu einer Vereinbarung kommen könnten, als er zunächst angenommen habe.

Die Meinungsverschiedenheiten über die Atomwaffen auszuräumen, erwies sich dann als schwieriger. Die Experten, die über die Angelegenheit verhandelt hatten, während die Regierungschefs die Vorschläge zu den konventionellen Waffen diskutierten, hatten keinerlei Fortschritte erzielt. Die Führer des Bündnisses beschlossen am Nachmittag, die Gespräche auf der Ebene der Außenminister zu führen, damit Bewegung in die Sache kam. Doch die Debatte blieb bald stecken. Die Minister hatten für den Abend ein großes gemeinsames Bankett geplant, ließen aber verlauten, dieses solle abgesagt werden – statt dessen solle man ihnen einige Sandwiches bringen. Die Beratungen dauerten bis in die Nacht.

GEORGE BUSH

Die Stimmung auf dem Galadiner für die Staats- und Regierungschefs war ein wenig angespannt, weil wir auf Nachrichten von den Verhandlungen der Außenminister warteten. Ich setzte mich neben Margaret Thatcher, die sofort anfing, mir einen Vortrag zu halten. »Wir dürfen hier nicht nachgeben«, sagte sie. »Sie werden doch nicht nachgeben, oder?« Unser Gastgeber Manfred Wörner versuchte, das Gespräch in Gang zu bringen, indem er sich an diejenigen wandte, die während des Tages ihre Meinung zu den Themen der Nachmittagssitzung nicht kundgetan hatten. Von Zeit zu Zeit berichtete er vom Fortgang im Gespräch der Minister. Ich war nicht besonders optimistisch, daß sie eine Einigung erzielen würden und, wenn doch, ob diese für Margaret Thatcher akzeptabel sein würde. Gegen Mitternacht, lange nach dem Ende des Essens, rief mich James Baker wegen einer Formulierung an: Wenn die Umsetzung der Reduzierung bei den konventionellen Waffen im Gange war, waren die Vereinigten Staaten bereit, in Rücksprache mit den betroffenen Verbündeten, in Verhandlungen einzutreten. Diese hätten zum Ziel, eine teilweise Reduzierung (aber nicht die Abschaffung) von amerikanischen und sowjetischen landgestützten Atomraketen kürzerer Reichweite auf gleiche und verifizierbare Obergrenzen zu erreichen. Ich war mir nicht sicher, ob Frau Thatcher das genügen würde, aber Baker glaubte, daß das der Fall sei. Ich bat ihn, das mit Scowcroft abzustimmen. Er rief zurück und sagte, auch Scowcroft sei dafür. Ich sagte ihm, er solle weitermachen, sich leidenschaftlich einsetzen und hoffen, daß wir das den Briten andrehen können.

Ungefähr um zwei Uhr morgens, nach stundenlanger und gelegentlich scharfer Debatte sowie brillantem Verhandlungsgeschick von Baker unter meisterhafter Leitung des vorsitzenden niederländischen Außenministers Hans von den Broek kamen die Minister zu einer Einigung. Unsere Strategie, unseren Vorschlag zu den konventionellen Streitkräften als Katalysator für eine Übereinkunft bei den Atomwaffen zu verwenden, hatte funktioniert. Die Westdeutschen gaben zu, daß die Debatte sehr schwierig gewesen war, und betonten, daß der Vorschlag zu den konventionellen Waffen ihnen geholfen habe, Bedingungen für die Verhandlungen über die Atomwaffen zu akzeptieren, die sie zuvor zurückgewiesen hatten. Als wir uns am nächsten Morgen wieder im Konferenzgebäude einfanden, wurde Margaret Thatcher geradezu überschwenglich. Ich vermute, daß sie sich nicht von den Vereinigten Staaten distanzieren wollte und daß ihre Berater sie überzeugt hatten, daß die Sprachregelung akzeptabel war. Ich war ihr für ihre Unterstützung bei dieser entscheidenden Übereinkunft dankbar.

BRENT SCOWCROFT

Der NATO-Gipfel war ein rauschender Erfolg. Eine beinahe euphorische Atmosphäre umgab Wörners Pressekonferenz. Die Presse mußte zugeben, daß wir die ganze Situation gerettet hatten. Wir hatten auch danach häufig in einzelnen Fragen Schwierigkeiten, mit Journalisten zurechtzukommen, aber ihr Lieblingsthema des Frühlings tauchte nie wieder auf – daß wir keine Vision und genaue Vorstellungen hätten.

Wir fuhren direkt nach Bonn, um Kohl einen Besuch abzustatten, der völlig überschäumte vor Freude. Er begrüßte den Präsidenten mit einer mächtigen Umarmung, und es schien, als hätte es die Spannungen und Probleme der vergangenen Wochen nie gegeben. Als die beiden nach einem Gedankenaustausch im Garten des Kanzleramts auf die Presse trafen, sagte Kohl, der Gipfel sei »das beste Geburtstagsgeschenk«, das die NATO sich hätte machen können, und ein »phantastisches Ergebnis« nach einer schweren Geburt. Das war eine völlige Umkehrung der krisenhaften Stimmung, die sowohl Washington als auch Bonn zuvor durchdrungen hatte.

In Westdeutschland standen am 18. Juni Wahlen für das Europäische Parlament und wichtige Kommunalwahlen in Rheinland-Pfalz und im Saarland bevor. Es war also kein Zufall, daß uns Kohl unter aller Augen auf einem großen Ausflugsdampfer auf eine Kreuzfahrt den Rhein aufwärts mitnahm. Es war für ihn ein Wahlkampfauftritt, bei dem er die guten Beziehungen zu den USA demonstrieren und mit seinem guten Freund angeben konnte. Es war ein denkwürdiger Tag, der in der beeindruckenden Ansprache des Präsidenten in der bis auf den letzten Platz gefüllten Rheingoldhalle in der historischen Stadt Mainz seinen Höhepunkt fand.

Diese Rede war maßgeblich für die Entwicklung unserer Strategie für die Beziehungen zu Europa und der Sowjetunion, aber unter Hervorhebung der deutschen Interessen. Eines der Themen, die uns interessierten, war die sensible Frage der deutschen Wiedervereinigung. Wir hatten bislang keine detaillierte Haltung dazu formuliert und auch mit den Deutschen noch nicht darüber gesprochen.

Im ersten Textentwurf wurde das Thema gestreift, aber ich hatte Bedenken, daß wir damit unnötigerweise dem deutschen Nationalismus Vorschub leisten würden. Deswegen strich ich die Passage.

Präsident Bush hielt eine nachdenkliche Rede, die gefällig aufgenommen wurde. Er sprach über die Zukunft Europas, rief dazu auf, die Berliner Mauer niederzureißen und die Teilung des Kontinents zu beenden. Wir hatten zu dieser Gelegenheit die Formulierung »ein Europa, ganz und frei« geprägt, und im Gegensatz zu »jenseits der Eindämmung« konnte dieser Ausdruck etwas Resonanz hervorrufen. Ein anderer Satz erzeugte später allerdings bei Margaret Thatcher etwas ungewollte Unruhe. Der Präsident sprach von den Vereinigten Staaten und der Bundesrepublik als »Partnern in der Führerschaft«. Thatcher verstand das so, als ob wir die besondere Beziehung zwischen den Vereinigten Staaten und Großbritannien in Frage stellen wollten. Sie hätte sich aber keine Sorgen zu machen brauchen. Die Formulierung war durchaus nicht so gedacht, daß sie sich ausgeschlossen fühlen sollte, sondern ermunternd und ermutigend.

GEORGE BUSH

Von Deutschland aus flog ich nach London, um mich am 1. Juni mit Margaret Thatcher zu treffen. Dies war unsere erste längere Unterredung unter vier Augen. Es war eine faszinierende Diskussion, und die entspannte Atmosphäre stand in willkommenem Gegensatz zu den Sorgen der vergangenen Wochen, besonders während des NATO-Treffens, bei dem sie sehr nervös gewesen war. Frau Thatcher und ich tauschten unsere Ansichten über die Lage in verschiedenen Problemfeldern rund um die Welt aus – von der Sowjetunion mit ihren wirtschaftlichen Reformen und dem Nationalismus über den Mittleren Osten bis Südafrika. Sie war gut informiert und aufgeschlossen, und ich stellte fest, daß unsere Ansichten zu diesen Themen ziemlich ähnlich waren.

Aussen rot und innen weiss

Im Juli besuchte der Präsident Osteuropa. Die Reise war eigentlich nur dem G-7-Treffen in Paris vorangestellt worden, überstieg dieses dann aber an Bedeutung. Die Anwesenheit von Präsident Bush würde weithin sichtbar unsere neue Politik unterstreichen und Interesse finden, außerdem die Gelegenheit geben, Gorbatschow die Initiative abzujagen. Wir konnten die amerikanische Unterstützung für die Reformbestrebungen in Osteuropa demonstrieren – und die westliche Vision für die Zukunft.

Polen und Ungarn waren ideale Kandidaten für Kurzbesuche: Sie erfüllten die politischen und wirtschaftlichen Reformkriterien, die eine Unterstützung der USA rechtfertigten, und standen in klarem Gegensatz zu den restlichen Staaten in Osteuropa. Besonders Polen hatte sich mutig dem Weg der Reformen verschrieben und war dabei, sich dem festen Griff Moskaus zu entwinden. Ungarn stand in dieser Hinsicht nur unwesentlich zurück. Seit dem 2. Mai waren die Grenzzäune zu Österreich abgebaut worden – und damit ist ein Teil des Eisernen Vorhangs zerrissen worden. Im Verlaufe des Jahres sollte der Abbau der Grenzbefestigungen noch größere Bedeutung für die flüchtenden Ostdeutschen bekommen. Aber für Präsident Bush gab es besondere emotionale Gründe, nach Polen zurückzukehren, das er schon 1987 als Vizepräsident besucht hatte: Die damalige Reise hatte dabei geholfen, die Reformbewegung in den Augen der polnischen Bevölkerung und der ganzen Welt zu legitimieren und zu stärken. Bush hatte damals nach einem Gespräch mit General Wojciech Jaruzelski die Führer der Gewerkschaft Solidarität zu historischen Gesprächen in die amerikanische Botschaft eingeladen. Ein neuerlicher Besuch gab ihm Gelegenheit, wiederum amerikanische Hilfe und Ermutigung für die Zeit des schwierigen Übergangs anzubieten.

Seit am 7. April in Polen Gespräche am runden Tisch begonnen hatten, war das Tempo der politischen Entwicklungen immer schneller geworden. Am 4. Juni wurden Wahlen zur Nationalversammlung abgehalten, bei denen die Gewerkschaft Solidarität einen Erdrutschsieg errang. Im Vorfeld war festgelegt worden, daß 65 Prozent der Sitze im Sejm für die Kommunisten reserviert waren, aber die Gewerkschaft Solidarität hatte alle 161 noch verfügbaren Sitze gewonnen, außerdem 99 der 100 Sitze im Senat, in dem keine Sitze reserviert worden waren. Das war ein ganz außerordentliches Ergebnis, das selbst die optimistischsten Erwartungen übertraf. Die unerwarteten Ergebnisse verkomplizierten jetzt die Wahl des Staatspräsidenten.

Der neue Präsident mußte von der absoluten Mehrheit der Nationalversammlung gewählt werden. Die Wahl war vorläufig auf den 6. Juli angesetzt worden – drei Tage vor Präsident Bushs geplanter Ankunft in Polen. Die Kommunisten hatten jetzt keine Mehrheit mehr, und weder die Gewerkschaft Solidarität noch die Bauernpartei oder die Demokratische Partei hatten ihre Absicht erklärt, für Jaruzelski zu stimmen. Angesichts einer möglichen Niederlage hatte Jaruzelski, für den der Posten im Grunde eigens geschaffen worden war, seinen Rücktritt von der Kandidatur erklärt. Statt dessen schlug er General Czeslaw Kiszczak vor, den Innenminister, der auf seiten der Regierung an den Gesprächen am runden Tisch teilgenommen hatte und bei der Gewerkschaft Solidarität großes Ansehen genoß. Entsprechend den dort getroffenen Vereinbarungen durfte Lech Walesa nicht zum Präsidentenamt kandidieren. Die Führung von Solidarnósc, die den Posten nicht anstreben wollte, bevor das Land nicht vollständig demokratisiert war, drängte die Gewerkschaft dazu, entweder Jaruzelski oder Kiszczak zu unterstützen. Aber in der Bevölkerung war der Rückhalt für beide sehr dünn – sie galten als Symbole der kommunistischen Herrschaft und der militärischen Niederschlagung der Aufstände von 1981. Angesichts dieses Patts bei der Kandidatenkür entschloß sich die Regierung am 5. Juli, die Wahl bis nach dem Bush-Besuch zu verschieben, was wiederum bedeutete, daß wir eine unklare politische Situation vorfinden würden. Der offizielle Gastgeber würde Jaruzelski in seiner Funktion als Vorsitzender des Staatsrats sein, aber dem General würde die Autorität als Oberhaupt des neuen politischen Systems fehlen.

Eine geeignete Antwort auf die bemerkenswerten Veränderungen, die in Polen – und in etwas abgeschwächter Form in Ungarn – vor sich gingen, zu entwerfen gehörte zu den größten Problemen, denen wir uns bei der Planung der Reise gegenübersahen. Polen hatte ein enormes Haushaltsdefizit, steigende Inflation, sinkende Produktivität, gewaltige Auslandsschulden, und die allgemeine Stimmung in der Öffentlichkeit war schlecht. Auf informellen Wegen ließ Warschau uns wissen, daß man dort auf die nächsten drei Jahre verteilt eine finanzielle Hilfe von zehn Milliarden US-Dollar benötigen würde. Zweifellos verdiente das Land unter Maßgabe unserer Grundsätze für Entwicklungshilfe solche Zuwendungen, und die polnisch-amerikanischen Lobbies riefen uns dazu auf, die Reformbemühungen durch substantielle Hilfen zu belohnen. Unser Dilemma jedoch war, daß kein Geld dafür zur Verfügung stand und daher die meisten Anstrengungen auf wirtschaftlichem Gebiet von den Polen selbst kommen mußten. Positive Aussichten verhieß lediglich der Umstand, daß etwa zeitgleich der G-7-Gipfel stattfinden sollte. Wegen des intensiven Interesses, das Westeuropa am Osten hatte, konnten wir dort vorschlagen, die wirtschaftliche Last einer Hilfe für Osteuropa aufzuteilen. Die Zeiten, in denen die Vereinigten Staaten einfach das Scheckbuch zückten und alles bezahlen konnten, waren vorbei: Ein neuer Marshall-Plan war nicht möglich. Unsere Ressourcen waren geschrumpft, und unsere wichtigsten Verbündeten und Partner wußten, daß unser großes Haushaltsdefizit sich nachteilig auf ihr eigenes wirtschaftliches Wachstum auswirkte. Da der Gipfel erst nach unserem Besuch in Polen und Ungarn stattfand, konnten wir den dortigen Regierungen ehrlich sagen, daß wir keine detaillierten Hilfspläne verkünden konnten, bevor wir uns mit unseren Verbündeten beraten hatten.

Im Bewußtsein dieser Einschränkungen entwarfen wir ein Paket, das den Vorschlag enthielt, die 39 Milliarden US-Dollar polnischer Auslandsverpflichtungen umzuschulden, und das die Weltbank aufforderte, 325 Millionen Dollar an neuen Krediten zu gewähren sowie weitere 100 Millionen Dollar, um »den privaten Sektor in Polen zu kapitalisieren und zu stärken«. Politisch gesehen, war dieses Paket beschämend mager. Obwohl keine auf vernünftige Weise finanzierbare Wirtschaftshilfe ausgereicht hätte, der polnischen

Wirtschaft oder den Reformen wirklich nachhaltig zu helfen, brauchte die polnische Bevölkerung doch die Versicherung, daß die Vereinigten Staaten ihr angesichts der wirtschaftlichen Opfer, die ihr bevorstanden, zur Seite standen. Ich fand, daß unser Paket diese Botschaft nur unzulänglich vermittelte.

Während Polen sich seinen Weg durch den politischen und wirtschaftlichen Übergang erkämpfte, wirbelte Gorbatschow in diesem Frühjahr und Sommer in Europa jede Menge Staub auf. Er unternahm medienwirksame Reisen, am 12. Juni nach Westdeutschland, am 4. Juli nach Frankreich und am 7. und 8. Juli zu einem Treffen des Warschauer Paktes in Bukarest, das am Vortag unseres Eintreffens in der polnischen Hauptstadt endete. Bei seinem Besuch in der Bundesrepublik war Gorbatschow von Scharen westdeutscher Bürger bedrängt worden, die seine in den Reden verkündeten Ziele unterstützten, tiefe Einschnitte bei Atomwaffen vorzunehmen oder diese ganz abzuschaffen.

BRENT SCOWCROFT

In einer wichtigen Rede vor dem Europarat in Straßburg hatte Gorbatschow am 6. Juli sofortige Reduzierungen bei den atomaren Kurzstreckenraketen angeboten, wenn die NATO willens war, Verhandlungen aufzunehmen, die die langfristige Abschaffung dieser Waffen zum Ziel hatten. Dieser Vorschlag kam als rasche Reaktion auf die Stellungnahme der NATO in dieser Frage und war ganz klar dazu gedacht, innerhalb der NATO Zwietracht zu säen und die Wunden wieder zu öffnen, die auf dem vergangenen Gipfel gerade erst unter großen Schwierigkeiten geschlossen worden waren. Ausfälle wie dieser überzeugten mich davon, daß wir recht daran taten, uns im Hinblick auf Gorbatschow vorsichtig zu bewegen. Zumindest in dieser Hinsicht benahm sich Gorbatschow nicht wie ein sowjetischer Führer, der den kalten Krieg hinter sich gelassen hatte.

In derselben Rede hatte Gorbatschow, vermutlich absichtlich vage, seine Vision von dem »gemeinsamen Haus Europa« dargelegt. Er erklärte die Androhung oder den Einsatz von Gewalt zwischen den oder innerhalb der Bündnisse für unzulässig. Er widerrief implizit die Breschnew-Doktrin, die das sowjetische Recht postuliert hatte, jeden Versuch zu verhindern, das sozialistische Lager zu verlassen, indem er sagte, daß »jede Einmischung in innere Angelegenheiten anderer Staaten – Freunde, Verbündete und alle anderen – und jeder Versuch, deren Souveränität einzuschränken, unzulässig« seien. Er deutete an, daß Moskau gegen die politischen Veränderungen in Ungarn und Polen keine Intervention in Erwägung zöge. Gorbatschow schlug auch vor, daß die Staaten, die die Schlußakte von Helsinki 1975 unterzeichnet hatten, sich wieder treffen sollten, um ein neues Europa zu entwerfen – ein Europa, in dem »die einzigen Schlachtfelder Märkte sein werden, die offen sind für Handel und Weltanschauungen, offen für neue Ideen«. In seiner Rede gab es aber auch einige negative Anzeichen: Eines war seine Warnung, die Teilung Europas zu beenden, indem der Sozialismus besiegt wurde. Dies, so sagte er, sei »ein Weg zur Konfrontation, wenn nicht schlimmer«. Trotz der deutlichen Anzeichen für das Gegenteil sowohl in Polen als auch in Ungarn verlieh Gorbatschow weiterhin seinem Glauben an eine sozialistische Zukunft für Osteuropa Ausdruck. Ein weiteres Problem war seine Weigerung – selbst nachdem ihm dazu geraten worden war –, das chinesische Massaker auf dem Platz des Himmlischen Friedens zu verurteilen. Vielleicht war das nur ein Signal dafür, daß er versuchte, die Beziehungen zu China wieder zu verbessern, aber es konnte auch als Warnung verstanden werden, daß die Sowjetunion noch immer über die Mittel verfügte, Meinungsverschiedenheiten zwischen und unter ihren Satelliten zu unterdrücken.

In Bukarest bestätigte der Warschauer Pakt Gorbatschows versteckte Rücknahme der Breschnew-Doktrin. Der Pakt gestand jetzt allen seinen Mitgliedern offen zu, ihren eigenen Weg zu Reformen zu beschreiten. Dennoch konnte nicht ganz verborgen werden, daß die Allianz zunehmend zerfiel, denn die politische »Häresie«, wie sie die reformfreudigen Polen und Ungarn praktizierten, wurde von den noch immer reaktionären Ländern Tschechoslowakei, Rumänien und Ostdeutschland stark kritisiert.

GEORGE BUSH

Die Popularität, die Gorbatschows neue Vorschläge in Westeuropa ausgelöst hatten, machte meinen Besuch in Osteuropa dringend notwendig, um den Hintergedanken seiner Vorschläge zu verdeutlichen und zu konterkarieren: nämlich, daß der Westen nicht auf konkrete Schritte der Sowjetunion zu warten brauchte, bevor wir selber nicht mehr so achtsam und militärisch vorbereitet sein mußten. Dennoch war der Besuch in erster Linie dafür gedacht, die Reformer dort zu ermutigen, wenn ich auch bei allem, was ich sagte, Vorsicht walten lassen mußte. Der beinahe offene Streit im Warschauer Pakt zeigte das Delikate der Situation. Wir mußten uns unserer Verantwortung als Katalysator für den demokratischen Wechsel in Osteuropa bewußt sein. Wir konnten Freiheit und Demokratie unterstützen, aber wir mußten es so machen, daß wir uns nicht an Gorbatschows politischen Problemen weideten, die er mit den Betonköpfen in seiner Partei bekam, weil er sich von der eisernen Faust seiner Vorgänger verabschiedete. Ich würde nicht von meinen Prinzipien ablassen, nur weil diese Gorbatschow beleidigen konnten. Aber wilde Rhetorik würde nur die militanten Elemente in der Sowjetunion und dem Warschauer Pakt auf den Plan rufen. Sie hätte dazu führen können, daß sie sich gegen die Veränderungen und vielleicht auch gegen deren Förderer Gorbatschow auflehnten. Die Sowjets fürchteten, daß meine Reise nach Osteuropa dazu gedacht war, Unruhe zu schüren, oder dieses zumindest unbeabsichtigt erzeugen könnte. Wir waren weit davon entfernt, solches zu wollen, aber ich teilte doch einige ihrer Sorgen. Wenn sich große Menschenmengen zusammenfanden, die ihrem Widerstand gegen die sowjetische Dominanz Ausdruck verleihen wollten, konnte das außer Kontrolle geraten. Ein enthusiastischer Empfang konnte sich in einem gewalttätigen Aufstand gegen das Regime entladen – mit vernichtenden Folgen für den wachsenden Optimismus und den Fortschritt, der begonnen hatte, sich in der ganzen Region auszubreiten. Aus diesem Grund hielten wir die Zahl der geplanten Großveranstaltungen klein. Eine sollte in Danzig stattfinden, wo wir erwarten durften, daß Lech Walesa die Gemüter im Zaum halten konnte, und eine weitere bei unserer Ankunft in Budapest.

BRENT SCOWCROFT

Wir landeten an einem schwül-warmen Sommerabend ungefähr um zehn Uhr abends auf dem Warschauer Flughafen Okecie, wo die formelle Begrüßungszeremonie stattfand. Es gab keine Zuschauer, lediglich eine große offizielle Begrüßungsgesellschaft, darunter nicht nur General Jaruzelski, sondern auch Vertreter der Gewerkschaft Solidarität. Nach einem Austausch von Ansprachen durch den Präsidenten und Jaruzelski und einem Auftritt einer Militärkapelle sowie einem farbenprächtigen Wachwechsel machten wir uns auf den Weg in die Warschauer Innenstadt. Die Straße war von entspannten und freundlich grüßenden Menschen gesäumt, die mit Fahnen winkten und das »V«-Zeichen der Solidarität zeigten. Angesichts der Hitze des Abends waren die Leute vielleicht auch nur auf der Straße, um den vermutlich drückenden Temperaturen in ihren Wohnungen zu entfliehen. Wir fanden heraus, wie das sein mußte, als wir ins Hotel kamen. Es war ein modernes Gebäude, völlig angemessen, aber die Klimaanlage konnte den Erfordernissen des Wetters nicht einmal annähernd gerecht werden. Die Temperatur im Zimmer war ganz sicher noch höher als draußen, und weil die Fenster sich nicht öffnen ließen, hatten wir ein echtes Problem. Es gelang mir schließlich, ein Fenster aufzustemmen, und ich zog mein Bettzeug auf den Boden in die Nähe des Fensters, um wenigstens einen Hauch von Luft zu spüren. Die Erklärung des Hotels war, daß es einfach nicht genug elektrischen Strom für einen korrekten Betrieb der Klimaanlage gab – eine schmerzliche Erinnerung daran, wie rückständig die polnische Wirtschaft war und welch weiter Weg vor ihr lag.

Am 10. Juli begann der Ernst unseres Besuches, der einen formellen und zeremoniellen Staatsbesuch mit etwas informelleren Aspekten verband: Gespräche mit Jaruzelski und Walesa darüber, welche Schritte für die Entwicklung Polens hin zu einem nichtkommunistischen Staat mit einer Marktwirtschaft in der nächsten Zukunft angebracht waren, und eine Ermutigung für beide Seiten zur Zusammenarbeit. Der offizielle Tag begann mit einer Kranzniederlegung vor dem Grab des Unbekannten Soldaten sowie dem Ort mit dem deutschen Namen »Umschlagplatz«, einer Gedenkstätte für die Leiden der polnischen Juden im Zweiten Weltkrieg. Diese Ereignisse waren wie auch die Autofahrten zwischen den jeweiligen Orten von den Einwohnern Warschaus nur spärlich besucht. Ich war etwas enttäuscht darüber, daß keine Massen enthusiastischer Polen den US-Präsidenten begrüßten, insbesondere, weil ich mich gut daran erinnerte, daß bei einer Kranzniederlegung durch Präsident Nixon 1972 der Platz voll von frenetischen Menschen gewesen war. Damals hatte das Vorausprotokoll beschlossen, den Wagen mit Nixon von der Autokolonne zu trennen und direkt in die Mitte der Menge fahren zu lassen. Das hatte einen enthusiastischen Ausbruch verursacht, der leicht in einen echten Aufstand hätte umschlagen können.

Intellektuell verstand ich den Unterschied zwischen damals und heute: 1972 hatten die Leute einfach keine andere Möglichkeit gehabt, dem Haß auf ihre Regierung Ausdruck zu verleihen. Wann immer sich eine legitime Gelegenheit wie etwa der Nixon-Besuch bot, ergriffen sie die Chance und machten ihrem Ärger auf das System Luft. Jetzt hingegen entwickelte sich alles so schnell in eine positive Richtung, daß es kaum Ärger gab. Deswegen waren die Menschenmengen einfach »normal«.

GEORGE BUSH

Ich dachte an meine Reise im Jahr 1987, als wir zu einem ersten Gespräch zu Jaruzelski fuhren – in der offiziellen Agenda war dies als Höflichkeitsbesuch deklariert, solange Jaruzelski das Staatsoberhaupt war. Bei meinem vorherigen Besuch hatten er und ich einige interessante Gespräche geführt, und ich freute mich darauf, ihn wiederzutreffen. Ich hatte ihn damals als viel vernünftiger und umsichtiger kennengelernt, als ich erwartet hatte, charmant und humorvoll. Besonders beeindruckt war ich von seinem Patriotismus. Natürlich störte ich mich an seiner diktatorischen Herrschaft und an der Tatsache, daß er so viele Polen ins Gefängnis hatte werfen lassen, nur weil sie von Freiheit und Demokratie gesprochen hatten. Dennoch traf ich auf einen Mann, der gefangen war zwischen der Liebe zu seinem Land und einer von den geopolitischen Realitäten erzwungenen Unterworfenheit durch die Sowjetunion. Bei meinem vorigen Besuch hatte er die offizielle Ansicht vertreten, daß die Gewerkschaft Solidarität praktisch tot sei. Er wollte mich glauben machen, daß die politische Windrichtung nicht plötzlich umschlagen und auch die etablierte politische Ordnung Moskaus nicht in Gefahr bringen würde. Ich hatte auch den Eindruck gewonnen, daß er das Gefühl hatte, die Vereinigten Staaten ignorierten in gewisser Weise die Fortschritte, die Polen bereits gemacht hatte, indem wir die Gewerkschaft Solidarität so entschieden unterstützten. Jetzt, zwei Jahre später, stiegen Jaruzelski und ich in gleichermaßen offene Gespräche ein. Was als zehnminütige Kaffeepause im Belvedere-Palast geplant war, wurde eine Konversation von über zwei Stunden.

Jaruzelski schüttete mir sein Herz aus und fragte mich, welche Rolle er meiner Ansicht nach jetzt übernehmen solle. Er erzählte mir von seinem Widerwillen, für das Präsidentenamt zu kandidieren, und von seinem Wunsch, ein politisches Tauziehen zu vermeiden, das Polen nicht guttun würde. Er glaubte nicht daran, daß die Gewerkschaft Solidarität ihm für eine Wahl hinreichend Unterstützung gewähren würde, und er hatte Angst vor der Erniedrigung im Falle der Niederlage. Ich sagte ihm, daß seine Weigerung, sich aufstellen zu lassen, letztlich – wenn auch unabsichtlich – zu ernster Destabilisierung führen könnte, und drängte ihn, sich das noch einmal zu überlegen. Die Situation hatte eine gewisse Ironie: Ein amerikanischer Präsident versuchte, einen hochdekorierten kommunistischen Führer dazu zu überreden, für das Präsidentenamt zu kandidieren. Aber ich war mir sicher, daß Jaruzelskis Erfahrung die besten Aussichten für einen glatten Übergang in Polen bot.

Jaruzelski glaubte, daß Polen eine Koalitionsregierung brauchte – mit einem kommunistischen Premierminister und einem Stellvertreter von der Opposition. Das entscheidende Problem bestand darin, daß jede Regierung harte wirtschaftliche Reformen beschließen mußte. Das war für die Solidarität besonders schwierig, die gleichzeitig eine Gewerkschaft und eine politische Partei war. Er wies darauf hin, daß die Arbeiterorganisationen in den Vereinigten Staaten rund 20 Prozent der Arbeitnehmerschaft kontrollierten, in Polen aber 80 Prozent. Es war schwierig, unter diesen Umständen den Wettbewerb einzuführen. »Die freie Wirtschaft und der private Sektor sind krank«, sagte er. Die Gewerkschaft Solidarität forderte, daß die Bauern den dreifachen Ladenpreis für ihre Produkte bekommen sollten.

»Solidarnósc muß anerkennen, daß sich das alles ändern muß«, sagte ich.

»Die Führung der Gewerkschaft weiß das, aber sie hat Angst, ihre Wählerschaft zu verprellen«, antwortete er. »Der Westen kann hier helfen, denn in dieser Zeit, in der Polen sich strenge Enthaltsamkeit auferlegen muß, brauchen wir Druck von außen, um die Reformen umzusetzen.« Sie mußten sich jetzt bewegen, um den wirtschaftlichen Kollaps abzuwenden; dann konnten sie dazu ubergehen, die Wirtschaft zu stabilisieren. Die letzte Phase, die Restrukturierung, konnte dann noch einmal zehn Jahre in Anspruch nehmen. Er hatte einen Brief an die G-7-Staaten verfaßt, in dem er die Probleme Polens skizziert hatte, und hoffte, daß ich das Thema in Paris auf die Agenda setzen würde.

Ich sicherte Jaruzelski zu, daß ich einige dieser Fragen am nächsten Tag gegenüber Lech Walesa ansprechen und auch mit den G-7-Partnern besprechen würde, was wir für Polen tun konnten. Ich erklärte das Hilfspaket, das wir mitgebracht hatten und das ich am Nachmittag im Sejm vorstellen wollte. Ich sagte, mir sei bekannt, daß einige in Polen zehn Milliarden Dollar an finanzieller Hilfe forderten. Dieses Geld wäre verschwendet, wenn nicht zuerst grundlegende Reformen eingeleitet würden.

Jaruzelski stimmte mir zu: »Es ist wichtig, daß Sie die polnischen Arbeiter daran erinnern, daß sie mit beiden Beinen auf der Erde bleiben und hart arbeiten müssen«, sagte er. »Es reicht nicht, einfach amerikanische Millionäre zu bewundern.« Es war ihm wichtig, mir zu vermitteln, daß das polnische Volk immer fester zusammenhielt. Er respektiere Walesa, und der Arbeiterführer werde immer mehr zu einem vollwertigen Partner bei den Bestrebungen, Lösungen für Polens Probleme zu finden. Er sei deshalb sehr vorsichtig darin, die Gewerkschaft Solidarität in unseren Gesprächen zu kritisieren.

»Dessen bin ich mir bewußt«, nickte ich. »Dies ist eine schwierige Phase, und es ist wichtig, daß Sie angesichts des enormen Ausmaßes dessen, was Sie schon erreicht haben, nicht den Boden unter den Füßen verlieren.« Ich sagte ihm, daß meines Erachtens das System der USA das beste sei, aber nicht unbedingt übertragen werden konnte. »Wir werden Ihre Reformen unterstützen – egal, in welche Richtung sie gehen.«

»Hier herrscht der Glaube, daß Europa Gorbatschow stärker unterstützt, als die Vereinigten Staaten das tun, weil die Europäer die Vorzüge der Stabilität im Auge haben«, sagte Jaruzelski. Unsere Unterhaltung habe ihn aber eines Besseren belehrt, und das würde er auch Gorbatschow sagen. Er fügte hinzu, daß Gorbatschow die Hoffnung hatte, mich bald zu treffen.

Ich fragte ihn, ob ein Treffen mit Gorbatschow auch von Wert sei, wenn wir kein Rüstungskontrollabkommen unterzeichneten.

Er antwortete, daß ich das besser beurteilen könne. »Aber man sollte daran denken, daß auch Reykjavík zuerst nach einer verlorenen Sache aussah, aber das Blatt sich dann wendete, weil beide Seiten sich annähern konnten«, sagte er.

Ich versicherte, daß wir nichts unternehmen würden, was den Reformkurs in der Sowjetunion behindern könnte. »Amerikaner und Russen ähneln sich in ihrem extravaganten Auftreten«, sagte er nach einer Pause. »Gorbatschow sagte mir, daß die Leute, wenn sie an Perestroika denken, nur Lumpenproletariat plus ethnische Probleme sehen. Aber die Reformen haben schon tiefgreifende Veränderungen herbeigeführt, und es hat einige unbeabsichtigte Effekte gegeben, die es unmöglich machen, den eingeschlagenen Kurs jetzt wieder zurückzunehmen.«

Diesem bemerkenswerten Treffen folgte ein nicht weniger bemerkenswertes Mittagessen in der Residenz des amerikanischen Botschafters John R. Davis jr. Davis war ein mit allen Wassern gewaschener Diplomat und genoß großen Respekt bei den verschiedenen anwesenden Gruppen – rund vierzig Kommunisten, Vertretern der Gewerkschaft Solidarität und der katholischen Kirche. Das war buchstäblich das erste Mal, daß sie sich bei einem gesellschaftlichen Anlaß getroffen hatten – die Gefangenen und die Wärter an einem Tisch. Der Sprecher der Gewerkschaft Solidarität, Janusz Onyszkiewicz, der mit Jaruzelski die Champagnergläser klingen ließ, merkte an, daß dies angesichts der Tatsache, daß er ein Jahr zuvor noch im Gefängnis gewesen wäre, tatsächlich eine enorme Veränderung darstellte.

Es war immer noch sehr heiß, und ich schlug vor, wir sollten die Jacketts ablegen – eine Idee, die enthusiastisch begrüßt wurde. Als Jaruzelski eintraf, zögerte er zuerst, seine Jacke auszuziehen, aber nachdem er in einen Nebenraum verschwunden war, kam er ohne sie wieder heraus. Während der Toasts gestand er mir, daß er auch seine Hosenträger ausgezogen hatte und deshalb keine lange Ansprache halten wollte aus Angst, seine Hose würde ins Rutschen geraten.

BRENT SCOWCROFT

Die Trinksprüche gaben die Stimmung des Augenblicks wieder. »Ihre Herausforderung ist es, sich über das gegenseitige Mißtrauen zu erheben und das polnische Volk für die gemeinsamen Ziele zu begeistern«, sagte Präsident Bush seinen Gästen. Jaruzelski, der überrascht war, daß auch er einen Toast ausbringen sollte, sagte: »Ich empfinde es als sehr bedeutsam, daß wir uns hier in der Residenz des US-Botschafters in einer so pluralistischen Gruppe treffen konnten.« Bronislaw Geremek, Vorsitzender der Solidarnósc-Fraktion im Sejm, sagte optimistisch:

> Polen ist noch geteilt, aber es ist möglich, daß das, was in diesem Moment hier vor sich geht, tatsächlich im ganzen Land passiert ... Schon dieser Anfang sagt uns, wofür Polen jetzt steht. Am wichtigsten ist, daß wir alle versuchen zu verstehen, was in unserem Land passiert. Die Zukunft der polnischen Reformen hängt allein von den Polen ab. Wir erwarten nicht, daß das auf Kosten – in finanzieller Hinsicht – oder zu Lasten von jemand anders geschieht.

Es war eine dramatische Szene und eine eindrückliche Demonstration der Rolle, die die Vereinigten Staaten als Hebamme in einem kritischen Moment der anstrengenden, aber friedlichen Entwicklung Osteuropas von der Autokratie zum Pluralismus spielten.

Nach dem Essen sprach der Präsident vor der Nationalversammlung. Es war das erste Mal, daß ein amerikanisches Staatsoberhaupt dort eine Ansprache hielt. Es war eine ermutigende Rede: Polen sei das Land, in dem der kalte Krieg fünfzig Jahre zuvor mit dem Ausbruch des Zweiten Weltkriegs begonnen hatte, und jetzt könnte seine Bevölkerung dabei helfen, die Teilung Europas zu beenden. Bush skizzierte die Schritte, die die Vereinigten Staaten jetzt als Antwort auf die Fortschritte bei den Reformen ergreifen wollten. Unsere bescheidenen Vorschläge zur Wirtschaftshilfe wurden, wie vorherzusehen war, mit verhaltener Begeisterung aufgenommen. Am Ende waren die Polen aber insgesamt dankbar und verstanden einerseits, daß vermutlich niemand ihnen die Last der Reformen und die harte Arbeit dafür abnehmen konnte, andererseits aber auch, daß die politische Unterstützung, die der Präsident ihnen gezeigt hatte einen fundamentaleren und längerfristigen Wert hatte, als ein paar zusätzliche Dollars. Die Mitglieder der Nationalversammlung waren schließlich voller Enthusiasmus und sangen für Bush ihren traditionellen polnischen Gruß, *sto lat*: »Hundert Jahre, hundert Jahre soll er leben, leben für uns.« Jaruzelski erzählte uns später, daß das noch keinem ausländischen Staatsmann zuteil geworden war – nicht de Gaulle, nicht Chruschtschow und nicht Breschnew.

Beim folgenden Staatsdiner saß ich neben General Kiszczak. Ich lernte ihn als einen Mann kennen, der den rapiden Veränderungen mit Verständnis und einer praktischen Einstellung gegenüberstand. Er unterstützte die Entwicklung hin zu einer offenen Demokratie und erzählte freimütig, was er über die Geschwindigkeit und den Weg dorthin dachte. Er stimmte mit der Gewerkschaft Solidarität darin überein, daß die Kommunisten den Präsidenten stellen sollten und daß eine komplette Übergabe an Solidarnósc die politischen Strukturen großen Belastungen aussetzen könnte. Ich denke, daß er das Gefühl hatte, die Opposition besser zu verstehen als Jaruzelski, weil er die Vereinbarungen vom runden Tisch mit ausgehandelt hatte. Dennoch sprach er voller Überzeugung davon, wie wichtig es sei, Jaruzelski zur Kandidatur zu überreden. Nach diesem Gespräch hatte ich ein viel besseres Gefühl, sowohl was die Reife der Akteure anging als auch bezüglich der Aussichten, diesen schwierigen Übergang erfolgreich abzuschließen.

GEORGE BUSH

Am nächsten Tag, dem 11. Juli, fuhren wir zu einem Essen und einer Rede nach Danzig. Die Reise erfüllte jede unserer Erwartungen und gab mir die Gelegenheit, Lech Walesa besser kennenzulernen. Walesa strahlte einen fast ansteckenden Enthusiasmus aus. Auf meiner vorherigen Reise hatte ich ihn von dem Augenblick an gemocht, als ich ihn kennenlernte. Er hat strahlende Augen, er lächelt und lacht gerne. Ich erinnerte mich, wie er 1987 frech die Sicherheitsleute ignoriert hatte, die an dem Gästehaus im Einsatz waren, in dem ich untergebracht war, und einfach zu unserer Autokolonne gekommen war, die auf die Abfahrt zum Paderewskiplatz wartete. Er war zu mir ins Auto gestiegen, und wir waren zusammen in die Stadt gefahren. Ich freute mich darauf, diesen schneidigen Mann wiederzusehen.

Die Ereignisse des Tages begannen mit einem Essen für meine Frau Barbara und mich, das von Lech und Danuta Walesa in ihrem bescheidenen Haus in einem Vorort von Danzig gegeben wurde.

Walesa erzählte uns, daß sie in diesem Haus ihre große Familie aufgezogen hatten. Dem Haus fehlte es an den meisten modernen Geräten und Einrichtungsgegenständen, die die meisten amerikanischen Familien für selbstverständlich halten, aber es vermittelte die Wärme eines echten Zuhauses. Die Presse drängte uns, einige Fotos zu machen, und wir gingen in den Garten, wo Walesa uns stolz seine Pflanzen und einige Weinreben zeigte. Es lag etwas Bodenständiges und Natürliches über diesem wirklichen polnischen Helden, der seinen Wurzeln so nahe geblieben war und der wie jedes andere Gewerkschaftsmitglied im Rahmen seiner Möglichkeiten lebte – ohne jede Extravaganz und Blendwerk. Das Essen war von größter Intimität gezeichnet, denn nur wir vier nahmen daran teil, aber die Walesas hatten ein Fünf- oder Sechs-Gänge-Menü organisiert, komplett mit Silberbestecken, raffinierten Speisen und verschiedenen Weinen. Elegante Kellner, die von einem nahe gelegenen Hotel ausgeborgt waren, bedienten uns. Frau Walesa wirkte während des gesamten Essens ein wenig angespannt. Sie ist eine ruhige und scheue Person und schien von all diesem angelieferten Glanz in ihrem Haus etwas überwältigt zu sein.

Walesa sprach überschwenglich und wirkte etwas unsicher und unrealistisch in seinen Bitten an uns. Er sagte, Polen würde nicht um zehn Milliarden Dollar bitten, wie die Presse geschrieben habe, sondern er wolle, daß die Banken in die Bresche springen und Kredite in dieser Höhe gewähren sollten. Polen würde jeden Pfennig zurückzahlen. Er übergab mir eine Aufstellung der Forderungen an die Weltbank, den Internationalen Währungsfonds und andere. Er war zuversichtlich, daß die Banken und private Patenschaften sich um die Bedürfnisse des Landes kümmern würden. Ich fragte mich, ob er alle Details dessen verstand, was er mir zeigte. Ich hatte das Gefühl, daß dieser stolze Mann nicht wollte, daß sein Land uns, den Hut in der Hand, um Geld anbetteln mußte.

Walesa sagte mir, den Polen sei bewußt, daß sie hart arbeiten müßten, aber er bestand darauf, daß sie für die Reformen nicht auf Hilfe warten konnten. Er wollte, daß der Westen Aktien auf die polnische Zukunft kaufte. Er schlug einen Plan vor, alle Unternehmen zu versteigern – sogar die polnischen Bauernhöfe, von denen er glaubte, daß amerikanische Farmer sie kaufen würden. Das war ein ehrgeiziger Plan. »Ich stehe mit dem Rücken zur Wand«, scherzte er. »Wenn ich versage, muß ich darüber nachdenken, wo ich Asyl beantragen kann.«

Walesa glaubte, daß nur Kiszczak für das Präsidentenamt geeignet sei, und er wollte ihn unterstützen. »Das ist zwar nicht, was ich wollte und was ich mir gewünscht habe, aber ich werde es tun«, versprach er. Er fand Jaruzelski die bessere Wahl, aber der würde nicht kandidieren. Alles hing von der Wirtschaft ab. Er sagte voraus, daß es ohne substantielle amerikanische Hilfe überall Streiks geben würde, die Jaruzelski dazu zwängen, Truppen zu schicken, um diese zu beenden. Er fand, daß der General von vielen in der Opposition ungerecht behandelt wurde. »Was heute Jaruzelski gegenüber geschieht, ist falsch«, erklärte er. Es gäbe nur wenige echte Kommunisten, sagte er. »Die anderen, einschließlich Jaruzelski, sind ›Radieschen‹ – rot nur nach außen hin.« Er fügte hinzu, viele Leute glaubten, sie hätten mit dem General noch eine Rechnung offen. »Sie unterschätzen ihn«, sagte er.

Walesa wollte auch finanzielle Hilfe direkt an die Gewerkschaft Solidarität weiterleiten. »Wir sollten die politische Entwicklung verlangsamen, damit die wirtschaftlichen Reformen mithalten können«, meinte er und warnte davor, daß es ein zweites Massaker wie auf dem Platz des Himmlischen Friedens mitten in Europa geben könnte, wenn die Polen versagten. Ich fragte vorsichtig nach den Forderungen von Solidarnósc. Er sagte mir, daß die Gewerkschaft realistisch sei und wisse, daß sie in einigen umstrittenen Fragen ihre Ansichten nicht durchsetzen würde. Ich war mir da nicht so sicher, obwohl ich das nicht sagte. Die wirtschaftlichen Probleme Polens waren entmutigend, und ich machte mir Sorgen, daß der Gewerkschaft Solidarität nicht bewußt war, was zu ihrer Lösung erforderlich sein würde. Einige ihrer Forderungen, wie etwa ein Mutterschaftsurlaub von fünf Jahren, waren so weitreichend, daß keine Regierung sie erfüllen und gleichzeitig Wirtschaftsreformen einleiten konnte.

Nach dem Essen fuhren meine Frau und ich mit Walesa zur Lenin-Werft, wo ich meine Rede halten sollte. Als wir uns dem Gelände näherten, war Walesa von der Menge völlig überwältigt. »O my God, O my God«, sagte er immer wieder auf englisch: Dies sei die größte Menschenansammlung, die er jemals gesehen habe.

Ich hielt meine Rede am Denkmal der Arbeiter der Gewerkschaft

Solidarität vor einem lebhaften Gedränge. Der Platz quoll vor Menschen buchstäblich über. Es ist unmöglich, die Aufregung mit Worten zu beschreiben. Tausende säumten die Straßen, die in die Stadt führten, und eine geschätzte Viertelmillion war auf dem Platz. Die Stimmung war emotional aufgeladen, erwachsene Männer und Frauen weinten. Überall waren Zeichen der Zuneigung zu den Vereinigten Staaten zu sehen: Flaggen, handgeschriebene Plakate, die mich willkommen hießen und der Freundschaft zwischen Polen und den Vereinigten Staaten Ausdruck verliehen, und überall das »Victory«-Zeichen. In meiner Rede sprach ich über den Kampf Polens im Zweiten Weltkrieg, gleich darauf von den Leiden des kalten Krieges. »Ihre Zeit ist gekommen«, sagte ich. »Es ist die Zeit der polnischen Möglichkeiten. Es ist die Zeit für Polens Bestimmung – eine Zeit, in der Träume wieder aufleben können.« Amerika würde ihnen beistehen, während sie ein neues Land entdeckten, ein Land, das sie sich selbst aussuchen und nach ihren Wünschen gestalten konnten, ein starkes und stolzes Polen. Ich war emotional völlig ergriffen, während ich sprach. Ich dachte an die Greuel der Vergangenheit in Polen, an Walesas Mut und an den polnischen Stolz. Die Menge war jetzt in Stimmung und hätte allem und jedem zugejubelt. Die Sprechchöre wechselten zwischen »Präsident Bush, Präsident Bush« und »Lech Walesa, Lech Walesa«.

Am Ende dieses Tages hatte ich das ungestüme Gefühl, daß ich Zeuge geworden war, wie hier Geschichte gemacht wurde, als die Führer des alten Regimes und der Gewerkschaft Solidarität zusammentrafen. Am meisten spürte ich die Wärme der Menschen, mit denen ich sprach, von seiten der Gewerkschaft Solidarität und der Regierung. Es war ein reines Wunder, wie weit sich Polen entwikkelt hatte, seit ich zuletzt vor zwei Jahren hiergewesen war. Ich war überzeugt, daß der Wunsch des Volkes nach Freiheit mächtig und unumkehrbar war und daß das Land nicht freiwillig unter die sowjetische Herrschaft zurückkehren würde. Aber ich fragte mich mit einiger Sorge, ob die Sowjets vielleicht versuchen würden, die Veränderungen in Polen aus Angst, daß Polen sich völlig von ihrem Einfluß befreien würde, schließlich zu beenden.

Wenn ich jetzt, Jahre später, an jene Gespräche mit der polnischen Führung zurückdenke, bin ich überzeugt, daß Jaruzelski und die anderen Kommunisten, die noch in hohen Ämtern waren, ganz besondere Führungspersönlichkeiten waren – polnische Patrioten und nicht einfach Parteiideologen. Jaruzelski war besonders vielschichtig, aber auch klar im Kopf. Einerseits stand er symbolisch für die militärische Niederschlagung der Proteste von 1981 und insgesamt für die alte Ordnung; auf der anderen Seite schien er tief im Herzen das Beste für Polen zu wollen, auch wenn das bedeutete, Teile des polnischen Sozialismus aufzugeben. Ich weiß, daß er Gorbatschow als einen Freund ansah und ihm gegenüber eine gewisse Loyalität empfand. Dennoch hatte er irgendwann beschlossen, daß Polen von der sowjetischen Dominierung frei sein konnte und mußte. Seine Freundschaft mit Gorbatschow hatte einen deutlichen Einfluß darauf, daß dieses Ziel mehr wurde als reine Hoffnung. Ich denke, daß er ab dem Sommer 1989 wußte, daß die Sowjets nicht intervenieren würden und er jetzt wie nie zuvor den Freiraum hatte, sein Land auf einen neuen Weg zu schicken.

BRENT SCOWCROFT

Mit dem Besuch in Polen hatten wir alle unsere Ziele erreicht: Wir hatten unmißverständlich unsere Unterstützung für den Fortschritt der Reformen demonstriert und hatten das in einer Weise getan, die den Polen ans Herz gegangen war – ohne daß die Ereignisse außer Kontrolle geraten waren. Und wir hatten vermieden, einen Rückfall zu verursachen. Nicht schlecht. Wir ließen Polen zwar mit der ungelösten Verfassungskrise zurück, hatten aber noch nicht erkannt, welchen Einfluß die separaten Gespräche des Präsidenten mit Jaruzelski und Walesa gehabt hatten, um beide Seiten zusammenzubringen und die Entwicklung voranzutreiben. Kurz nach unserer Abreise begannen sich erste Anzeichen des Erfolgs dieser Gespräche zu manifestieren: Am 14. Juli erklärte Walesa, er werde jeden Kandidaten unterstützen, der von der Kommunistischen Partei aufgestellt wurde. Er betonte, daß der Präsident wegen der schwierigen politischen Lage nur aus den Rängen der kommunistisch geführten Regierungskoalition gewählt werden sollte. Nach Walesas Erklärung sprach sich die Bauernpartei für Jaruzelski aus. Die Wahlchancen für Jaruzelski stiegen jetzt wieder stark an, und aus seinem Lager waren zunehmend wieder positive Töne zu vernehmen.

Für uns hieß es am 11. Juli, nach Ungarn weiterzureisen. George Bush war sechs Jahre zuvor der erste amerikanische Vizepräsident gewesen, der Ungarn besuchte, und jetzt war er der erste amerikanische Präsident, der das tat. Der Unterschied der Stimmungen in Polen und Ungarn war dem äußeren Anschein nach enorm. In Polen, obwohl durchaus voller Hoffnung, war man vorsichtig und nachdenklich gewesen. Die Polen schienen sich eher auf die gegenwärtigen Probleme zu konzentrieren, weniger auf die Verheißungen einer leuchtenden Zukunft. In Ungarn war ein Gefühl von überschwenglicher Erwartung allgegenwärtig und ziemlich ansteckkend. Es gab natürlich keine Gewerkschaft Solidarität, aber beachtlichen intellektuellen Aufruhr innerhalb der Kommunistischen Partei selbst. Die Stimmung in Budapest vermittelte mir das Gefühl, daß dies eine Gesellschaft war, die mit den harten Veränderungen, die vor ihr lagen, zurechtkommen würde. In einer Hinsicht allerdings wirkte die Stimmung in beiden Ländern ähnlich: Beide schienen die drastischen Änderungen so ruhig und ordentlich wie möglich vornehmen zu wollen. Nichts war mehr zu spüren von den Provokationen früherer Zeiten, die eine Intervention Moskaus geradezu herausgefordert hatten.

Ungarn war auf dem Weg des politischen Wandels noch nicht so weit fortgeschritten wie Polen, aber die Veränderungen lagen in der Luft. Der Betonkopf Károly Grosz war noch immer Generalsekretär der Kommunistischen Partei, aber er mußte jetzt mit drei anderen Politikern zusammenarbeiten, von denen einer in die neugeschaffene Position des Präsidenten gehoben worden war. Grosz sollte offenbar langsam von den Schalthebeln der Macht verdrängt werden. Für den Oktober war ein Parteitag angesetzt worden, nachdem bestimmte Veränderungen schon vorweggenommen worden waren. Am 16. Juni hatte sich eine Viertelmillion Menschen für die Umbettung von Imre Nagy in Budapest versammelt, des 1958 hingerichteten Premierministers während des Aufstands von 1956. Wir kamen in Budapest während eines Sommergewitters an, das die Landung der Präsidentenmaschine *Air Force One* verzögerte. Präsident Bush sollte auf dem Kossuthplatz in der Stadtmitte nach seiner Ankunft eine kurze Ansprache halten, und die Menge stand dort im strömenden Regen, während wir in der Luft kreisten. Die Leute waren völlig durchnäßt, als wir endlich kamen, aber ihre

Stimmung war keineswegs gedämpft. Sie bereiteten dem Präsidenten einen enthusiastischen Empfang und warteten sogar geduldig, während ihr Präsident Bruno Straub, der nicht willens war, seine Einführung an die Verspätung und den Regen anzupassen, sich schwerfällig seinen Weg durch den vorbereiteten Text bahnte.

Als Straub endlich zum Ende seiner eintönigen Worte gefunden hatte, ging Präsident Bush zum Mikrofon, winkte ab, als man ihm einen Regenschirm anbot, und begann, gut sichtbar für alle, mit seiner Ansprache. Die Menge tobte. Er machte einige Bemerkungen aus dem Stegreif und lobte die reformfreudige ungarische Führung. Als er seine kurzen Äußerungen beendete, brach die Sonne durch die dunklen Wolken, und es schien, als wolle sie ihre weichen Strahlen der warmherzigen Gelegenheit nicht länger vorenthalten. Als der Präsident eine ältere Frau bemerkte, die in der Nähe des Podiums stand und bis auf die Knochen durchnäßt war, zog er seinen Regenmantel aus und legte ihn ihr um die Schultern. Die Menge bekundete frenetisch ihre Zustimmung, und er sprang mitten hinein, schüttelte Hände und rief allen gute Wünsche zu. Es war eine schier unglaubliche Szene, die ich nie vergessen werde – die totale Verbundenheit zwischen ihm und der Menschenmasse.

GEORGE BUSH

Um ehrlich zu sein, gehörte der Mantel einem Geheimdienstler, der darauf bestanden hatte, daß ich ihn anzog. Als ich das Großmütterchen da so schutzlos und frierend stehen sah, vergaß ich völlig, daß er nur geliehen war. Nachdem wir wieder im Auto saßen, schalt mich meine Frau, daß ich etwas weggegeben hatte, das mir gar nicht gehörte. Wir lachten darüber, aber ich ging wie ein Galgenvogel zu dem großzügigen Sicherheitsbeamten und erklärte ihm, was ich mit seinem Mantel gemacht hatte. Später ließ ich ihm einen neuen schicken.

BRENT SCOWCROFT

Der nächste Tag, der 12. Juni, war ein anstrengender Tag für Präsident Bush. Zuerst gab es ein Treffen mit den kommunistischen Führern, dann eine Ansprache, dann weitere Treffen, diesmal mit den Oppositionsführern. Er traf sich mit dem Parteivorsitzenden Reszó Nyers, dem Generalsekretär Károly Grosz und dem Premierminister Niklós Németh. Später traf er sich mit dem Präsidiumsmitglied Imre Pozsgay, dem Führer des Reformflügels in der Partei. Er war der erste gewesen, der öffentlich sagte, daß die »Konterrevolution« von 1956 tatsächlich ein Volksaufstand gewesen sei. Am auffälligsten an diesen Männern war, daß sie alle – mit Ausnahme von Grosz – nach vorne blickten und nicht zurück. Es gab keine Anzeichen von Bedauern über die Entwicklungen oder Nostalgie für die Vergangenheit. Pozsgay sagte, er hoffe, daß Ungarn ein freiheitlicher Verfassungsstaat werde. Einer der spannendsten Augenblicke war der, als Németh Präsident Bush eine Plakette überreichte, an der ein Stück des Stacheldrahts befestigt war, der den Grenzzaun zwischen Ungarn und Österreich gebildet hatte – buchstäblich ein Stück des Eisernen Vorhangs.

Am Nachmittag sprach der Präsident vor einer interessierten, aber ruhigen Zuhörerschaft in der Karl-Marx-Universität. Bush sagte, das Ziel einer Universität sei es, den freien Wettbewerb der Ideen zu fördern, und es sei dieser Geist gewesen, der einen der großen Lehrer dieser Universität beflügelt habe – Imre Nagy:

> Während der Begräbnisfeierlichkeiten auf dem Platz der Helden vor einigen Wochen hörte man die Stimme Ungarns laut werden, die die alte Hymne »Szozat« sang. Und in dieser andächtigen Zeremonie sah die Welt mehr als nur ein würdiges Begräbnis, eine Geste der Versöhnung. Wir wurden Zeugen eines wahrhaftigen Moments. Auf dem Fundament dieser Wahrheit, fester als Stein, haben die Ungarn angefangen, eine neue Zukunft aufzubauen. Eine Generation mußte darauf warten, den Mut von Imre Nagy zu ehren; mögen sich hundert Generationen daran erinnern.

Ungarn sei wieder zu einem Leuchtfeuer für die europäische Kultur geworden, an seiner Grenze zu Österreich entferne es das häßliche Symbol der Teilung Europas. »Zum ersten Male teilt sich der Eiserne Vorhang. Und Ungarn, Ihr großes Land, weist den Weg.«

Präsident Bush bot die Partnerschaft der Vereinigten Staaten an, um nachhaltigen Wandel in Ungarn zu fördern, und skizzierte unsere Hilfsvorschläge. Unter anderem verkündete er, daß Ungarn künftig die Vorzüge des »Generalized System of Preferences« (GSP – Allgemeines System der Vorzugstarife) genießen könne, Unterstützung aus einem privaten Unternehmensfonds von 25 Millionen Dollar (ähnlich den 100 Millionen Dollar für Polen), dazu fünf Millionen Dollar für ein regionales Umweltzentrum. Ferner würde eine Reihe amerikanisch-ungarischer Austauschprogramme eingeleitet und ein US-Kulturzentrum in Budapest entstehen. Sobald das ungarische Parlament eine Regierungsvorlage über Reise- und Auswanderungsfreiheit für alle Ungarn verabschiedete, könnte er Ungarn als erste Nation in Osteuropa von den Beschränkungen des Jackson-Vanik-Amendments befreien und damit dauerhaft den Meistbegünstigungsstatus gewähren. (Polen hatte von jeher diesen Status gehabt, denn es genoß ihn bereits, bevor das Jackson-Vanik-Amendment 1973 die Handelsvergünstigungen an die Ausreisefreiheit insbesondere für jüdische Mitbürger knüpfte.) Der Präsident versprach auch, daß das Friedenskorps Leute nach Ungarn schicken würde, die Englisch unterrichten sollten. Das würden die ersten Freiwilligen des Friedenskorps in einem kommunistischen Land Osteuropas sein. Ungarn war wirtschaftlich in wesentlich besserer Verfassung als Polen, und die Zuhörerschaft reagierte gar nicht darauf, daß die angebotene Hilfe, zumindest meines Erachtens, ziemlich gering ausfiel.

Ohne Zweifel war das die beste Rede des Präsidenten auf dieser Reise, sowohl inhaltlich als auch rhetorisch, und das völlige Schweigen des Publikums wunderte mich sehr. Nach dem Schluß der Rede gab es allerdings stehende Ovationen. Wir wurden später aufgeklärt, daß es in Ungarn nicht üblich war, während einer Ansprache zu applaudieren.

Nach dem Auftritt fuhr der Präsident in die amerikanische Botschaft, wo er sich mit den Führern von Oppositionsgruppen und -parteien traf, die jetzt offiziell anerkannt waren und arbeiten konnten. Ich war erstaunt über den Unterschied zwischen diesen alternden Führern, von denen einige die gleiche Position in ihrer Partei schon innegehabt hatten, als 1947 oder 1948 die Verbote ausgesprochen wurden, und den progressiven Intellektuellen in den Rängen der Kommunisten. Eine Reihe der hier anwesenden Männer vertrat noch immer dieselben alten und überkommenen Ansichten, die es schon für die Kommunisten so einfach gemacht hatten, sie beiseite zu schieben, als sie zu Beginn des kalten Krieges die Macht ergriffen hatten.

Als wir von Budapest nach Paris flogen, dachte ich über das neue Europa nach, das gerade geboren wurde. So unterschiedlich die Völker waren und die Wege zur Reform, die sie eingeschlagen hatten, so geschah doch etwas ganz Grundlegendes, und ich war mir sicher, daß dies nicht mehr verworfen werden konnte. Die Reformen schienen jetzt entschieden, überlegt und ohne jene Bitterkeit oder Rachedurst, die eine erneute Repression auslösen konnten. Ich hatte keine Vorstellung davon, in welch schneller Zeit sich jetzt alles entfalten sollte, aber ich war enorm ermutigt von dem, was wir gesehen hatten.

Wir waren nun auf dem Weg zu unserem letzten längeren Aufenthalt. Es war der erste G-7-Gipfel für Präsident Bush, und wir wollten uns auf Osteuropa und die Veränderungen konzentrieren, die wir dort mit eigenen Augen gesehen hatten. Wir hofften, unsere Partner überzeugen zu können, einige der wirtschaftlichen Lasten für diese Länder zu übernehmen – schließlich waren die G-7-Gipfel eigens eingerichtet worden, um sich solcher Probleme anzunehmen. Es konnte etwas schwierig werden, Osteuropa in den Mittelpunkt zu rücken, denn die Gipfeldebatten drehten sich üblicherweise um Themen, die von den einzelnen Stäben bereits Monate zuvor untersucht und verhandelt worden waren. Außerdem mußten wir mit Überlegung und Raffinesse dabei vorgehen, die amerikanische Führung und unsere Tagesordnung durchzusetzen. Präsident Mitterrand hatte den Vorsitz inne, und er hatte seine eigenen Vorstellungen über diese Konferenz, die als wichtiger betrachtet wurde als sonst üblich. Er hatte den Gipfel auf einen Termin angesetzt, der direkt nach den Feiern zum zweihundertsten Jubiläum der Französischen Revolution lag. Dazu hatte er etliche Staatsoberhäupter aus Entwicklungsländern eingeladen, von denen viele zum ehemaligen französischen Kolonialreich gehörten. Wir hatten einige Bedenken, daß Mitterrand versuchen könnte, die zwei Gruppen in einer Weise zusammenzubringen, die es ihm erlauben würde, ein lange gehegtes Ziel zu erreichen – eine Nord-Süd-Konferenz zwischen der ersten und der dritten Welt.

Wir waren gegen ein solches Treffen, weil wir glaubten, daß der Süden zwangsläufig in aufrührerischen, marxistisch-leninistisch inspirierten Worten »Reparationen« für die Jahre der kolonialen

»Ausbeutung« fordern würde, vielleicht mit Unterstützung einiger linksgerichteter Regierungen in nördlichen Ländern. Obwohl auch wir uns für eine Linderung der Not der ärmeren Länder einsetzen wollten, bevorzugten wir bilaterale Debatten über die Hilfsangebote. Um ein solches potentielles Treffen zu vermeiden, hatten wir sogar ursprünglich überlegt, ob wir unsere Ankunft erst auf den Morgen des Wirtschaftsgipfels legen sollten. Der Präsident wollte jedoch nicht riskieren, Mitterrand dadurch zu brüskieren, daß wir uns nicht an dem Höhepunkt der Feierlichkeiten beteiligten, dem Gedenken an den Sturm auf die Bastille. In Vorgesprächen mit französischen Diplomaten hatten wir unsere Haltung erläutert, und nachdem uns versichert worden war, daß es nicht zu einem solchen Nord-Süd-Treffen kommen würde, hatten wir zugestimmt, den ganzen 14. Juli in Paris zu verbringen.

BRENT SCOWCROFT

Für die gigantische Militärparade am 14. Juli ließ Mitterrand anscheinend jede verfügbare militärische Einheit und alles an Ausrüstung auffahren, was in den Arsenalen der französischen Armee zu finden war. Das Ganze sah aus wie eine sowjetische Parade zum Maifeiertag, eine Demonstration der ungebrochenen französischen Größe. Die Waffenschau war offensichtlich dazu gedacht, den anwesenden Gästen aus der dritten Welt zu verdeutlichen, daß Frankreich noch immer eine Militärmacht von Weltklasse war. Die Gästetribüne stand direkt auf den Champs-Élysées, wo die Einheiten der Armee entlangmarschierten und sich dann direkt vor der Tribüne aufteilten. Die Parade war endlos lang, aber durchaus beeindrukkend. Mitterrands Stolz war verständlich und deutlich sichtbar.

Am Ende dieses spektakulären Auftritts rief Mitterrand nach seinem Autokonvoi, bestieg seine Limousine und fuhr davon, während seine Gäste noch auf der Aussichtstribüne saßen. Ein handfestes Problem wurde augenblicklich offenkundig – die Reihenfolge der Abreise war niemandem bekanntgegeben worden. Es waren rund fünfundzwanzig Staatsoberhäupter anwesend, jeder mit seinem eigenen Konvoi. Die Folge war ein unglaublicher Verkehrsstau, weil die Stabsmitglieder jedes Landes alle gleichzeitig versuchten, ihre Chefs in einer wilden Kletterpartie zu ihren Limousinen zu bringen. Es war das Chaos schlechthin.

Der dreitägige Wirtschaftsgipfel, der an diesem Nachmittag begann, war erstaunlich unkontrovers, so sehr, daß die Staatschefs beschlossen, die Sitzung früher zu beenden und das Abschlußbankett ausfallen zu lassen. Während der Großteil des Kommuniqués sich mit Umweltfragen beschäftigte, gelang es Präsident Bush doch, Osteuropa in den Mittelpunkt des Gipfels zu rücken; der Schwerpunkt lag dabei sowohl auf den politischen Veränderungen als auch den wirtschaftlichen Problemen. Wir gestalteten den Rückzahlungsplan für Polens Auslandsschulden um und riefen eine Konferenz ins Leben, auf der die westliche Hilfe für Polen und Ungarn debattiert und koordiniert werden sollte. Das war eine bemerkenswerte Leistung, die wir vor allem dem Verhandlungsgeschick von James Baker zu verdanken hatten. Um zu dieser Vereinbarung zu kommen, die wir zur Ergänzung unserer eigenen geringen Hilfen für Osteuropa unbedingt brauchten, hatte Baker angeboten, daß die europäische Gemeinschaft die Organisation übernehmen sollte. Dadurch entstand ein weiteres Gebilde in dem Wirrwarr internationaler Organisationen, die Gruppe der 24 (G 24). Wie sich herausstellte, war sie nicht gerade die produktivste ihrer Art, aber sie erfüllte ihren Zweck für Ungarn und Polen.

Auf der Tagesordnung stand auch eine koordinierte Antwort auf die Ereignisse auf dem Platz des Himmlischen Friedens. Vom Gefühl her waren die meisten dafür, scharfe Sanktionen gegen China zu verhängen. Der Präsident war zwar auch dafür, daß China einen Preis dafür bezahlen sollte, daß es seine Einwohner schlecht behandelte. Er argumentierte aber, daß die amerikanisch-chinesischen Beziehungen zu wichtig für den Frieden in der Welt waren, um sie völlig abreißen zu lassen – und scharfe Maßnahmen hätten dies mit sich gebracht. Nach längerer Debatte, während der etliche Kollegen sich für extreme Maßnahmen aussprachen, gelang es dem Präsidenten mit Unterstützung des japanischen Premierministers Sosuke Uno, die Sanktionen auf ein vernünftiges und verhältnismäßiges Maß zu begrenzen. Wir forderten die Weltbank auf, neue Kredite an China zurückzuhalten, warnten China davor, daß das Land sich durch die Gewaltmaßnahmen international isolierte, und sprachen uns dafür aus, daß chinesischen Studenten im Ausland so lange wie nötig Asyl gewährt werden sollte. Ironischerweise legte sich der Zorn der Europäer schnell wieder, und es dauerte nicht lange, bis die Vereinigten Staaten praktisch das einzige Land waren, das die Sanktionen aufrechterhielt.

GEORGE BUSH

Der Gipfel war noch aus einem anderen Grunde bemerkenswert: Es war der Beginn der sowjetischen (oder russischen) Beteiligung an den G-7-Treffen. Gorbatschow schrieb einen Brief an Mitterrand, in dem er zu engerer Zusammenarbeit zwischen Ost und West bei Fragen der internationalen Wirtschaft aufrief und das Interesse der Sowjetunion deutlich machte, sich an der Weltwirtschaft zu beteiligen. Obwohl das keine eigentliche Bitte war, an den Wirtschaftsgipfeln teilnehmen zu dürfen, bestand doch kein Zweifel an dieser Absicht. Gorbatschow wollte aus Prestigegründen zum Mitglied werden und erhoffte sich auch die Hilfe des Westens bei der Instandsetzung seiner Wirtschaft. Ich hatte meine Bedenken, ob dies der richtige Zeitpunkt war, die Sowjetunion in diese Treffen einzubeziehen. Die G-7-Gipfel beschäftigten sich mit der Koordinierung von Maßnahmen in freien Marktwirtschaften. Meines Erachtens waren die sowjetischen Reformen noch nicht ausgereift und entschieden genug, um die Sowjetunion als einen gleichberechtigten Partner aufzunehmen. Alle Staatschefs der G7 stimmten mir zu, daß die Antwort positiv, aber unverbindlich ausfallen sollte.

BRENT SCOWCROFT

Es war kein dramatischer Gipfel, aber ein durchaus befriedigender. Wir hatten Osteuropa ganz nach oben auf die Tagesordnung gesetzt, und es war uns gelungen, eine Reihe potentieller Problemfälle zu umschiffen. Nichtsdestotrotz gab es Kritik in der Presse, daß der Präsident – anders als seine Vorgänger – die Diskussionen nicht dominiert, sondern vielmehr Vorschläge von seinen Kollegen angenommen hatte. Mir ging langsam auf, daß die Presse seinen kollegialen Stil einfach nicht anerkennen wollte. Den Journalisten schien es eher um große Gesten und Brimborium zu gehen als um freundschaftliche Überzeugungskraft und Zusammenarbeit – und Ergebnisse. Der Führungsstil von Präsident Bush erleichterte es, die Inhalte zu akzeptieren, und unsere Freunde und Verbündeten schätzten einen kooperativen Umgang mehr als einen herrischen. Ich war frustriert – allerdings wurde dieses Gefühl dadurch abgeschwächt, daß der Skeptizismus und die Kritik nicht überall verbreitet waren, sondern einige Korrespondenten (in meinen Augen natürlich diejenigen, die am differenziertesten schrieben) absolut anerkannten, daß dies für uns eine erfolgreiche Konferenz gewesen war.

Es gab noch eine weitere wichtige Entwicklung während unseres Aufenthaltes in Paris. Als Präsident Bush, James Baker und ich am Sonntag, dem 16. Juli, auf den Stufen der Terrasse vor der Botschaft saßen und über den Garten blickten, plauderten wir allgemein über die Reise. Der Präsident brachte schließlich den Vorschlag auf, sich mit Gorbatschow zu treffen. Er sagte einfach, daß die Zeit für ein solches Treffen reif war, und er sagte das in jener Weise, die deutlich macht, daß er sich bereits entschieden hat. Weder Baker noch ich protestierten. Baker hatte einem frühen Treffen mit Gorbatschow ohnehin nie so ablehnend gegenübergestanden wie ich, und auch ich konnte mich jetzt mit dem Gedanken anfreunden. Unsere Strategie für Osteuropa war auf den Weg gebracht, und es bestand nun die Gefahr, daß es zu Mißverständnissen kam, wenn wir nicht zuverlässig wußten, was Gorbatschow dachte. Vielleicht gelang es uns, ein Treffen so zu arrangieren, daß wir wenigstens einige jener Fallgruben umgingen, die sich auftun, wenn auf einem Gipfel keine bestimmten Vereinbarungen getroffen werden.

GEORGE BUSH

Ich hatte schon seit ein paar Wochen über ein Treffen mit Gorbatschow nachgegrübelt. Am 18. Juni hatte ich in mein Tagebuch geschrieben:

> In meinem Hinterkopf überlege ich, wie wir das mit einem Treffen mit Gorbatschow machen könnten. Ich will ein Treffen haben; aber ich will nicht, daß es im Thema Rüstungskontrolle versandet, und ich will auch nicht, daß das Treffen anhand von Erfolgen bei der Rüstungskontrolle beurteilt wird. Ich wünschte, wir könnten ein umwälzendes Ereignis von weltweiter Bedeutung finden, an dem wir gemeinsam mit den Sowjets arbeiten könnten; oder bei einer großen internationalen Katastrophe helfen; oder etwas, das unsere Zusammenarbeit veranschaulicht und Gorbatschow und mir die Möglichkeit gibt, uns in Ruhe zu unterhalten – ohne Er-

wartungen zu wecken, daß wir den gesamten Problemkreis der strategischen Waffen in einem Treffen auf höchster Ebene lösen könnten.

Als sich meine Reise in Europa dem Ende zuneigte, wurde ich mir bewußt, daß es langsam gefährlich wurde, ein Treffen mit Gorbatschow weiter hinauszuzögern. Es geschah einfach zuviel im Osten – ich hatte das nun selbst gesehen –, und wenn die Supermächte nicht anfingen, sich um die Ereignisse zu kümmern, konnten genau diese Ereignisse letztlich Osteuropa und die amerikanisch-sowjetischen Beziehungen destabilisieren. Wir wußten noch immer nicht, wieviel Veränderung Gorbatschow in der Region zulassen würde, und ich sah jetzt deutlich, daß die Osteuropäer versuchen würden, so weit zu kommen wie möglich. Die westeuropäischen Führer drängten auch auf ein Treffen. Angesichts des Briefes von Gorbatschow an die G-7-Staatschefs war mir klar, daß dieser Druck noch steigen würde, aber ich glaubte, daß wir informelle Gespräche führen konnten, ohne die Erwartungen zu hoch zu hängen. Ich wollte genauso einen Gedankenaustausch mit Gorbatschow, wie ich ihn mit Jaruzelski, den ungarischen Führern und, tatsächlich, auch den Westeuropäern erlebt hatte – geradeheraus und ehrlich.

Ich war von der Hoffnung, die ich in Osteuropa sah, sehr bewegt. Die Reise hatte meine Erwartungen erfüllt: Die Bedeutung der Region für uns war unterstrichen worden; die Europäer waren daran erinnert worden, daß der Westen das bessere Modell für die Zukunft hatte, und dadurch hatten wir Gorbatschows Vorschlag Kontra gegeben, als Voraussetzung zur Beendigung des kalten Krieges sofort abzurüsten. Zudem hatten wir die Entwicklung hin zu Demokratie und wirtschaftlicher Freiheit gefördert. Aber mir hatte die Reise noch viel mehr gebracht: Ich hatte verstanden, wieviel für die Osteuropäer auf dem Spiel stand und wie schwierig die Lage dort noch immer war. Wir konnten den Fortschritt in diesen Ländern nicht als selbstverständlich voraussetzen. Ich hatte nur die zwei Länder besucht, die auf diesem Weg am weitesten vorangekommen waren. Auch in der übrigen Region gärte es – in Ländern mit Regierungen, die weniger an einem besseren Leben für ihre Bevölkerung interessiert waren, sondern mehr an der eigenen Machterhaltung. Wir hatten uns in Polen und Ungarn vorsichtig bewegt und dabei vermieden, die Sowjets zu reizen, deren militärische Präsenz sich dort immer wieder abzeichnete. Das war schon mal ein guter Anfang. Aber ich war mir im klaren darüber, daß der Druck der Betonköpfe auf Gorbatschow, er solle intervenieren, weiter steigen würde, während sich diese einst so verläßlichen Verbündeten immer weiter entfernten und der sowjetischen Sicherheitskordon gegen den Westen zerfiel. Die Gefahren lagen auf der Hand, und ich würde mit noch größerer Vorsicht reagieren müssen, je mehr die Osteuropäer ihren eigenen Weg in die Zukunft durchsetzten. Wir konnten die Leute nicht hängenlassen – es konnte noch weitere Massaker wie jenes vom Platz des Himmlischen Friedens geben.

Gemeinsamen Ufern entgegen

GEORGE BUSH

Als wir von Paris zurückflogen, entwarf ich einen Brief an Gorbatschow, in dem ich ein Treffen vorschlug. »Ich möchte das gerne ohne Tausende von Assistenten haben, die über unseren Schultern schweben«, schrieb ich, »ohne die allgegenwärtigen Briefings und ganz sicher ohne die Presse, die uns alle fünf Minuten zuruft: Wer gewinnt ...?« Bis vor kurzem, so erklärte ich, hatte ich geglaubt, daß auf einem Gipfeltreffen nur wichtige Vereinbarungen getroffen werden dürften, um die gespannt zusehende Welt nicht zu enttäuschen. »Jetzt sehe ich das anders.«

»Vielleicht war es mein Besuch in Polen und Ungarn oder vielleicht das, was ich über Ihre kürzlichen Besuche in Frankreich und Deutschland gehört habe«, fuhr ich fort. »Aus welchem Grund auch immer – ich möchte die Wahrscheinlichkeit verringern, daß es zwischen uns zu Mißverständnissen kommen könnte. Ich möchte unsere Beziehungen etwas persönlicher gestalten.« Ich bot einen informellen Besuch ohne Tagesordnung an. »Meines Erachtens wäre es am besten, den Begriff ›Gipfeltreffen‹ zu vermeiden, der im günstigsten Fall überholt ist, im ungünstigsten Fall in der Bedeutung von ›plötzliches Ereignis‹ verstanden wird.« Er könnte nach Camp David oder nach Kennebunkport kommen. Ich war auch offen für andere Vorschläge und würde auch verstehen, wenn er sich angesichts eines solchen informellen Treffens einfach nicht wohl fühlen und meinen Vorschlag ablehnen würde.

BRENT SCOWCROFT

Wir übergaben den Brief des Präsidenten an Marschall Sergei Achromejew, als er Ende Juli nach Washington kam, um über Rüstungskontrolle zu sprechen. Achromejew, der ehemalige sowjetische Generalstabschef, war im Dezember 1988 aus dem aktiven Dienst ausgeschieden und jetzt Gorbatschows wichtigster Militärberater, mit direktem und vertrautem Zugang zu ihm. Wir fanden, daß das ein idiotensicherer Weg zu absoluter Geheimhaltung in dieser höchst delikaten Kommunikation war, auch wenn einige im Außenministerium etwas beleidigt darüber waren, daß wir die normalen Kanäle umgingen. Ich unterhielt mich mit dem Marschall beim Frühstück, und wir hatten eine der interessantesten Unterhaltungen über die Grundlagen der Rüstungskontrolle und die strategischen Ziele der anderen Seite, die ich jemals geführt habe. Er war offen und ehrlich.

GEORGE BUSH

Achromejew war ein guter Kurier. Nach wenigen Tagen kam eine Antwort, diesmal überbracht von Alexander Bessmertnych, der in den 70er Jahren Erster Sekretär und Berater in der sowjetischen Botschaft in Washington gewesen und jetzt der erste Stellvertreter von Eduard Schewardnadse war. Bessmertnych war eigens gekommen, um meinen Vorschlag zu diskutieren. Er sagte mir, daß Gorbatschow ein Treffen schon im September begrüßen würde. Ihm gefiel das Format, das ich vorgeschlagen hatte, und er erhoffte sich eine Diskussion über alle grundlegenden Fragen. Aber als Bessmertnych und ich anfingen, uns über den Ort des Treffens Gedanken zu machen, wurde schnell deutlich, daß dies ein Problem werden würde.

BRENT SCOWCROFT

Verschiedene Orte wurden vorgeschlagen, von Alaska bis Spanien, aber keiner erwies sich als akzeptabel für beide Seiten, entweder aus Gründen der Terminplanung oder des Protokolls. Wir versuchten mehrere Wochen lang alles, was uns einfiel, und ich wollte schon aufgeben (nebenbei begann ich, mich zu fragen, ob die Sowjets das Treffen wirklich wollten), als Gorbatschow einen Staatsbesuch in Italien für Anfang November ankündigte. Wir fingen an, die Möglichkeiten durchzugehen, die diese Reise bieten könnte. Der Bruder des Präsidenten, William »Bucky« Bush, war gerade in Malta gewesen und hatte in höchsten Tönen davon geschwärmt. Ich erwähnte das Treffen von Roosevelt und Churchill an Bord eines Schiffes vor Neufundland im Jahre 1942 als Präzedenzfall. Dem Präsidenten gefiel die Idee, eine Konferenz auf hoher See abzuhalten, weil das eine größere Präsenz von Presse und Stab ausschließen sowie mühselige Protokollfragen vermeiden würde. Gorbatschow mußte seine eigenen Reisepläne etwas anpassen und einige Gespräche am Wochenende führen, war aber bereit, das zu tun. Seine einzige Bitte war, daß beide Präsidenten gemeinsam bei den Malteser Behörden ihr Ansinnen stellten und daß es keine Hubschrauber geben sollte – offensichtlich, weil er es verabscheute, mit ihnen zu fliegen. Wegen des ungewöhnlichen Treffpunkts und um das Protokoll möglichst einfach zu halten, sollte Barbara Bush nicht mitkommen.

Wir hatten die Kontakte zur Sowjetunion auf hoher Regierungsebene vorerst ausgesetzt, um unsere Ziele und unsere Strategie neu zu definieren und unsere Positionen anzupassen, besonders im Bereich der strategischen Rüstungskontrolle. Der Besuch von Baker in Moskau im Mai war eine Ausnahme gewesen. Baker stand völlig überrascht an Gorbatschows Seite, als dieser neue sowjetische Vorschläge zur Reduzierung von atomaren Kurzstreckenraketen ankündigte. Diese einseitigen Ankündigungen, die gleichzeitig mit seinen Propagandaaktionen in Westeuropa stattfanden und dazu angetan waren, Differenzen innerhalb der NATO zu erzeugen und auszunutzen, hatten uns in bezug auf seine Motive mißtrauisch gemacht und Zweifel an seinem ehrlichen Interesse an besseren Beziehungen geweckt. Außerdem gab es noch weitere Probleme mit Moskau zu lösen, zum Beispiel die regionalen Interessensphären der UdSSR und der USA in der dritten Welt.

BRENT SCOWCROFT

Die Veränderungen in Osteuropa entwickelten sich während des Sommers mit enormer Geschwindigkeit weiter, und wir verfolgten diese genau, aber ohne viel Aufhebens: Wir konnten mehr erreichen, wenn wir weniger sagten. Wir setzten auf die Selbstbestimmung der Völker, vermieden aber sorgfältig jede Äußerung, die als Einmischung hätte aufgefaßt werden können, denn das hätte die sowjetische Seite nur verärgert – und das in einem Moment, in dem wir hoffen durften, daß sie die positive demokratische Entwicklung auch hinnehmen würden, die sie mit in Gang gesetzt hatten.

Am 18. Juli, dem Tag, als wir aus Paris zurückkamen, ließ Jaruzelski verlautbaren, er werde nun doch wieder für das Präsidentenamt kandidieren. Am nächsten Tag wurde er von der Nationalversammlung gewählt, aber dazu bedurfte es der Enthaltung etlicher Abgeordneter der Gewerkschaft Solidarität, um ihm die notwendige Mehrheit zu verschaffen. Es war eine paradoxe Situation: Jaruzelski, lange Zeit der Unterdrücker der Solidarität, war im Westen stets als einer der schärfsten Kommunisten in Polen gesehen worden. Jetzt wurde er mit Hilfe von vielen, die er ins Gefängnis hatte werfen lassen, in einer wirklich freien Wahl gewählt.

Jaruzelskis Wahl hatte eine der größten Hürden auf dem Weg Polens im Umwandlungsprozeß beseitigt, und es war für mich klar, daß der Besuch von Präsident Bush und seine Gespräche mit allen Seiten für diesen Durchbruch von größter Wichtigkeit gewesen waren. Der General war überzeugt worden, daß seine Teilnahme von grundlegender Bedeutung war, und die Gewerkschaft Solidarität davon, daß Jaruzelski politische Stabilität garantierte. Aber trotz unserer Überzeugungsarbeit machten die Vergangenheit Jaruzelskis und die Vorbehalte über diese Koexistenz auf beiden Seiten die Wahl zur Farce.

Der nächste Schritt in Polen war, die geschäftsführende Regierung unter Ministerpräsident Mieczyslaw Rakowski abzulösen. Gemäß der Vereinbarung des runden Tisches sollte die Gewerkschaft Solidarität in der Opposition bleiben und eine von Kommunisten geführte Regierung das Land regieren. Die dramatischen Wahlergebnisse hatten diese Vereinbarung in Frage gestellt. Die Kommunisten suchten die Beteiligung der Gewerkschaft Solidarität (um die Verantwortung bei der Überwindung der wirtschaftlichen Krise zu teilen), die Gewerkschaft Solidarität war in der Frage uneinig. Die meisten gemäßigten Politiker der Gewerkschaft Solidarität wollten sich nicht an einer Regierung beteiligen, über die sie keine Kontrolle hatten, und die aktivsten Antikommunisten fanden, daß das Wahlergebnis ein Mandat war, selber die Regierung zu bilden.

Angeblich soll Jaruzelski der Gewerkschaft Solidarität erzählt haben, die Sowjetunion, Ostdeutschland und die Tschechoslowakei würden gegen die Ernennung eines Mitgliedes der Gewerkschaft Einwände hegen. Er nominierte daraufhin General Kiszczak und rief zur Bildung einer Koalitionsregierung auf. Die Gewerkschaft

Solidarität erklärte, sie wolle warten, bis sie selber die Regierung bilden könne. Kiszczak wurde am 2. August zum Premierminister gewählt, aber nach zwei Wochen waren seine Versuche gescheitert, ein Kabinett zusammenzustellen. Die parlamentarischen Verbündeten der Kommunisten, die Bauernpartei und die Demokratische Allianz, verweigerten die Zusammenarbeit, und am 16. August verkündete Lech Walesa, er werde ein Kabinett »unter seiner Leitung« und unter der Fahne der Gewerkschaft Solidarität zusammenstellen. Das war ein kühner Zug, der weit über die Grenzen der Vereinbarungen des runden Tisches hinausging, und er stellte Jaruzelski vor ein schwieriges Problem: Er mußte entweder diese Beschleunigung des Übergangsfahrplans akzeptieren oder das Parlament auflösen und Neuwahlen ausschreiben. Ohne die Grenzen, die der runde Tisch gesetzt hatte, würden Wahlen für die Kommunisten ein Desaster werden und zu noch schnellerem Wandel führen. Nachdem Walesa versichert hatte, daß Polen im Warschauer Pakt bleiben würde und daß die Kommunisten das Verteidigungs- und das Innenministerium erhalten würden, entschied sich Jaruzelski für das kleinere der beiden Übel. Kiszczak trat zurück, und die Gewerkschaft Solidarität wurde mit der Regierungsbildung beauftragt.

BRENT SCOWCROFT

Obwohl wir angesichts dieser Entwicklungen persönlich hoch erfreut waren, hielten wir uns doch mit unserem Jubel zurück. Moskau hatte noch immer starke Streitkräfte in Osteuropa, und wir wollten die sowjetische Seite nicht brüskieren und die polnische Freiheit gefährden. Unsere öffentliche Stellungnahme war deshalb sehr zurückhaltend. Wir ließen über den Regierungssprecher Marlin Fitzwater lediglich verlautbaren, daß der Präsident zur Bildung einer nicht-kommunistischen Regierung »ermutigen« würde.

Ob durch die amerikanische Reaktion bestätigt oder nicht, die Sowjetunion reagierte jedenfalls sehr ruhig. Jewgeni Primakow, ein enger Berater Gorbatschows, erklärte, die Zusammensetzung der polnischen Regierung sei eine Angelegenheit, die allein in Polen entschieden werde. Die Koalition mit der Gewerkschaft Solidarität und zwei kleinen nicht-kommunistischen Parteien sei aber vernünftig.

Mehr noch: Als die polnischen Kommunisten sich gegen die Beteiligung an einer Regierung unter der Führung der Gewerkschaft Solidarität sträubten, rief Gorbatschow Rakowski an. Der Inhalt des Telefonats wurde zwar nicht bekannt, aber die Kommunisten begannen zu kooperieren. Das war bis dahin das vielleicht deutlichste Zeichen einer veränderten Einstellung in der Sowjetunion gegenüber der demokratischen Evolution, die in Osteuropa an Kraft gewann. Auf Vorschlag Walesas nominierte Jaruzelski Tadeusz Mazowiecki, der im Jahre 1980 bei der Entstehung der Gewerkschaft Solidarität mitgewirkt hatte, zum neuen Premierminister. Er wurde am 24. August mit nur vier Gegenstimmen gewählt. Es war ein riesiger Schritt nach vorne nach vier Jahrzehnten kommunistischer Herrschaft.

GEORGE BUSH

Jaruzelski hatte bei diesen Manövern beachtliches politisches Geschick bewiesen. Er hatte sich genau bis zum richtigen Zeitpunkt als unverbesserlicher kalter Krieger gegeben. Dann zeigte er großen politischen Instinkt, indem er sich die Unterstützung der wichtigsten Führer der Gewerkschaft Solidarität sicherte. Die ganze Zeit über mußte er die Rolle der Sowjetunion richtig einschätzen und herausfinden, wieviel Raum Polen nun tatsächlich hatte, um aus den bestehenden Verhältnissen auszubrechen. Ich glaube, daß dieses Kapitel seines Lebens viele Polen dazu gebracht hat, etwas besser von diesem komplizierten Mann zu denken, den sie vorher verachtet hatten. Obwohl viele sich gut an die Brutalität der kommunistischen Herrschaft erinnern, ist man in Polen heute im Urteil über die Vergangenheit sehr viel nachsichtiger. Man erkennt das Dilemma, in dem Jaruzelski steckte, und gibt ihm letztlich Kredit für seine Rolle in dem Prozeß, Polen aus der völligen sowjetischen Dominierung herauszuführen. Als Lech Walesa 1996 – er war schon nicht mehr im Amt – Barbara und mich in Kennebunkport besuchte, fragte ich ihn nach Jaruzelski. Er war sehr gnädig und sagte, trotz der Ausschreitungen in der Vergangenheit werde die Geschichte insgesamt milde über den General urteilen.

In der Zwischenzeit hatte Ungarn seinen eigenen runden Tisch zur Reform des Wahlrechts und der Regierungsstruktur eröffnet. Am

18. September erzielten die beiden Seiten eine teilweise Übereinstimmung zum Übergang auf eine parlamentarische Mehrparteien-Demokratie. Am 7. Oktober stimmte die Kommunistische Partei dafür, sich selbst aufzulösen und sich als Ungarische Sozialistische Partei neu zu konstituieren. Dieser Schritt erwies sich als verheerend, weil sich nur wenige Mitglieder für die neue Partei eintrugen. Die politische Entwicklung war jetzt völlig offen.

BRENT SCOWCROFT

Nachdem sich die politische Situation in Polen und Ungarn so günstig entwickelte, richtete sich unsere Aufmerksamkeit jetzt auf ökonomische Hilfe. Zwei Fronten taten sich auf: eine innerhalb unserer Regierung über die noch ungelösten Grundfragen der Entwicklungshilfe, die andere mit dem Kongreß über die Summe und deren Quelle. Unsere Budgetprobleme waren über den Sommer nicht einfacher geworden, aber es gab hier eine neue Wendung. Der Kongreß war jetzt im vollen Bewußtsein der dramatischen Veränderungen, die in Osteuropa vonstatten gingen, und eingedenk der politischen Macht der amerikanischen Bürger mit Wurzeln in diesen Ländern weniger besorgt über das Budgetdefizit und bereit, enorme Summen zu genehmigen, speziell für Polen. Es war unangenehm, sich gegen mehr Finanzmittel, als wir beantragt hatten, verwahren zu müssen, während der Bedarf an zusätzlichen Mitteln so augenfällig war.

Wir stellten schließlich ein neues Hilfspaket zusammen, zusätzlich zu dem, das der Präsident bereits auf seine Reise nach Polen mitgenommen hatte. Die G 24 hatten sich darauf verständigt, 120 Millionen Dollar an Nahrungsmittel-Soforthilfe zur Verfügung zu stellen, und wir fügten noch einmal 50 Millionen hinzu. Um den schmerzlichen Prozeß zu vermeiden, so spät im fiskalischen Jahr noch Geld innerhalb der Regierung zu suchen, widmeten wir Mittel aus dem Budget des Folgejahres um, das am 1. Oktober beginnen würde. Am 15. September versprachen wir weitere 50 Millionen Dollar an langfristiger Nahrungsmittelhilfe für Polen. Die Unterstützung für Ungarn war kaum der Rede wert. Drei Tage später gab Handelsminister Robert Mosbacher bekannt, daß Ungarn dauerhaft den Meistbegünstigungsstatus erhalten sollte und außerdem die Kreditgarantien der »Overseas Private Investment

Corporation« auf amerikanische Investitionen dort ausgedehnt werden sollten.

Der Mehrheitsführer im Senat, George Mitchell, griff das Hilfspaket für Polen als unzureichend an und sagte, es sei symptomatisch für eine Regierung, die »beinahe nostalgisch an den kalten Krieg« denke. Baker nannte diese Kritik politisch motiviert: »Wenn der Präsident in der Bevölkerung 70 Prozent Zustimmungsrate für seinen Kurs in der Außenpolitik hat und wenn ich der Führer der Oppositionspartei wäre, würde ich vielleicht etwas ähnliches sagen.« Durch Bakers Kommentar stieg mein eigenes Unbehagen. Wenn diese historische Entwicklung weg vom Joch der Sowjetunion und des Leninismus fehlschlug, weil wir uns auf bürokratische Buchhaltungspraktiken versteiften, würden uns die Geschichte und wir uns selbst nie verzeihen. Während ich also mit Baker darin übereinstimmte, daß Mitchells Angriff parteipolitisch motiviert war, war ich doch überzeugt, daß wir mehr tun sollten.

Am 20. September erhöhte der Auswärtige Ausschuß des Senats den Druck weiter, indem er ein Hilfspaket von 1,2 Milliarden Dollar für Polen über die nächsten drei Jahre beschloß. Es war ein klares Votum nach Parteizugehörigkeit, nachdem sich bis auf einen sämtliche Abgeordnete der Republikanischen Partei aus Protest über diese Einmischung in die Außenpolitik der Regierung enthalten hatten. Der Ausschuß sagte, er werde das Geld aus dem Budget des Verteidigungsministeriums für Forschung und Entwicklung nehmen, und verletzte damit die Vereinbarung, die besagte, daß Umwidmungen zwischen dem Hilfs- und dem Verteidigungsbudget verboten waren. Der Kongreß schien fest entschlossen, mehr Geld zur Verfügung zu stellen, als wir beantragt hatten, und es würde sehr merkwürdig aussehen, wenn der Präsident sein Veto gegen Hilfe für Polen einlegen müßte. Die Frage war, was wir dagegen tun konnten.

Innerhalb der Regierung lebte die erbittert geführte Auseinandersetzung wieder auf, ob wir überhaupt Hilfe nach Polen schicken sollten. Das Außenministerium und der Sicherheitsrat sprachen sich für eine Erhöhung der Mittel aus und dafür, den IWF und die Weltbank dazu zu bewegen, größere Investitionen zu tätigen. Der Präsident sollte am 27. September beim jährlichen gemeinsamen Treffen beider Institutionen eine Rede halten. Das wäre genau der richtige Zeitpunkt gewesen, ein solch ehrgeiziges Unterfangen vorzustellen. Das Finanzministerium aber lehnte noch immer entschieden ab, irgend etwas zu tun, bis Polen wirtschaftliche Reformen eingeleitet hatte. Das Budgetbüro blockierte nicht derart stark, bestand aber darauf, daß sämtliche zur Verfügung gestellten Mittel gegenfinanziert sein müßten. Ich erinnere mich aber nicht daran, daß man dort besonders eifrig gewesen wäre, das Problem anzugehen und mögliche Einsparungen an anderer Stelle zu suchen.

Leszek Balcerowicz, der stellvertretende Premierminister und Finanzminister Polens, besuchte mich am Tag vor der Rede des Präsidenten, um seinen Finanzbedarf und ein hartes wirtschaftliches Reformprogramm zu skizzieren. Balcerowicz stellte sich als Minimalprogramm, wie er es einschätzte, 500 Millionen Dollar zur Dekkung akuter Finanzdefizite im vierten Quartal sowie eine Milliarde Dollar für einen Währungsstabilisierungsfonds vor. Sein Programm schien alle vernünftigen Vorbedingungen für ein Hilfsprogramm zu erfüllen, aber es war zu spät, eine Antwort darauf in die Ansprache des Präsidenten am nächsten Tag aufzunehmen. Außerdem waren wir uns noch immer nicht einig über unsere Entwicklungspolitik für Osteuropa. Wir konnten nicht mehr tun, als eine Erklärung einzufügen, daß wir »mehr tun müssen« und »die USA ihrerseits bei diesen Anstrengungen in der ersten Reihe« stünden. Beim Publikum brach nicht gerade Begeisterung aus.

Trotz des polnischen Plans zögerten das Finanzministerium und das Budgetbüro weiter. Das Finanzministerium wollte sich nicht bewegen, bis der IWF und die Weltbank Kredite zur Unterstützung des Programms genehmigten. Das Budgetbüro insistierte, daß die Mittel für jeden neuen Kredit aus dem Entwicklungshilfebudget genommen werden müßten, also aus den Zuteilungen für ein anderes Land. Erbost überstimmte der Präsident Budgetbüro und Finanzministerium und entschied, daß wir uns bei der internationalen Gemeinschaft um Hilfe für Polen bemühen würden, anstatt uns nur auf die knappe Unterstützung der USA zu verlassen. Wir einigten uns auf ein Abkommen, den Stabilisierungsfonds von einer Milliarde Dollar zu unterstützen, von dem 200 Millionen Dollar von den Vereinigten Staaten kommen sollten. Das Ganze sollte erst in Kraft treten, wenn die Verhandlungen Polens mit dem IWF abgeschlossen waren. Die restliche Summe würde aus Europa kommen, vor allem aus Deutschland. Der Kongreß nahm das Programm ernst und hielt sein Versprechen bezüglich des Budgets: Während der Kompromiß deutlich höher war als die Vorschläge des Präsidenten, wurden die viel größeren Summen, die schon genehmigt waren, zurückgefahren.

Nachdem die sowjetische Autorität seit dem Sommer in Osteuropa in Frage gestellt worden war, begann sie nun auch, in der Sowjetunion selbst zu bröckeln. Lange unterdrückter Nationalismus kam zum Vorschein. Zusammen mit der sich verschlechternden wirtschaftlichen Situation wurde dies zur bislang größten politischen Bedrohung für Gorbatschow. In den baltischen Staaten bewegten sich die erstarkten Nationalisten von der Unterstützung der Perestroika und Plänen zu wirtschaftlicher Autonomie hin zur Forderung nach Unabhängigkeit. Estland hatte bereits im November des Vorjahres seine Souveränität erklärt und das Gesetz am 18. Mai bestätigt. Litauen beschloß am gleichen Tag ein ähnliches Gesetz, die Letten folgten am 29. Juli. Um das neue Verständnis von Glasnost zu demonstrieren, verdammte Alexander Jakowlew, ein wichtiger Berater Gorbatschows, bei einer Pressekonferenz über das Baltikum am 18. August den Hitler-Stalin-Pakt von 1939, der zur Annexion dieser Staaten geführt hatte, beteuerte aber, daß Moskau die drei Republiken weiter als integralen Bestandteil der Union ansah und jedem Versuch, diese abzutrennen, einen Riegel vorschieben würde. Jakowlews Stellungnahme fachte die Leidenschaft an, und der Damm, der den baltischen Nationalismus zurückhielt, begann, Risse zu zeigen. Vier Tage später erklärte das litauische Parlament die sowjetische Annexion für illegal. Nationalisten in allen drei Republiken begannen nun ernsthaft, nach Unabhängigkeit zu streben.

Die sowjetische Reaktion auf den baltischen Nationalismus war völlig verschieden von der auf die Liberalisierung in Osteuropa. Das Zentralkomitee der Kommunistischen Partei rügte die sich beschleunigenden Unabhängigkeitsbestrebungen, und diesmal rief, in starkem Kontrast zu seinem Anruf beim Vorsitzenden der polnischen Kommunistischen Partei nur rund eine Woche zuvor, Gorbatschow den Parteichef in Litauen an und warnte, daß die drei Republiken »auf keinen Fall über eine Sezession nachdenken dürfen«. In Polen und Osteuropa war es bisher um die Reform bestehender Strukturen gegangen. Fundamentalere sowjetische Sicherheitsinter-

essen wie etwa der Zusammenhalt im Warschauer Pakt waren noch nicht in Frage gestellt worden. Die offenen Unabhängigkeitsbestrebungen im Baltikum hingegen stellten jedoch genau das dar, was die sowjetische Seite als tödliche Bedrohung für die Integration der Union selber ansah, und es gelang nicht, diese mit mehr Gleichmut zu betrachten.

Auch für die Vereinigten Staaten war die Situation der baltischen Staaten anders gelagert. Ihre Geschichte symbolisierte für uns das Schlimmste an Perfidie und Verrat des Kreml. Wir hatten die Eingliederung in die Sowjetunion im Jahre 1940 nie anerkannt, und es gab keine Möglichkeit, »normal« auf die Ereignisse zu reagieren, die vielleicht doch noch das anhaltende Engagement rechtfertigen würden, das wir für sie gezeigt hatten. Es gab zudem eine mächtige Interessenvertretung, bestehend aus Konservativen im allgemeinen und Amerikanern baltischen Ursprungs im besonderen, die es darauf anlegten, der Sowjetunion in dieser Angelegenheit einen Schlag zu versetzen. Sie forderte nicht nur Freiheit für das Baltikum, sondern das auch noch sofort. Die Folge war eine besondere Befindlichkeit – sowohl in Washington als auch in Moskau –, über alles, was in den baltischen Staaten vor sich ging. Dies war der Bereich, in dem wir den meisten Druck anwenden und am wenigsten Verständnis zeigen würden und wo die Sowjetunion geradezu paranoid und am wenigsten willens nachzugeben war.

Auch die innere Krise der Sowjetunion im allgemeinen begann sich zu verschärfen, nicht zuletzt wegen der politischen und wirtschaftlichen Reformen Gorbatschows. Um den Wechsel auf der lokalen und der Ebene der einzelnen Republiken zu erzwingen, drohte Gorbatschow und ordnete richtige Wahlen an, um Druck auf renitente Parteibeamte auszuüben. Er ermutigte die Bevölkerung offen dazu, solche alteingesessenen Parteiführer und Beamte der Kommunistischen Partei, die er für die Schwierigkeiten des Landes verantwortlich machte, mit den Vorwürfen zu konfrontieren. Gleichzeitig begann er die Partei zu umgehen, was dort wiederum zu Widerstand gegen seine Reformen führte. Er versammelte alle Macht in seinen Händen und denen einiger weniger Berater. Es war ein riskantes Vorgehen, denn Gorbatschow unterminierte die lokale Autorität und Legitimität der Partei ebenso wie ihre Fähigkeit zur Aufrechterhaltung der Ordnung.

BRENT SCOWCROFT

Anfang September stellte sich die Frage, ob der Präsident einen von Gorbatschows wortgewaltigsten Gegnern treffen sollte: Boris Jelzin, der im Rahmen einer achttägigen Vortragsreise nach Washington kam. Jelzins Besuch erregte Aufsehen. Er war eine schillernde Gestalt, deren persönliche Eigenheiten, insbesondere sein Alkoholgenuß, zu bunten Geschichten in der Presse führten. Unzufrieden mit der Geschwindigkeit und dem Ausmaß der Reformen, nahm er jede Gelegenheit wahr, Gorbatschow eins auszuwischen – persönliche Angriffe eingeschlossen, als er im Laufe der Reise für die morgendlichen Fernsehsendungen interviewt wurde. Gorbatschow konnte über den Auftritt Jelzins in den USA nicht gerade erfreut sein, aber das war kein Grund, ihn nicht zu treffen. Er war offenbar ein populärer Oppositioneller in Rußland und gerade dabei, in der Sowjetunion an Einfluß zu gewinnen, was irgendeine Form der Anerkennung forderte – aber welche? Verdiente er es, im Weißen Haus empfangen zu werden – und wenn ja, in welcher Weise? Wir mußten auf der Hut sein, damit er einen Besuch nicht als Munition gegen Gorbatschow benutzte.

Es gehörte zu meinem Verantwortungsbereich, den Präsidenten darin zu beraten, welche ausländischen Besucher er empfangen sollte. In jedem Fall leiteten mich zwei wichtige Überlegungen: Die erste war, welche Auswirkungen es im Heimatland des Besuchers oder der Besucherin haben würde, ob wir ihn oder sie im Weißen Haus empfingen oder nicht. Die andere Überlegung war, die Zeit des Präsidenten nicht zu verschwenden, denn das war vielleicht unser wichtigstes Gut. Der Präsident und ich hatten für Besuche eine Abfolge nach der Wichtigkeit von Besuchern festgelegt. Oben auf der Liste stand ein Besuch beim Präsidenten selber. Danach kam ein Besuch bei mir, wozu auch gehörte, daß ich mit den Besuchern über den Flur ging und beim Präsidenten »vorbeischaute«. Etwas weniger prestigeträchtig war ein Besuch bei mir, bei dem der Präsident bei mir »vorbeischaute«, um den Besucher zu begrüßen, denn das ließ ihm völlige Kontrolle über die Zeit, die er dem Besucher widmete. Ganz unten auf der Liste, also nur etwas besser, als gar nicht ins Weiße Haus zu kommen, war ein Besuch nur bei und mit mir. Zusätzlich zu diesen Abstufungen gab es noch die sehr sinnvolle Möglichkeit, ein Treffen mit Vizepräsident Quayle anzubieten.

Es gab aber noch weitere Nuancen. Zum Beispiel die drei Eingänge, durch die der Besucher kommen und gehen konnte. Die wichtigsten Leute wurden durch den diplomatischen Eingang geleitet. Die, bei denen wir der Presse Zugang verschaffen wollten, wurden in die westliche Lobby gebracht. Besucher, die nicht auf der offiziellen Gästeliste standen und bei denen wir keine Presse haben wollten, benutzten den westlichen Boteneingang.

Jelzin war keine leichte Aufgabe. In meinem Hinterkopf hatte ich einen Besuch des sowjetischen Dissidenten Alexander Solschenyzin bei Präsident Ford: Aus Sicht der Außenpolitik gab es keinen Grund für Ford, sich mit Solschenyzin zu treffen – er war ein Emigrant, in seinem Heimatland ausgestoßen, und kein einziger Staatschef hatte ihn bei einer kürzlichen Reise durch Europa empfangen. Dennoch war Fords anfängliche Absage zu einem Treffen ein innenpolitisches Desaster: Er wurde angegriffen, er sei Breschnew gegenüber unterwürfig und unterstütze Freiheit und Menschenrechte in der UdSSR nicht. Die Situation hatte bei Jelzin einen vergleichbaren emotionalen Gehalt. Ein schwieriger Fall, denn Präsident Bush brauchte wirklich keinen Aufschrei im eigenen Land.

GEORGE BUSH

Ich wollte Jelzin gerne sehen: Er unterstützte die Art von fundamentaler Veränderung in der Sowjetunion, auf die wir hofften. In der Sowjetunion waren stets Amerikaner empfangen worden, die sich um die Präsidentschaft bewarben, also sollten sie verstehen, daß wir uns auch mit Oppositionellen treffen wollten – besonders, wenn sie die Perestroika unterstützten. Ich wollte seine Meinung über die Veränderung in der Sowjetunion kennenlernen und entschied mich dann für ein »Vorbeischauen« im Büro von Brent Scowcroft.

BRENT SCOWCROFT

Am 12. September kam Jelzin fast eine halbe Stunde zu spät am westlichen Boteneingang an, wo er von Condi Rice in Empfang genommen wurde. Er weigerte sich, aus dem Auto auszusteigen, wenn sie ihm nicht zusichern konnte, daß er den Präsidenten sehen würde. Sie sagte ihm, daß er eine Verabredung mit mir habe. Jelzin war äußerst unzufrieden. Nach einem kurzen Wortwechsel sagte Frau Rice ihm, wenn er seine Verabredung nicht einhalten wolle, könne er umgehend in sein Hotel zurückfahren. Als er merkte, daß er zu hoch gepokert hatte, folgte er ihr die Stufen hinauf in mein Büro.

Ich begann unser Gespräch mit der Frage, warum er in die Vereinigten Staaten gekommen sei. Etwas stur begann Jelzin einen langen Monolog über einen Zehnpunkteplan, mit dem die USA der sowjetischen Wirtschaftsreform helfen könnten, und ergänzte das mit seiner Vorstellung davon, wie die Sowjetunion besser verwaltet werden könne. Die Ankunft des Präsidenten unterbrach Jelzin mitten in seinem Vortrag, aber er blühte sichtbar auf und wurde immer redseliger. Das »Vorbeischauen« dauerte nur einige Minuten, in denen Präsident Bush Jelzin sagte, daß er mit Gorbatschow gute Beziehungen unterhalte und seine Reformen unterstütze. Kurz nachdem der Präsident gegangen war, kam Vizepräsident Quayle zu einem Fototermin und einer kurzen Diskussion herein. Nachdem er wieder gegangen war, beendeten wir unser rund einstündiges Gespräch, und Jelzin ging.

Wir hatten Jelzin zum westlichen Boteneingang bringen lassen, um ein Zusammentreffen mit der Presse zu vermeiden. Als er jedoch über die westliche Executive Avenue wieder abfuhr, muß er einige Reporter auf der Rasenfläche entdeckt haben, die dort ihre üblichen Anmoderationen vor der Kulisse des Weißen Hauses drehten. Jelzin ließ seinen Wagen anhalten, sprang hinaus und zog sofort alle Aufmerksamkeit auf sich. Er war bald von Reportern umringt und gab eine improvisierte Pressekonferenz. Das war nicht gerade der ruhige und unspektakuläre Abschluß des Besuches, den wir erhofft hatten, aber er richtete keinen Schaden an.

Ende September kam Eduard Schewardnadse in die USA. Außer zu Zeiten, in denen die Vereinigten Staaten ein negatives Zeichen für Moskau setzen wollten, war es das übliche Prozedere für sowjetische Außenminister, anläßlich seiner Ansprache an die Generalversammlung der Vereinten Nationen nach Washington zu kommen und dem Präsidenten seine Aufwartung zu machen. Wir hatten ein Treffen in New York vorgeschlagen, wo der Präsident auch vor der UNO-Generalversammlung über den Vertrag zum Verbot chemischer Waffen sprechen wollte. Die Sowjets baten dagegen, das Treffen im Oval Office durchzuführen, und sie gaben sich alle Mühe, dem Ereignis große Aufmerksamkeit zu sichern. Es schien, als wollte

Moskau demonstrieren, daß die Beziehungen zu den USA bestens waren, um damit die Aufmerksamkeit von den heimischen Problemen abzulenken.

Schewardnadse hatte schon dreimal Außenminister Baker getroffen, seit unsere Regierung im Amt war, aber dies würde das erste Gespräch mit Präsident Bush sein. Das Gespräch würde uns Gelegenheit geben, die Fortschritte in Gorbatschows Reformprogramm besser einschätzen zu können und noch einmal ohne Umwege unsere Unterstützung dafür zu übermitteln. Vor allem wollten wir Schewardnadse signalisieren, daß wir das Auf und Ab im Reformprozeß verstehen konnten und daß angesichts des düsteren Bildes, das in der Presse von der Perestroika gezeichnet wurde, keine Überreaktionen unsererseits zu erwarten waren.

Wir wollten auch erfahren, was er über den wachsenden Nationalismus in der Sowjetunion zu sagen hatte. Er kam nur zwei Tage nach einer wichtigen Sitzung des Zentralkomitees zu dieser Frage zu uns. Der andauernde Konflikt zwischen Aserbaidschan und Armenien hatte zu großflächigen Streiks geführt, durch die die Produktion nahezu zum Erliegen gekommen war, sowie zur Ausrufung des Kriegsrechts, mit der die Flut ethnischer Gewalt eingedämmt werden sollte. Die Unruhe hatte nun die Ukraine in Form von Bergarbeiterstreiks und Demonstrationen erreicht. Die Beschlüsse des Zentralkomitees schienen jedoch nicht darauf hinzuweisen, daß Gorbatschow die Bedeutung der nationalistischen Tendenzen bereits erkannt hatte. Während er zur radikalen Reform der sowjetischen Föderation aufgerufen hatte, um den Republiken größere Autonomie zuzugestehen, verstärkte das Zentralkomitee jetzt die zentrale Kontrolle Moskaus. Gorbatschow verlautbarte, daß die Perestroika nur von der Kommunistischen Partei ausgehen und von dieser ausgeführt werden könne. Das Ergebnis war ein klarer Rückzieher von seiner Betonung der Demokratisierung und des Pluralismus politischer Anschauungen sowie eine starke Bekräftigung der Unverletzlichkeit der Einheit der Partei.

BRENT SCOWCROFT

Schewardnadse kam am 21. September ins Weiße Haus und überbrachte einen Brief von Gorbatschow, in dem dieser auf die Vorschläge des Präsidenten zur Rüstungskontrolle antwortete. Er skizzierte eine Reihe von vielversprechenden Zugeständnissen und berichtete, daß die Sowjets die Arbeit an einer Konvention zum Verbot chemischer Waffen beschleunigen wollten. Es sah so aus, als wollten sie in Fragen der Rüstungskontrolle vorankommen und seien sie bereit, einige Modifikationen vorzunehmen, um den Stein ins Rollen zu bringen. Gleichzeitig aber, als der Präsident die großen Probleme bei den regionalen Interessensphären ansprach, wich Schewardnadse aus. Für mich sah das so aus, als ob die Rüstungskontrolle das Gebiet in den amerikanisch-sowjetischen Beziehungen war, auf das Gorbatschow sich konzentrieren wollte, und daß er – trotz seiner politischen Schwierigkeiten – noch die Fähigkeit hatte, der Bürokratie harte Entscheidungen aufzuzwingen. Es könnte auch bedeutet haben, daß er fand, daß in der dritten Welt für die Sowjetunion alles relativ gut lief und er deshalb weder Bedarf noch Interesse an einem Dialog mit uns über dieses Thema hatte.

Das Treffen mit Schewardnadse war auch aus einem anderen Grund faszinierend: Er gab uns eine bilderreiche Beschreibung der inneren Situation in der Sowjetunion. Es war das erste Mal, daß jemand anderes als Baker solch einen Bericht aus erster Hand gehört hatte. Meines Erachtens war es eine offene und ehrliche Würdigung und sicherlich nicht schönfärberisch. Seiner Ansicht nach waren die Probleme der Sowjetunion ernst und wachsend. Schewardnadses Offenheit war erfrischend, weil sie so unsowjetisch war. Dieses Verhalten war so völlig anders, verglichen mit dem gewohnten Auftreten der sowjetischen Außenminister seit Jahrzehnten.

Bis zum Ende des Sommers hatte die Unruhe in Osteuropa den Höhepunkt erreicht und schwappte nun nach Ostdeutschland über, diesen tragenden Pfeiler des Warschauer Paktes und zuverlässigsten Verbündeten Moskaus. Dort stand das Vorgehen Gorbatschows in scharfem Kontrast zur stalinistischen Regierungsweise von Erich Honecker, dessen störrische Weigerung, die veränderte Situation auch nur anzuerkennen, geschweige denn, damit umzugehen, jetzt eine größere Krise herbeiführte. Als Antwort auf die Unterdrükkung und die wirtschaftliche Auszehrung nutzten die Ostdeutschen ihren Sommerurlaub und die verbesserten Ausreisemöglichkeiten ins benachbarte sozialistische Ausland, um aus ihrem Land zu flüch-

ten. Sie brauchten keine Visa für Polen, Ungarn und die Tschechoslowakei. Dies war das bislang vielleicht dramatischste Anzeichen der Umwälzungen, die sich in der Region ausbreiteten: Ostdeutsche tauchten in großer Zahl in den westdeutschen Botschaften dieser Länder sowie in der Ständigen Vertretung in Ostberlin auf und baten um Asyl.

Es hatte sich bereits ein neuer und leichterer Fluchtweg aufgetan: Nachdem Ungarn im Mai begonnen hatte, seine Grenzbefestigungen zu Österreich abzubauen, ergriffen viele »Urlauber« aus Ostdeutschland die Gelegenheit, dort über die Grenze zu schlüpfen, um dann weiter nach Westdeutschland zu gelangen. Die ungarische Regierung kam bald in die unangenehme Lage, entweder die Ausreise zu verhindern oder die Augen zu schließen. Nach längerem Zögern und fruchtlosen Versuchen, die beiden deutschen Staaten dazu anzuhalten, zu einer Lösung des Ausreiseproblems zu gelangen, öffnete Ungarn am 10. September seine Grenzen zu Österreich, und mehr als zehntausend Ostdeutsche strömten nach Westen. Budapest hatte offen die Kameradschaft mit den Ostdeutschen aufgekündigt, und die Reaktion kam schnell und erbost: Ostberlin klagte Ungarn an, Verträge zu verletzen und den fundamentalen Interessen Ostdeutschlands zu schaden. Die Ungarn antworteten, daß sie auf Grundlage der Verträge von Helsinki keine andere Wahl hätten, was die Ostdeutschen nur noch mehr in Rage brachte. Der Sprecher des sowjetischen Außenministeriums, Gennadi Gerassimow, sagte dazu lediglich, daß Ungarn einen »unerwarteten und sehr ungewöhnlichen Schritt« getan habe, daß aber dieses Ereignis, wenn es auch bedeutsam sei, die Sowjetunion nicht direkt betreffe.

BRENT SCOWCROFT

Der Schritt Ungarns stellte für Ostdeutschland ein ausgesuchtes Dilemma dar. Der Exodus seiner Bürger bedeutete – ebenso wie im Jahre 1961, als die Berliner Mauer als Antwort auf eine ähnliche Massenflucht errichtet worden war – eine öffentliche Demütigung eines Regimes, das sich den höchsten Lebensstandard im Warschauer Pakt zugute hielt. Jede Flucht zu unterbinden konnte zu einer Explosion im Inneren führen. Andererseits war es kaum möglich, das System zu reformieren, denn das würde die grundlegende Rechtfertigung für einen separaten ostdeutschen Staat unterminieren – ohne den Sozialismus gab es keine hinreichende Begründung mehr für zwei deutsche Staaten. Darunter schlummerte die Frage der Wiedervereinigung. Nachdem die Öffnung der Grenzen in Ungarn nach der Bildung einer nicht-kommunistischen Regierung erfolgt war und beide Ereignisse von der Sowjetunion stillschweigend geduldet wurden, enthüllte und erweiterte die Entwicklung den Graben innerhalb des Warschauer Paktes zwischen den sich liberalisierenden Ländern und den unbeirrt linientreuen Regierungen von Ostdeutschland, Rumänien und der Tschechoslowakei. Unsere Reaktion war verhalten optimistisch. Es war möglich, daß der Warschauer Pakt nicht länger als festes militärisches Bündnis funktionieren würde. Wir wurden Zeugen von Veränderungen, die unumkehrbar wirkten und die den Charakter der Bedrohung für die NATO für immer verändern konnten – so wie sie auch die Zukunft Europas verändern konnten.

Nach einer Periode heftiger Entrüstung erlaubte das Honecker-Regime schließlich die Ausreise jener Flüchtlinge nach Westdeutschland, die in den Botschaften in Berlin, Warschau und Prag Zuflucht gesucht hatten. Aber kaum, daß die Botschaften geleert waren, begannen sie sich wieder zu füllen, und am 3. Oktober schloß Ostdeutschland praktisch seine Grenzen – im Hinblick auf die Feierlichkeiten des Warschauer Pakts zum 40. Geburtstag der Deutschen Demokratischen Republik am 7. Oktober, zu denen auch Gorbatschow anreisen wollte. Das Schauspiel von ostdeutschen Bürgern, die sich um Fluchtmöglichkeiten prügelten, während lange geplante triumphale Feiern abgehalten werden sollten, war vielleicht mehr, als das Regime vertragen konnte. Honecker hoffte offenbar, daß Gorbatschows Besuch als Stütze dienen und einem strauchelnden Regime neue Hoffnung einflößen würde. Gleichzeitig, reichlich paradox, sahen die Dissidenten in Ostdeutschland in Gorbatschow generell ihren Helden, der einer stalinistischen Bastion die Perestroika aufzwingen würde.

BRENT SCOWCROFT

Das Benehmen Gorbatschows in Berlin würde deutliche Signale nicht nur in Ostdeutschland, sondern in ganz Osteuropa setzen. Würde er sich von einem Regime abwenden, das vieles von dem, was er in der Sowjetunion zu ändern versuchte, in sich vereinte, oder würde er von seinen Prinzipien abweichen, um zu versuchen, die schnell verfallenden Mauern im Westen seines Reiches zu sichern? In Gorbatschows eigener Vorstellung waren diese Alternativen vermutlich nicht so deutlich zu erkennen. Er versuchte, die Honeckers in seinem eigenen politischen System loszuwerden, daher war ihm der ostdeutsche Staatschef vermutlich nicht besonders sympathisch. Es mag vorhersehbar gewesen sein, daß er sich so verhalten würde, wie er es tat. Ich glaube, daß er die durch und durch künstliche Natur der kommunistischen Regierungen in Osteuropa falsch einschätzte. Es war einfach nicht möglich, die Betonköpfe zu entfernen und durch liberale Kommunisten wie ihn selber zu ersetzen.

Wie sich zeigte, versuchte Gorbatschow etwas von beidem. Er vermied direkte Kritik an Honecker und beschränkte sich auf den Hinweis, daß die sozialistischen Gesellschaften der Notwendigkeit von Veränderung ins Auge blicken mußten. Was Honecker aber dringend benötigte, war eine vorbehaltlose Bestätigung. Gorbatschows laue Kommentare hatten statt dessen den Effekt, daß ihm der Boden unter den Füßen weggezogen wurde. Ich dachte mir, daß sich Honeckers Schwierigkeiten sicher verschlimmern würden.

Die ostdeutschen Dissidenten ergriffen ihre Chance, durch den Besuch Gorbatschows ihre Forderungen nach Veränderungen ins Licht der Öffentlichkeit zu rücken. Es kam zu wiederholten wütenden Demonstrationen in Dresden und Leipzig, die immer größer und bestimmter wurden und am Rande zu Gewalt führten. Höchst ironisch war, daß die Demonstranten »Gorbi, Gorbi, Gorbi!« riefen. Sie schienen Blut geleckt zu haben, und es wurde ein neuer Vers an diese Litanei angefügt, der für das Honecker-Regime ein böses Omen war. Während das Problem bislang gewesen war, daß die Ostdeutschen aus ihrem Land flohen, wandelten sich die Sprechchöre nun zu: »Wir bleiben hier!« Die klare Botschaft war, daß viele Ostdeutsche, statt zu flüchten, nun bereit waren, Reformen zu erzwingen. Es wurde keine Gewalt gegen die Demonstranten eingesetzt, aber Honecker machte versteckte Drohungen. Bei einem Treffen mit dem chinesischen Vize-Premier Yao Yilin verglich er die Demonstrationen mit dem Protest in China auf dem Platz des

Himmlischen Friedens, die auch aus einem Besuch Gorbatschows Kapital hatten schlagen wollen, und machte dunkle Andeutungen, daß sie eine ähnliche Reaktion erleben könnten.

Am 18. Oktober wurde Honecker zum Rücktritt gezwungen und durch einen seiner Günstlinge, Egon Krenz, ersetzt. Aber die Demonstrationen wuchsen weiter, und die Flut ausreisender Ostdeutscher hielt an. Am 31. Oktober reiste Krenz nach Moskau, um sich mit Gorbatschow zu beraten, und schüttelte nach seiner Rückkehr die ostdeutsche Führungsriege kräftig durch, indem er die engsten Mitstreiter Honeckers aus dem Politbüro entfernte. Er versprach einige Reiseerleichterungen, rief die Ostdeutschen aber auf, im Land zu bleiben. Auch dieser Schritt hatte keine erkennbaren Auswirkungen. Am Tag nach der Ankündigung demonstrierte eine halbe Million Menschen – die bislang höchste Zahl –, während andere weiterhin über die Grenze in die Tschechoslowakei strömten. Am 7. November trat das gesamte ostdeutsche Kabinett zurück. Tags darauf wurde Hans Modrow, ein Parteireformer, zum Ministerpräsidenten ernannt.

BRENT SCOWCROFT

Ich kam zu dem Schluß, daß die Situation jetzt nicht mehr umkehrbar war. Die Unzufriedenheit hatte sich so weit ausgebreitet, daß Repression nicht mehr länger eine Option für das Regime war. Ich bezweifelte, daß die Situation sich stabilisieren ließ. Helmut Kohl wurde zunehmend nervös. Der Zustrom von Ostdeutschen erzeugte Belastungen in der Bundesrepublik, wo sie automatisch finanzielle Unterstützung als deutsche Staatsbürger erhielten. Es war möglich, daß die DDR in ein gewalttätiges Chaos fallen würde, in das Westdeutschland hineingezogen werden könnte. Dann gab es da noch die Sowjets: Sie würden Ostdeutschland nicht einfach so aufgeben. Wenn es irgendeinen Ort gab, wo sie einzugreifen versucht sein könnten, so war es hier.

GEORGE BUSH

Tagebucheintrag vom 8. November 1989

Ich höre von meinen Kritikern, wir täten nicht genug in und für Osteuropa; die Lage verändert sich in dramatischer Weise zu unseren Gunsten, und wenn jedes einzelne Ereignis – Polen, Ungarn oder Ostdeutschland – für sich alleine geschehen wäre, würden die Leute sagen, das sei großartig. Aber alles passiert so schnell, passiert in unserem Sinne, und eine Reihe von Kritikern macht sich wichtig und sagt, wir sollten mehr tun. Was sie meinen: Wir sollen die Ausgaben verdoppeln. Völlig egal was, nur Geld schicken, und ich finde das verrückt. Denn wenn wir es falsch anfangen und den Eindruck erwecken, als wäre es unser Anliegen, die Dissidenten zu fördern, könnte das leicht zu Gewaltanwendung und Blutvergießen führen.

Am 9. November gab Ostdeutschland bekannt, es würde die Grenzkontrollen an allen Grenzen zu Westdeutschland lockern. Die Ankündigung sah durch ein bürokratisches Versehen keine Ausnahme für Berlin vor, das üblicherweise einen Sonderstatus hatte. Menschenmassen bauten sich entlang der berüchtigten Mauer auf, die die Stadt teilte, und verlangten, daß die Wachposten die Übergänge nach Westberlin öffneten. Nach einigem Zögern – schließlich hatten sie keine Anweisungen in der Angelegenheit erhalten – gaben die Wachen dem Druck der Leute nach und erlaubten freien Übertritt. In diesem kurzen Augenblick fiel die Mauer.

GEORGE BUSH

Ich saß am Nachmittag an meinem Schreibtisch, als Brent Scowcroft aufgeregt hereinkam und sagte, es gäbe Berichte, daß die Mauer geöffnet worden sei. Wir gingen in das kleine Arbeitszimmer neben dem Oval Office und schalteten den Fernseher an, um die Live-Berichterstattung von jubelnden Menschenmengen in Berlin zu sehen. Einige Augenblicke später kam Marlin Fitzwater mit einer Reihe von Berichten aus dem Fernschreiber. Er schlug vor, ich solle eine Stellungnahme abgeben. Obwohl ich hocherfreut über alles war, was offenbar geschehen war, wollte ich doch lieber keine voreiligen Kommentare abgeben. Die Berichte waren noch nicht bestätigt, also wollte ich mich nicht aus dem Fenster lehnen, bevor wir die Details kannten. Das wichtigste war, daß wir vorsichtig waren, welchen Ton wir unserer Reaktion auf die guten Nachrichten gaben. Ich mußte Gorbatschows Reaktion voraussehen – und die seiner Opposition. Wie Scowcroft richtig feststellte, war dies nicht der richtige Augenblick, ein strahlendes Gesicht zu machen über das, was viele im Westen als eine Niederlage für Gorbatschow interpretieren würden.

Fitzwater schlug vor, daß wir augenblicklich eine kurze, improvisierte Pressekonferenz in meinem Büro abhalten sollten. Das klang viel besser als eine formelle Stellungnahme, von der ich fürchtete, sie würde den falschen Ton treffen. Bald war das Oval Office mit den Berichterstattern aus dem Weißen Haus, mit Kameras, Blitzlichtern und Kassettenrekordern in der Hand, überfüllt. Als ich mich an den Schreibtisch setzte, drängten die Reporter an mich heran. Einer von ihnen, Leslie Stahl, saß fast schon auf meinem Schoß.

Es war eine merkwürdige und unangenehme Pressekonferenz. Die Presse wollte, daß ich eine Zusammenfassung dieses historischen Moments geben sollte. Natürlich war ich dankbar angesichts der Ereignisse in Berlin, aber als ich antwortete, kreisten meine Gedanken um ein mögliches Einschreiten der Sowjetunion, wodurch alle Glückseligkeit in eine Tragödie verwandelt werden könnte. Meine Antworten waren verhalten. Ich versuchte zu erklären, daß wir die Ereignisse in einer Weise handhabten, die die Sowjets nicht täuschte. Leslie Stahl, über mich gebeugt, bemerkte, dies sei »ein gewaltiger Sieg für unsere Seite in der großen Schlacht des kalten Krieges, aber Sie scheinen nicht besonders begeistert darüber zu sein. Ich frage mich, ob Sie sich über die Probleme Gedanken machen.« – »Ich bin kein besonders emotionaler Typ«, sagte ich.

»Nun, wie enthusiastisch sind Sie dann?« fragte sie.

»Ich bin sehr erfreut«, sagte ich gleichmütig.

Ich wurde wegen dieses Wortwechsels mit Kritik überschüttet. Frau Stahl und andere unterstellten, daß ich entweder die Bedeutung dessen, was geschehen war, nicht verstand oder aber mich nicht darum scherte. Nichts hätte weiter von der Wahrheit entfernt sein können. Ich verstand nur zu gut, was die Berliner fühlten, die wir in den Straßen tanzen sahen. Ich hatte die Mauer als Vizepräsident mit Helmut Kohl und dem Regierenden Bürgermeister von Westberlin, Richard von Weizsäcker, besucht. Sie hatten mir gezeigt, an welcher Stelle junge Ostberliner erschossen worden waren, als sie versuchten, in den Westen und in die Freiheit zu gelangen, und sie beschrieben mir die Schrecken in allen Details. Ich hatte auch das Städtchen Mödlareuth besucht, durch dessen Ortsmitte der Grenzzaun zwischen den beiden deutschen Staaten verlief. Ich wußte, daß diese geteilten Familien nun wieder vereint sein und diese Leute kommen konnten, um die gleichen Freiheiten zu genießen, die wir als selbstverständlich annahmen. Aber wenn wir das alles Wirklichkeit werden lassen wollten, durften wir den gerade erst einsetzenden Prozeß nicht wieder in Frage stellen. Ein falscher Schritt konnte all die Freude, die wir erlebten, gefährden. Senator George Mitchell, der Abgeordnete Dick Gephardt und andere aus der Demokratischen Partei schlugen vor, ich solle nach Berlin fahren und auf der Mauer »tanzen«. Das war reine Narretei. Kohl sagte mir später, wie ungeheuer dumm eine solche Aktion meinerseits gewesen wäre. Es hätte Benzin in die glühende Asche gegossen, wäre eine offene Provokation gegen das sowjetische Militär gewesen.

Tatsächlich war die erste sowjetische Reaktion auf den Fall der Mauer ein richtiggehender Alarmzustand. Am Tag des Mauerfalls sandte Gorbatschow Nachrichten an Kohl und warnte ihn, er solle aufhören, von Wiedervereinigung zu reden. An mich schickte er ein Telegramm mit der dringenden Bitte, nicht überzureagieren. Er war in Sorge, daß die Demonstrationen mit »unvorhersehbaren Konsequenzen« außer Kontrolle geraten könnten, und bat um Verständnis. Dies war das erste Mal, daß Gorbatschow deutlich seine tatsächliche Besorgnis über die Ereignisse in Osteuropa einräumte. Bis dahin hatte er stets entspannt, beinahe gelassen über den sich beschleunigenden Impuls in der Region gewirkt, vom Kommunismus und der sowjetischen Kontrolle wegzukommen. Es war fast so, als seien ihm ganz plötzlich die bedrohlichen Auswirkungen dessen, was dort vor sich ging, zu Bewußtsein gekommen. Als ich das Telegramm las, dachte ich noch einmal über das Aufsehen nach, das viele Mitglieder des Kongresses veranstalteten.

Tagebucheintrag vom 10. November 1989

Wir bekamen gestern eine Nachricht von Gorbatschow – er bat, nicht überzureagieren … Ich glaube, Kohl und die anderen Staatsmänner wissen, daß wir in einer Zwangslage sind … Moskau warnte in dem gleichen Brief davor, daß das Gerede von Wiedervereinigung außer Kontrolle geriete. Es machte ihnen echte Probleme, aber ich sagte dazu, dies sei eine Sache der Selbstbestimmung, Sache der Deutschen, und dagegen könne er eigentlich nichts einwenden.

Die große Frage für mich selbst ist: Wie schlagen wir Kapital aus diesen Veränderungen? Und was muß die Sowjetunion noch tun, bevor wir dramatische Veränderungen an unserer Verteidigungsstruktur vornehmen? Die Antwort der Bürokraten wird lauten: nichts Großes tun, abwarten und sehen, was passiert. Aber ich will die Gelegenheit nicht verpassen ...

Wegen der Probleme im Haushalt knapsen wir bei der Verteidigung herum, aber ich sage unseren Leuten, wir müssen unser ganzes System überprüfen und wieder neu untersuchen lassen. Wir müssen sehen, welche couragierten Vorschläge (bei der Rüstungskontrolle) der Menschheit wirklich helfen könnten und doch den Westen weiter sichern. So wie die Veränderungen vor sich gehen, bin ich mir sicher, daß es überall in Europa bald immer weniger Unterstützung für Verteidigungsausgaben geben wird.

Einige Tage später schrieb ich an Gorbatschow, daß ich seine Ansicht teile, daß Ordnung und öffentliche Sicherheit aufrechterhalten werden müssen. Ich sagte ihm, daß die drei westlichen Alliierten mit den Deutschen zusammenarbeiteten, um zu gewährleisten, daß dies der Fall sei. Ich könne jedoch seine Ansicht nicht teilen, daß Kohl die Ereignisse dazu mißbrauche, um Emotionen aufzuwühlen. »Wie ich das sehe«, schrieb ich, »hat die Führung der BRD in größter Umsicht reagiert und betont die Bedeutung eines wohlüberlegten, schrittweisen Herangehens an Veränderungen in der DDR – ebenso wie die Notwendigkeit, jede Destabilisierung der Lage in Europa zu vermeiden.« Ich merkte an, ich fände, daß Gorbatschows eigenes Bekenntnis zur Reform in der UdSSR eine entscheidende Rolle dabei gespielt hatte, die sowjetischen Verbündeten zu einem ähnlichen Weg zu ermutigen. »Wir haben weder die Absicht, einseitige Vorteile aus dem gegenwärtigen Reformprozeß in der DDR und anderen Staaten des Warschauer Pakts zu ziehen, noch ist es unser Wunsch, die Situation zu destabilisieren«, versicherte ich. »Wir stehen fest zu unserem Bekenntnis aus der Schlußakte von Helsinki, insbesondere zu den Prinzipien von friedlicher Veränderung und Selbstbestimmung. Aus Ihren eigenen Stellungnahmen entnehme ich das gleiche.«

Kohl rief mich am Tag nach dem Mauerfall an, hellauf begeistert vom Eindruck der ungestümen Ereignisse in Berlin, um mir die Lage dort zu beschreiben. »Es ist wie ein großes Volksfest«, sagte er voller

Überschwang. »Die Grenzen sind völlig offen.« Er spekulierte – oder vielleicht hoffte er auch nur –, daß die Leute jetzt einfach hin und her fahren würden, anstatt in den Westen zu flüchten. Offene Grenzen würden natürlich nur Sinn machen, wenn die DDR Reformen umsetzte. Er hatte seine Zweifel. »Krenz wird Reformen einleiten, aber ich denke, es gibt da Grenzen ... Ich könnte mir vorstellen, daß es einige Wochen so weitergehen könnte und daß die Leute solange auf die versprochenen Reformen warten würden. Aber wenn sie kein Licht am Ende des Tunnels sehen, werden sie in großer Zahl aus der DDR fortlaufen.« Diese Möglichkeit wäre eine »Katastrophe für die wirtschaftliche Entwicklung«, warnte er. Gute Leute gingen fort, Ärzte, Anwälte, Spezialisten, die nicht ersetzt werden konnten. »Über 230000 Menschen sind bereits im Westen angekommen, vor allem junge mit einem Durchschnittsalter von 25 bis 30. Sie können hier einfach mehr verdienen.« Der überschwengliche Kohl fügte noch hinzu: »Ohne die Vereinigten Staaten hätte dieser Tag nie stattfinden können. Sagen Sie das Ihrem Volk.«

BRENT SCOWCROFT

Über Nacht waren das wichtigste Symbol und der wichtigste Teil des Eisernen Vorhangs zu Fall gebracht worden. Dies markierte einen dramatischen Wendepunkt für die Revolutionen in Osteuropa. Bis hierhin waren die Transformationen durch die Zusammenarbeit von reformfreudigen kommunistischen Regierungen mit ihren Völkern zustande gekommen, wie etwa in Polen und Ungarn. Aber in Ostdeutschland hatte die Welle des öffentlichen Verlangens nach Veränderung eines der unbeweglichsten Regimes des Warschauer Pakts getroffen – und überrollt. Die ostdeutsche Regierung schwankte und kämpfte darum, in dem entstehenden politischen Chaos die Macht zu behalten. Doch die Revolutionen hatten nun die Grenze vom Sog zur Flut überschritten. Mit dem Fall der Mauer war plötzlich alles möglich, sogar der Traum, dessen Erfüllung wir alle zu unseren Lebzeiten niemals für möglich gehalten hatten: ein ungeteiltes und freies Europa.

Ende und Neubeginn

Die verbleibenden kommunistischen Regierungen stürzten mit atemberaubender Geschwindigkeit, aber nach dem Schock des Mauerfalls wirkte das beinahe schon nicht mehr aufregend. Für sich genommen, schien jedes Ereignis fast verloren in dem Wirbelwind der letzten Wochen des Jahres. Am 10. November, dem Tag nach dem Mauerfall, gab Todor Schiwkow, der Präsident und kommunistische Parteichef von Bulgarien, nach 35 Jahren Amtsausübung im stalinistischen Stil seinen Rücktritt bekannt. Sein Abgang kam überraschend: Nur wenig von den Unruhen, die andernorts zu sehen waren, hatten das angekündigt. Der dogmatischste und folgsamste Anhänger der sowjetischen Vorherrschaft hatte den Gleichschritt mit Moskau verloren. Vielleicht hatte Schiwkow gehofft, in Würde abzutreten, anstatt wie Kadar oder Honecker verjagt zu werden. Welche Gründe auch immer, nach seinem Rücktritt waren nur noch zwei Betonköpfe an der Macht: Milos Jakes in der Tschechoslowakei und Nicolae Ceauşescu in Rumänien.

Die Tschechoslowakei war vom Verfall der kommunistischen Autorität in Ostdeutschland am direktesten betroffen. Die repressive Regierung Jakes' stand in ideologischer Seelenverwandtschaft zu der Honeckers. Sie versuchte, den Veränderungen zu widerstehen. Jakes sah mit Schrecken, was in der DDR vor sich ging. Aber das tschechische Volk erlebte den Exodus der flüchtenden Ostdeutschen aus erster Hand: Die Hauptstrecke in den Westen führte durch sein Land. Es beobachtete und sympathisierte mit den Flüchtenden. Das muß, obwohl es schwierig zu messen ist, große Auswirkungen auf das tschechische Volk gehabt haben.

Verglichen mit Polen, war die tschechische Widerstandsbewegung klein und irgendwie zögerlich gewesen. Sie wurde größtenteils als eine uneffektive Gruppe von Intellektuellen gesehen, die auf eine Wiederkehr des Prager Frühlings von 1968 hofften, völlig isoliert von den Arbeitern und der Jugend, die nötig sind, damit eine Revo-

lution Wirklichkeit wird. Aber es gab auch so etwas wie eine ungeschriebene Vereinbarung zwischen der Regierung und dem tschechischen Volk: ein gewisses Maß an materiellem Wohlstand im Ausgleich für politische Passivität. Dieses »Einverständnis« war nur zähneknirschend akzeptiert worden, und eine Reihe von Entwicklungen begann nun, die Tschechen anzuspornen.

Das Auftauchen des Schriftstellers Vaclav Havel als heroische und zentrale Figur für die Opposition war ein wichtiger Wendepunkt. Die Regierung beschloß, an ihm als Reaktion auf die Irritationen vom Januar ein Exempel zu statuieren, ihn zu verhaften, ihm den Prozeß zu machen und ihn einzusperren. Doch damit gab sie ihm ungewollt die Gelegenheit, sich als charismatischer Führer zu präsentieren. In gewisser Weise wurde er der tschechische Lech Walesa, der die Hoffnungen seines Volkes symbolisierte – und in beispielloser Weise in Worte kleidete. Dieser friedliche und ruhige Mann wurde bald ein Volksheld der gesamten Bevölkerung. Aber auch die veränderte Einstellung der Sowjetunion ermutigte die Menschen dazu, die bestehende Ordnung herauszufordern. Die Regierung Jakes andererseits war entsetzt über die sowjetische Unterstützung einer nicht-kommunistischen Regierung in Polen und ihre Weigerung, Honecker zur Seite zu stehen.

Der Verlauf der Ereignisse in der Tschechoslowakei war über den Sommer und Herbst relativ ruhig. Es gab eine kleine Demonstration am 21. August. Die Dissidenten unternahmen einen ernsthafteren Versuch am 28. Oktober, dem Jahrestag der Gründung der Republik im Jahre 1918. Die Behörden stellten Havel und andere Führer der Opposition unter Arrest, sperrten den Wenzelsplatz einen halben Tag lang ab und zerstreuten die mehr als 100000 Demonstranten. Aber der entscheidende Schlag erfolgte am 3. November, als Alexander Dubcek im sowjetischen Fernsehen wohlwollend interviewt wurde – sein erster Auftritt dieser Art, seit er im Jahr 1968 abgesetzt worden war. Es war plötzlich klar, daß Jakes' Tage an der Macht gezählt waren.

Zufällig öffnete Ostdeutschland am Tag nach dem Dubcek-Interview wieder die Grenze zur Tschechoslowakei, und wieder kamen Ostdeutsche angereist. Der Fall der Berliner Mauer und der Abgang von Schiwkow führten zu weiter wachsenden Demonstrationen auf dem Wenzelsplatz, die am 12. November mit rund 10000

Teilnehmern begannen und deren Zahl sich innerhalb einer Woche auf 200 000 steigerte. Am 24. November trat Havel publikumswirksam gemeinsam mit Dubcek auf dem Platz auf. Ein landesweiter zweistündiger Streik am 27. November zwang das Regime, einer Koalitionsregierung zuzustimmen, die mit einer nicht-kommunistischen Mehrheit am 10. Dezember vereidigt wurde. Die »samtene Revolution« hatte gewonnen.

GEORGE BUSH

Die verblüffenden Umwälzungen in Ostdeutschland, Bulgarien und der Tschechoslowakei ließen den Umstand, daß Gorbatschow und ich uns Anfang Dezember treffen sollten, um so günstiger erscheinen. Ich begann, mich mit Hilfe zahlloser und manchmal kräftezehrender Sitzungen darauf vorzubereiten. Brent Scowcroft bot mir ungefähr zwanzig Themen zur Auswahl: Ich nahm sie alle. Ich wollte auf alles vorbereitet sein. Ich fand, daß die CIA-Experten besonders hilfreich waren, wenn auch pessimistisch. Eine schriftliche Analyse kam zu dem Schluß, daß Gorbatschows wirtschaftliche Reformen zum Scheitern verurteilt waren und daß seine politischen Veränderungen begannen, Probleme zu bereiten, die er vielleicht nicht mehr kontrollieren konnte. Die Argumentation war, daß die Reformen stark genug waren, um das sowjetische System zu erschüttern, aber nicht stark genug, um dem sowjetischen Volk die Vorteile einer Marktwirtschaft zu verschaffen. Basierend auf dieser Schlußfolgerung, begannen einige Mitarbeiter des Nationalen Sicherheitsrates zu spekulieren, ob Gorbatschow auf dem Weg in eine Krise war, die ihn dazu zwingen könnte, in der Sowjetunion Gewalt anzuwenden, um die Ordnung aufrechtzuerhalten, oder die ihn vielleicht sogar die Macht kostete.

BRENT SCOWCROFT

Alle in der Regierung waren sich einig, daß Gorbatschows Aussichten für eine tiefgreifende Reform nicht gut waren, aber wir waren geteilter Meinung, was »tiefgreifende Reform« für ihn heißen möge. Baker erschien mir optimistischer zu sein, was Gorbatschows Aufrichtigkeit bei den Reformen anbelangte. Er mag beeinflußt gewesen sein von seiner Beziehung zu Schewardnadse, der, wie wir alle wußten, noch am ehesten ein Verfechter grundlegenden

Wandels war. Ich glaube, daß Gorbatschow noch immer ein Kommunist war, der vielleicht an der Idee des unvermeidbaren Konfliktes zwischen den beiden Systemen hing – aber durchaus willens war, uns zu übervorteilen, wenn sich die Gelegenheit bot. Er bewegte sich auf uns zu, jedoch aus Gründen, die in seinem Interesse lagen. Solange er das tat, verdiente er unsere Unterstützung, besonders deshalb, weil meines Erachtens die sowjetischen Konservativen bei ihm nicht befürchteten, er wolle das System stürzen. Er war daher am besten dazu geeignet, sie an Bord zu halten, während er sich nach »links« bewegte.

Larry Eagleburger wies pragmatisch darauf hin, daß Gorbatschow Anerkennung dafür verdiente, daß er erkannt hatte, wie schrecklich das System war, und für seinen Mut, weitreichende Veränderungen anzustreben. Die Debatte darüber, ob wir ihn unterstützen sollten oder nicht, fand er theoretisch und blutleer. Gorbatschow war der Kopf der Sowjetunion. Schon aus praktischen Gründen gab es keine Alternative dazu, mit ihm zu arbeiten. Bob Gates war weniger zuversichtlich. Er fand, daß ein reformierter Kommunismus mit demokratischen und marktwirtschaftlichen Elementen eine fragwürdige Aussicht war und daß Gorbatschows Versuche, einen solchen aufzubauen, leicht ins Gegenteil verkehrt werden könnten.

Verteidigungsminister Richard Cheney war völlig ablehnend. Er glaubte, daß es zu früh war, den Druck nach Art des kalten Krieges zu reduzieren. Das sowjetische System war in Schwierigkeiten, und wir sollten die harte Linie beibehalten, die uns und die Verhältnisse hierher gebracht hatten. Warum aufgeben, wenn wir doch anscheinend auf der Siegerstraße waren? Colin Powell, jetzt Vorsitzender der Vereinten Stabschefs, war schwer einzuschätzen. Er versuchte loyal, Ansichten zu vermeiden, die im Gegensatz zu denen Cheneys lagen, aber wo es Ermessensspielraum gab, vertrat Powell stets eine gemäßigtere Haltung als Cheney. Vizepräsident Dan Quayle war der Konservativste von allen. Er war beinahe schon der Ansicht, daß das, was in der Sowjetunion vor sich ging, kaum mehr als eine Scharade war, um uns einzulullen und weiszumachen, daß die Gefahr vorüber war und wir unsere Sicherheitsvorkehrungen abbauen konnten. Diese verschiedenen Ansichten wurden selten als solche artikuliert, schon gar nicht in den klaren Worten, mit denen ich sie beschrieben habe. Sie schienen im Laufe der Debatte mehr als gedankliche Basis der jeweils geäußerten Vorschläge durch.

GEORGE BUSH

Ich war optimistischer als Brent Scowcroft oder Bob Gates, was Gorbatschows Chancen betraf, politisch zu überleben, und auch, was seine Absichten anging. Gleichzeitig teilte ich aber einige ihrer Bedenken, wie auch die aus dem Stab von CIA und Sicherheitsrat. Ich befürchtete, daß wir es mit einer tickenden Zeitbombe zu tun hatten. Wir konnten nicht wissen, welcher innere Druck sich gegen Gorbatschow und seine Vorhaben aufbaute. Wir erhielten einige Hinweise aus Moskau, daß eines der Ziele Gorbatschows in Malta sein würde, bei uns »Verständnis« für seine Situation zu wecken und für eventuelle Gewaltmaßnahmen, zu denen er vielleicht würde greifen müssen. Das konnte ich ihm nicht gewähren, denn wenn ich das tat, würden wir dafür einen anhaltenden historischen, politischen und moralischen Preis zahlen müssen.

Ich wußte auch, daß ich Gorbatschow in Malta dazu bringen mußte, sich in Mittelamerika einzumischen. Vorfälle wie der von Ende November, als ein nicaraguanisches Flugzeug mit sowjetischen Boden-Luft-Raketen, weiteren Waffen und Munition in El Salvador notgelandet war, waren da nicht gerade hilfreich. Einen bitteren Beigeschmack hatte auch die sowjetische Lieferung von MiG-29-Flugzeugen nach Kuba: Das waren Abfangjäger, die auch zum Abschuß von atomaren Sprengköpfen verwendet werden konnten. Ich hatte zwar keinen Grund zu glauben, daß sich in Kuba Atomwaffen befanden, aber dennoch war ich über den Vorfall an sich, wie auch den Zeitpunkt, nicht gerade glücklich.

Als letzte Vorbereitung für Malta wollte ich mit all unseren Verbündeten, einschließlich Island, Luxemburg und der anderen kleineren Staaten, Rücksprache nehmen, um zu erfahren, was sie von meinen Gesprächen mit Gorbatschow erwarteten.

Tagebucheintrag vom 25. November 1989

Margaret Thatcher kam [gestern] nach Camp David; es war ein guter Besuch, [aber] sie will nichts von irgendwelchen Schnitten bei Verteidigung wissen … Ich erklärte, das Budget erzwingt es; aber was mich wirklich fertigmacht, ist, daß ich sie nicht … überzeugen konnte, daß wir weniger für Verteidigung ausgeben müssen ... Colin Powell und Cheney [waren meiner Meinung], aber sie blieb da völlig hart. Heute rief ich Lubbers, Gonzalez, Martens an, und alle sagten sie: »Bleib bei der NATO – leg es nicht auf die Auflösung des Warschauer Pakts an«; aber keiner war so hart zu sagen: keine Abmachungen [in Malta] über Verteidigung.

Am Ende schickte Thatcher aber ein nettes Telegramm und signalisierte in aufmunternden Worten ihre volle Unterstützung.

Ich führte beim Abendessen am 29. November auch ein langes Gespräch mit Brian Mulroney; es ging um seine Gespräche mit Gorbatschow in Moskau. Mulroney sagte, Gorbatschow wolle mit mir in Malta vor allem Vertrauen aufbauen. Er erwarte weder Lösungen noch Wunder und auch keine Hilfsangebote. Er wollte mich einfach nur besser kennenlernen und mir seine Ziele und Überlegungen verdeutlichen. Ich sagte Mulroney, ich würde versuchen, Gorbatschow zu überzeugen, daß wir mit ihm zusammenarbeiten wollten.

Schließlich blieb noch die Frage, wie wir die Verbündeten später vom Verlauf der Gespräche unterrichten würden. François Mitterrand hatte mich eingeladen, auf dem Rückweg einen Zwischenstopp in Südfrankreich einzulegen. Obwohl ich ihn gerne sehen wollte, hatte ich doch das Gefühl, daß es dazu führen konnte, daß auch andere Länder um individuelle Treffen bitten könnten, und ich hatte einfach nicht die Zeit, in Europa umherzufliegen. Statt dessen kamen wir auf die Idee, Manfred Wörner zu bitten, einen NATO-Gipfel einzuberufen, auf dem wir alle Mitgliedsstaaten gleichzeitig unterrichten konnten.

BRENT SCOWCROFT

Die Presse spekulierte auf einen weiteren »Überraschungscoup« Gorbatschows, ähnlich dem mit Reagan auf dem Gipfel in Reykjavík im Jahre 1986 und mit Baker im Mai in Moskau. Diese Möglichkeit verursachte einigen von uns Kopfzerbrechen. Wir sprachen darüber, wie wir uns davor schützen und darauf reagieren konnten. Wir beschlossen folgende Verhaltensregel: Falls Gorbatschow uns mit einem Vorschlag konfrontieren sollte, den wir nicht analysiert hatten, würde der Präsident ihm einfach dafür danken und sagen, wir würden den Vorschlag mit nach Washington nehmen, ihn dort prüfen und ihm dann Antwort geben. Dann hatte Baker den Einfall, wir könnten selber die Initiative ergreifen und versuchen, Gorbatschow in die Defensive zu drängen. Seine Idee war, ein Paket von Initiativen zu jedem Thema zusammenzustellen, die Präsident Bush zur Eröffnung vorbringen würde. Dem Präsidenten gefiel der Vorschlag. Unter anderem fand er, daß wir damit die Kritiker zum Schweigen bringen würden, die uns andauernd vorwarfen, es fehle uns am rechten Schwung und der richtigen Richtung. Wir stellten also ein Paket von siebzehn verschiedenen Vorschlägen zusammen.

Ich fand Bakers Idee nicht besonders gut – im besten Falle schien sie mir unprofessionell, im schlimmsten Fall konnte sie hinderlich werden. Meine Vorstellung von der ersten Stellungnahme des Präsidenten war eher, die »philosophischen Grundlagen« zu umreißen, den »größeren Rahmen« darzustellen, seine Sicht der Welt, der Rolle der Vereinigten Staaten und der Sowjetunion darin und der Gefahren und Chancen, die vor uns lagen. Das würde einen passenden Rahmen für die folgenden, detaillierteren Gespräche schaffen, obwohl es – zugegebenermaßen – Gorbatschow viel Spielraum lassen würde, das Treffen zu bestimmen.

Die Nacht, in der wir nach Malta flogen, sollte kompliziert werden. Wir flogen am 30. November um etwa sieben Uhr abends vom Luftwaffenstützpunkt Andrews ab. Nach dem Essen hatten es sich fast alle bequem gemacht, um den Rest dessen, was eine sehr kurze Nacht werden sollte, in Ruhe zu verbringen. John Sununu und ich waren wohl die einzigen, die noch wach waren, als der Funkoffizier kam und sagte, er habe einen Anruf von Bob Gates für mich. Gates sagte mir, es sähe so aus, als sei auf den Philippinen ein Militärputsch im Gange. Er hatte ein Treffen des Stellvertreter-Komitees einberufen, aber es gab einige Schwierigkeiten. Vizepräsident Quayle wollte das Treffen zu einer Sitzung des Sicherheitsrates umwandeln. Verteidigungsminister Cheney war aber in seinem Haus und weigerte sich zu kommen, weil der Vizepräsident keine Weisungsbefugnis habe und eine solche Sitzung daher nicht einberufen werden könne. Eagleburger war zu dem Treffen gegangen.

Bei dem Zusammentreffen wurde ein Hilfegesuch von Präsidentin Corazon Aquino besprochen. Die Rebellen hatten die Kontrolle über einen Luftwaffenstützpunkt erlangt und drohten, den Präsidentenpalast zu bombardieren. Auf Vorschlag von Powell empfahl die Gruppe, Kampfflugzeuge der USA über der Startbahn des Rebellenstützpunktes kreisen zu lassen und damit deren Maschinen am Abfliegen zu hindern. Mir gefiel die Idee, denn damit würden wir auf Aquinos Gesuch antworten, ohne uns größerer Gefahr auszusetzen, in Kämpfe verwickelt zu werden.

Baker schlief tief und fest, und ich entschied, ihn nicht zu wekken, es sei denn, der Präsident sähe bei dem Vorschlag Probleme. Es gab keinen Grund, warum wir alle am nächsten Morgen ausgelaugt sein sollten. Mittlerweile jonglierte ich auch noch mit Anrufen von Quayle und Cheney, außerdem meldete sich Gates alle paar Minuten, um für mich zu übersetzen, was die anderen beiden vorhatten. Ich hatte alle Hände voll damit zu tun, alle zu beruhigen, darum bat ich Sununu, den Präsidenten zu wecken, den Vorschlag zu erklären und um Zustimmung zu bitten. Er erhielt sie prompt.

Es war ein Sturm im Wasserglas, obwohl Cheney mit der Weisungsbefugnis recht hatte. Die kleine Krise zeigt mir aber, daß das System auch unter höchst ungewöhnlichen Umständen funktionierte. Ich hatte Sorge, daß unser moderater Schritt, Flugzeuge in Position zu bringen, vielleicht nicht ausreichen und alles vielleicht viel schwerer zu handhaben sein würde. Aber der Einsatz war genau richtig, um den Aufstand abzublasen, und wir erreichten unser Ziel, ohne einen einzigen Schuß abgegeben zu haben.

GEORGE BUSH

Wir erreichten Malta am nächsten Morgen gegen zehn Uhr bei leichtem Regen. Nach einem kurzen Treffen mit dem Premierminister von Malta, Fenech Adami, und einem Besuch des Flugzeugträgers USS *Forrestal* gingen wir im Hafen von La Valletta an Bord der USS *Belknap*, dem Flaggschiff der Sechsten Flotte. Ungefähr eine Meile entfernt lag der sowjetische Kreuzer *Slava* vor Anker, während das größere sowjetische Kreuzfahrtschiff *Maxim Gorki* am Kai festgemacht hatte. Von den drei Schiffen, die an den Gesprächen beteiligt waren, lag die *Maxim Gorki* also am geschütztesten. Ich bezog mein Quartier an Bord der *Belknap*, wo ich die bequeme Kabine unseres Gastgebers, Admiral Jonathon D. Williams, bekam. Nachdem wir uns an Bord eingerichtet hatten, konnte ich noch ein bißchen Freizeit in den Stundenplan quetschen und vom Heck des Schiffes aus angeln. Ich fing nichts, aber ein Fisch hatte immerhin angebissen.

Draußen hatte der Wind aufgefrischt, und es war böig geworden, aber als ich in der ersten Nacht zu Bett ging, hatte sich eine sanfte Windstille über das Schiff gelegt, und ich konnte hören, wie die Wellen gegen den Rumpf schlugen. Das Wetter wurde während der Nacht und im Laufe des nächsten Tages schlechter. Die stampfenden Wellen warfen unseren geplanten Tagesablauf über den Haufen, und wir mußten sogar eines unserer Treffen ganz absagen. Gorbatschow, der auf der *Maxim Gorki* Quartier bezogen hatte, wollte sich nicht auf die *Slava* wagen, wo das erste Treffen angesetzt war. Statt dessen fuhren wir auf die *Maxim Gorki*. Ins Beiboot zu gelangen, war eine echte Herausforderung, weil die Dünung es schwermachte, richtig Fuß zu fassen.

Die *Maxim Gorki* war ein herrliches Schiff, mit riesigen Spiegelglas-Fenstern. Sie war gerade überholt worden und nach Malta gekommen, um der sowjetischen Delegation und dem Stab als Wohnstätte zu dienen. Gorbatschow traf mich am oberen Ende der Treppen vor dem Salon. Er war spät am Vorabend angekommen und sah müde aus, lächelte aber. Er trug einen dunkelblauen Nadelstreifenanzug, ein cremeweißes Hemd und eine rote Krawatte. Sein Haar war grauer, als ich es vom Vorjahr in Erinnerung hatte. Er hatte Schewardnadse, Jakowlew, Bessmertnych und Anatoli Tschernjajew bei sich, dazu eine Reihe von Beratern – Valentin Falin, den früheren Botschafter in Washington Dobrynin, Achromejew, Viktor Karpow, den derzeitigen Botschafter in Washington Juri Dubinin, den Pressesprecher Gennadi Gerassimow und andere. Als Gorbatschow alle aus seiner großen Gruppe vorstellte, wurde mir bewußt, daß ich alle Teilnehmer schon zuvor getroffen hatte.

BRENT SCOWCROFT

Ebenso wie der Präsident kannte ich jeden einzelnen von ihnen. Trotzdem war die Atmosphäre, obwohl freundlich, nicht entspannt. Ein Hauch von vorweggenommener Spannung lag im Salon in der Luft, als wir uns über den langen Tisch hinweg begrüßten. Als Gastgeber auf dem Schiff eröffnete Gorbatschow die Sitzung mit einer formellen Begrüßung und lud den Präsidenten ein, die Eröffnungsrede zu halten. Der Präsident war angespannt, als er zu sprechen begann, deutlich nervös angesichts der Bedeutung dessen, was geschehen würde. Erst im Laufe der Ansprache wurde er lockerer.

Ich skizzierte meine Vorschläge und schlug ein Gipfeltreffen für etwa Ende Juni vor. Ich wandte mich den Hindernissen beim Handel zu. »Ich würde gerne auf das Jackson-Vanik-Amendment verzichten, das uns verbietet, Ihnen den Meistbegünstigungsstatus zu gewähren«, sagte ich. »Dafür müssen zwei Dinge geschehen. Erstens leiten sie eine Änderung Ihrer Ausreisegesetze ein und stellen für das nächste Jahr eine Änderung der Praxis in Aussicht. Zweitens erfordert unser Gesetz ein Handelsabkommen, bevor der Meistbegünstigungsstatus gewährt werden kann. Lassen Sie uns sofort mit Verhandlungen darüber beginnen. Ich werde die amerikanische Seite zur Eile mahnen. Ich will, daß das abgeschlossen wird – wenn sich das unter den Spitzenbeamten in meiner Regierung noch nicht herumgesprochen hat, werde ich dafür sorgen, daß dies geschieht. Ich würde ein Abkommen gerne bis zu unserem Gipfel im Jahr 1990 unter Dach und Fach bringen ...« Ich beschrieb einige der schwierigen Probleme. Eines war die Menschenrechtslage und sowjetische Familien, die getrennt worden waren und zum Teil in den Vereinigten Staaten lebten. Während ich sprach, überreichte James Baker Gorbatschow eine Liste mit Härtefällen. Gorbatschow merkte an, daß die US-Botschaft nicht in der Lage gewesen war, mit der Flut von Ausreiseanträgen fertig zu werden. Er versprach, sich um die Angelegenheit zu kümmern.

Ich brachte Mittelamerika aufs Tapet, das strittigste Thema zwischen unseren Ländern. Ich erklärte, daß mich die Staatsoberhäupter der anderen Länder dort drängten, ihn zu bitten, er möge Castro dazu bewegen, seine Revolution nicht länger in die dortigen Demokratien exportieren zu wollen. »Dies ist für sich gesehen der schlimmste Anlaß zu Unstimmigkeit in einer Beziehung, die sonst in die richtige Richtung zeigt«, sagte ich. »Nicht nur der rechte Flügel in den USA sagt das. Die Bedenken liegen tiefer. Ich bin mir bewußt, daß dies für Sie ein sensibler Bereich ist, aber in den USA fragen so manche: ›Wie können die Sowjets all dieses Geld nach Kuba schaufeln und trotzdem um landwirtschaftliche Kredite bitten?‹ ... In Nicaragua hat man Herrn Schewardnadse bei seinem Besuch versprochen, keine Waffen zu liefern. Die Sandinisten schulden Ihnen eine Erklärung.« Die Lösung, so fügte ich hinzu, seien ehrliche Wahlen und eine Machtübergabe. »Rüstungskontrolle«, fuhr ich fort: »Ich möchte die chemischen Waffen loswerden. Ich meine es ernst.« Ich hatte einen Vorschlag, der Konzessionen von unserer Seite enthielt. Wenn die Sowjetunion einer Initiative über chemische Kriegsführung zustimmen würde, die ich im September in meiner Rede vor den Vereinten Nationen bekanntgemacht hatte, würde ich die Modernisierung unseres Chemiewaffenprogramms stoppen, sobald eine weltweite Ächtung in Kraft war. Ich wollte außerdem, daß der Vertrag über die konventionellen Streitkräfte in Europa 1990 unterzeichnet und bei den START-Verhandlungen Dampf gemacht wird. Ich skizzierte die veränderten Positionen, die wir bei den Verhandlungen einnehmen konnten, um Bewegung in die Sache zu bringen. Ich bat ihn, Details aus dem Militärhaushalt, allgemein dem Bereich der Streitkräfte, sowie der Waffenproduktion zu veröffentlichen – ebenso wie die Vereinigten Staaten das tun. »Als ehemaliger CIA-Mann will ich hoffen, daß Sie diese Zahlen vor unserem Treffen vom KGB bekommen haben.«

»Dort sagt man mir, daß Sie nicht alles veröffentlichen«, sagte Gorbatschow mit der Andeutung eines Lächelns.

»Ich hoffe, Sie können das als eine vertrauensbildende Maßnahme sehen«, sagte ich. Ich schloß meinen Vortrag mit einer Aufzählung von anderen Gebieten, in denen wir zusammenarbeiten konnten, etwa Umweltschutz, Wissenschafts- und Jugend-Austausch. »Jetzt sind wir am Ende meiner nicht vorhandenen Tagesordnung«, sagte ich im Scherz.

BRENT SCOWCROFT

Bakers Plan hatte funktioniert: Was auch immer Gorbatschow ursprünglich als erste Stellungnahme im Sinn gehabt haben mag – der Präsident hatte ihm offensichtlich einen Strich durch die Rechnung gemacht. Er schien in Verlegenheit zu sein, nachdem er unter der Lawine unserer Vorschläge begraben worden war. Er erholte sich schnell und hielt einen achtbaren Vortrag, aber alle unsere Befürchtungen, daß wir beim ersten Schlagabtausch in die Defensive gedrängt werden könnten, hatten sich gelegt.

GEORGE BUSH

Gorbatschow machte eine Pause, bevor er mir antwortete. »Das war sehr interessant«, sagte er langsam. »Es zeigt mir, daß die Regierung Bush schon entschieden hat, was sie tun will.« Er las seine eigenen Notizen über seine Weltsicht aus einem kleinen, orangefarbenen Heft vor. »Ich glaube, es ist wichtig für uns beide, die Zeit des kalten Krieges einer Gesamtbewertung zu unterziehen. Man kann Geschichte nicht umschreiben. Was geschehen ist, ist geschehen – das ist das Privileg der Geschichte. Aber es ist unser Privileg, sogar unsere Pflicht, zu untersuchen, was geschehen ist ... Wir alle fühlen, daß wir jetzt an einer Zeitenwende der Geschichte stehen. Wir müssen uns mit völlig neuen Problemen befassen, die wir nicht vorausgesehen haben und von denen wir nicht erwartet haben, daß sie so brisant werden könnten. Nun stellt sich die Frage, ob wir diese Probleme in der gleichen Weise angehen sollen wie in der Vergangenheit.« Er führte aus, daß in den USA von einigen die Meinung vertreten werde, daß die alte Sichtweise richtig gewesen sei und wir jetzt nur die Früchte unserer Politik ernten müßten. »Aber ich weiß, daß Sie nicht dieser Ansicht sind«, sagte er. »Ich weiß, daß Sie die Ansicht von Experten eingeholt haben, aber was Sie heute gesagt haben, zeigt, daß Präsident Bush seinen eigenen Verstand hat und sich dies gut in die Herausforderungen unserer Zeit fügt.«

Er skizzierte die neue Welt, die sich seiner Ansicht nach entwikkelte – eine multipolare Welt mit einem integrierten Europa und einem starken Japan und China. Auch Indien würde an Dynamik gewinnen. Er konnte sich vorstellen, daß neue, gewaltige Fragen ins Spiel kommen würden, die alle mit dem Wettbewerb um begrenzte Ressourcen zu tun hätten. »In der Sowjetunion haben wir seit einiger Zeit über dies alles nachgedacht. Die Vereinigten Staaten und die UdSSR sind dazu verdammt, noch lange Zeit zusammenzuarbeiten, aber wir müssen unsere gegenseitigen Feindbilder aufgeben.«

Gorbatschow sagte, er rede nicht einer amerikanisch-sowjetischen Koalition das Wort, sondern beschreibe nur die Realität. »Ich stelle nicht unsere Verantwortung als Alliierte oder andere frühere Kooperationsmodelle in Frage«, sagte er. »Aber es muß neue Modelle der Zusammenarbeit geben, die die neuen Realitäten anerkennen.« Es sei gefährlich für beide, die Interessen der anderen Seite zu ignorieren. »Die Vereinigten Staaten haben veraltete Ansätze noch nicht völlig abgelegt. Ich kann auch für uns nicht in Anspruch nehmen, daß wir das getan hätten. Manchmal haben wir das Gefühl, daß die Vereinigten Staaten andere belehren oder Druck ausüben möchten. Wir sind uns der Schwierigkeiten, das abzustellen, bewußt. Ich will Ihre Antwort hören, weil das ein Weg ist, wie wir Brücken über die Flüsse schlagen werden, anstatt auf verschiedenen Ufern zu bleiben ...«

»Ich hoffe, Sie haben bemerkt, daß wir während der rasanten Dynamik der letzten Monate nicht mit Angeberei oder Überheblichkeit reagiert und die Beziehungen zur Sowjetunion belastet haben«, antwortete ich. »Was ich sage, mag nach Eigennutz klingen. Man hat mich vorsichtig und kleinmütig genannt. Nun, ich bin vorsichtig, ohne kleinmütig zu sein. Aber ich habe versucht, mich in einer Weise zu benehmen, die dazu angetan war, Ihnen Ihr Leben nicht schwerer als nötig zu machen. Deswegen bin ich auch nicht auf der Mauer hin und her gesprungen.«

»Ja, das haben wir mit Wohlwollen bemerkt«, sagte Gorbatschow. »Wir haben etwas Sorgen wegen einer anderen Sache: Ihre Aktionen auf den Philippinen.« Bezüglich Südamerika handele es sich bei den Waffenlieferungen um ein Mißverständnis. »Wenn wir Ihnen etwas versprechen, dann wollen wir unsere Zusagen immer einhalten, denn sonst verlieren Sie Ihr Vertrauen in unsere Beziehung. Wir wollen Sie überzeugen, daß wir keine politischen Spiele spielen. Wir haben zugesagt, daß wir keine Waffen nach Nicaragua liefern werden, und daran haben wir uns gehalten.« Nach dem Absturz des Flugzeuges, sagte er, hatte er die Nicaraguaner und die Kubaner angerufen. Beide hätten beteuert, nichts mit dem Vorfall zu tun zu haben. »Wir werden unser Wort halten«, versprach er.

»In Nicaragua gibt es politischen Pluralismus«, fuhr er fort. »Das hat nichts mit Marxismus zu tun. Es ist lächerlich, bei den Sandinisten von Marxisten zu sprechen. Die Wurzeln der gegenwärtigen Lage in Nicaragua sind historischer und wirtschaftlicher Natur. Ich kann nicht verstehen, warum die Entwicklung dort für Sie so unakzeptabel ist. Sie werden nach den Wahlen eine neue Regierung bekommen. Lassen wir doch die UNO und die anderen Lateinamerikaner die Wahlen beobachten. Offen gesagt, wir haben da keine ausgeprägten Interessen. Bezüglich Kuba: Castro ist ohne unsere Hilfe hochgekommen ... Eigentlich läßt er sich von niemandem Befehle geben, wirklich von niemandem. Castro hat seine eigene Meinung über die Perestroika, und er sagt, was er denkt.« Gorbatschow lachte. »Aber wir brauchen gegenseitiges Verständnis. Wir wollen keine Brückenköpfe in Kuba und Mittelamerika. Wir brauchen das nicht. Davon müssen Sie sich überzeugen.«

Ich war über diese erste Sitzung hoch erfreut. Mit der Vielzahl der anwesenden Personen war es nicht gerade das kleine Treffen ohne Agenda, das ich ursprünglich im Sinn gehabt hatte. Unsere Ankündigungen waren jedoch gut durchdacht gewesen, besonders von Scowcroft und Baker, und sie waren gut aufgenommen worden. Trotzdem glaube ich, daß Gorbatschow erleichtert war, als wir uns gegen Mittag alleine unterhalten konnten. Bei dieser Sitzung trafen sich nur Scowcroft, unser Übersetzer und ich selbst mit Gorbatschow, Tschernjajew und deren Übersetzer.

Gorbatschow redete mir zu, ich solle mit Castro sprechen. »Meine Gespräche in Kuba waren nicht einfach«, sagte er. »Castro machte keinen Hehl aus seinen Bedenken gegenüber unserer Politik der Reformen – ich habe ihm gesagt, daß unsere Ziele ehrenwert sind ... Er bat mich praktisch um Hilfe bei der Normalisierung der amerikanisch-kubanischen Beziehungen ... Ich sage das hier zum ersten Mal unter dem Siegel der Verschwiegenheit«, sagte Gorbatschow.

»Lassen Sie uns bei Castro mit offenen Karten spielen«, antwortete ich. »Unsere Verbündeten verstehen nicht, warum wir so starkes Interesse an Mittelamerika haben. Für sie ist es einfach kein Thema. Für die politische Linke in den Vereinigten Staaten ebenfalls nicht. Aber für die jungen Demokratien in Lateinamerika, die gerade flügge werden, und für die amerikanische Rechte ist es ein ganz zentrales Thema. Castro ist da wie ein Treibanker auf Ihrem Weg und dem Weg der westlichen Hemisphäre zur Demokratie.«

Gorbatschow hatte gesagt, daß die Sandinisten nichts mit Marxismus zu tun hätten. »Ich bin geneigt, Ihnen zuzustimmen – früher habe ich das nicht so gesehen«, sagte ich. »Aber ich bin davon überzeugt, daß sie ihre Revolution exportieren. Sie schicken Waffen. Was auch immer sie Ihnen gesagt haben, sie unterstützen die FMLN, die linksgerichteten aufständischen Truppen in El Salvador. Ich bin überzeugt, daß es weitere Lieferungen von Hubschraubern aus der Sowjetunion nach Nicaragua gibt.« Ich sagte ihm, daß ich eine Lösung darin sehe, daß überprüfbare Wahlen abgehalten würden und Daniel Ortega sich nicht an die Macht klammerte, wenn die Ergebnisse nicht dafür sprachen. Was die USA anging: »Wenn es freie Wahlen sind, werden wir sie anerkennen«, sicherte ich ihm zu. Der andere Krisenherd in Mittelamerika war Panama, wo Manuel Noriega weiterhin ein Problem für uns darstellte. Ich sagte im Vertrauen, daß wir schwerwiegende Anklagen gegen ihn vorbereiteten. (Die militärischen Operationen zur Wiedereinsetzung der Demokratie in Panama erfolgten erst am 26. Dezember.)

»Lassen Sie mich erklären, wie Ihre Schritte in der Sowjetunion wahrgenommen werden«, sagte Gorbatschow energisch. »Die Leute sagen: Gibt es denn gar keine Grenzen für die Einmischung der USA in unabhängigen Staaten? Die Vereinigten Staaten fällen ein Urteil und vollstrecken es auch gleich.«

Ich brachte das Gespräch auf die Philippinen, die Gorbatschow bereits in dem vorhergehenden Treffen angesprochen hatte. Ich fand, daß das ein Lehrbuchbeispiel für ein positives Engagement der USA war. »Da gibt es eine bunt zusammengewürfelte Gruppe im Militär, angeführt von Oberst Honasan«, sagte ich. »Die demokratisch gewählte Präsidentin bittet um Hilfe, damit der Palast nicht von den Rebellen bombardiert wird. Es ist mir gar nicht in den Sinn gekommen, daß das in der Sowjetunion Probleme bereiten könnte – obwohl ich zugeben muß, daß ich es wahrscheinlich trotzdem getan hätte.«

»In der Sowjetunion sagen so manche, die Breschnew-Doktrin würde durch die Bush-Doktrin ersetzt werden«, sagte Gorbatschow schwungvoll. Ich erinnerte ihn daran, daß die Philippinen eine Demokratie waren, die um Hilfe gegen aufständische Mörder gebeten hatte.

»Zugegeben, sie ist eine Demokratie«, sagte Gorbatschow. »Es hängt vom Kontext ab. In Osteuropa gibt es legal gewählte Regierungen, die jetzt ersetzt werden. Die Frage bei den Auseinandersetzungen in Osteuropa ist: Was passiert, wenn jemand um die Intervention sowjetischer Truppen bittet? Alles hängt jetzt zusammen. Es werden schon Stimmen laut, die sagen, daß wir unseren Pflichten gegenüber unseren Freunden nicht nachkommen würden. Aber wir sind auch nicht gefragt worden.«

»In Osteuropa sind die Veränderungen friedlich verlaufen, und Sie haben dazu aufgerufen«, antwortete ich. »Auf den Philippinen versucht ein Oberst, sich den Weg zur Macht freizuschießen.«

Gorbatschow nickte. »Friedliche Veränderungen sind der richtige Weg«, sagte er. »Unsere Haltung heißt Nicht-Einmischung. Ein

Veränderungsprozeß kann schmerzlich sein. Überall finden sich Obristen, die nur zu gerne solche Aufgaben übernehmen würden.«

Er wechselte das Thema zu Osteuropa und Deutschland und kündigte an, er lege großen Wert auf drei Aspekte. Erstens: »Die Richtung der Veränderungen in der Sowjetunion und Osteuropa bringt uns näher zusammen – das ist wichtig.« Zweitens gefiele es ihm nicht, wenn einige Politiker in den USA forderten, die Einheit Europas müsse auf westlichen Werten basieren. »Man hat uns Ideologieexport vorgeworfen«, fügte er hinzu. »Genau das wird jetzt von einigen vorgeschlagen – wenn auch nicht von Ihnen.« Drittens und letztens: »Herr Kohl hat es bei der deutschen Frage allzu eilig. Das ist nicht gut.«

Gorbatschow vermutete, daß Kohls jüngste Äußerungen vom 28. November, als er im Nachhall des Mauerfalls einen Plan zur engeren Verbindung der beiden deutschen Staaten vorgestellt hatte, vor allem von »Wahlkampftaktik« motiviert gewesen waren. Er schlug vor: »Wir sollten Kohl wissen lassen, daß dieser Ansatz Schaden anrichten kann.« Es gab auch ungelöste Fragen. »Würde zum Beispiel ein vereintes Deutschland außerhalb der Bündnisse bleiben oder in der NATO? Es ist zu früh für eine Antwort; wir sollten hier nicht drängeln. Wir sollten das seinen natürlichen Gang gehen lassen. Sie und ich sind nicht für die Teilung Deutschlands verantwortlich. Lassen wir die Geschichte entscheiden, was geschieht. Wir müssen uns hier richtig verstehen.«

Ich erzählte Gorbatschow von meiner Ansicht, daß Kohl eine enorme emotionale Reaktion auf die Geschehnisse bemerkte. »In seinen Vorschlägen ist einiges politisch motiviert, anderes aber rein emotional«, gab ich zu. »Ich glaube, er weiß um die Probleme für seine Verbündeten. Auch wenn sie das Recht des deutschen Volkes auf Wiedervereinigung anerkennen, haben sie doch höchstpersönlich Vorbehalte dagegen.«

»Ja, ich weiß«, antwortete Gorbatschow, »und das sagen sie mir auch. Aber im Gegensatz zu dieser – und zu Ihrer – Meinung behaupte ich: Es gibt zwei deutsche Staaten, die von der Geschichte geschaffen worden sind. Also lassen wir doch auch die Geschichte den weiteren Verlauf bestimmen. Kohl hat mir versichert, er werde sich an die Vereinbarungen halten, die wir im Mai in Bonn getroffen haben. Jetzt will er sich mit mir am Telefon unterhalten, und Genscher kommt persönlich. Ich denke, in diesem Bereich ist besondere Vorsicht angebracht.«

Ich nickte: »Wir werden nichts tun, was fahrlässig die Wiedervereinigung beschleunigen könnte«, sagte ich. »Ich bin mir sicher: Wenn Sie mit Kohl sprechen, werden Sie sehen, daß er mit uns übereinstimmt ... Ich werde wieder ›kleinmütig‹ sein – so hat Senator Mitchell meine Weigerung genannt, mich auf der Mauer zu zeigen. Dies ist nicht der richtige Zeitpunkt dafür, sich in die erste Reihe zu stellen oder Schritte zu unternehmen, die gut aussehen mögen, aber eigentlich verantwortungslos sind.«

»Die Zeiten, in denen wir leben, sind von großem Verantwortungsbewußtsein gekennzeichnet – großen Möglichkeiten, aber auch großem Verantwortungsbewußtsein«, sagte Gorbatschow.

BRENT SCOWCROFT

Nach etwa viereinhalb Stunden auf der *Maxim Gorki* fuhren wir zurück auf die *Belknap*. Das Wetter hatte sich weiter verschlechtert. Die Wellen waren riesig, sogar im Hafen, und der Wind heulte. Wir hatten größte Schwierigkeiten, an Bord des Schiffes zu gelangen und schafften es eigentlich nur wegen der großen Erfahrung der Mannschaft der Admiralsbarkasse. Die Wellen hoben die Barkasse von einer Sekunde auf die andere fünfzehn Fuß hinauf, und auf die Gangway der *Belknap* zu gelangen war sehr heikel. Die Barkasse zertrümmerte die Plattform an der Steuerbord-Seite, aber es gelang uns schließlich, auf die Backbord-Plattform zu kommen. Die Mannschaft hatte Angst, daß die Barkasse auch diese Plattform zerstören könnte, denn in diesem Fall hätte es keine Möglichkeit mehr gegeben, an oder von Bord des Schiffes zu gehen, bis die See sich beruhigt hatte – Hubschrauber kamen bei dem Wetter nicht in Frage.

Bei Einbruch der Dunkelheit rollte das Schiff wie verrückt. Der Sturm hielt alle unsere Leute, die sich an Land befanden, davon ab, auf das Schiff zu gelangen. Wir selber konnten es nicht verlassen, obwohl wir vor Anker lagen. Gorbatschow konnte an diesem Abend nicht auf die *Belknap* zum Essen kommen, also aßen wir ein herrliches Menü, das für ihn gedacht gewesen war – Hummer, Schwertfisch und so weiter. Da saßen also die beiden Führer der Supermächte nur einige Hundert Meter von einander entfernt und konnten nicht zusammen essen. Der Sturm hatte uns vom Rest der Welt abgeschnitten, und obwohl die Gespräche recht gut verliefen, wenn wir uns treffen konnten, hatten wir keine Ahnung, wie sie dort aufgenommen wurden.

GEORGE BUSH

Ich spazierte an Deck und sprach mit der Mannschaft vorne am Bug, wo die Gischt und der Regen mit voller Wucht niedergingen. Das Rollen des Schiffes erinnerte mich an meine Zeit an Bord meines alten Flugzeugträgers USS *San Jacinto* und wie wir darauf so manchen Sturm im Pazifik gemeistert hatten. Einer der Männer warnte mich, ich solle nicht so nahe bei einer der Ankerketten im Bug stehen, weil sie festgeklampt worden war. Wenn sie sich losriß, konnte sie mir ohne weiteres mein Bein abreißen. Die See war so rauh, daß auch noch der Heckanker ausgeworfen werden mußte. Ich ging durch den Korridor nach hinten zum Heck und kam durch die Mannschaftsmesse, wo gerade ein Film gezeigt wurde. Einige Matrosen hatten eine Kamera und baten mich um ein Foto mit mir, was Spaß machte. Ich warf einen Blick in das Quartier der Obermaate. Die Dreierkojen, die ich dort sah, erinnerten mich an die Doppelstockkojen auf der USS *Finback*, jenem U-Boot, das mich 1944 gerettet hatte, nachdem ich abgeschossen worden war. Die Erinnerungen kehrten alle zurück: Die steilen Leitern, die Luken, die Wasserhähne, die sich von selber abschalteten, und hier stand ich jetzt in der Dusche des Kommandanten der Sechsten Flotte. Sie funktionierte wunderbar.

BRENT SCOWCROFT

Wir waren völlig eingeschlossen. Ich versuchte, mit Washington zu kommunizieren, hatte aber nur mäßigen Erfolg. Das Funkpersonal war sehr hilfsbereit, aber die Ausrüstung schien nicht auf dem neuesten Stand der Technik zu sein. Ich stieß ein kurzes Stoßgebet aus, daß in dieser Nacht kein Krisenherd explodieren würde. Zum Glück war das nur bei der Presse der Fall.

Marlin Fitzwater war an Bord und hatte eine gemeinsame Pressekonferenz mit Gerassimow angesetzt, aber es gab keine Möglichkeit für ihn, an Land zu kommen. Er funkte Roman Popadiuk an, den stellvertretenden Regierungssprecher, der auch der leitende Beamte im Sicherheitsrat für die Öffentlichkeitsarbeit war: Er solle versuchen, das Pressegespräch abzusagen, da es offensichtlich sehr einseitig sein würde. Aber dafür war es zu spät. Gerassimow sang bereits das Hohelied auf Gorbatschow. Margaret Tutweiler, die Pressesprecherin des Außenministeriums, berichtete von einer ähnlichen Situation. Fitzwater versuchte heldenhaft, Popadiuk unsere Version von den Tagesereignissen zu funken. Popadiuk gelang es auch, daraus ein komplettes Bild zusammenzusetzen, und er und Margaret Tutweiler taten ihr Bestes, dem Eindruck entgegenzuwirken, mit dem ihre sowjetischen Kollegen hausieren gingen.

GEORGE BUSH

Der Sturm hatte sich bis zum nächsten Morgen abgeschwächt, und wir konnten unsere Gespräche wieder nach Plan aufnehmen. Gorbatschow ließ sich noch immer nicht überreden, die Überfahrt auf die *Slava* zu riskieren, also fuhren wir zurück auf die *Maxim Gorki*. Er war äußerst jovial und wieder einmal sehr direkt – ein weiteres entspanntes Treffen. Gorbatschow konnte durchaus hart sein, aber er hatte einen ausgeprägten Sinn für Humor. Während wir miteinander sprachen, merkte ich, daß wir auf der gleichen Wellenlänge lagen.

»Ich möchte Ihnen und den Vereinigten Staaten sagen, daß die Sowjetunion unter keinen Umständen einen Krieg beginnen wird – das ist sehr wichtig«, erzählte mir Gorbatschow. »Die Sowjetunion ist nicht länger bereit, die Vereinigten Staaten als Kontrahenten anzusehen. Statt dessen ist sie willens zu bekunden, daß unsere Beziehung eine kooperative ist.« Es war an der Zeit, über den Rüstungswettlauf hinaus zu denken. Er beklagte sich, daß die Sowjetunion zwar eine defensive Militärdoktrin angenommen hatte, die Vereinigten Staaten und die NATO ihre Doktrin jedoch noch nicht angepaßt hatten. Nachdem er seine Ansprache beendet hatte, überreichte er mir eine farbenprächtige Karte, auf der US-Militärbasen und Flottenverbände rund um den Erdball verzeichnet waren. »Ich weiß nicht, ob einiges überholt ist oder noch etwas hinzugekommen ist«, scherzte er. »Die Sechste Flotte [zu der die Schiffe gehörten, die wir für die Gespräche benutzten] bewegt sich jedenfalls.«

»Wo ist denn die *Slava*?« fragte ich lachend. Seine Karte war beeindruckend, aber nicht sehr überzeugend: Zum Beispiel war der Panama-Kanal mit einem blauen Fähnchen gekennzeichnet.

»Was hat denn der Panama-Kanal mit der Einkreisung der Sowjetunion zu tun?« fragte ich.

»Vergessen Sie den Panama-Kanal«, sagte er grinsend.

»Ich schlage vor, wir sehen uns an, wie genau das ist, und werden Ihnen mitteilen, wenn es irgendwelche Probleme damit gibt«, sagte ich und gab die Karte an Brent Scowcroft weiter.

Ich verlagerte die Diskussion auf Europa. »Sie sind näher dran an den Ereignissen, aber ich möchte doch einen Kommentar abgeben«, sagte ich. »... Sie können nicht von uns verlangen, daß wir die deutsche Wiedervereinigung mißbilligen. Ich bin mir bewußt, daß dies ein sensibles Thema ist, und wir haben versucht, uns hier zurückhaltend zu zeigen.« Ich fügte hinzu, daß wir uns der deutlichen Aussagen in der KSZE-Schlußakte von Helsinki zum Thema Grenzen völlig im klaren waren. »Wie sehen Sie die Entwicklungsmöglichkeiten jenseits des Status quo?« Gorbatschow antwortete, daß seines Erachtens ganz Europa näher zusammenrücken würde. »Unser Standpunkt, und den teilen alle Europäer – mit einigen Nuancen sogar Kohl –, lautet, daß alles im Rahmen von Helsinki gemacht werden muß«, sagte er. Wir mußten die Stabilität erhöhen und sicherstellen, daß wir die Instrumente, die das Gleichgewicht in Europa aufrechterhalten hatten, nicht zerstört wurden. Er schlug vor, daß der Warschauer Pakt und die NATO zukünftig eher eine politische als eine militärische Rolle spielen sollten.

Bei dem folgenden Vier-Augen-Gespräch kam ich sofort auf das Baltikum und fragte Gorbatschow über den möglichen Einsatz von Gewalt. Er beschrieb die Probleme, vor denen er stand, besonders die verschachtelten Nationalitäten der Sowjetunion. Er sagte, er sei bereit, mit den baltischen Staaten im Sinne größerer Autonomie zu verhandeln. »Aber wenn sie es auf Separatismus anlegten, wäre das dramatisch. Ich darf keine Gefährdung der Perestroika zulassen. Das würden die sowjetischen Völker nicht verstehen. Wir leben seit fünfzig Jahren zusammen. Wir sind integriert.« Er wies darauf hin, daß Millionen von Russen im Baltikum lebten. Die Hälfte der Einwohnerschaft von Estland waren Russen, sagte er, und mehr als die Hälfte von Lettland. »Unser Land ist nun einmal so beschaffen, und Separatismus weckt starke Emotionen in der Bevölkerung.« Es habe eine »Abkühlung« gegeben, sagte Gorbatschow. »Aber es gibt noch Schwierigkeiten. Dies ist eine sensible Frage für uns. Ich hoffe, Sie können unsere Haltung verstehen: Hier könnten alle möglichen schrecklichen Feuer auflodern. Wenn die Vereinigten Staaten dafür kein Verständnis aufbringen könnten, würde das unsere Beziehung mehr belasten als alles andere.«

»Aber wenn Sie im Baltikum Gewalt einsetzen würden – was Sie nicht wollen –, würde das einen Feuersturm hervorrufen«, warf ich ein. Ich machte deutlich, daß die Vereinigten Staaten auf jeden Gewaltakt in dieser Gegend würden reagieren müssen.

»Wir wollen, daß alle gleich behandelt werden«, antwortete Gorbatschow. »Wenn wir die schnelle Eingreiftruppe des Innenministeriums [MVD] aus Nagorni-Karabach abzögen [der aufständischen armenischen Enklave in Aserbaidschan], käme es zu einem [begrenzten Bürger-]Krieg. Wir engagieren uns für eine demokratische Entwicklung und hoffen, daß Sie das verstehen.«

BRENT SCOWCROFT

In diesem Moment kam Raissa Gorbatschowa herein, um uns zu begrüßen, und die förmliche Diskussion hörte auf. Ich hatte in dem Gedankenaustausch die Überzeugung gewonnen, daß Gorbatschow genau verstanden hatte, welch neuralgische Angelegenheit die baltischen Staaten für uns waren – und daß er sich, auch wenn seine Aussagen hier gelegentlich ein wenig lückenhaft waren, dazu bekannte, in diesem Bereich nur gewaltfreie Maßnahmen zu ergreifen.

GEORGE BUSH

Wir hatten mit Gorbatschow ein weites Feld von Themen abgedeckt, und trotz aller Unterschiede fand ich, daß wir viele Gemeinsamkeiten entdeckt hatten. Weil wir ein Treffen absagen mußten und über einige Themen sehr ausführlich gesprochen hatten, konnten wir nicht alles erledigen, was auf der Agenda gestanden hatte. Gorbatschow schlug vor, und ich stimmte zu, daß Baker und Schewardnadse die Gespräche fortsetzen sollten und dafür im wesentlichen freie Hand bekämen.

Wichtiger war der positive Effekt, den Malta auf meine persönliche Beziehung zu Gorbatschow hatte, die, wie ich fand, symbolisch in unserer gemeinsamen Pressekonferenz Ausdruck fand – die erste in der Geschichte der amerikanisch-sowjetischen Beziehungen. Die Gespräche hatten eine freundliche Offenheit zwischen uns gezeigt und eine echte Bereitschaft, die Vorschläge der anderen Seite anzuhören. Vielleicht half ihm das wachsende Vertrauen dabei, die Veränderungen in Osteuropa zu akzeptieren und voranzutreiben, weil er weniger Angst haben mußte, daß wir uns die Situation zunutze machen würden. All dies konnte für die europäische Sicherheit nur nützlich sein, während wir dort neue Herausforderungen annahmen.

BRENT SCOWCROFT

Das Treffen von Malta war wesentlich besser gelaufen, als ich erhofft hatte. Es waren keine bindenden Vereinbarungen ausgehandelt oder unterschrieben worden, aber der Elan, bei START und KSE sowie dem Interimsabkommen über chemische Waffen weiterzukommen, war erneuert worden. Präsident Bush hatte die beiderseitigen Wirtschaftsbeziehungen ausgebaut und durch die Aussicht auf Gewährung der Meistbegünstigungsklausel Schritte hin zur Normalisierung des Handels angeboten. Die wichtigste Leistung war aber der Meinungsaustausch über beinahe jedes Gebiet beiderseitigen Interesses, wodurch die Einstellung der anderen Seite bezüglich einer ganzen Reihe von Sachfragen deutlich geworden war. Das gab uns ein viel verläßlicheres Bild von den Gefahren und Möglichkeiten, vor denen wir standen. Außerdem hatten sich die Bedenken, die mich seit Monaten gegen ein Gipfeltreffen eingenommen hatten, nicht bewahrheitet. Die Presse stellte keine Betrachtungen darüber an, wer gewonnen oder verloren hatte. Vielleicht lag es an unserem langen Zögern, vielleicht an der Persönlichkeit des Präsidenten und seiner raschen Auffassungsgabe für alle Fragen, vielleicht auch daran, daß wir mit der ersten Stellungnahme des Präsidenten in die Offensive gegangen waren. Vielleicht lag es auch an keinem dieser Gründe – jedenfalls hatte Gorbatschow nicht versucht, im Mittelpunkt zu stehen oder die Ergebnisse fälschlicherweise in ein düsteres Licht zu tauchen. Wir waren zuversichtlich, daß wir ein gutes, solides Fundament für die weitere Entwicklung unserer Beziehungen geschaffen hatten, als wir uns nach Brüssel zum NATO-Gipfel auf den Weg machten, den wir zur Information der Verbündeten einberufen hatten.

Im Dezember erreichten die dramatischen Veränderungen in Osteuropa die letzten kommunistischen Bastionen. Trotz brutaler Unterdrückung und wirtschaftlicher Schwierigkeiten in Rumänien hatte Nicolae Ceauşescu lange eigenartig unberührt gewirkt von den Wirbelstürmen, die durch die benachbarten Hauptstädte gejagt waren. Seit Jahren hatte er es sich zur Gewohnheit gemacht, sich von der sowjetischen Politik zu distanzieren. Er war noch ätzender in seiner Verunglimpfung von Glasnost und der Ereignisse in Polen, Ungarn und Ostdeutschland geworden. Selbst nach dem unheilverkündenden Beispiel von Honeckers Sturz fuhr er rücksichtslos darin fort, jede Kritik am Regime grausam zu unterdrücken. Proteste in der Stadt Timisoara gegen die Ausweisung eines Pastors der reformierten ungarischen Kirche wurden am 17. Dezember gewaltsam niedergeschlagen. Dieses Mal kam es jedoch zu einer landesweiten Erhebung, der sich Einheiten der Armee anschlossen. Es war dies der erste Fall von Abtrünnigkeit in Osteuropa und rührte an die Grundfesten des rumänischen Regimes. Ceauşescu eilte von einem Besuch im Iran zurück, um das Chaos zu beenden. Als er am 21. Dezember vor einer riesigen Menge sprechen wollte, wurde er vom Balkon gebuht. Am nächsten Tag rief sich die Nationale Rettungsfront selbst zur provisorischen Regierung aus. Dann taten die Rumänen in einem symbolischen Akt etwas, in dem vielleicht das Ende der kommunistischen Herrschaft in Osteuropa kulminierte und das sich viele nicht einmal vorzustellen gewagt hatten: Sie richteten die Ceauşescus am ersten Weihnachtstag hin.

BRENT SCOWCROFT

Das Bild der Ceauşescus, wie sie tot im Schnee lagen, ist eines der gespenstischsten der Revolutionen in Osteuropa, eine unerbittliche Warnung vor den Folgen von Unterdrückung durch die Hand der Unterdrückten. Es war ein ernüchternder Augenblick, der uns daran erinnerte, daß die Revolutionen des Jahres 1989 mit minimalem Blutvergießen vonstatten gegangen waren – etwas, was wir niemals als selbstverständlich hinnehmen sollten.

GEORGE BUSH

Ich war vom Tempo der Ereignisse in diesem Herbst verblüfft und ergriffen. Wofür sich Generationen von Osteuropäern eingesetzt und ihr Leben riskiert hatten, war endlich Wirklichkeit geworden: Freiheit. Ich fand, daß unser geduldiger Ansatz der sanften Ermutigung sich ausgezahlt hatte, auch wenn wir nicht selber so aktiv werden konnten, wie ich das gewollt hätte. Ich stand unter ständiger Kritik, ich sei zu zurückhaltend, vielleicht, weil meine Reaktionen auf die Ereignisse etwas gedämpft waren. Das war wohlüberlegt und basierte auf meinem Verständnis der osteuropäischen Nachkriegsgeschichte. Bei meinen Besuchen in Polen und Ungarn hatte ich achtgegeben, nichts zu äußern, was aufwieglerisch und dazu angetan war, die Bevölkerung zu waghalsigen Aktionen zu ermutigen, die nach sowjetischen Gegenmaßnahmen gerufen hätten. Sie hätten damit alles verloren, wofür sie gearbeitet hatten. Statt dessen hielt ich den Druck für positive Veränderungen unter Mitwirkung der Bevölkerung aufrecht. Gleichzeitig wollte ich in Moskau und den osteuropäischen Ländern wohl verstanden wissen, daß wir unverrückbar auf der Seite der Freiheit standen und nicht nachgeben würden. Unsere verleumderischen Kritiker konnten selten genau sagen, was wir ihrer Meinung nach durch unsere Vorsicht eigentlich aufs Spiel setzten. Im Rückblick und mit Gorbatschows Prioritäten im Sinn ist es in der Tat unwahrscheinlich, daß ein schnelleres Tempo sich als gefährlich herausgestellt hätte. Es ist aber auch nicht sicher, daß dadurch zusätzliche Vorteile gewonnen worden wären.

Ich glaube, daß wir von Anfang an den richtigen Weg verfolgten, auch wenn wir nicht wissen konnten, was im Ostblock geschehen würde. Wir hatten uns entschlossen, unseren Fokus von Moskau nach Mittel- und Osteuropa zu verlagern – teilweise, um die Grenzen von Gorbatschows Aufrichtigkeit bezüglich der Reformen, der Offenheit und dem »neuen Denken« in der Außenpolitik auszuloten. Es war eine glückliche Fügung, daß der Beginn unserer Regierungszeit mit diesen Veränderungen zusammenfiel. Indem wir uns auf Osteuropa konzentrierten und nur langsam die sowjetische Seite bei den Rüstungskontrollverhandlungen einbanden, konnten wir uns sofort mit den vielversprechenden Entwicklungen in Polen auseinandersetzen. Wir waren von Anfang an dabei und konnten die Welle des Liberalismus voll nutzen, als sie durch die ganze Region schwappte.

BRENT SCOWCROFT

Es wäre schön, wenn wir behaupten könnten, daß unsere Osteuropa-Politik zu den Katalysatoren des Wandels zählt, als sie sich von der Hilfe für die Staaten, die sich am deutlichsten gegen die Sowjetunion auflehnten, hin zur Unterstützung der Bewegung zu größerer Freiheit verschoben hatte. Das ist nicht der Fall. Aber unsere Politik machte doch Mut und erlaubte uns, richtig auf die Ereignisse zu reagieren. Ihre Geschwindigkeit und ihr Ausmaß verstärkten eine gewisse Euphorie im Westen, und der Präsident mußte achtgeben, daß der Jubel über das Streben nach Freiheit und Selbstbestimmung nicht umschlug in eine Haltung, die die Veränderungen als einen Sieg im kalten Krieg verstanden wissen wollte – und damit Konfrontationen hervorgerufen hätte. Aus diesem Grunde entwickelte sich unsere Politik vielleicht sogar unbewußt von der ruhigen Unterstützung des Wandels in eine Richtung, die Sowjetunion dazu zu bringen, diesem stillschweigend zuzustimmen oder sogar daran teilzunehmen. Der kalte Krieg war nicht vorüber: Es gab noch viele Probleme mit der Sowjetunion zu lösen, bevor ich guten Gewissens sagen konnte, daß wir nicht länger Widersacher waren. Aber wir hatten einen riesigen Schritt nach vorne gemacht.

Abgesehen von unserem Versuch, die Grenzen der sowjetischen Toleranz auszutesten, stellte sich der Mangel an finanzieller Hilfe in bezug auf Osteuropa als das größte Problem dar. Hatte das irgendwelche Auswirkungen? Kurzfristig vielleicht nicht: Dank der Besuche des Präsidenten vor Ort hatten die Reformer keinen Zweifel an unserer Haltung und unserem Engagement für ihren Erfolg, und ihr eigener Übermut schien den Mangel an materieller Unterstützung wettzumachen. Auf lange Sicht mag es aber durchaus Auswirkungen gehabt haben. Wären die Vereinigten Staaten in der Lage gewesen, die Reformer mit Mitteln auszustatten, die ihren Völkern gezeigt hätten, daß die Veränderungen tatsächlich in sichtbaren materiellen Verbesserungen ihres Lebensstandards münden würden, hätten sie bei den schmerzlichen Reformprozessen vielleicht mehr Loyalität erhalten. So wie die Dinge sich entwickelten, wurden die Reformen zunehmend eher mit Chaos und Mißwirtschaft als mit wirtschaftlichem Fortschritt gleichgesetzt – mit dem Ergebnis, daß die Reformer gelegentlich durch Neo-Kommunisten ersetzt wurden, die der Bevölkerung Stabilität und Ordnung versprachen.

Mit den Revolutionen in Ost- und Mitteleuropa hatte die Umgestaltung der geopolitischen Landschaft erst begonnen. Der Fall der Berliner Mauer symbolisierte als Höhepunkt des atemberaubenden Ansturms der Region auf Freiheit das bemerkenswerte Drama, das in Mittel- und Osteuropa stattfand. Das Verschwinden der Mauer drängte die Frage der deutschen Wiedervereinigung, die zunächst nur ein Raunen im Dunkel gewesen war, sofort ins Rampenlicht, gefolgt von der Frage nach der Zukunft Europas.

Eine deutsche Frage

GEORGE BUSH

Die deutsche Wiedervereinigung hatte für mich eine sehr persönliche Bedeutung.* Als Vize-Präsident hatte ich während meiner Besuche in Westdeutschland aus erster Hand sehen können, was die Teilung Deutschlands für Auswirkungen auf seine Bewohner hatte. Der in dieser Hinsicht entscheidende Moment für mich war vermutlich der Februar 1983, als Barbara und ich in Begleitung des damaligen Verteidigungsministers Manfred Wörner die kleine Ortschaft Mödlareuth in Bayern besuchten, die wie im Spagat an der

* Die Begriffe »Wiedervereinigung« und »Vereinigung« werden mit unterschiedlichem Inhalt und Implikationen gebraucht – sowohl von Deutschen als auch von Nicht-Deutschen. »Wiedervereinigung« impliziert die Verbindung von zwei Territorien, die vor dem Zweiten Weltkrieg den deutschen Staat ausmachten. Der Ausdruck hat gewisse Untertöne einer Restauration eines vorher bestehenden Staatsgebildes, die Fragen nach den deutschen Grenzen aufwerfen. »Vereinigung« bedeutet, daß zwei deutsche Nachkriegs-Staaten eine neue Einheit mit einer bestimmten neuen Identität bilden könnten. Ob man den einen oder den anderen Begriff verwendet, ist mehr als eine Spielerei. Oft spielen starke Emotionen und Überzeugungen über die Kontinuität mit der gesamten deutschen Vergangenheit (gut oder schlecht) eine Rolle, der Wunsch nach einem Abschluß mit der Zeit des Dritten Reichs und des Zweiten Weltkriegs oder auch die Ansicht, daß das moderne Deutschland von seinem Vorgänger sozial und politisch deutlich verschieden ist. In der Praxis der Verhandlungen unter allen beteiligten Ländern und Politikern wurden die Begriffe aber stets austauschbar verwendet, wenn auch manchmal gerade im Hinblick auf die Unterschiede. In Zitaten wird hier stets der Originalbegriff verwendet. Ansonsten wird »Wiedervereinigung« verwendet, um das Ende der deutschen Teilung als ein Symbol der Beendigung des kalten Krieges zu verdeutlichen, nicht die Auferstehung eines früheren Staates. Welchen Begriff man auch vorzieht: Die historische und kulturelle Kontinuität des deutschen Volkes bleibt, trotz aller politischen und geographischen Veränderungen, bestehen.

deutsch-deutschen Grenze lag. Der Ort symbolisierte für mich die Bedeutung der Wiedervereinigung nicht weniger, als es die Berliner Mauer tat.

Es war ein kalter und windiger Tag, und es schneite, als wir in dicke Mäntel eingepackt mit Militärhubschraubern zur Grenze flogen. Wie Berlin – tatsächlich lautete der Spitzname »Klein Berlin« – war Mödlareuth in einen östlichen und einen westlichen Teil getrennt: Der hohe stacheldrahtbewehrte Zaun verlief genau durch die Mitte des Ortes. Grimmig dreinschauende Soldaten in tristen Uniformen patrouillierten auf der östlichen Seite des Zauns. Der war so gebaut, daß die Maschen des Zauns an den Beton-Pfosten nach Osten zeigten, nicht nach Westen, was deutlich machte, daß die ostdeutsche Regierung den Zaun gebaut hatte, um ihre Bürger drinnen zu halten und nicht den Westen draußen. Die östliche Seite war auch umsäumt von Minenfeldern und tiefen Gräben, um zu verhindern, daß die Menschen den Zaun erreichten. Unsere Soldaten zeigten uns ostdeutsche Wachen, die uns mit Ferngläsern beobachteten und von hohen Beton-Wachtürmen mit Suchscheinwerfern und verspiegelten Fenstern aus fotografierten. Ich konnte spüren, wie sehr die Wachen die eigenen Bürger durch all das einschüchtern mußten. Ich wußte, daß sie den Befehl hatten, auf ihre Landsleute zu schießen, wenn die versuchten, den Zaun zu übersteigen und in die Freiheit zu fliehen.

Ich konnte den ostdeutschen Teil von Mödlareuth durch den Zaun sehen, während wir durch den Schnee an der Grenze entlangliefen. Die typisch deutschen Häuser waren gleichförmig gestrichen und ordentlich, obwohl man mir erzählte, daß der Ort nur teilweise bewohnt war. Die Gebäude waren nach außen gut gepflegt, um ostdeutschen Wohlstand zu demonstrieren – ein falsches Antlitz, das die Schäbigkeit und den Verfall des Dorfes verdecken sollte. Sogar die Lichter in den leeren Häusern waren eingeschaltet, um den Schein zu wahren. Es war ein trauriger Gegensatz zu der Wärme, den Farben und der Geschäftigkeit im westlichen Teil dieses Bauerndorfes, das gar nicht so verschieden war von den vielen Dörfern, die ich im Herzen Amerikas besucht hatte.

Ich spürte schon vor diesem Ausflug eine regelrechte Abneigung gegen die DDR. Zu meiner Zeit in der CIA hatte ich erfahren, daß Ostdeutschland einer der schlimmsten Übeltäter in Belangen wie dem Training von Terroristen oder dem Destabilisieren von anderen Ländern war. Sie waren vielleicht die aggressivsten überhaupt im Spionagegeschäft, und sie schreckten vor nichts zurück, um ihre Ziele zu erreichen. Zur Erledigung der häßlichsten Aufgaben bediente sich die Sowjetunion meistens der Ostdeutschen. Sie waren die Rabauken des Ostblocks.

Mödlareuth machte mir die persönlichen Tragödien und die Kosten eines geteilten Landes und des kalten Krieges auf eine Weise deutlich, wie es Berichte und Fotos nicht konnten. Eltern und Kinder, Brüder und Schwestern – allesamt Deutsche – konnten durch den Zaun blicken und nur ein paar Schritte entfernt ihre Verwandten sehen, aber keinen Kontakt zu ihnen aufnehmen. In ganz Deutschland waren viele Familien seit Jahrzehnten getrennt, mit der Ausnahme von vielleicht einigen Besuchen, seitdem die Spannungen zwischen den beiden Staaten zurückgegangen waren. Es war wie ein kalter Hauch und eine traurige Erinnerung an die Wirklichkeit des kalten Krieges für die Menschen auf beiden Seiten des Eisernen Vorhangs.

Dies war das erste Mal, daß Barbara und ich Manfred Wörner getroffen hatten, und wir lernten ihn auf diesem Ausflug gut kennen. Kurz nachdem wir zurück Richtung Bonn gestartet waren, kam ein heftiger Schneesturm auf, der unseren Piloten die Sicht nahm und unsere Hubschrauber zwang, auf einem kleinen und abgelegenen Flugplatz zu landen. Dort saßen wir in einem kalten Warteraum und überlegten, wie wir nach Bonn kommen könnten. Manfred Wörner fing an, sich um eine Fahrtmöglichkeit zu kümmern. Ich fragte, ob wir vielleicht auch einen Zug nehmen könnten. Kaum gesagt, saßen wir schon in einem Auto und fuhren zum nächsten Bahnhof.

Dort wartete schon ein Regionalzug, der an jedem kleinen Ort auf dem Weg anhielt. Wir stiegen in einen Waggon, der für uns geräumt worden war, und weil in Westdeutschland gerade Wahlen bevorstanden, lehnte sich Wörner, ganz im Wahlkampf-Fieber, aus dem Fenster und schüttelte die Hände der Leute – an jeder Station. Hocherfreut stellte ich fest, daß die Deutschen mehrere Kisten wunderbares Bier für uns in den Zug gestellt hatten. Es war eine entspannte Fahrt zurück nach Bonn, und wir hatten jede Menge Gelegenheit, uns zu unterhalten. An diesem Tag wurden wir gute Freunde.

Ich war ganz begeistert, als Manfred Wörner später als NATO-Generalsekretär ausgewählt wurde. Er war ein klarer Befürworter der US-Präsenz in Europa und ein aufrechter und weiser Mensch. Ich wandte mich später als Präsident oft an ihn, wenn es um die Zukunft der NATO und die deutsche Wiedervereinigung ging. Unsere Freundschaft war eng, und es war äußerst tragisch, daß er 1994 so frühzeitig an Krebs starb. Brian Mulroney und ich hatten nur vier Tage vor seinem Tod noch mit ihm telefoniert. Ich hatte jemanden verloren, der mir sehr nahe stand und für den ich größte Achtung empfand.

Der Fall der Berliner Mauer war der Anfang des dramatischen letzten Kapitels der Umformung Europas – die Vereinigung der beiden deutschen Staaten. Am Ende des Zweiten Weltkriegs war Deutschland zwischen den vier siegreichen alliierten Mächten – den USA, Großbritannien, Frankreich und der Sowjetunion – in Besatzungszonen geteilt worden. Obwohl das nur als zeitweilige Maßnahme bis zu einer endgültigen Regelung für Deutschland (und einem Friedensvertrag) gedacht war, wurden die Besatzungszonen zwei verschiedene Staaten, als die Rivalitäten sich im kalten Krieg verhärteten. Die zwei deutschen Staaten fanden sich in der merkwürdigen Situation wieder, sowohl als Teile eines besetzten Ganzen wie auch als individuelle Mitglieder rivalisierender Blöcke behandelt zu werden. Daher war die Beendigung der Trennung signifikant: Sie würde den Abschluß einer Teilung bedeuten, die in Jalta zwischen einstigen Verbündeten in einem schrecklichen Krieg vereinbart und in einem feindseligen Frieden besiegelt worden war – gleichzeitig wäre sie das endgültige Ende des Zweiten Weltkrieges und des kalten Krieges.

Für viele Deutsche auf beiden Seiten des Zauns war die Teilung eine zutiefst emotionale Angelegenheit. Seit 1945 hatte keiner der beiden Staaten Souveränität, also völlige Kontrolle über die eigenen Angelegenheiten gehabt. Besondere Rechte der Alliierten blieben in Kraft, und die fremden Truppen waren, wie der Status Berlins als eine besetzte und geteilte Stadt deutlich unterstrich, nicht einfach auf Einladung eines Verbündeten geblieben. Deutschland war im Osten wie im Westen zumindest am Anfang »singularisiert« worden, behandelt als verschieden von allen anderen Ländern, politisch verdächtig nach den zwei Weltkriegen, dem Militarismus und dem Nazismus. Das kurze demokratische Experiment nach dem Ersten Weltkrieg war gescheitert und hatte im Wiederaufleben des autoritären Staates geendet. Seit dem Zweiten Weltkrieg hatten die Deutschen diese militant nationalistische Vergangenheit in Frage gestellt und zurückgewiesen. Statt dessen hatten sie (zumindest im Westen) zur Demokratie gefunden und einen konstruktiven Frieden mit ihren Nachbarn aufgebaut.

Einige Westdeutsche akzeptierten die Teilung als eine beruhigende Erscheinung, die das Aufflammen alter Tendenzen und Probleme verhüten würde. Eine mögliche Wiedervereinigung erschien sicherlich weit entfernt und wenig realistisch, auch wenn das westdeutsche Grundgesetz die Regierung dazu aufforderte, danach zu streben. In den 70er Jahren hatte Westdeutschland unter dem sozialdemokratischen Kanzler Willy Brandt mit der Ostpolitik begonnen, engere Bindungen zu Ostdeutschland aufzubauen. Mit dieser Politik wurde stillschweigend die Existenz zweier deutscher Staaten mit unterschiedlicher politischer und ökonomischer Identität anerkannt. Außerdem wurde dringend benötigte wirtschaftliche Hilfe Westdeutschlands an die DDR gewährt (wodurch diese auch gestützt wurde, wie sich später herausstellte). Dennoch sahen viele Deutsche noch immer in einer Vereinigung – Wiedervereinigung – und Wiederherstellung eines einzigen deutschen Volkes ein wünschenswertes, wenn auch unwahrscheinliches Ziel. Diese Leute begannen zu ahnen, daß eine Wiedervereinigung vielleicht doch noch möglich sein sollte, als im Sommer und Herbst 1989 der Strom von ostdeutschen Aussiedlern immer stärker wurde, der schließlich im Fall der Berliner Mauer kulminierte.

Uneinigkeit innerhalb der westdeutschen Regierungskoalition wie auch in der Opposition schien innere deutsche Unterschiede über die Aussicht auf eine Wiedervereinigung widerzuspiegeln. Während sowohl Helmut Kohl als auch Hans-Dietrich Genscher die ökonomischen und politischen Ursachen für den Zustrom der Ostdeutschen erkannten und die Notwendigkeit sofortiger Reformen in der DDR sahen, um den Druck auf Westdeutschland zu mindern, schien jeder eine andere Lösung im Kopf zu haben. Kohl, vielleicht bewegt von der Notlage der Aussiedler und mit dem Gespür für einen historischen Augenblick, sprach von mehr Offenheit, engeren

Bindungen und schließlich Einheit. Er ging sogar so weit zu sagen, im folgenden August werde die Wiedervereinigung wieder auf der »internationalen Tagesordnung« sein. Genscher andererseits schien zögerlicher darin, in patriotischen Tönen über die deutsche Einheit eine Lösung des Problems zu sehen. Er wollte, daß die beiden deutschen Staaten sich in einer fortschreitenden europäischen Einigung näher verbinden sollten. Die Sozialdemokraten und die Grünen schließlich opponierten gegen die Wiedervereinigung aus ideologischen Gründen und lehnten auch ein »nationalistisches« Deutschland ab, einige von ihnen hofften wohl auch auf künftige Harmonie mit einem reformierten sozialistischen Ostdeutschland.

Ganz allgemein stand der Rest Europas der Wiedervereinigung argwöhnisch, sogar ängstlich gegenüber. Die Vorstellung der Wiederkehr eines starken Deutschlands und seiner Politik in der Mitte Europas rührte starke Emotionen bezüglich der ungelösten »deutschen Frage« auf. Unter den Nachbarn und früheren Gegnern Deutschlands waren dies bittere Erinnerungen. Sogar fünf Jahrzehnte nach seinem Ausbruch war der letzte deutsche Angriffskrieg in den Köpfen vieler noch keineswegs verblaßt. Könnte man einem vereinigten Deutschland überhaupt trauen? In Polen lebten alte, aber nicht vergessene Sicherheitsbedenken wieder auf. Am Ende des Zweiten Weltkriegs waren große Teile Ostdeutschlands an Polen gegeben worden – als Kompensation für Gebiete, die Polen an die Sowjetunion abtreten mußte. Würde ein vereinigtes Deutschland diese Gebiete zurückverlangen? Immerhin waren sie über Jahrhunderte hinweg ein Teil Deutschlands gewesen, obwohl die deutsche Bevölkerung von dort nach dem Krieg vertrieben worden war.

Ebenso ging in Moskau das Unbehagen von vergangenen Problemen mit Deutschland aus, von denen manche Jahrhunderte zurücklagen. Zuletzt hatte Nazi-Deutschland enorme menschliche Verluste und Zerstörung in den besetzten Gebieten über die Sowjetunion gebracht. Für viele in der alten Führungsriege waren die Narben noch frisch: Eduard Schewardnadse hatte einen Bruder in Brest verloren, in den ersten Tagen der deutschen Invasion von 1941. Gorbatschows Vater hatte auch gekämpft, und drei seiner Onkel waren gefallen. Gorbatschow und Schewardnadse sprachen oft über die Bedeutung der Opfer des Krieges und des Sieges für das sowjetische Volk. Eine viel unmittelbarere Sorge war allerdings, daß die deut-

sche Wiedervereinigung die Grundlagen der bestehenden Sicherheitsstruktur untergraben könnte.

Die strategischen Verästelungen der deutschen Wiedervereinigung waren verständliche Ursachen für die sowjetische Beklommenheit. Während die Sowjetunion sich mit Veränderungen in Polen oder Ungarn, vielleicht sogar im Baltikum arrangieren konnte, war das Verschwinden Ostdeutschlands aus dem sowjetischen Einflußbereich eine ganz andere Sache. Weil die DDR der Grundpfeiler des Warschauer Paktes war, würden ihr Verlust und, schlimmer noch, ihr Aufgehen in der NATO für die sowjetische Nachkriegs-Strategie tödlich sein. Es bedeutete eine Verschiebung in den tektonischen Platten der beiden Blöcke selbst. Ostdeutschland war der Gewinn des Zweiten Weltkriegs gewesen, der verläßlichste militärische Verbündete der Sowjetunion und ein wichtiger Wirtschaftspartner. All dies zu verlieren und den Verlust zu akzeptieren bedeutete anzuerkennen, daß das Ende des sowjetischen Einflusses auf Osteuropa gekommen war und daß damit der völlige Zerfall von Moskaus Sicherheitskordon aus Satellitenstaaten bevorstand, dem Herzen des gesamten Sicherheitskonzeptes.

Die Reaktion der amerikanischen Regierung auf die Aussichten der deutschen Vereinigung war völlig verschieden von jener der Europäer und der Sowjetunion. Die USA hatten zwar gegen Hitler gekämpft, aber niemals die Verwüstung durch seine Armeen erlebt. Lange Zeit hatten wir die Teilung Deutschlands lediglich in der pragmatischen Perspektive des kalten Krieges als Existenz zweier deutscher Staaten gesehen, nicht als ein Zerrbild der Angst. Wir sahen auch die politischen Konsequenzen unserer Forderung, die »Teilung Europas zu beenden«, eher als völlig unabhängig von der Frage nach einem oder zwei deutschen Staaten. Die Wahrheit ist, daß alle amerikanischen Regierungen über viele Jahre hinweg lediglich ihren rhetorischen Tribut an die Möglichkeit einer deutschen Wiedervereinigung gezollt hatten, daß dieser aber überhaupt keine operative politische Bedeutung mehr hatte.

Wie auch immer man die Möglichkeiten einer Veränderung in Osteuropa gesehen hatte, die deutsche Wiedervereinigung hatte niemals am oberen Ende der Liste von realistischen Erwartungen gestanden. Ostdeutschland war vielleicht der letzte Staat, der einem einfiel, wenn man über die Möglichkeiten politischer Liberalisie-

rung nachdachte. Daher erschien uns zu Beginn des Jahres 1989 die Wiedervereinigung genauso weit entfernt wie in den vorhergehenden 40 Jahren.

GEORGE BUSH

In den ersten Monaten meiner Regierungszeit hatte ich mir über eine Wiedervereinigung kaum Gedanken gemacht. Ich war kein Deutschland-Experte, aber ich sah Westdeutschland als einen besonders wichtigen Freund und Verbündeten an. Ich hatte große Achtung für die Bundesrepublik und für die langjährigen, elementaren deutsch-amerikanischen Bindungen, die ich von meiner Seite aus gerne noch verbessern wollte.

Ich war mir natürlich der aggressiven Seite der deutschen Geschichte bewußt, aber ich wußte, daß das Land viel getan hatte, um seine Nazi-Vergangenheit aufzuarbeiten und den Schrecken wiedergutzumachen, den es den Juden und anderen in ganz Europa angetan hatte. Ich hatte das Gefühl, daß die Deutschen sich gebessert hatten und die brutalen Kapitel ihrer Geschichte ebenso haßten, wie der Rest Europas es tat. Ich glaubte nicht daran, daß die heutigen Deutschen für alle Zeit für das zahlen sollten, was einige ihrer Landsleute in der Vergangenheit getan hatten. Das Deutschland der 80er Jahre hatte sich seinen Platz als eine produktive Demokratie verdient.

Margaret Thatcher, François Mitterrand und andere fürchteten, daß Deutschland erneut Schrecken und Leid verursachen konnte. Ich tat das nicht. Ich machte mich nicht über diese Ängste lustig, aber als die Wiedervereinigung vorangetrieben wurde, versuchte ich, den anderen Führern meine Ansicht verständlich zu machen, daß dieses neue Deutschland anders sein würde. Ich war mir auch ganz sicher, daß die Vereinigten Staaten sich an die Zusagen der Vergangenheit halten sollten, die deutsche Einheit zu unterstützen, als dafür die Zeit gekommen war. Wie kompliziert oder riskant der Prozeß auch sein würde – die Entscheidung über die Wiedervereinigung war allein Sache der Deutschen. Ich muß zugeben, daß ich andererseits nicht fand, daß wir die Sache vorantreiben sollten. Wenn der Sicherheitsrat oder das Außenministerium argumentiert hätte, daß es eine schlechte Idee sei, hätte ich mir das sicher zu Herzen genommen. Ich wollte anderen in einer so kontroversen

Angelegenheit nicht meine eigene Sichtweise aufzwingen. Ich war nur in einer Art und Weise angetan von den Entwicklungen, wie es andere noch nicht waren – genauso wie ich dafür war, in Sachen Rüstungskontrolle mit der Sowjetunion mehr zu tun, als etwa das Verteidigungsministerium es wollte. Weil ich keine Angst vor der Wiedervereinigung hatte, war ich vielleicht bereit, in meiner Regierung einen anderen Ton anzuschlagen, als das sonst der Fall gewesen wäre.

BRENT SCOWCROFT

Präsident Bush war in der Regierung der erste, der die Wiedervereinigung vorbehaltlos unterstützte, und ebenso war er der erste westliche Staatsmann, der das tat – Helmut Kohl hat ihm das nie vergessen. Ich erinnere mich nicht an einen bestimmten Augenblick, an dem klar wurde, daß er eine klare Entscheidung in dieser Sache getroffen hatte. Seine Ansichten über die deutsche Selbstbestimmung entwickelten sich in einem Prozeß gelegentlicher Bemerkungen uns allen gegenüber oder in Antworten, die er im Laufe der Zeit auf Pressefragen gab. Durch diese feste Unterstützung und durch seine Bestrebungen, die Ängste vor einem vereinigten Deutschland zu mindern, machte Präsident Bush es für die Europäer vermutlich schwieriger, ihre eigenen Bedenken und kaum verhüllte Opposition allzu deutlich zu äußern. Wichtiger noch: Seine Führungsstärke und persönliche Diplomatie wurden zum Schlüsselelement auf dem Weg zur deutschen Einheit – im größeren Kontext der Transformierung Europas und Fragen wie der Sicherheit und der Veränderungen im strategischen Gleichgewicht zwischen Ost und West.

Es hatte am Anfang unserer Regierungszeit einige Diskussionen über die Frage einer deutschen Wiedervereinigung in den strategischen Betrachtungen gegeben. Der nationale Sicherheitsrat und das Außenministerium waren völlig unterschiedlicher Meinung darüber, wie die Zukunft Deutschlands gestaltet werden könnte. Der Sicherheitsrat argumentierte, daß wir der BRD größere Aufmerksamkeit zukommen und sie ins Zentrum unserer Europapolitik rücken sollten. Dabei hätten wir auch die Beendigung der Teilung Deutschlands zu bedenken, wenn wir jemals wirklich den kalten Krieg hinter uns lassen sollten. Das Außenministerium konterte, daß jede Debatte über eine Wiedervereinigung – zumindest zu diesem Zeitpunkt – voreilig sei. Der Status quo sei die Basis der Nachkriegs-Stabilität in Europa – warum dies durch unnötiges Gerede von einer Wiedervereinigung zerstören? Wir beschlossen, daß wir die Debatte nicht von unserer Seite aus eröffnen würden, sondern weiterhin die rituellen Versicherungen zur Unterstützung einer Wiedervereinigung Deutschlands in Freiheit und mit friedlichen Mitteln abgeben würden. Mit einigem Zähneknirschen akzeptierten beide Seiten diese schwammige Formulierung.

In Wahrheit war ich skeptisch, ob es weise war, die deutsche Wiedervereinigung weiterzuverfolgen, und war in diesem Sinne der Haltung des Außenministeriums näher als mein eigener Stab. Im Grunde mochte niemand außerhalb Deutschlands die Idee, besonders die europäischen Verbündeten nicht. Außerdem: Was sollte so schlimm an einem geteilten Deutschland sein, solange die Situation stabil blieb? Gerade der Prozeß der Vereinigung konnte extrem destabilisierend wirken und sogar zu offenen Konflikten führen. Es war natürlich unmöglich, sich offen gegen die Vereinigung auszusprechen, aber es schien mir an diesem Punkt kaum Gründe zu geben, die Angelegenheit auf die aktuelle Tagesordnung zu setzen.

Als jedoch im Sommer und Herbst 1989 die Ausreiseströme in Deutschland immer größer wurden und Honecker im Oktober stürzte, begann ich, meine Meinung zu ändern. Bis dahin hatte ich geglaubt, es sei am besten, schlafende Hunde nicht zu wecken. Aber nun wachte der Hund auf, und mein Standpunkt schien nicht mehr länger auf die Situation anwendbar. Ich glaubte allerdings immer noch, daß wir sehr vorsichtig zu Werke gehen und uns unsere Stichworte von Helmut Kohl geben lassen sollten, der mit dem Tempo und der Richtung der sich ändernden Stimmung in Westdeutschland wesentlich vertrauter war. Der dramatische, wenn auch beinahe zufällige Fall der Mauer zeigte, daß selbst dieser Ansatz schon wieder von größeren Ereignissen überholt wurde.

Im November fuhr die ostdeutsche Regierung fort, sich gegen die politische und ökonomische Krise zu stemmen, und suchte nach einer Atempause, um sich neu zu formieren. Aber alle Aktionen schienen den Druck des Volkes jedoch nur zu verstärken. Ministerpräsident Egon Krenz hoffte auf finanzielle Hilfe aus Westdeutsch-

land, um die wachsende Ausreise-Flut zu stoppen und mit Reformen in sozialistischer Manier fortzufahren. Am 8. November gab Kohl seine Bereitschaft bekannt, solche Hilfe zu gewähren – aber nur wenn Ostdeutschland die einschneidenden wirtschaftlichen und politischen Reformen vorantrieb, die es so dringend brauchte. Ohne diese, so sagte er, wäre das Geld verschwendet. Am 11. November teilte Krenz Kohl mit, daß eine Wiedervereinigung außer Frage stünde, die ostdeutsche Regierung aber bereit sei, radikale Reformen einzuleiten.

Am 13. November jedoch, bei einem Plenum der SED, ließ eine ungeduldige Volkskammer Krenz als Ministerpräsidenten zugunsten von Hans Modrow fallen (Krenz blieb allerdings Generalsekretär der Partei, Vorsitzender des Ministerrates und Staatschef). Modrow bildete schnell eine Regierung, der zum ersten Mal auch Nicht-Kommunisten angehörten. Wie auch Krenz versuchte er, die politische Lage zu stabilisieren. Am 17. November kündigte er ein Paket von bestimmten Veränderungen an, darunter eine politische Reform. Er lehnte jedoch – als entschiedener Befürworter eines separaten und sozialistischen ostdeutschen Staates – eine Wiedervereinigung ab. Statt dessen präsentierte er eine alternative Lösung für engere zwischendeutsche Bindungen. Sie sollte unterhalb der Formierung eines einzigen Staates liegen, er bezeichnete sie als »kooperative Koexistenz«. Die Grundlage war eine Vertragsgemeinschaft, die bestehende Vereinbarung zwischen den beiden deutschen Staaten fortführte.

GEORGE BUSH

Am gleichen Tag, als Modrow seine Vorschläge bekanntgab, versicherte mir Helmut Kohl, er würde nichts tun, was die Situation in der DDR destabilisieren würde. Er hatte ein langes Gespräch mit Gorbatschow geführt. So wie dieser es sechs Tage vorher mit Krenz getan hatte, hatte Kohl den sowjetischen Führer frei heraus gewarnt, daß »das System zerfallen« werde, wenn es nicht zu Reformen wie in Polen oder Ungarn käme.

»Trotz der Drohgebärden im Kongreß werden die Vereinigten Staaten ruhig bleiben und die Reformen genau so unterstützen, wie Sie berichten«, sagte ich, wobei ich an Senator Mitchell und den Abgeordneten Gephardt dachte, die vorgeschlagen hatten, ich solle nach Berlin fahren und auf der Mauer »tanzen«. »Wir werden keine Ermahnungen in Sachen Wiedervereinigung abgeben oder einen Zeitplan aufstellen. Wir werden das Problem nicht verschärfen, indem sich der Präsident der Vereinigten Staaten auf der Berliner Mauer in Positur wirft.« Am gleichen Tag bat ich Brian Mulroney, der sich mit Gorbatschow in Moskau treffen wollte, ihm die gleiche Botschaft zu überbringen.

Ich sprach auch mit Margaret Thatcher. Ihr ging es um ein Treffen der Europäischen Gemeinschaft zum Thema Deutschland am nächsten Tag, das François Mitterrand einberufen hatte. Offenbar hoffte sie, ich würde helfen, das Gerede von der Vereinigung zu dämpfen. Margaret Thatcher schien zu glauben, es sei an der Zeit, bei diesem Thema die Zügel anzuziehen. »Nachdem die Ostdeutschen ausreisen durften, gab es zuviel Euphorie, zu viele Versuche, in die Kristallkugel zu blicken«, sagte sie. »Da war einfach schon zuviel von deutscher Wiedervereinigung.« Unsere Sorge sollte Gorbatschow gelten, denn nichts von alledem wäre ohne ihn möglich gewesen. »Wenn wir ihn destabilisieren, verlieren wir die Möglichkeit einer Demokratie in der Sowjetunion«, warnte sie.

BRENT SCOWCROFT

Wie Margaret Thatcher erkannten wir, daß der Verlust Ostdeutschlands die politischen Probleme in der Sowjetunion verschärfen und einen konservativen Rückschlag auslösen könnte, der Gorbatschows Reformen in Gefahr und ihn vielleicht sogar um die Macht bringen konnte. Bis jetzt hatte er die Veränderungen in Osteuropa akzeptiert und den Widerstand dagegen in seinem Militärapparat und der Partei überstanden. Unsere Frage war, ob er zusätzlich zu alledem auch noch den Verlust von Ostdeutschland aushalten wollte oder könnte. Wir nahmen an, daß die Reaktion der Opposition sein würde, mit allen Mitteln gegen die Wiedervereinigung zu kämpfen, um die Überreste des sowjetischen Sicherheits-Bollwerks in Osteuropa zu beschützen. Daher waren unsere Überlegungen zu Deutschland Mitte November davon bestimmt, wie dies den Fortschritt der Reformen in ganz Osteuropa und der Sowjetunion beeinflussen würde. Im Kern unterstützten wir die ostdeutsche Selbstbestimmung, wie auch Kohl das tat, anstatt die Wiedervereinigung voranzutreiben und zu planen, wie wir dorthin gelangen konnten. Wir wollten Kohl die Führung überlassen, ihn unterstützen und nichts sagen, was die Situation verschlimmern konnte.

GEORGE BUSH

Wie bei allen schwierigen politischen Fragen wollte ich einige externe Ansichten einholen. Am 13. November traf sich Henry Kissinger mit Brent Scowcroft, James Baker und mir in meiner Residenz zum Essen. Obwohl wir vor allem über Kissingers kürzlichen Besuch in China sprechen wollten, verlagerte sich das Gespräch unvermeidlich zu den dramatischen Ereignissen in Berlin. Anders als im Januar, als er uns Vorschläge gemacht hatte, die unseren widersprachen, waren seine Gedanken diesmal den unseren ähnlich und halfen uns dabei, unsere Ansichten zu formen und zu bestärken. Er glaubte, daß die deutsche Wiedervereinigung unvermeidbar war, weil es nicht länger triftige Gründe für einen getrennten ostdeutschen Staat gab.

Nach Kissingers Ansicht mußte Gorbatschow wissen, daß Ostdeutschland nicht länger überleben konnte. Kissinger skizzierte zwei mögliche sowjetische Optionen: Die erste wäre, die zwei deutschen Staaten aus der NATO und dem Warschauer Pakt herauszulösen. Ein neutrales Deutschland könnte durch die Bedrohung mit Atomwaffen kontrolliert werden, und Osteuropa könnte durch die Angst vor einem vereinten Deutschland bei der Stange gehalten werden. Die andere Option wäre, zu versuchen, beide Allianzen aufzulösen. Kissinger betonte, daß die Vereinigten Staaten nach seinem Dafürhalten den Deutschen gegenüber nicht den Eindruck erwecken konnten, das Hindernis für die Vereinigung zu sein.

Ich hörte genau zu. Ich respektierte Kissingers besonderes Verständnis für das Problem und sein Wissen über Deutschland.

Ich hatte bei meinen Konsultationen mit unseren Verbündeten vor dem Treffen mit Gorbatschow in Malta viel Gelegenheit, europäische Ansichten über Deutschland zu hören. Genscher besuchte Washington am 21. November, und ich fragte ihn, ob er der Ansicht sei, die Schnelligkeit der Veränderungen in Osteuropa würde in einer sofortigen Forderung nach der Wiedervereinigung in Deutschland münden. »Wir wissen natürlich, daß das deutsche Volk das auf lange Sicht selber bestimmen muß«, sagte ich. »Aber wird sich die Wiedervereinigung schneller entwickeln, als wir alle denken?«

»Das kann keiner wissen«, antwortete Genscher. »Letzte Nacht haben 200000 Menschen in Leipzig wieder und wieder ›Wir sind ein Volk‹ gerufen. Die Dinge verändern sich also. Wenn die DDR eine Demokratie einrichtet – um so besser für Europa.« Die Ereignisse in der DDR seien in einem größeren europäischen Rahmen zu betrachten, sagte er. »Es ist für alle wichtig zu wissen, daß wir uns an unsere Verpflichtungen gegenüber der NATO und der Europäischen Gemeinschaft halten werden. Wir wollen keinen Sonderweg für Deutschland, aber wir wollen auch nicht überall sonst Selbstbestimmung der Völker außer in Deutschland. All dies muß jedoch auf eine Art und Weise geschehen, die die Sowjetunion nicht in Alarm versetzt. Deshalb müssen wir uns auch unbedingt an die bestehenden Grenzen halten. Dies ist eine Vorbedingung, um eine stabile Struktur in Europa aufzubauen ...«

Beim Treffen mit Margaret Thatcher in Camp David am 24. November sprachen wir vor allem über Malta. Es war aber auch eine Gelegenheit, ihre Ansichten über Deutschland detaillierter kennenzulernen. Wie Genscher betonte sie die Förderung von Demokratie im Osten als Möglichkeit, die Situation zu stabilisieren. Besonders sorgte sie sich darum, daß die Rede von Wiedervereinigung oder Änderungen der Grenzen die Sowjetunion nur ängstigen würde.

»Das dominierende Ziel ist es, Demokratie in ganz Osteuropa zu bekommen«, sagte sie mir. »Wir haben die Schlacht der Ideen nach rauhen Zeiten gewonnen, weil wir die NATO stark gehalten haben.« Es werde aber Zeit brauchen, denn Demokratie sei schließlich mehr, als nur Wahlen abzuhalten. »Nur dann ist der Prozeß unumkehrbar.« Sie fügte hinzu, daß solch eine Veränderung nur in einem stabilen Umfeld vonstatten gehen könne. »Das bedeutet: NATO und der Warschauer Pakt bleiben bestehen. Die NATO sollte das in jedem Fall tun. Hätten wir die NATO in den 30er Jahren gehabt, wäre es niemals zum Zweiten Weltkrieg gekommen. Wir können jetzt einfach keine Debatte über die Grenzen eröffnen. Das könnte Gorbatschows Stellung unterminieren. Sehen Sie nach Mitteleuropa: Dort gibt es überall massive Probleme mit den Grenzen ... Jetzt müssen wir uns auf Demokratie konzentrieren.«

Margaret Thatcher vertrat die Meinung, daß Deutschlands

Schicksal mehr war als nur eine Frage der Selbstbestimmung. Die Grenzfragen, die Rolle der vier Mächte in Berlin, die Unverletzlichkeit aller Grenzen – alles trug zur Erweiterung des Problems bei. Sie verwies auf das Baltikum. »Wir haben uns entschieden, dort im Augenblick nicht einzugreifen, weil dies Gorbatschows großangelegte Anstrengungen behindern, wenn nicht gar unmöglich machen würde ...«, erinnerte sie mich.

Sie zog eine Karte aus der großen Handtasche, die sie immer bei sich trug. Mit dem Finger zog sie die alten deutschen Grenzen von 1937 und die Territorien nach, die nun zu Polen gehörten. »Sehen Sie Deutschland an«, sagte sie. »Wiedervereinigung heißt, daß Gorbatschow verloren ist. Er verliert die Vollständigkeit des Warschauer Paktes. Ein vereinigtes Deutschland wäre ein Land mit einer Bevölkerung von achtzig Millionen in der Mitte Europas, ein Land mit einer starken Handelsbilanz. Wir können es letztlich nicht aufhalten, wenn die Deutschen es wollen. Aber im Moment konzentrieren sie sich auf Demokratie. Das wird einige grundlegende Probleme lösen und später nicht solch Ängste auslösen wie jetzt.«

Die mangelnde Sympathie von Margaret Thatcher für die Wiedervereinigung, sogar ihr Mißtrauen waren in diesem Gespräch und in dem vom 17. November offensichtlich. Es schien tief in der stürmischen Vergangenheit der Beziehung zwischen England und Deutschland zu wurzeln. England hatte lange versucht, Garant des kontinentalen Gleichgewichts der Kräfte zu sein und sicherzustellen, daß nicht ein Staat allein Europa dominieren konnte. Es hatte gegen das napoleonische Frankreich gekämpft, gegen das kaiserliche Deutschland und unter immer höherem Einsatz und immer höheren Kosten gegen das Dritte Reich. Der wirtschaftliche und politische Einfluß Großbritanniens war als ein Ergebnis der zwei Weltkriege zurückgegangen. Seit 1945 hatte England das deutsche Problem durch engere Bindungen mit Westdeutschland angegangen und sich dabei auf die NATO und seine besondere Beziehung zu den Vereinigten Staaten verlassen, um jede mögliche Bedrohung durch Deutschland auszugleichen. Durch die Wiedervereinigung stellten sich nun ernste Fragen für die Zukunft: War Deutschland reformiert, oder würde es wieder versuchen – wenn auch nur ökonomisch –, Europa zu dominieren? Westdeutschland war schon der

Motor der Europäischen Gemeinschaft. Ein vereinigtes Deutschland würde Europa überschatten, und dies zu akzeptieren hieß, Bonn die Vormachtstellung in Europa einzuräumen.

GEORGE BUSH

Obwohl ich nicht mit den Bedenken von Margaret Thatcher über die Auswirkungen eines vereinigten Deutschlands übereinstimmte, teilte ich doch zu einem gewissen Grad ihre Sorge über die ungünstigen Effekte, die eine Wiedervereinigung für Gorbatschow haben könnte. Ich glaubte aber, daß wir diese Streitfragen in einer Weise angehen könnten, die die meisten ihrer Bedenken beseitigen würde. Ich glaubte, daß die Vereinigten Staaten – mit ihrer starken bilateralen Beziehung zu Deutschland und ihrer Stellung gegenüber den Sowjets – ein Katalysator für eine friedliche Lösung des Problems sein konnten.

BRENT SCOWCROFT

Ich war bezüglich des Endergebnisses nicht so optimistisch wie der Präsident und sympathisierte durchaus mit der Position von Margaret Thatcher. Sie hatte einige sehr wichtige Prioritäten fest im Blick. Die Veränderungen, die in Europa schon stattgefunden hatten, waren atemberaubend in ihrem Ausmaß, und die Konsequenzen zu bewältigen würde die größten Anstrengungen aller erfordern, um zu verhindern, daß sich daraus gefährliche Instabilitäten entwickelten. Zu diesem beunruhigenden Gebräu nun auch noch die möglicherweise am meisten destabilisierende Zutat von allen hinzuzufügen – die deutsche Vereinigung –, könnte zu Schwierigkeiten führen.

Präsident Bush setzte seine Konsultationen im Vorfeld von Malta fort und sprach am 25. November mit dem niederländischen Premierminister Ruud Lubbers. Am 30. November schloß sich ein Gespräch mit dem italienischen Premierminister Giulio Andreotti an. Sie waren ein Echo auf Thatchers Bedenken. »Wir sollten nicht über nationale Grenzen sprechen, die respektiert werden müssen«, sagte Lubbers zu Bush. »Wir sollten auch das deutsche Problem nicht zur Sprache bringen.« Andreotti hatte ähnliche Ansichten. Er hatte sich gerade mit Gorbatschow getroffen, der darauf bestanden hatte, daß die Schlußakte von Helsinki eingehalten werde – dort war festgelegt, daß Grenzen außer durch friedliche Mittel und im beiderseitigen Einvernehmen nicht verändert werden konnten. Mitterrand hatte, bestärkt durch die Bemerkungen von Margaret Thatcher, beim EG-Treffen am 18. November offensichtlich bekommen, was er gesucht hatte. Die vorherrschende Stimmung war ganz klar negativ.

Aber Andreotti reagierte auch auf Kohls Schachzug vom 28. November, der dazu gedacht war, den Ablauf zu beschleunigen. An diesem Tag hatte er einen Zehn-Punkte-Plan vorgelegt, um die Zukunft der zwischendeutschen Beziehungen anzugehen. Darin wurden keine Verhandlungen über die Wiedervereinigung spezifiziert, aber Reformen und Verträge zur Verbesserung der Verbindung zwischen den beiden Saaten aufgezählt. Vermutlich war das auch dafür gedacht, die Aussiedlerproblematik zu erleichtern (allein im November hatten 130000 Ostdeutsche die Grenze überquert) und vielleicht auch bei der ostdeutschen Bevölkerung ein größeres Interesse an der Vereinigung hervorzurufen.

Kohls Programm war voller Versprechungen und guten Willens. Wieder bot er Ostdeutschland Hilfe an, wenn fundamentale politische und wirtschaftliche Reformen durchgeführt werden, darunter freie Wahlen und ein Ende des Machtmonopols der SED. Als Antwort auf Modrow, aber über dessen Vorschläge hinausgehend, schlug Kohl eine Vertragsgemeinschaft vor, um zwischendeutsche Fragen auszuhandeln. Ihm hätte nach Wahlen in der DDR ein Staatenbund folgen sollen und schließlich ein Bundessystem für ganz Deutschland. Zu guter Letzt, vielleicht als eine Geste gegenüber Genscher, sollte der Prozeß in den Kontext einer »gesamteuropäischen Entwicklung« münden. Es sollte einen graduellen Fortschritt in Richtung Wiedervereinigung geben, sowohl international als auch zwischen den beiden deutschen Staaten, aber er hatte keinen Fahrplan dafür aufgestellt. Kohls überraschender Vorschlag schlug in beiden deutschen Staaten Wellen, in Europa und darüber hinaus. Und er entfachte irritierte Kritik – teilweise, weil es erst zehn Tage her war, daß Kohl auf dem Pariser EG-Treffen seinen Kollegen versichert hatte, daß es keine Debatte über Grenzveränderungen geben sollte.

GEORGE BUSH

Aus Angst vor Lecks, vielleicht auch, damit es ihm niemand ausreden konnte, hatte Kohl im Vorfeld keinen seiner NATO-Verbündeten über seine Rede informiert – auch uns nicht. Dies war möglicherweise der Hauptgrund für die Kritik. Er ließ auch Genscher im ungewissen und gab ihm erst am Nachmittag Bescheid. Ich war überrascht, aber nicht sehr besorgt: Kohl konnte die Wiedervereinigung nicht alleine angehen, und ich bezweifelte, daß er seinen engsten Verbündeten befremden wollte. Es war sicher, daß er uns konsultieren würde, bevor er weiter ging – er brauchte uns. Kohl ließ mir den Text der Rede zustellen, als er sie in Bonn hielt, und er sandte eine lange Botschaft, die als eine Diskussion über Malta formuliert war. Es machte deutlich, daß er sichergehen wollte, daß Gorbatschow und ich nicht eigene Verabredungen über die Zukunft Deutschlands treffen würden, so wie das Stalin und Roosevelt in den letzten Monaten des Zweiten Weltkrieges getan hatten.

BRENT SCOWCROFT

Ich war besorgt über Kohls unerwartete Ankündigung. Ich fand, daß wir ihm immer beigestanden und jeden Schritt des Weges mit ihm abgesprochen hatten und daß wir daher sein Vertrauen verdienten. Wenn er vorhatte, immer dann alleine loszumarschieren, wenn er fürchtete, wir könnten etwas dagegen einwenden, hatten wir sehr wenig Einfluß. Einmal angenommen, er käme zu der Entscheidung, daß er die Vereinigung nur im Austausch gegen Neutralität bekommen könnte. Davon waren wir natürlich weit entfernt, aber Kohls einseitiger Schachzug war für mich nicht unbedingt ein gutes Zeichen für die Zukunft.

GEORGE BUSH

Am Morgen nach seiner Rede rief ich Helmut Kohl an, der mir die Situation in der DDR schilderte. Er sagte mir, das ostdeutsche Volk sei »schockiert und enttäuscht über die Korruption«, die es zu entdecken begann, als es mehr Zugang zu den Regierungsaufzeichnungen bekam. »Kurz gesagt, alles hat sich enorm verändert. Deshalb ist es wichtig, den Reformprozeß am Laufen zu halten.« Im Vertrauen sagte mir Kohl, er erwarte freie Wahlen in der DDR bis Herbst 1990 oder Anfang 1991. »Ich glaube, die Entwicklung hat ein Stadium erreicht, in dem sie nicht mehr reversibel ist. Ein Grund dafür ist, daß sie einen Massen-Exodus nicht verhindern können, wenn sie sich nicht reformieren.«

Kohl erklärte auch die Bedeutung seines Zehn-Punkte-Programms, das er in drei Teile gliederte: »Wir müssen zuerst vernünftig und mit Vorsicht vorgehen. Alles in Mitteleuropa und Deutschland wird enorme Auswirkungen haben. Für mich persönlich heißt das, daß alles, was ich tue, mit unseren amerikanischen Freunden koordiniert sein wird. Der zweite Bereich sind der Wille des ostdeutschen Volkes und ihre Wünsche. Die öffentliche Berichterstattung zeigt ein verzerrtes Bild. Es wird aber nach den Wahlen klarer werden. Es wird genauso sein wie in Polen: Wenn es richtige Wahlen gibt, werden sie die ganze Regierung rauswerfen. Drittens wird es ein langwieriger Prozeß sein. Die DDR wird im Warschauer Pakt bleiben und wir in der NATO. Die Sicherheitsfrage ist von größter Wichtigkeit …«

Kohl beeilte sich, mir zu versichern, daß er sich seiner Verantwortung bewußt sei. Er versprach, sich nicht nur mit uns zu beraten, sondern auch mit der EG. »In einer Woche beim EG-Gipfel in Straßburg werde ich darauf achten, daß wir mit der Wirtschafts- und Währungsunion vorankommen. Ich denke, Margaret Thatcher macht einen großen Fehler, wenn sie glaubt, daß dies eine Zeit der Vorsicht ist. Es ist ein ehernes Gesetz, daß es keinen Alleingang der deutschen Politik geben wird. Es liegt in unserer Verantwortung, daß wir in einem großen Ganzen verankert sind.«

BRENT SCOWCROFT

Zwei Sachen fielen mir an dieser Unterhaltung besonders auf – das eine sofort, das andere im Rückblick. Das erste war, daß Kohl wieder und wieder die Solidarität mit den Vereinigten Staaten und den Alliierten hervorhob und betonte, daß es keinen Alleingang geben werde – nur einen Tag, nachdem er tatsächlich »alleine gegangen« war. Zweitens stellte er sich sogar zu diesem Zeitpunkt eine Entwicklung vor, die sich vermutlich über viele Jahre hinziehen würde. »Sie werden im Warschauer Pakt bleiben und wir in der NATO.« Er war sicherlich noch nicht ganz auf der Höhe des Prozesses, der sich entwickeln sollte.

GEORGE BUSH

Brian Mulroney erzählte mir bei einem Abendessen am 29. November über seine Eindrücke von Gorbatschows Haltung zur deutschen Frage. Auch dies war ein Teil unserer Konsultationen vor Malta. In Moskau hatte Mulroney meine Botschaft übermittelt, daß ich mich nicht auf der Mauer zur Schau stellen würde. Er berichtete mir, Gorbatschow sei besorgt, daß Kohl versuche, die Verbündeten im »Endspurt« zu umlaufen. Mulroneys Eindruck von Gorbatschow war, daß »die Deutschen die Wiedervereinigung vergessen« könnten. Mulroney hatte so etwas wie einen »russischen Haß auf die Deutschen« bemerkt. Er hatte Gorbatschow gesagt, er müsse, wenn er Kohl verstehen wolle, auch einsehen, daß dieser die Wirkung auf seine Wählerschaft bedenken mußte. Gorbatschow sagte, er verstünde dies, aber es würde keine Wiedervereinigung geben: »Es sind schon Leute daran gestorben, daß sie unreife Früchte gegessen haben«, warnte er. Eines Tages würde es vielleicht eine Wiedervereinigung geben – »aber nicht zu meinen Lebzeiten«. Wenn die Deutschen Fortschritt in Richtung einer Wiedervereinigung wollten, dann sollten sie das nicht vorzeitig aufs Tapet bringen.

In der Sowjetunion reagierte Eduard Schewardnadse auf Kohls Plan mit der Klage, daß die Beschleunigung der Ereignisse Verwirrung stifte. Er warnte, daß das, was er als »Diktat aus Bonn« brandmarkte, zu »unvorhersehbaren Konsequenzen« führen könnte. Ostberlin war gleichermaßen wenig erfreut. Es lehnte den Vorschlag der Einheit, der ein unabhängiges und sozialistisches Ostdeutschland brüskierte, geradeheraus ab, obwohl Kohl Modrows Vorschlag einer Vertragsgemeinschaft in seine zehn Punkte aufgenommen hatte. Die Ostdeutschen würden zwar willig Hilfe aus Bonn annehmen, verwahrten sich aber gegen alles, was sie als Einmischung in ihre inneren Angelegenheiten ansahen.

BRENT SCOWCROFT

Kohls zehn Punkte enthielten zwar einen grundlegenden Ansatz zu Zusammenarbeit und möglicher Wiedervereinigung der beiden deutschen Staaten, aber aus unserer Sicht ignorierten sie die internationalen und Sicherheitsaspekte, besonders das Verhältnis eines vereinigten Deutschlands zur NATO, und die Frage der Grenzen.

Es war wichtig, daß Deutschland fest in das Bündnis eingebunden blieb – nicht nur, weil es wichtig war, das Land im Westen zu verankern und die Ängste seiner Nachbarn zu lindern, sondern auch, weil dies für die NATO entscheidend war. Deutschland ist die geographische Mitte des Bündnisses und seine zweitgrößte Wirtschafts- und Militärmacht. Ein Deutschland außerhalb der NATO würde das Bündnis aushöhlen. Deutschlands Mitgliedschaft war auch aus ganz praktischen Gründen wichtig für die Vereinigten Staaten. Ohne Deutschland und unsere Militärbasen dort würde es schwierig bis völlig unmöglich sein, unsere militärische Präsenz in der NATO und in Europa aufrechtzuerhalten.

Wir hatten den internationalen Kontext der deutschen Wiedervereinigung nun etliche Wochen beraten, und James Baker und das Außenministerium hatten vier prinzipielle Eckpfeiler unseres Ansatzes entworfen. Um für die Vereinigten Staaten akzeptabel zu sein, mußte die Vereinigung folgendes erfüllen: Das Recht auf Selbstbestimmung mußte respektiert werden, wie auch immer sich die Deutschen entschieden; sie mußte konsistent sein mit Deutschlands Mitgliedschaft in NATO und EG; sie mußte allmählich und friedlich vonstatten gehen und die Interessen der anderen Europäer berücksichtigen; schließlich mußte sie die Prinzipien von Helsinki bezüglich der Unverletzlichkeit der existierenden Grenzen respektieren sowie die Möglichkeiten eines friedlichen Wandels erlauben. Ich fand, daß diese Prinzipien sich bedachtsam auf jene Punkte konzentrierten, die Kohl ausgelassen hatte. Sie unterstützten ihn wie auch die Wiedervereinigung jedoch vorbehaltlos. Gleichzeitig gaben sie Rückendeckung für einen langsamen, graduellen Prozeß, der die Bedenken der Briten, Franzosen und Sowjets mildern würde. Baker skizzierte die Punkte in seiner Antwort auf Fragen bei einer Pressekonferenz am 29. November, aber wir hatten vor, sie formell in der Rede des Präsidenten am 3. Dezember vorzustellen, wenn er die Verbündeten über Malta informieren würde.

Meine eigene Einstellung formte sich nun unter dem Einfluß von zwei Entwicklungen neu. Die erste war eine stete Verschlechterung der Situation in der DDR. Die Chancen, daß sie als eigenständige Einheit eine Art von Stabilität erlangen und erhalten könnte, schienen immer kleiner zu werden. Wenn nun ein Gleichgewicht mit zwei deutschen Staaten nicht aufrechterhalten werden konnte, wurde die Vereinigung die attraktivste, wenn nicht die einzige Lösung für die Krise. Der andere Faktor war die Einstellung des Präsidenten. In unseren Gesprächen wurde er in seiner Unterstützung für Kohl und die Einheit immer deutlicher. Anscheinend hatte er sich schon fest entschieden.

Im Dezember hielt der öffentliche Druck auf die ostdeutsche Regierung, die versprochenen Reformen einzulösen, unvermindert an. Die Leute drängten nach freien Wahlen, und am 1. Dezember beendete die Volkskammer das Machtmonopol der Kommunisten. Am 3. Dezember trat das Politbüro zurück, und die Regierung begann, viele vormalige Beamte wegen des Vorwurfs der Korruption und des Machtmißbrauchs zu verhaften. Am 6. Dezember trat Krenz als Staatschef zurück. Trotz dieser Veränderungen wuchs die Unruhe weiter. Bürger griffen Regierungsgebäude an, um Aufzeichnungen zu beschlagnahmen, weil viele befürchteten, diese könnten vernichtet werden, um Beweise für Fehlverhalten zu vertuschen. Es wurden auch sowjetische Militäreinrichtungen angegriffen, wodurch die Sowjetunion so alarmiert wurde, daß sie ihren Truppen befahl, falls nötig Maßnahmen zum Selbstschutz zu ergreifen. Wir befürchteten, die Vorfälle könnten zu Aktionen gegen die Soldaten selber eskalieren. In Verbindung mit anderen Provokationen könnte dies eine gewaltsame sowjetische Antwort zur Folge haben – und eine internationale Krise. Am 9. Dezember sprach sich ein belagerter Parteitag der ostdeutschen Kommunisten, der über Schritte zur Beruhigung der Bevölkerung beraten sollte, erwartungsgemäß für eine Föderation zwischen zwei unabhängigen und souveränen deutschen Staaten aus.

GEORGE BUSH

In Malta Anfang Dezember hatten Gorbatschow und ich nur eine kurze Diskussion über Deutschland, aber wir tauschten unsere Ansichten und Perspektiven aus, hauptsächlich vor dem Hintergrund der Ereignisse in ganz Osteuropa. Auf dem Rückweg von Malta flog ich nach Brüssel, um unseren Verbündeten Bericht zu erstatten. Ich hatte das Gefühl, daß es wichtig sei, ihnen zu versichern, daß es kein amerikanisch-sowjetisches Protektorat und keinen Handel über Osteuropa wie in Jalta geben würde.

An dem Abend, als ich in Brüssel ankam, hatte ich am Rande eines Essens in dem eleganten Château Stuyvenberg endlich eine Gelegenheit, mit Helmut Kohl das Gespräch zu führen, das wir uns gegenseitig seit dem Spätsommer versprochen hatten. Auf amerikanischer Seite begleiteten uns Brent Scowcroft und John Sununu, auf westdeutscher Seite Horst Teltschik und Walter Neuer.

Ich sicherte Helmut Kohl meine Unterstützung für die deutsche Wiedervereinigung zu, warnte ihn aber, daß Gorbatschow fand, daß er es zu eilig hatte und daß Moskau seinen Zehn-Punkte-Plan ablehnte. Kohl unterrichtete mich über die neuesten Entwicklungen in Deutschland.

»Darf ich Ihnen erzählen, was heute in der DDR passiert ist?« fragte Kohl beflissen und beugte sich mit leuchtenden Augen vor. »Alle sind zurückgetreten. Sie können vermutlich nicht einmal mehr die Regierung am Laufen halten. Die Leute wollen wissen, was es mit speziellen Privilegien für ihre Führer auf sich hat. Das ist nur der Anfang. In Rostock sind Leute in eine Fabrik vorgedrungen und haben Waffen gefunden. Sie werden wissen wollen, wofür die Waffen gedacht waren.« Er hatte Gorbatschow gesagt, niemand wolle, daß die Ereignisse in Ostdeutschland außer Kontrolle gerieten. Er habe seinen Vorschlag vor allem deshalb gemacht, allerdings ohne Zeitplan. Gorbatschow hatte gesagt, daß er freien Wahlen nicht im Wege stehen werde. »Er hat die alte Führungsriege fallengelassen«, sagte Kohl zuversichtlich.

Er dankte mir für die »ruhige Aufnahme« seines Programms und erklärte, daß die europäische Integration und die Mitgliedschaft in der NATO unerläßlich für die Zukunft Deutschlands seien. »Wir sind ein Teil von Europa und werden als Teil der EG weitermachen«, sagte er schlicht. Er hatte sich in solchen Fragen immer umsichtig mit Mitterrand abgestimmt. »Die zehn Punkte sind *keine* Alternative zu dem, was wir im Westen machen.« Wovor seine Nachbarn sich wirklich fürchteten, war, daß die Deutschen im Sinne einer engeren Anbindung an Moskau nach Osten abdriften könnten (was völliger Unsinn war). Auch waren sie über die rapide Entwicklung Deutschlands besorgt, die schneller vonstatten ging als die des restlichen Europas. »Offen gesagt, sind 62 Millionen wohlhabende Deutsche schon schwer zu ertragen – fügen Sie noch 17 Millionen hinzu, und sie haben große Probleme«, gab er zu.

Kohl spekulierte darüber, was als nächstes geschehen würde. Nach freien Wahlen in der DDR würde es als nächste Stufe zu einem Bündnis zwischen zwei unabhängigen Staaten kommen. Die dritte Phase, ein einziger Bundesstaat, würde erst »später, vielleicht in fünf Jahren«, zu realisieren sein und würde nur dann kommen, wenn die Nachbarn Deutschlands ihre Zustimmung gaben. Die Entwicklung konnte gestreckt werden, aber er konnte nicht sagen, daß es nie passieren würde.

Ich sagte Kohl, daß wir in dieser Sache eine Vorgehensweise finden mußten, die Gorbatschow nicht beunruhigte, aber auch den Westen zusammenhielt. »Gorbatschows Problem ist die Ungewißheit«, sagte ich. »Womit ich nicht sagen will, daß er deshalb die Nerven verlor – er war nur unruhig. Wir brauchen eine Formulierung, die ihn nicht beängstigt, die aber Fortschritt ermöglicht.«

»Das ist einer der Gründe, warum ich nichts tun werde, um den ruhigen Ablauf zu stören«, versicherte mir Kohl. »Helsinki sagt, daß Grenzen mit friedlichen Mitteln verändert werden können. Ich will Gorbatschow nicht an die Wand drängen. Ich muß mich mit ihm treffen. Ich will keine Schwierigkeiten erzeugen. Zeitungen schreiben solch einen Unsinn!« Sogar Kissinger habe von einer Vereinigung in zwei Jahren gesprochen, sagte er. Dies sei nicht möglich –, das wirtschaftliche Ungleichgewicht zwischen den beiden deutschen Staaten sei zu groß.

Ich glaube, daß Kohl auf den frühestmöglichen Zeitpunkt zur Wiedervereinigung hoffte, aber nichts sagen oder tun wollte, was dies gefährden könnte. Er war sich völlig im klaren über die Probleme, mit denen Gorbatschow angesichts der Veränderungen in Osteuropa und nun in Ostdeutschland zu kämpfen hatte. Kohl wollte die Situation nicht verschärfen. Außerdem erkannte er die europäischen Empfindlichkeiten gegenüber einem großen, vereinigten und wirtschaftlich mächtigen Deutschland in seiner Mitte. Deshalb bewegte er sich mit großer Vorsicht. Ich vermittelte Kohl vermutlich, daß ich keine Einwendungen gegen eine Wiedervereinigung hatte, und gab ihm in dieser Hinsicht grünes Licht. Ich glaube, ich habe nie darüber nachgedacht, ihn zu größerer Vorsicht anzuhalten, weil er zu schnell voranging. Wie ich Gorbatschow und auch Kohl und Genscher gesagt hatte, war die Selbstbestimmung der Schlüssel, und niemand konnte dagegen Einwände erheben.

BRENT SCOWCROFT

Meines Erachtens war dieses Treffen zwischen dem Präsidenten und Kohl ein Wendepunkt. Es schien eine völlige Übereinstimmung ihrer Meinung über die Wiedervereinigung zu geben, und die kameradschaftliche Atmosphäre in diesem großen Wagnis war für mich förmlich mit Händen zu greifen. Die gut laufende Diskussion schien Kohl ein für mich beinahe sichtbares Vertrauen zu geben, daß er den Präsidenten hinter sich hatte. In seinen Erinnerungen über die Wiedervereinigung schreibt Kohl auch, daß er diesem Treffen große Bedeutung beimaß.

GEORGE BUSH

Am folgenden Morgen unterrichtete ich die Verbündeten über Malta und hielt am Nachmittag eine Ansprache über »die zukünftige Gestalt Europas und die neue atlantische Verbindung«. Ich erinnerte die anderen NATO-Führer an folgendes:

»Das Bündnis wurde aufgestellt ... um die Grundlage für genau die außerordentliche Entwicklung zu bieten, die heute in Osteuropa stattfindet ... Die vor uns liegende Aufgabe ist, die Früchte dieser friedlichen Revolution zu konsolidieren und eine Architektur für einen weiteren friedlichen Wandel bereitzustellen ... Unsere Regierungen haben sich im letzten Mai wieder dazu bekannt, ein Ende der schmerzhaften Teilung Europas zu suchen. Wir haben diese Teilung nie akzeptiert. Die Völker aller Nationen haben das Recht, ihre eigene Lebensweise in Freiheit zu bestimmen.«

Ich erklärte die vier Prinzipien, die der Wiedervereinigung zugrunde liegen sollten. Wir hatten noch die Formulierung hinzugefügt, daß alles vor sich gehen sollte unter »gebührender Beachtung der rechtlichen Rolle und Verantwortung der alliierten Mächte«. Ich hoffte, daß dies helfen würde, England und Frankreich sowie der Sowjetunion zu versichern, daß ihre Bedenken berücksichtigt werden würden. Ich rief dazu auf, daß die NATO die Förderung größerer Freiheit im Osten zu einem grundlegenden Anliegen des Bündnisses machen solle, und erinnerte daran, daß es als eine politische Struktur geschaffen worden war und auf dieser Grundlage die Zukunft gestalten sollte.

Nach Präsident Bush sprach Kohl. Er sagte großzügig, daß niemand eine bessere Zusammenfassung der Haltung des Bündnisses hätte geben können. Er fügte hinzu, daß die Bemerkungen des Präsidenten als letztes Wort des Bündnisses zu dem Thema angesehen werden sollten, und forderte eine sofortige Vertagung der Sitzung. Nach einem peinlichen Schweigen meldete sich Italiens Premierminister Andreotti zu Wort und warnte davor, daß die Selbstbestimmung, wenn sie zu weit getrieben werde, auch außer Kontrolle geraten und Schwierigkeiten verursachen könnte. Was, wenn morgen die baltischen Staaten ihre Souveränität erklären würden? Wütend schlug Kohl zurück und sagte, daß Andreotti wohl nicht eine solche Ansicht vertreten würde, wenn der Tiber sein Land teilen würde. Nach diesem erhitzten Wortwechsel unterstützte der Niederländer Lubbers den Ansatz der USA. Margaret Thatcher sagte, sie teile Andreottis Bedenken und wolle den Vorschlag genauer prüfen. Die anderen Staatsmänner unterstützten im großen und ganzen den Rahmen, den die USA gesteckt hatten.

Während die Deutschen hoch erfreut waren, war Thatcher nicht glücklich. Sie stimmte darin überein, daß ein vereintes Deutschland Teil der NATO sein sollte, aber sie wandte sich gegen den Vorschlag, daß dies von einer »zunehmend integrierten Europäischen Gemeinschaft« begleitet werden solle. Es war bekannt, daß sie dieses Konzept nicht mochte.

Thatcher schrieb später dazu, daß ihre Möglichkeiten weniger wurden, die Wiedervereinigung zu verlangsamen. »Nachdem beschlossen war, daß Ostdeutschland durch die bestehende westdeutsche Mitgliedschaft der Europäischen Gemeinschaft ohne detaillierte Verhandlungen beitreten konnte, ... gab es wenig, was wir tun konnten, um die Wiedervereinigung durch die Institutionen der Gemeinschaft zu verlangsamen.« Sie hoffte, daß die Vier-Mächte-Vereinbarungen ihr eine gewisse Hebelwirkung erlauben würden, aber sie verstand, daß es auch dort für England nur wenige Möglichkeiten gab, den Prozeß zu beeinflussen, »weil die Vereinigten Staaten und bald auch die Sowjetunion aufhörten, das als etwas anderes als einen Diskussionszirkel zur Besprechung von Einzelheiten der Wiedervereinigung anzusehen«. Sie versuchte erneut, die Franzosen dazu zu bringen, sich gemeinsam dafür zu verwenden, die Deutschen aufzuhalten oder wenigstens zu bremsen. Zweimal traf sie sich deshalb beim Straßburger EG-Gipfel mit Mitterrand und noch einmal im Januar. Sie konnten sich aber dennoch nicht auf eine gemeinsame Vorgehensweise einigen. Mitterrand traf in Straßburg auch Kohl und fragte seinen deutschen Kollegen, ob die Wiedervereinigung für Bonn wichtiger sei als die europäische Integration. Kohl vermied eine direkte Antwort.

GEORGE BUSH

Am 16. Dezember traf ich mich mit Mitterrand auf der karibischen Insel Martinique – es war der Gegenbesuch zu seinem Aufenthalt in Kennebunkport im Mai des Vorjahres. Wie schon bei Gorbatschow sprachen wir wenig über Deutschland, aber Mitterrand betonte, daß alles, was in Deutschland geschah, mit der NATO und der EG verbunden sein mußte. Mir schien, er habe sich im Gegensatz zu den Bemühungen innerhalb der französischen Bürokratie letztlich mit der deutschen Einheit abgefunden. Er drängte, wir sollten die Angelegenheit als Freunde angehen. »Wir sollten unser Verständnis für die Wünsche der Deutschen zeigen. Es gibt ohnehin nicht viel, was wir tun können, denn wir ziehen ja nicht gegen Deutschland in den Krieg.« Er warnte aber davor, daß die Ereignisse in Deutschland zu schnell vonstatten gingen, und fürchtete, daß dies dort eine Krise verursachen könnte, wo der Westen eigentlich ohne große Mühe gewonnen hatte. Statt dessen sollten wir uns gleichzeitig um Rüstungskontrolle, die europäische Einigung, die europäische Währungsunion und die Zusammenarbeit von USA und EG kümmern, um ein neues Europa zu erschaffen. »Sonst sind wir schnell wieder zurück im Jahre 1913 und könnten alles verlieren«, warnte er. »Wir sind die Freunde Deutschlands. Sie können unseren Rat nicht falsch verstehen.«

In der Zeit seit dem Zweiten Weltkrieg hatten Frankreich und Westdeutschland die Feindschaft der Vergangenheit beigelegt und waren Partner in Europa geworden. Mitterrand und Kohl waren persönliche Freunde. Trotzdem warf die deutsche Wiedervereinigung komplizierte Fragen über die Zukunft der Franzosen auf, Fragen mit ungewissen und beunruhigenden Antworten. Frankreich und

Deutschland waren seit der ersten deutschen Einigung von 1871, die im Nachfeld der französischen Niederlage im deutsch-französischen Krieg geschmiedet worden war, die Haupt-Rivalen um die Vorherrschaft in den kontinentaleuropäischen Angelegenheiten gewesen. Seitdem war Deutschland noch zweimal in Frankreich einmarschiert und hatte von 1940 bis 1944 einen großen Teil des Landes besetzt. Ein geteiltes Deutschland war in Frankreich durchaus erwünscht. Paris hatte sich erarbeitet, mit Westdeutschland durch enge wirtschaftliche und politische Anbindung (Frankreich war der wichtigste Handelspartner Westdeutschlands geworden) und die Partnerschaft in der NATO umzugehen. Welche Auswirkungen würde ein vereintes Deutschland nun auf Europa haben, und was bedeutete dies für Frankreich? Konnte es einen solchen Staat genauso gut »kontrollieren« wie den westlichen Teil?

Die Sowjetunion war zwischenzeitlich dazu übergegangen, nach Wegen zu suchen, jede Äußerung über die Wiedervereinigung in Bereiche zu lenken, die sie noch beeinflussen konnte. Am 30. November hatte Gorbatschow ein Helsinki II und einen KSZE-Gipfel vorgeschlagen, um die Angelegenheit im größeren Kontext der Änderungen in Osteuropa zu debattieren. Die Franzosen und die Engländer zeigten einiges Interesse an dem Vorschlag, ebenso Genscher. Kohl blieb sehr kühl. Innerhalb unserer Regierung war das Außenministerium offen für die Idee, aber der Sicherheitsrat war dagegen, die deutsche Wiedervereinigung in einen KSZE-Gipfel hineinzuzwingen, der nur einberufen werden sollte, um einen Vertrag über die konventionellen Kräfte in Europa zu besiegeln. Im übrigen hätte die Einstimmigkeits-Regel der KSZE es Gegnern der Wiedervereinigung erlaubt, diese zu blockieren. Zum Glück forcierte Gorbatschow die Idee nicht weiter.

Als nächstes wandte sich die Sowjetunion den Strukturen der vier Mächte zu. Am 8. Dezember beriefen sie ein Vier-Mächte-Treffen in Berlin ein, das erste seit 1971. Wieder antworteten England und Frankreich mit einigem Enthusiasmus und schienen fast so begierig wie die Sowjetunion zu sein, die Deutschen an die Vier-Mächte-Vorrechte zu erinnern. Wir waren geneigt, dies geradeheraus abzulehnen: Solche Interventionen im Stile von Jalta verletzten in dieser Situation die Selbstbestimmungsrechte der Deutschen und waren genau das, was wir vermeiden wollten. Die sowjetische Seite bestand jedoch darauf, daß es in der DDR zu Gewaltakten kommen könnte, wodurch sie wiederum »verpflichtet sein könnte, Gewalt anzuwenden«. Wir waren hinreichend besorgt über das, was sie tun könnten, um nicht länger auf dieser Haltung zu bestehen. Wir stimmten einem Treffen zu, bestanden aber darauf, daß die Diskussion auf die Vier-Mächte-Rechte in Berlin und ähnliche bestehende Verträge begrenzt blieb – die Wiedervereinigung durfte nicht auf der Tagesordnung stehen. Das nun entschärfte Treffen fand am 10. Dezember statt, und es richtete keinen Schaden an. Moskau versuchte noch einige Male, die Diskussion in Richtung einer Vier-Mächte-Konferenz zu lenken, aber wir waren in der Lage, jeden Versuch abzuwehren.

Am 19. Dezember skizzierte Schewardnadse in einer Rede vor dem Europäischen Parlament eine neue sowjetische Position. Er warnte davor, die Realität der beiden deutschen Staaten anzutasten, schien aber bereit, eine Art von Staatenbund zu unterstützen, solange bestimmte Fragen geklärt würden. Er nannte sieben wichtige Themen und führte seine Gedanken dazu aus: Welche Garantien gab es, daß die deutsche Einheit keine Bedrohung für die nationale Sicherheit anderer Staaten und den Frieden in Europa erzeugen würde? Würde ein vereintes Deutschland willens sein, die bestehenden Grenzen in Europa anzuerkennen und alle Gebietsansprüche aufzugeben? Welchen Platz würde ein vereintes Deutschland in der Bündnisstruktur in Europa einnehmen (»Niemand kann ernsthaft annehmen, daß der Status der DDR sich ändert, während der Status der BRD so bleibt wie vorher«)? Welche Haltung würde ein vereintes Deutschland in der militärischen Frage einnehmen – wäre es bereit, Schritte in Richtung einer Entmilitarisierung zu gehen, einen neutralen Status einzunehmen und seine wirtschaftlichen und anderen Bindungen zu Osteuropa radikal umzustrukturieren? Würden alliierte Truppen auf deutschem Boden bleiben? Wie würde es sich in den Helsinki-Prozeß einfügen? Und schließlich: Wie bereit waren die deutschen Staaten, die Interessen anderer europäischer Staaten zu berücksichtigen und nach beiderseitig akzeptablen Lösungen zu suchen – bei allen Problemen, die entstehen könnten, einschließlich einer europäischen Friedenskonferenz?

BRENT SCOWCROFT

Schewardnadse unterstrich Moskaus größte Sorge: Die Wiedervereinigung durfte, so sie denn kommen sollte, die sowjetische Sicherheit nicht beeinträchtigen. Er gab damit auch zu verstehen, welche Art von Ergebnis der Kreml akzeptieren könnte: ein vereintes Deutschland, das außerhalb der NATO steht oder neutral und ohne Waffen ist. Wir teilten einige seiner Bedenken, etwa bezüglich der deutschen Garantien der Grenzen und der Bereitschaft, sich mit den europäischen Nachbarn zu beraten. Aber Änderungen in der Zugehörigkeit zum Bündnis oder eine mögliche deutsche Neutralität waren eine ganz andere Sache.

GEORGE BUSH

Obwohl ich mich zu dieser Zeit nicht allzusehr mit dieser Rede und den aufgeworfenen Fragen beschäftigte, wußte ich, daß es diese Art von Bedenken war, über die die verschiedenen Fraktionen der sowjetischen Führungsschicht ringen mußten. Wir mußten ihre Sorgen ernst nehmen und darauf antworten. Gorbatschow hatte gegen die Einwände vieler Konservativer in der Armee und der Partei schon derart viele Veränderungen in Osteuropa hingenommen. Es war möglich, daß die Vereinigung Deutschlands, wenn sie nicht vernünftig gehandhabt wurde, über das hinausgehen konnte, was sie zu akzeptieren bereit waren.

Ich wußte: Wenn wir Fortschritte bei der Wiedervereinigung sehen wollten, mußten wir mit Moskau als gleichberechtigtem Partner an der Sache arbeiten. Wir mußten Gorbatschow zeigen, daß wir ohne jeden Zweifel die enormen Probleme verstanden, die ein vereintes Deutschland der Sowjetunion bereiten konnte. Es war wichtig, daß wir den Druck auf die Sowjetunion aufrechterhielten, um Fortschritte bei den Problemen im Umfeld der Wiedervereinigung – einschließlich der Vier-Mächte-Verantwortung – zu erzielen. Wir durften aber nicht so viel Druck ausüben, daß sie negativ reagieren würden. Wenn die Ereignisse völlig schieflaufen sollten und es zu Gewaltanwendung kommen würde, waren wir diejenigen, die etwas dagegen tun mußten.

Ein vorsichtiger Tanz

BRENT SCOWCROFT

Anfang 1990 waren wir vorsichtig optimistisch. Wir konnten auf ein Jahr zurückblicken, das mit atemberaubenden historischen Veränderungen in Osteuropa angefüllt war, und wir sahen uns am Beginn eines goldenen Zeitalters. Vielleicht würden wir sogar zu einer grundlegenden Verschiebung im strategischen Gleichgewicht kommen. Die kommunistische Macht welkte – dadurch änderten sich die Annahmen, die den amerikanisch-sowjetischen Beziehungen seit Jahrzehnten zugrunde gelegen hatten. Die offenen Gespräche des Präsidenten mit Gorbatschow in Malta hatten unsere Beziehungen zur Sowjetunion angekurbelt und es möglich gemacht, all dieses auf die Tagesordnung zu setzen. Das schien ein guter Anfang zu sein.

Die Ziele unserer Politik für das neue Jahr waren pragmatisch: den Fortschritt, den wir in Malta erzielt hatten, fortzuführen und den Boden für ein Gipfeltreffen im späten Frühling vorzubereiten. In praktischer Hinsicht hieß das: weitere Arbeit in Sachen Rüstungskontrolle, regionaler Fragen und wirtschaftlicher Beziehungen. Außerdem mußten wir unser eigenes Programm erfüllen: Wir wollten den weiteren Rückzug sowjetischer Truppen aus Osteuropa fördern. Das würde umsichtige Verhandlungen über die Reduktion konventioneller Waffen erfordern, die in Wien schon begonnen hatten. Und dann war da Deutschland. Wir mußten versuchen, Widerstände abzubauen, um die Schwierigkeiten im Umfeld der Wiedervereinigung zu lösen und den Prozeß voranzubringen.

Diese Pläne wurden von der Wirklichkeit sowjetischer Innenpolitik in Gefahr gebracht, denn wir konnten uns nicht sicher sein, wie lange die Tür zu diesen Möglichkeiten offenbleiben würde. Bei all den schwebenden Versprechen und der vielen Arbeit, die uns bevorstand, lag es in unserem Interesse, alles uns Mögliche zu tun, um die Amtszeit von Gorbatschow und den sowjetischen Reformern zu verlängern – jenen Leuten, die durch Perestroika und Glasnost diese Veränderungen angestoßen hatten. Wir glaubten, daß die Sowjetunion versuchen würde, die Beziehungen weiter zu verbessern, weil Rückschläge in der Außenpolitik Gorbatschows Schwierigkeiten zu Hause nur verschlimmern würden. Wir mußten uns schnell, aber vorsichtig bewegen, um in dem günstigen Klima das Bestmögliche zu erreichen, bevor Gorbatschow von der Bühne abtrat oder dazu gezwungen wurde. Wir merkten, daß wir gegen die Uhr arbeiteten, aber wir wußten nicht, wieviel Zeit noch bleiben würde.

1990 versprach, ein weiteres schwieriges Jahr für Gorbatschow zu werden. Die Probleme häuften sich, es gab Kampfansagen an das Machtmonopol der Partei und Zweifel an der Fähigkeit der Planwirtschaft, sich den bevorstehenden fundamentalen Veränderungen anpassen zu können. Abgesehen von den Ereignissen in Osteuropa und Deutschland verschärfte der Nationalismus in der Sowjetunion die Sicherheitsprobleme und bedrohte die politische Stabilität. Aserbaidschan und Armenien kämpften untereinander, und die baltischen Staaten drängten danach, die Union zu verlassen. Die Lage war auch in der wirtschaftlich wichtigen Ukraine gespannt, es gab dort Streiks und erstes Donnergrollen einer Abspaltung. Diese Umwälzungen konnten Gorbatschows Verderben sein, denn die russische Bevölkerung schien anzufangen, ihn als uneffizient und unentschlossen im Umgang mit dem Aufruhr anzusehen. Gleichzeitig führte sein Zögern, Gewalt einzusetzen, dazu, daß viele nationalistische Volksgruppen ihn als ihre größte Hoffnung betrachteten, um ihr Ziel zu erreichen – Unabhängigkeit.

Angesichts all dieser inneren Turbulenzen waren es die baltischen Staaten, die uns am meisten Sorge bereiteten und die auch in den nächsten Monaten die größten Auswirkungen auf die amerikanisch-sowjetischen Beziehungen haben sollten. Ihre nationalen Bestrebungen standen für die Selbstbestimmung der Völker, die wir in ganz Osteuropa und in Deutschland unterstützten.

Das Baltikum war für uns emotionell aufgeladen, die baltischen Staaten waren für uns anders als jede andere Sowjetrepublik oder jeder andere Staat in Osteuropa. Ungeachtet der Eingliederung in die Sowjetunion 1940 (die wir nie anerkannt hatten), hatten wir ihnen erlaubt, weiterhin diplomatische Gesandtschaften in Washington zu unterhalten, die die alten Staaten repräsentierten. Die Emotionen in unserer baltisch-amerikanischen Bevölkerung schlugen hoch und setzten die Regierung und den Kongreß wohlorganisiert und artikuliert unter Druck, aktive Unterstützung für die Unabhängigkeit zu gewähren.

Wir glaubten, daß wir in Malta mit Gorbatschow eine Art informeller Verständigung über diese Frage erreicht hatten, und Präsident Bush hatte erklärt, daß es Grenzen dessen gab, was wir tolerieren konnten. Gorbatschow schien zu verstehen, übte große Zurückhaltung und griff nicht auf Gewalt zurück.

Baltische Nationalisten hatten vom Sommer 1989 bis in den Winter hinein begonnen, die sowjetische Autorität in Frage zu stellen. Im Dezember hatte sich die litauische Kommunistische Partei von der nationalen Partei in Moskau abgespalten. Am 11. Januar unternahm Gorbatschow einen weithin bekanntgemachten Besuch in Vilnius und versuchte, die Regierung und die Bevölkerung von den Unabhängigkeitsbestrebungen abzubringen. Begleitet von beträchtlicher internationaler Fernsehberichterstattung, stürzte er sich mutig in die feindselige Menge und appellierte an das Einheitsgefühl. Bei dieser vielleicht sichtbarsten Anstrengung seiner persönlichen Diplomatie gab er einfach alles. Die internationale Aura Gorbatschows, des Tausendsassas, als Manager und Führer war angeschlagen. Als er mit leeren Händen nach Moskau zurückkehrte, kam es andernorts zu neuen Schwierigkeiten. Anti-armenische Unruhen brachen in der aserbaidschanischen Hauptstadt Baku aus, und Gewalt verbreitete sich in der Republik Armenien. In ein paar Tagen waren mehr als 30 Menschen zu Tode gekommen. Bis zum 14. Januar mobilisierten beide Republiken ihre Truppen. Moskau schickte Einsatzkräfte des Innenministeriums, die sich aber der Lage nicht gewachsen zeigten. Am 20. Januar entsandte Gorbatschow Verteidigungsminister Dimitri Jasow nach Aserbaidschan. Jasow befahl reguläre Truppen nach Baku, um zu versuchen, die rivalisierenden Gruppen zu trennen und die Stadt zu besetzen. Heftige Kämpfe brachen aus, und einige Berichte sprachen von Hunderten von Toten.

BRENT SCOWCROFT

Wir unterstützten prinzipiell jede Bestrebung zur Selbstbestimmung, so wie wir das auch in bezug auf die deutsche Wiedervereinigung taten. Aus einer praktischen Sicht waren wir uns Gorbatschows Verwundbarkeit durch die politische Bedrohung des Nationalismus jedoch bewußt. Die Leute in der Partei, die ihn in dieser Frage am stärksten bekämpften, waren nicht diejenigen, die wir gerne an seiner Stelle gesehen hätten. Ungeachtet Gorbatschows politischen Schicksals wiederholte Schewardnadse immer wieder, daß der Einsatz von Gewalt durch die Sowjetunion die Zerstörung der Perestroika bedeuten würde. Wir jedoch waren überzeugt, daß Gorbatschow ab einem bestimmten Punkt Truppen entsenden würde, und sei es nur, um seine Position zu retten. Wenn das das Ende der Perestroika bedeutete, würden wir das größte Verdienst Gorbatschows verlieren.

GEORGE BUSH

Ich fühlte mich hin- und hergerissen zwischen meinem Wunsch, die Selbstbestimmung zu unterstützen, und der Realität der Situation. Wenn wir zur Veränderung mahnten, konnte unsere Rhetorik einen militärischen Schlag erzeugen und der Sache der Freiheit in der ganzen Sowjetunion schaden, anstatt sie voranzubringen – und wir könnten nichts tun, um aufzuhalten, was wir mit in Bewegung gesetzt hatten. Ich versuchte eine Gratwanderung und sprach mich für Dialog und Perestroika aus, aber meine Vorsicht wurde kritisiert. Ich bezog eine Menge Prügel in der Presse, von Führern in der baltischen Bevölkerung in den USA und von sogenannten Experten: Ich sei zu angepaßt und würde Gorbatschows »neues Denken« und seine Reformen für bare Münze nehmen. Ich war mir der Gefahren sehr genau bewußt, aber meine Erfahrung mit Gorbatschow in Malta und Bakers ausgezeichnete Beziehung zu Schewardnadse gaben mir das Vertrauen, daß Gorbatschow aufrichtig war in seinem Bemühen, den Worten Taten folgen zu lassen.

Ich war erpicht darauf, unsere Gespräche in Malta weiterzuverfolgen. Rüstungskontrolle – die der Kern des Gipfels sein sollte, den Gorbatschow und ich noch vor Ende Juni vereinbart hatten – war besonders wichtig. Im Dezember und Januar machte ich in meiner Regierung wieder mehr Druck, mutigere Vorschläge bezüglich der

Reduktion strategischer und konventioneller Waffen zu machen. Es dauert eine lange Zeit, bei solchen Verhandlungen zu Abschlüssen zu kommen. Ich wurde langsam unzufrieden über den wachsenden Pessimismus in meinem Rüstungskontroll-Team bezüglich der Frage, ob wir den START-Vertrag für den Gipfel unter Dach und Fach haben könnten. Auch fürchtete ich, daß der Kongreß – die Veränderungen in Osteuropa vor Augen – voreilige Reduzierungen bei den konventionellen Truppen auf ein Maß verfügen könnte, das unter dem lag, das ich für gerechtfertigt hielt.

BRENT SCOWCROFT

Der Präsident machte deutlich, daß er die Verantwortung für das Anstehende übernehmen und die Ereignisse bestimmen wollte, anstatt von ihnen bestimmt zu werden. Sein Ansatz hätte nicht weiter entfernt sein können von seinem Bild in der Öffentlichkeit, in der er als Zauderer betrachtet wurde. Es gab Gerüchte, daß die sowjetische Seite neue Vorschläge für weitere konventionelle Reduzierungen plante. Der Präsident wollte in seiner Botschaft zur Lage der Nation am 31. Januar eine neue Position der USA verkünden. Er bat mich, im Sicherheitsrat eine Debatte darüber vorzubereiten.

Verteidigungsminister Richard Cheney erinnerte uns daran, daß er bei unseren Verbündeten Sorgen und Unsicherheiten über die Reduzierung der US-Truppen zerstreuen mußte. »Die Osteuropäer, die Sowjets, die Westeuropäer – alle wollen, daß wir unsere Truppen dort behalten. Alle außer dem Kongreß«, sagte er. Er fügte hinzu, daß die Nachrichtendienste uns sagten, daß der Warschauer Pakt jetzt bedeutungslos sei und keinerlei Angriffspotential mehr hatte. »Das macht es für uns im Kongreß nur noch schlimmer«, warnte Cheney.

Der Präsident war wegen des Widerstandes, unsere Vorschläge zu revidieren, langsam gereizt. »Wir sitzen also hier mit 275 000 Soldaten, und keine Reaktion auf die Vorschläge der Sowjetunion. Die Welt ändert sich und wir uns mit ihr ... Warum müssen wir immer die gleiche Anzahl von Soldaten und Bomben haben? Wir sollten die Sowjets auf die Probe stellen. Fragt sie, ob sie etwas tun würden, von dem wir niemals denken würden, daß sie es täten: asymmetrische Kürzungen vorzunehmen. Sonst verpassen wir die Gelegenheit, werden vom Kongreß zu einseitigen Kürzungen gezwungen und kriegen nichts dafür. Wir sollten uns nicht gebärden, als beklagten wir den Wechsel: Wir haben die unglaubliche Möglichkeit, etwas völlig Neues zu tun.«

Die Diskussion ging am 16. Januar weiter. Die Frontlinien waren unverändert, aber die Debatte hatte mehr Schärfe. Der Präsident wurde langsam ungeduldig. Warum bekam er keine Vorschläge? Er erinnerte uns immer wieder daran, daß wir etwas finden mußten, das unsere politischen und unsere Sicherheitsinteressen gleichzeitig voranbringen würde. »Warum ist es so schwierig, auf 200 000 runterzugehen?« Cheney machte seine Einstellung zur Rüstungskontrolle klar: »Rüstungskontrolle steht der Abrüstung im Wege. Die Sowjets haben große Probleme. Gleichzeitig ist es für uns schwierig, aus Europa herauszukommen. Warum weitere Reduktionen verhandeln? Das macht doch unseren Verbündeten nur Probleme«, argumentierte er. Luftwaffengeneral Robert Herres, der Vize-Vorsitzende der Vereinigten Stabschefs, fügte hinzu: »Rüstungskontrolle kann mit der politischen Entwicklung nicht mithalten.« Der Präsident war zu diesem Zeitpunkt schon etwas verärgert und bemerkte säuerlich: »Genau das versuche ich anzugehen.« Die Gemüter erhitzten sich. Als Baker wiederholte, daß der Vorschlag unsere Beziehungen zu den Verbündeten komplizieren würde, erwiderte ich: »Warum finden wir das nicht einfach heraus, anstatt nur darüber zu dozieren?« Als sich das Treffen dem Ende näherte, fragte der Präsident, wie wir einen Vorschlag erarbeiten sollten, wenn wir nicht wußten, was die Verbündeten darüber dachten. Ich drängte darauf, die Haltung der Verbündeten zu weiteren Truppenreduzierungen zu sondieren. Ohne eine Vereinbarung würden wir nicht vom Fleck kommen. »Aber wenn wir den Verbündeten verschiedene Möglichkeiten geben, kommen wir sowohl gegenüber dem Kongreß als auch beiden Verbündeten weiter.«

Bis zu unserem entscheidenden Treffen am 22. Januar hatte sich die Situation erheblich verändert. In der Zwischenzeit hatte ich James Woolsey, unseren Unterhändler in Wien bei den Gesprächen über die Reduzierung konventioneller Truppen in Europa, gebeten, sich mit seinem deutschen Ansprechpartner zu unterhalten und herauszufinden, wie die Deutschen auf weitere Reduzierungen reagieren würden. Woolsey berichtete von einer positiven Reaktion. Er fügte hinzu, daß die Osteuropäer zu größeren Reduzierungen bei den Truppen des Warschauer Paktes drängten, um die sowjetischen Truppen aus ihren Regionen herauszubekommen, was ohnehin unser hauptsächliches Ziel war. Sie waren besorgt, daß die höheren Eckwerte von der Sowjetunion als Ausrede benutzt werden würden, um sich nicht zurückzuziehen. Colin Powell, der gerade aus Europa zurückgekommen war, glaubte, daß die Deutschen weitere Reduktionen begrüßen würden, wozu es vielleicht eines Anrufs des Präsidenten bei Kohl bedürfe. Die Briten würden sich dagegenstellen und die Franzosen unentschieden sein. Powell berichtete von großer Nervosität in Europa – im Osten wie im Westen –, über ein Deutschland ohne amerikanische und sowjetische Truppen. Alle aber erwarteten deutlich niedrigere Obergrenzen als bisher.

Auf diese Neuigkeiten hatte der Präsident gehofft: »Das wäre doch ein großer Schritt in die Richtung von Scowcrofts Vorschlag«, sagte er. Cheney erkannte die Zeichen: »Ich merke, wie meiner Position langsam die Luft ausgeht.« Er stimmte zu, daß wir daran arbeiten sollten, das sowjetische Militär aus Osteuropa herauszubekommen. Er machte sich aber Sorgen über Versuche, ein Junktim herzustellen und amerikanische und sowjetische Truppen auf die gleiche Anzahl zu reduzieren, wobei jede Reduzierung einer Seite auch von der anderen Seite vollzogen werden müßte. Dies wurde auch als »Parallelität« oder »Symmetrie« bezeichnet. Wir wollten aus diesem Kreislauf ausbrechen – nicht nur, weil wir hofften, unsere Truppen in Mitteleuropa halten zu können (in der »mittleren Zone«, also in Deutschland), während die sowjetischen abzogen, sondern auch, weil wir Truppen an anderen Orten in Europa hatten, die wir bei der Gesamtzahl nicht mitzählen wollten. Cheney erkannte an, daß er und Powell im Kongreß in jedem Fall Schwierigkeiten haben würden, egal welche Obergrenzen festgelegt würden. »Es ist schwer, gegen den Vorschlag zu argumentieren, wenn die Verbündeten wirklich so empfinden«, fügte er hinzu. Wir diskutierten, wie das Junktim zwischen amerikanischen und sowjetischen Truppen aufgebrochen werden könnte und welche Gesamtzahlen wir anstreben sollten. Unsere Gruppe einigte sich schließlich auf 195 000 für die mittlere Zone, nicht gerechnet weitere 30 000 amerikanische Soldaten im übrigen Westeuropa. Dadurch würde die Sowjetunion bei 195 000 landen und wir bei 225 000.

Die Entscheidung und die Weise, wie sie getroffen wurde, war typisch für die Art, wie Fragen der nationalen Sicherheit in der Bush-Regierung abgearbeitet wurden – starke Persönlichkeiten, die ihre Ansichten wirkungsvoll vortrugen, unter einem Präsidenten, der sich an der Auseinandersetzung beteiligte, aber versuchte, die Diskussion zu forcieren – anstatt sie zu ersticken. Dahinter stand eine Kameradschaft, die die Kontroversen in Grenzen hielt. Wenn der Präsident die Entscheidung traf, endete die Debatte sofort, und die Aufmerksamkeit wandte sich der Umsetzung zu.

Der Präsident hielt fest, daß im nächsten Schritt jemand Thatcher, Kohl und Mitterrand sein Vorhaben erklären sollte. Da er den neuen Vorschlag zur Reduzierung konventioneller Truppen in Europa schon in seinem Bericht über die Lage der Nation am 31. Januar verkünden wollte, blieb uns nicht viel Zeit, um die notwendigen Konsultationen mit den Verbündeten durchzuführen. Das Team Eagleburger und Gates hatte solche Dinge zuvor schon geschafft, also sagte der Präsident »Tweedledum and Tweedledee« Bescheid, sich auf die Socken zu machen. Er selbst rief seine ausländischen Kollegen an, um den beiden den Weg zu ebnen.

GEORGE BUSH

Am 26. Januar rief ich Helmut Kohl an, dem der Vorschlag gefiel. Er glaubte, daß Margaret Thatcher ihre Probleme damit haben würde, Mitterrand aber voraussichtlich zustimmen würde, wenn er hinreichend konsultiert werden würde. »Sie kennen meine alte Ansicht«, scherzte er: »Grüße die deutsche Fahne einmal, aber die Trikolore dreimal.« Ich sprach mit Mitterrand am nächsten Morgen. Er war interessiert, aber bedachtsam in seiner Antwort. »Dieser Ansatz, Truppen abzuziehen, sollte nicht mit einer Neutralisierung Deutschlands verwechselt werden, was der sowjetischen Absicht entspräche«, sagte er einfach.

»Natürlich«, antwortete ich. Ich fragte, ob seine Sorgen über eine Neutralität Deutschlands seit unserem letzten Gespräch gewachsen seien. »Ich glaube, es gibt eine Bewegung in Richtung Wiedervereinigung, die von den Westdeutschen gewollt wird und der die Ostdeutschen nicht sehr viel Gegenwehr entgegensetzen«, antwortete Mitterrand vorsichtig. »Wenn bis Ende des Jahres auf beiden Seiten Parlamente gewählt worden sind und diese die Wiedervereinigung in ihr Programm aufgenommen haben, dann könnte es in der Bevölkerung eine große Bewegung geben, alle fremden Truppen und Kernwaffen aus Deutschland zu entfernen. Das ist zwar die einzige Gefahr, aber eine große. Doch glaube ich, daß sich dies eindämmen läßt. Ich denke, daß Ihre Entscheidung, eine Truppenstärke von 195 000 Mann vorzuschlagen, richtig ist, vorausgesetzt, sie wird in einer Rede vorgestellt, in der die Idee erklärt wird. Eine Neutralisierung Deutschlands können wir nicht zulassen.«

Als ich Margaret Thatcher anrief, kam sie gleich auf den Punkt und zeigte ihr Verständnis der feinen Nuancen, die mitspielten. »Sprechen Sie nur von den Obergrenzen für die in Europa stationierten Truppen?« fragte sie. »Werden die Sowjets dann ihre Rückzugsverpflichtung aus Osteuropa dadurch erfüllen, ihre Truppen hinter oder direkt vor den Ural zurückzuziehen?« Sie hatte sich schon länger darüber Gedanken gemacht, daß die Sowjetunion ihre Truppen aus Osteuropa abziehen, aber voll mobilisiert westlich des Urals belassen könnte. Ich erklärte, daß wir von Demobilisierung sprachen, nicht einfach von einer Verlegung. Sie schien an den Möglichkeiten interessiert zu sein. »Weniger in Osteuropa stationierte Truppen könnten für die Sowjets zu Hause in der UdSSR hilfreich sein«, merkte sie an.

Thatcher faßte unseren Vorschlag über die konventionellen Truppen in Europa, die Wiedervereinigung und die deutsche Neutralität vor dem größeren Rahmen der strategischen Effekte auf die NATO zusammen. »Was mich beunruhigt«, sagte sie, »ist, daß wir gedrängelt werden, uns mit stückweisen Änderungen schnell von der NATO-Position zurückzuziehen, und das, ohne eine politische Bewertung der Situation zu haben, in die wir speziell vor dem Hintergrund der politischen Möglichkeiten der deutschen Wiedervereinigung kommen werden. Ich habe hier ein Telegramm, in dem es heißt, Kohl wolle die Wiedervereinigung jetzt schon bis 1994. Wir brauchen eine politische Abschätzung über die Situation in Mitteleuropa angesichts einer deutschen Wiedervereinigung und den Effekten auf die NATO-Strategie, keine stückweisen Entscheidungen über den Abzug von Truppen ...«

Sie erklärte, daß sie die politische Situation und die Auswirkungen auf die NATO mit ihrem Außen- und dem Verteidigungsminister diskutiert habe. »Da ist unser Bekenntnis zur NATO mit erheblichen Truppenkontingenten, und es gibt dieses antinukleare Problem in Deutschland«, sagte sie. »... ich will mir nicht vorwerfen müssen, dies ohne eine fundamentale Bewertung *zwischen uns* – denn nur unsere zwei Länder können das tun, ohne daß etwas durchdringt – zu entscheiden, ohne unsere gesamte Verteidigungsstrategie im Auge zu haben.« Außenminister Douglas Hurd sollte sich mit uns am gleichen Tag in Washington treffen und ihre Überlegungen im Detail erklären.

Ich stimmte mit ihrem Argument überein, erinnerte sie aber an den enormen Wandel, den es gegeben hatte, seit wir die ursprünglichen Zahlen zur Reduzierung konventioneller Truppen in Europa bestimmt hatten. Wir mußten uns die Situation zunutze machen, und ich war mir sicher, daß das geringere Obergrenzen für Truppen bedeuten mußte. Wir würden unsere Truppen einfach bis zu einem Punkt reduzieren, der im Kongreß Zustimmung finden und von unseren Verbündeten in Europa unterstützt werden konnte. »Es gibt eine Reihe Spinner im Kongreß, die alle möglichen verrückten Ideen haben«, sagte ich. »Viele von ihnen wollen überhaupt keine Truppen von uns in Europa. Ich schlage eine Obergrenze vor, die die sowjetische Bedrohung verringert und gleichzeitig unsere Verteidigungskosten reduziert, aber das Bündnis im Sinne der wichtigen Frage, die Sie aufgeworfen haben, nicht zur Auflösung treiben wird.« Sie erklärte sich bereit, Eagleburger und Gates zu treffen, um die Angelegenheit zu diskutieren.

Es war klar, daß Thatcher noch immer nur das Schlimmste von der Wiedervereinigung erwartete und wie Mitterrand fürchtete, Deutschland könnte neutral werden und sich weigern, die Stationierung von Kernwaffen auf seinem Staatsgebiet zu erlauben. Ohne Zweifel dachte sie an die Welle von Anti-Atom-Protesten, die über Deutschland geschwappt war, als das Bündnis sich verständigte, dort nukleare Mittelstreckenraketen zu stationieren. Es würde bei ihr noch viel Überzeugungsarbeit brauchen. Für mich schien es ziemlich klar, daß die Wiedervereinigung auf dem Wege war und wir damit umgehen mußten. Ich hatte das als unvermeidlich akzeptiert und begrüßte es, nachdem bis Ende Januar die Unfähigkeit der ostdeutschen Regierung deutlich geworden war, die Kontrolle über die Situation wiederzuerlangen. Ich hoffte zuversichtlich, daß Kohl die Deutschen nicht auf einen anderen, eigenen Weg führen würde.

Ich glaubte, daß Thatcher von zwei primären Überlegungen ausging: Die erste war, daß es unwahrscheinlich schien, einen grundlegenden Wandel in der strategischen Bedrohung zu erleben, und wir daher unsere wohlerprobte Verteidigungspolitik nicht modifizieren sollten. Die zweite Überlegung spiegelte ihr strategisches Denken wider. Sie glaubte nicht, daß wir uns mit Fragen wie der Wiedervereinigung oder konventionellen Truppen in Europa auf verschiedenen Wegen beschäftigen sollten, wenn all das, dem wir uns gegenübersahen, miteinander verbunden war. Wir sollten uns statt dessen lieber zusammensetzen und eine umfassende Vorgehensweise planen, bevor wir Entscheidungen über einzelne Elemente der aktuellen Lage trafen. Das war eine verdienstvolle Haltung. Wir hatten alle Elemente einer Strategie – bis zu einem gewissen Grad bilateral mit den Briten – für uns selber verknüpft, aber es war schwierig, das auch multilateral im Bündnis zu tun. Thatchers Bemerkung, unsere zwei Länder sollten zusammen eine strategische Bewertung entwickeln, mag ein Manöver gewesen sein, unsere besondere Beziehung zu stützen. Damals kam mir allerdings nicht der Gedanke, daß dies nötig sein könnte. Ich zweifelte daran, daß es viele Momente gegeben hat, in denen die Beziehung zwischen den USA und Großbritannien offener, intuitiv enger und produktiver war.

Ich war weniger optimistisch als der Präsident, daß die Wiedervereinigung unumgänglich war oder daß sie sich in einer zufriedenstellenden Art und Weise einstellen würde. Es war immer noch möglich, daß die sowjetische Seite zu dem Schluß kommen würde, daß ein vereinigtes Deutschland unverträglich sei und es wenn nötig mit Gewalt bekämpfen würde. Oder sie würden Erfolg damit haben, Bedingungen zu stellen, die für uns unakzeptabel waren. Es mußte auch eine Menge andere praktische Arbeit geleistet werden. Die vier Alliierten des Zweiten Weltkriegs hatten verbleibende Rechte und Verantwortungen, die abgelöst werden mußten. Wir mußten uns auch um die Frage einer europäischen Politik und Sicherheitsordnung für eine Zeit nach dem kalten Krieg und der Vereinigung kümmern. Wir hatten noch eine Menge komplizierter Diplomatie vor uns.

Wir schickten Eagleburger und Gates am 28. Januar auf ihre Rundreise, mit London als erstem – und schwierigstem – Aufenthalt. Margaret Thatcher begrüßte sie an ihrem Dienstsitz und bat sie, ihre »angestammten Plätze einzunehmen«. Am Ende eines langen und tastenden Gesprächs, in dem Thatcher eine beängstigende Vertrautheit mit den US-Streitkräften in Europa zeigte, wurde deutlich, daß sie zwar nicht glücklich damit sein würde, sich aber unseren Wünschen fügen würde. Als diese zuverlässige Verbündete den beiden Emissären herzlich Lebewohl wünschte, sagte sie, daß sie jederzeit wieder willkommen seien, »aber nicht mehr zu diesem Thema«. Die anderen Besuche waren wenig aufregend, und das Team kehrte mit der übereinstimmenden Unterstützung unserer Verbündeten zurück.

GEORGE BUSH

Nachdem wir die Verbündeten an Bord hatten, rief ich am 31. Januar Gorbatschow an, um ihm von dem Vorschlag zu unterrichten, den ich am gleichen Abend in meiner Ansprache zur Lage der Nation vorstellen wollte. Erneut sagte ich ihm, daß die Vereinigten Staaten auch weiterhin eine substantielle Militärpräsenz in Europa behalten wollten. »Ich hoffe, Sie finden auch, daß die Präsenz der USA für die Stabilität Europas hilfreich und wichtig ist«, sagte ich und bestärkte damit, was mir schon in Malta zu betonen wichtig gewesen war. »Der Hauptpunkt ist, daß wir die Vereinbarung über die konventionellen Truppen in Europa abschließen wollen. Ich möchte nicht, daß der neue Vorschlag unsere Verhandlungen in irgendeiner Weise verzögert. Aber meine Experten denken, daß es möglich ist, diese Veränderung darin unterzubringen und zu einer Vereinbarung zu kommen, die etwas mehr mit der gegenwärtigen Lage übereinstimmt.«

Gorbatschow sagte, daß er meinen Ansatz teile. »So wie ich es verstehe, sieht Ihr Vorschlag eine neue und niedrigere Obergrenze vor«, sagte er nachdenklich. »Sie haben betont, daß die Vereinigten Staaten ihre militärische Präsenz in Europa aufrechterhalten wollen, wenn die Verhandlungen abgeschlossen sind. Wenn ich Sie richtig verstehe, ist das unabhängig von dem, was die Sowjetunion tut.« Ich bestätigte dies.

»Wir werden darüber nachdenken«, sagte Gorbatschow. »Aber lassen Sie mich sagen, daß wir Zeit brauchen werden, um über die Mittelzone in Europa und die anderen Zonen zu sprechen. Wir werden nicht nur über die Streitkräfte der USA und der Sowjetunion, sondern auch über andere sprechen müssen. Baker und Schewardnadse werden eine Menge zu tun haben, Sie und ich müssen uns auch unterhalten. Sie können unsere Kooperation erwarten, unsere konstruktive Zusammenarbeit. Und Sie können versichert sein, daß ich froh bin, wenn wir in Verbindung bleiben, um die wichtigsten gegenwärtigen Probleme anzugehen. Ich gehe davon aus, daß Sie detailliertere Antworten von mir hören werden – oder Baker, wenn er in Moskau ist.« Baker sollte Anfang Februar dorthin reisen.

Im Februar und März kam es in der Sowjetunion zu weiteren Unruhen, größeren institutionellen Veränderungen in der politischen Struktur und schließlich zu Wahlen von Stadträten und Parlamenten in Rußland, Weißrußland und der Ukraine. Am 4. Februar demonstrierten in Moskau an die 300000 Menschen für mehr Demokratie. Am nächsten Tag forderte Gorbatschow die Kommunistische Partei auf einem Plenum des Zentralkomitees auf, das Parteienmonopol zugunsten eines Mehrparteiensystems und eines »demokratischen Sozialismus« aufzugeben. Er rief zu weiteren wirtschaftlichen Reformen auf, einer Verkleinerung des Zentralkomitees und einer neuen Präsidentschaft nach westlichem Vorbild. Im Kern forderte er die Partei auf, ihre absolute Kontrolle abzugeben. Am 7. Februar, gerade als Baker zu seinen Gesprächen mit Schewardnadse in Moskau eintraf, stimmte die Partei dem nach einer erbitterten und kontroversen Debatte zu. Am 12. Februar berief das Präsidium des Obersten Sowjet eine Sondersitzung des Kongresses der Volksdeputierten ein, um die Befugnisse des Präsidenten auszudehnen. Zwei Wochen später kam es in Moskau zu einer weiteren großen Demonstration für Demokratie mit rund 100000 Menschen, und es gab Berichte, daß Armee und KGB die Stadt umstellt hatten. Am 27. Februar beschloß der Oberste Sowjet die Einrichtung der erweiterten Befugnisse für die Präsidentschaft, die Gorbatschow haben wollte. Am 13. März stimmte der Kongreß der Volksdeputierten der Gesetzgebung zu und hob formell den Artikel 6 der sowjetischen Verfassung auf, der die Rolle der Partei in der Regierung des Landes festgeschrieben hatte.

Zu allen Kehrtwendungen der Partei in ihrer Zentrale brachten die Wahlen am 19. März noch die Erniedrigung vor Ort: In Litauen errang die nationalistische Volksfront einen überwältigenden Sieg, auch andernorts wurden die kommunistischen Kandidaten geschlagen. Boris Jelzin, der für das russische Parlament kandidierte, gewann in Moskau. Der Nationalismus war auf dem Vormarsch, und die Alarmglocken mußten für Gorbatschow unüberhörbar sein. Die Wahlen würden die separatistischen Bestrebungen ermutigen, besonders im Baltikum, wo die Kandidaten der Opposition so erfolgreich gewesen waren.

GEORGE BUSH

Am 7. März brachte James Baker ein Telegramm von Jack Matlock in Moskau, der von einer Unterredung mit Schewardnadse berichtete und eine Botschaft von Gorbatschow überbrachte. Schewardnadse hatte gesagt, daß die Situation in Litauen jetzt »kritisch« sei. Er warnte vor einer möglichen militärischen Übernahme und vor einer generellen Verschlimmerung der Lage in den Republiken. Schewardnadse war beunruhigt über Gorbatschows politische Situation und bat um unser Verständnis. Ich war besorgt, sehr besorgt. Wir konnten uns nicht gegen ein unabhängiges Litauen stellen. Wenn wir andererseits sofort nach einer Unabhängigkeitserklärung unsere Unterstützung zusagten, könnte das Gorbatschow stürzen oder die sowjetische Armee dazu bringen, auf eigene Initiative einzuschreiten. Wenn es zu Gewalt kam, mußte man klar sehen, daß die Vereinigten Staaten nichts dagegen tun konnten. Blut würde an unseren Händen kleben, weil wir die Litauer darin bestärkt hatten, mehr vom Kuchen abzubeißen, als sie schlucken konnten. Es war eine besorgniserregende Vorstellung.

Schewardnadse sollte geradezu prophetisch gewesen sein. Am 11. März proklamierte der Oberste Sowjet Litauens die Wiedereinsetzung der litauischen Republik und wählte Vlautas Landsbergis zum Präsidenten. Gorbatschow verurteilte die Erklärung als »illegitim und ungültig« und warnte, daß es keine Verhandlungen geben werde. Er erklärte, die politische und territoriale Integrität der Sowjetunion erhalten zu wollen, und drohte mit militärischen Maßnahmen. Der Kongreß der Volksdeputierten bestätigte seine Haltung, daß es keine Anerkennung der litauischen Unabhängigkeit geben werde. Mit dieser Rückendeckung stellte Gorbatschow am 16. März – dem Tag, nachdem er vom Kongreß zum Präsidenten wiedergewählt worden war – ein Ultimatum an Landsbergis, die Unabhängigkeitserklärung bis zum 19. März zurückzunehmen. Er versuchte, die Litauer mit einer Demonstration der Stärke einzuschüchtern: Flugzeuge wurden auf »Manöver« zu Tiefflügen über den Dächern der Hauptstadt geschickt und warfen Propagandabroschüren ab.

GEORGE BUSH

Diese Maßnahmen bedrohten die bis dahin friedlichen Veränderungen in Litauen. Ich fürchtete, sie könnten Vorläufer von Zwangsmaßnahmen sein, die nicht nur die Beziehungen zwischen den USA und der Sowjetunion zurückwerfen würden, sondern auch ganz Europa. Ich bat den Sicherheitsrat, eine Liste von Optionen für den Fall aufzustellen, daß ich entschied, daß wir darauf antworten mußten. Ich wollte allerdings keine militärische Intervention in die Debatte bringen. Wir sprachen darüber, offizielle Besuche und das Gipfeltreffen abzusagen oder es wenigstens zu verzögern, hofften aber, daß es nicht dazu kommen würde.

BRENT SCOWCROFT

Der Druck von Kongreß, Presse und den baltischstämmigen Amerikanern, die Unabhängigkeit Litauens anzuerkennen, wurde sehr groß. Sogar Senatorin Nancy Kassebaum, eine gute Freundin und eine Seele von Vernunft, rief an und drängte, wir sollten irgendeine Art von Anerkennung vornehmen. Viel extremer warfen sich manche im Kongreß in Positur; ein eklatantes Beispiel war die Reise von Senator Al D'Amato an die litauische Grenze. Die Forderungen des Kongresses nach einer Anerkennung Litauens erreichten am 21. März eine Art Höhepunkt, als mit Unterstützung von Senator Jesse Helms eine Resolution zur Abstimmung gestellt wurde, in der die Anerkennung gefordert wurde. Zum Glück war die Stimmung nicht so emotional, wie wir befürchtet hatten, und der Antrag wurde mit 59 zu 36 Stimmen abgelehnt.

Niemand wünschte sich mehr als wir, das Baltikum unabhängig zu sehen. Wir hätten auf den Zug aufspringen, die Regierung Landsbergis anerkennen und nach der Unabhängigkeit Litauens rufen können. Es wäre ein gutes Gefühl gewesen und hätte das Sperrfeuer der Kritik beendet. Viele Kritiker behaupteten damals und bis zum heutigen Tag, wir hätten die neue Regierung in Litauen nicht anerkannt, weil wir mehr an der Unterstützung Gorbatschows interessiert waren als an der Unabhängigkeit der baltischen Staaten. Diese Kritik verfehlt die zentralen Fakten in dieser schwierigen Situation: In Wirklichkeit konnten die baltischen Staaten anhaltende Unabhängigkeit nur mit der Einwilligung des Kreml erlangen – und unser Ziel war es, Moskau dazu zu bringen. Der schlechteste Weg dahin war, den Sowjets die Stirn zu bieten und sie zu bedrohen. Nicht nur wir würden die Verlierer sein, sondern auch das Baltikum, die sowjetischen Reformen und vielleicht die deutsche Wiedervereinigung. Der Präsident hatte wieder und wieder eingeworfen, was wir dann hätten tun sollen, wenn die Sowjets nach der Anerkennung der Regierung Panzer geschickt hätten? Ich wußte, daß wir recht hatten, aber es war hart, von den »Hurra-Patrioten« verfemt zu werden.

Gorbatschows Ultimatum vom 19. März verstrich, ohne daß die Krise gelöst war. Am nächsten Tag versicherte Schewardnadse Baker bei einem Treffen am Rande der Feiern zur namibischen Unabhängigkeit in Windhuk, daß die Sowjetunion keine militärische Gewalt anwenden würde, sondern auf den Dialog setzte. Er glaubte, daß Litauen in seiner Unabhängigkeitseuphorie davongetragen worden war und den klaren Blick für die Konsequenzen verloren hatte. Das Baltikum war bei der Belieferung von Strom und Rohstoffen vom Rest der Union abhängig. »Sie bekommen viel von uns«, sagte Schewardnadse zu Baker, »und sie können es einfach nicht alleine schaffen.« Baker warnte, daß es die Beziehungen ernsthaft verschlechtern würde, wenn die Sowjetunion Zwangsmaßnahmen anwenden würde. Schewardnadse antwortete, daß Gorbatschow unter dem Druck des Militärs stand, einzugreifen.

BRENT SCOWCROFT

Am gleichen Tag traf ich den sowjetischen Botschafter Dubinin in meinem Büro und überbrachte ihm eine ziemlich ähnliche Botschaft. Es schien, daß unsere Manövriermöglichkeiten rapide abnahmen und, wenn sich die Situation weiter verschärfte, Rhetorik alleine vielleicht nicht ausreichen würde, um eine unkontrollierbare Explosion in Litauen zu verhindern.

Senator Edward Kennedy und der frühere Vorsitzende der Vereinigten Stabschefs, Admiral William Crowe, fuhren beide im März nach Moskau. Gorbatschow sagte Kennedy, daß die Entscheidung Litauens, für die Unabhängigkeit zu stimmen, eine »Palastrevolution« darstelle. Als Kennedy ihn fragte, ob er den Einsatz von Gewalt ablehne, sprach sich Gorbatschow dafür aus, nicht zu militärischen Mitteln zu greifen, außer wenn Gewaltakte das Leben anderer gefährdeten. Crowe traf sich unabhängig davon mit Gorbatschow und seinem Berater Marschall Sergej Achromejew und berichtete Matlock von diesem Gespräch in einem Telegramm. Er hatte den Marschall, mit dem er befreundet war, tief bedrückt über die Entwicklungen um sich herum angetroffen.

Er sagte, daß die Litauer tun könnten, was sie wollten, aber die sowjetische Führung keiner einzigen Republik erlauben könnte, die Union zu verlassen. Er betonte, daß die Bevölkerung es nicht tolerieren würde, wenn Gorbatschow den Forderungen Litauens nach Souveränität nachgebe, und daß Moskau, wenn es zum Äußersten gedrängt würde, Litauen niederwerfen würde. Er sagte, die Regierung hoffe, eine solche Aktion vermeiden zu können. Statt dessen versuche sie, den Prozeß in die Länge zu ziehen, indem sie verschiedene Gesetze und Verfahren anwende, um Zeit zu gewinnen.

Crowe berichtete von seinem Eindruck, daß Achromejew bei Entscheidungen ständig überstimmt wurde und dadurch enttäuscht und desillusioniert sei. »Achromejew sagte zu Crowe, er habe Gorbatschow unterstützt, weil er an das glaubte, was Gorbatschow tat«, stand in dem Telegramm. »Nichtsdestotrotz betonte Achromejew, daß er das Ausmaß der Unzufriedenheit in der UdSSR nicht erfaßt hatte. Er machte deutlich, daß das Land für die vielen laufenden Veränderungen nicht bereit war, und fügte hinzu, daß es gewisse Grenzen gebe. Achromejew sprach lange über das nachlassende Glück der Partei, merkte aber an, daß ›wir es selber versaut haben‹ … Er sagte, dies habe ihm schon hundertfach das Herz gebrochen. Er verlieh seiner Hoffnung Ausdruck, daß es möglich sein könnte, die Partei wieder zusammenzuführen, bestand aber darauf, daß die alte Partei nun verschwunden sei.«

BRENT SCOWCROFT

Die Gespräche von Baker und Crowe waren klare Beweise dafür, daß die Kreise um Gorbatschow sich immer mehr entzweiten. Schewardnadse, sein Freund und Partner bei der Reform, war fest davon überzeugt, daß die Probleme mit Litauen durch einen Dialog gelöst werden müßten, auch wenn er noch nicht von der Unabhängigkeit sprach. Achromejew, der erfahrene militärische Führer der Sowjetunion, war genauso überzeugt, daß dem Baltikum niemals erlaubt werden würde, die Union zu verlassen. Die Vorstellungen des Marschalls und die Trauer über die Ereignisse, deren Zeuge er war, waren sicher nicht einmalig unter der »traditionalistischen« Führerschaft in der Armee und der Partei. Es schien, als verhärtc sich die Opposition gegen die den Veränderungen Gorbatschows.

GEORGE BUSH

Am 28. März gewährte uns Margaret Thatcher etwas mehr Einblick in diesen politischen Druck auf Gorbatschow, denn sie hatte tags zuvor ein Telefonat mit ihm geführt. Sie war zutiefst besorgt, weil er nicht über friedliche Lösungen in Litauen sprach. Tatsächlich war er ihr ausgewichen, als sie ihn drängte, den Einsatz von Gewalt auszuschließen. Sie hielt es für möglich, daß er den Ernst der Situation übertrieb, aber es hatte nicht so geklungen. Thatcher erzählte, Gorbatschow sei »einsam« gewesen, trübsinnig und pessimistisch, und er habe sich angegriffen gefühlt. Er hatte festgehalten, daß er das Land nur »dem Recht entsprechend« behandelte, und daß Veränderungen im Einklang mit der Verfassung erfolgen sollten, nicht durch einseitige Aktionen der litauischen Führung. Es sei klar, daß Gorbatschow fand, er bekäme von den Litauern keine Unterstützung oder Verständnis. Dadurch wurden seine Optionen eingeschränkt. Gorbatschow sagte ihr, daß er nach dem anstehenden Treffen im neugeschaffenen Föderationsrat wohl etwas unternehmen müsse.

Ich traf mich mit Scowcroft, Sununu, Gates und Baker, und wir entschieden, daß wir eine Botschaft sowohl an Gorbatschow als auch an Landsbergis schicken sollten. Ich hatte schon am 21. März einen Brief an Gorbatschow geschrieben und ihm darin vorgeschlagen, das Verbot von MIRV-Raketen in den START-Vertrag einzufügen. Litauen hatte ich nicht erwähnt. In einem neuen Brief versuchte ich, ihm privat das zu sagen, was ich öffentlich nicht sagen konnte, ohne ihn bloßzustellen und ihm womöglich die Hände zu binden:

Glauben Sie mir, wenn ich Ihnen sage, daß die Vereinigten Staaten nicht den Wunsch haben, die Situation in Litauen zu irgendeinem Vorteil auszunutzen. Obwohl die Vereinigten Staaten, wie Sie wissen, die Eingliederung der baltischen Staaten in die UdSSR nie anerkannt haben und wir deren Selbstbestimmungsrecht unterstützen, haben wir uns in unseren öffentlichen Äußerungen sehr behutsam gezeigt und die sowjetische Regierung nicht kritisiert …

Diese gemäßigte Haltung hat in unserem Land zu wachsender Kritik geführt, auch vom Kongreß, der Presse und sogar von Mitgliedern meiner eigenen Partei – also Leuten, die in ihrer Sympathie für den Wunsch Litauens nach Unabhängigkeit aufrichtig sind wie ich selber. Diese Kritik fängt nun an, meine eigene Beweglichkeit in dieser Frage einzuengen.

Sie erzählten Premierministerin Thatcher, daß Ihre eigenen Optionen eingeschränkter werden. Ich spüre einen wachsenden Pessimismus Ihrerseits in bezug auf ein günstiges Ergebnis. Herr Präsident, in einem Geist von aufrichtiger Achtung und sogar Freundschaft möchte ich Ihnen sagen, daß jedes Ergebnis, das nicht auf einer friedlichen Diskussion und Abstimmung beruht, große Gefahren für das in sich birgt; Gefahren für das, was Sie bereits erreicht haben und noch zu erreichen hoffen – nicht nur für unsere Beziehungen, sondern auch für Ihre Beziehungen mit anderen Ländern im Westen. Sowohl Sie als auch Minister Schewardnadse haben James Baker und mir gesagt, daß der Einsatz von Gewalt einen ernsten Rückschritt in Ihren Reformen bedeuten würde. Ich glaube, daß andere Zwangsmaßnahmen eine ähnliche Wirkung auf Ihre Anstrengungen haben würden. Perestroika kann nicht teilbar sein. Ein Ausnahmezustand oder Kriegsrecht in Litauen – unabwendbare Folge des Einsatzes von Gewalt oder Einschüchterung – ist schlicht unvereinbar mit der Demokratisierung andernorts.

Wenn man all dies bedenkt: Ist es nicht möglich, sich von Konfrontation, Ultimaten und Forderungen wieder zurückzuziehen und zu einem ruhigeren Zustand zurückzukehren, in dem eine rationale Diskussion vorankommen kann? In seiner kürzlichen Unterhaltung mit James Baker schien Eduard Schewardnadse Referenden als Mittel im Umgang mit Nationalitätenfragen im Prinzip zu akzeptieren. Dr. Landsbergis hat jetzt öffentlich erklärt, daß er bereit sei, ein Referendum zu erwägen. Gibt es hier eine gemeinsame Basis? ... Wir wollen helfen, die gegenwärtige Situation zu entschärfen, und hoffen, daß zwischen Ihren Interessen und der Sehnsucht des litauischen Volkes ein Ausgleich durch Diskussionen möglich ist. Ich dränge auch Dr. Landsbergis indirekt und informell dazu, von Aktionen und Forderungen Abstand zu nehmen, die zur Konfrontation beitragen.

BRENT SCOWCROFT

Wir sprachen darüber, ob wir einen Brief an Landsbergis schikken sollten. Wenn das bekannt wurde, würde das bedeuten, daß der Präsident die Litauer zu bremsen versuchte. Weil die Angelegenheit so heikel war, wollten wir keine schriftliche Botschaft über die litauische Mission in Washington schicken. Statt dessen baten wir Senator Dick Lugar, einen erfahrenen Diplomaten und Mitglied des Auswärtigen Ausschusses, mit den Litauern zu sprechen.

Am 31. März bot Gorbatschow an, einen Dialog mit Landsbergis zu beginnen, wenn die Litauer ihre Unabhängigkeitserklärung zurücknähmen. Landsbergis beharrte darauf, daß dies unmöglich sei, obwohl das Parlament erklärte, es sei willens, in Verhandlungen einzusteigen.

Bei den Treffen mit Schewardnadse im April in Washington hatten wir die Möglichkeit, den sowjetischen Außenminister mit der Situation zu konfrontieren. Die Gespräche waren aber unproduktiv. Schewardnadse war sehr defensiv, sowohl bei den Gesprächen im Weißen Haus als auch mit Außenminister Baker. Baker hatte das Gefühl, daß die Gespräche im Februar in Moskau, bei denen die sowjetische Delegation einer Reihe von Abrüstungsvorschlägen zugestimmt hatte, und die jetzigen wie Tag und Nacht waren. Es schien, daß in der Zwischenzeit das Militär scharf gegen die Rüstungskontrollentscheidungen vorgegangen war, denn die Mannschaft von Schewardnadse machte jetzt bei den Vereinbarungen vom Februar einen Rückzieher. Schewardnadse entschuldigte sich beinahe, sie seien unter Beschuß, weil sie zu viele Konzessionen gemacht hätten. »Bitte machen Sie sich bewußt, daß einige unserer

Positionen auch den politischen Druck widerspiegeln.« Bezüglich Litauen berichtete Baker, daß ein wichtiges Hindernis die Weigerung von Landsbergis sei, Gorbatschows Forderung nach einem Treffen in Moskau zuzustimmen. Außerdem schien Schewardnadse verärgert zu sein, daß die Maßnahmen des litauischen Obersten Sowjets vom 11. März »über Nacht« gekommen seien, ohne Referendum oder Abstimmung. Baker fragte, ob die Sowjetunion eine »Suspendierung« der Unabhängigkeit begrüßen würden. Schewardnadse wollte nicht darüber sprechen.

Schewardnadse überbrachte ein paar Tage später Gorbatschows Antwort auf den Brief des Präsidenten zum Thema Rüstungskontrolle vom 21. März und seine persönlichere Botschaft. Gorbatschow war zuversichtlich, daß wir uns weitreichende Ziele bei der Rüstungskontrolle setzen konnten und auch erwarten durften, diese zu erreichen. Er schrieb:

»Um tatkräftig auf diesem Weg weiterzugehen, müssen wir besonderen Wert auf die Atmosphäre unseres Dialoges legen und auf die gegenseitige Bereitschaft, unnötige Komplikationen und künstliche Probleme zu vermeiden. Ich schätze Ihren realistischen Ansatz und die Entwicklung des sowjetisch-amerikanischen Dialogs, ebenso Ihren Wunsch, die andere Seite zu verstehen und ihre Interessen und Probleme zu beachten. So verstehe ich Ihren privaten Brief an mich vom 29. März 1990. Ich möchte wiederholen, daß wir den Kurs der radikalen Umgestaltung der sowjetischen Gesellschaft auf der Basis von Demokratisierung und Glasnost weiter fortsetzen wollen, wie auch den aktiven und ernsthaften Dialog und den Aufbau eines wirklichen Rechtsstaates. Ich halte es dabei für überflüssig, zu erwähnen, daß dies Respekt für die konstitutionelle Ordnung und die Gewährleistung der Rechte und der Sicherheit aller Bürger unseres Landes voraussetzt.«

Es war eine positive Antwort, die von Dialog sprach, wenn sie sich auch in der Frage des Einsatzes von Gewalt nicht festlegte.

GEORGE BUSH

In unseren Gesprächen im Weißen Haus am 6. April versuchte Schewardnadse, einige der Schwierigkeiten seiner Regierung zu erklären. Er wollte die Verantwortung teilweise auf rechtstechnische Probleme abwälzen. »Das Problem ist unsere Staatsstruktur, die ganz andere fundamentale Prinzipien hat als die Ihre«, sagte er. »Wir sind eine Union von fünfzehn souveränen Staaten.« Die Fortentwicklung des Rechtssystems war hinter die politische Entwicklung zurückgefallen. Obwohl die sowjetische Verfassung prinzipiell das Recht der einzelnen Republik auf den Austritt aus der Union beinhaltete, gab es keinen Mechanismus für einen solchen Austritt. Neue Gesetze waren erst nach den ersten Schritten Litauens verabschiedet worden. »Ich habe gesagt und möchte das auch wiederholen, daß unsere hauptsächliche Waffe der Dialog ist«, sagte er. »Das gilt für jeden Staat, aber besonders natürlich für unser eigenes Volk. Perestroika und Demokratie, das Recht auf Selbstbestimmung, all dies ist Teil unseres Programms. Dialog muß offen, glaubwürdig und ehrlich gegenüber unserem Volk und unserer Führung sein.« Die neue Präsidentschaft war eingerichtet worden, um mit diesen Problemen umzugehen. Gorbatschow wolle mir durch ihn ausrichten lassen, »daß er sich an die von ihm aufgestellten Prinzipien halten« werde. Ich sagte Schewardnadse, daß Dialog der einzige Weg sei und daß wir Verständnis für die Litauer hätten. Obwohl wir Litauen nicht anerkannt hatten, mußten wir sie bei der Selbstbestimmung unterstützen.

Ich wollte Gorbatschow gerne beim Wort nehmen, daß es keine Gewalt geben werde, aber es war schwierig, die Widersprüche zu erklären, die wir sahen. Wer zog die Fäden? Später versuchte ich, mit Schewardnadse offen darüber zu sprechen, unter wieviel Druck des Militärs Gorbatschow wirklich stand. Er enttäuschte mich aber, weil er nicht direkt antwortete. Er gab zu, daß es Schwierigkeiten in der Partei gab und daß die Leute Gorbatschow und ihn selber heftig kritisierten, daß sie nicht entschieden genug seien. Bei einem gerade abgehaltenen Parteiplenum hatte der sowjetische Botschafter in Polen, der auch Mitglied des Zentralkomitees war, Gorbatschow und die gesamte Führungsriege wegen der Osteuropa-Politik attackiert. Schewardnadse erzählte von der Debatte. Er hatte die Perestroika verteidigt und erklärt, daß ohne sie das Ergebnis nur Anarchie oder Diktatur heißen könne. Anarchie würde alles destabilisieren – die Sowjetunion, Europa und alles darüber hinaus. Diktatur würde zu einer Tragödie führen. Schewardnadse bestand aber darauf, daß die Sowjetunion noch nicht an einem kritischen Punkt angelangt sei.

Die kompromißlosen Elemente in der Partei erhöhten den Druck auf Gorbatschow – vielleicht fühlten sie sich durch die Kritik im Volk über die Veränderungen in Osteuropa und auch im Baltikum dazu ermutigt, die Stimme zu erheben. Am 9. April drohte der Präsidentielle Rat, der die Antwort Litauens auf Gorbatschows Telegramm vom 30. März als unzureichend empfand, weitere wirtschaftliche, politische und »sonstige« Maßnahmen gegen Litauen an. Es sah so aus, als habe Gorbatschow beschlossen, daß er Litauen nicht ziehen lassen könne. Nach einer Reihe von Warnungen von ihm und störrischen Zurückweisungen durch Landsbergis kulminierte die Situation am 13. April in einer Drohung, binnen 48 Stunden alle Öl- und Gaslieferungen einzustellen, wenn Litauen seine Unabhängigkeitserklärung nicht widerrief. Abgesehen von Elektrizität war Litauen wirklich völlig auf auswärtige Energiequellen angewiesen, und eine Sperre würde von der Bevölkerung schnell gespürt werden. Das Ultimatum verstrich ohne Wirkung.

GEORGE BUSH

Ich teilte meine Sorgen mit Margaret Thatcher, als wir uns am 16. April in Bermuda trafen. »Gorbatschow steckt in einem echten Dilemma«, sagte ich ihr. »... Als Schewardnadse in Washington war, wirkte er völlig verändert ... Ich fragte ihn, ob Gorbatschow Druck von der Rechten bekommt, und er ist zurückgeprallt, als ob ich eine Grenze überschritten hätte. Wenn Gorbatschow aus dem baltischen Dilemma nicht herauskommt, kann ich mit ihm nicht mehr arbeiten. Sie und ich sind auf einer Linie, aber es wird schwieriger ... Wir sind so weit gekommen, aber es besteht die Gefahr, daß wir ins Mittelalter zurückfallen ...«

»Für Gorbatschow ist es härter geworden«, stimmte mir Thatcher zu. Das sowjetische Militär mache eine Menge Aufhebens. »Sie sind schlecht behandelt worden; sie müssen gute Waffensysteme vernichten; ihre Armee zerfällt in Gruppen nach ethnischer Zugehörigkeit. Das Militär ist nicht länger auf Gorbatschows Seite.« Dies wirkte sich auch auf die sowjetische Politik gegenüber Deutschland, der Reduzierung konventioneller Truppen in Europa und in den START-Verhandlungen aus. »Gorbatschow ist ein vernünftiger Politiker, aber er hat seine Position in den letzten sechs Wochen sehr verhärtet«, sagte sie. »Das war nicht vorhersehbar, aber es macht für die NATO die Argumentation einfacher, weil es die Gefahren der Unberechenbarkeit deutlicher macht. Nicht nur in Europa, sondern auch außerhalb des Bündnisgebietes, wo man stabile Einsatzkräfte benötigt.«

Tagebucheintrag vom 17. April

Auf dem großen Radarschirm des öffentlichen Interesses ist heute Litauen … und die Presse hört nicht auf zu fragen: Was werden Sie tun, was werden Sie tun? Sie wollen, daß wir die Schrauben anziehen, Druck ausüben und eine Reihe von Maßnahmen ankündigen. Aber wenn wir das täten, würde die nächste Kritik lauten: Nun, wie könnt ihr das tun, wo es doch noch jede Menge anderer Punkte mit der Sowjetunion gibt, die auf der Tagesordnung stehen und Sorgen bereiten? … Es ist fast eine »No win«-Situation, und ich hoffe weiter, daß Gorbatschow das Desaster erkennt, das ihm dies international verursachen wird.

Ich treffe mich mit Delegationen aus dem Senat, die von George Mitchell angeführt werden, aber sie wollen mir keine genauen Vorschläge machen. Sie sagen, ich müßte etwas tun, aber sie sagen nicht, was dieses ›etwas‹ ist. Und das ist auch noch richtig so, der Kongreß hat den Luxus, genau dies tun zu können.

Tagebucheintrag vom 18. April

Die Frage lautet: Wie kann man unsere Beziehung erhalten, ohne genau das Verhalten gutzuheißen, das die Sowjets an den Tag legen? Es steht dort so viel auf dem Spiel, daß es sich auf den Rest der Welt auswirkt, und auch auf uns. Rüstungskontrolle fällt einem ein, aber auch Afghanistan, Kuba, Angola und die vielen anderen regionalen Fragen. Dann gibt es da die natürliche Vorsicht der Deutschen und der Polen, all derer, die keine Kehrtwendung irgendeiner Art gegenüber der Sowjetunion erleben möchten. Dann gibt es in unserem Land die Menschenrechtsgruppen, den rechten Flügel und andere, die entweder ernsthafte Abneigung oder Verdachtsmomente gegen Gorbatschow hegen und im Namen der Menschenrechte hinter ihm her sind.

Am 18. April informierte Baker Schewardnadse, daß wir ein Embargo gegen Litauen als eine Zwangsmaßnahme ansehen würden, und warnte, daß dies die amerikanisch-sowjetischen Beziehungen belasten würde. Schewardnadse versicherte ihm, daß alles, was er in Washington und sogar davor gesagt habe, immer noch in Kraft sei. »Wir sind klar darauf festgelegt, nur politische Mittel gegen Litauen anzuwenden – und es gibt keine andere Wahl.« Aber er bestand darauf, daß Litauen den ersten Schritt tun mußte.

Am nächsten Tag traf ich François Mitterrand in Key Largo. Ich berichtete von unseren Gesprächen mit Schewardnadse. »Wenn Sie die Öl- und Gasversorgung abriegeln, muß ich etwas tun«, sagte ich. »Ich werde die Rüstungskontrollverhandlungen nicht abbrechen, aber ich könnte zum Beispiel die Verhandlungen über den Meistbegünstigungsstatus abbrechen.« Ich fragte ihn, was wir seiner Meinung nach tun sollten.

Wir stecken in einem fürchterlichen Widerspruch«, begann er. »Unsere Interessen sind zum einen, Gorbatschow dort zu halten, wo er ist, und zum anderen, die litauische Unabhängigkeit zu unterstützen.« Mitterrand bestand darauf, daß wir verhandeln sollten, um ihm Zeit zu geben, Veränderungen durchzuführen. »Gorbatschow hat ein Imperium geerbt«, fuhr er fort. »Es ist jetzt im Aufruhr. Wenn es in der Ukraine losgeht, ist Gorbatschow verloren; die Folge wäre eine Militärdiktatur.« Was das Baltikum anbetraf, hatten auch die Franzosen die Eingliederung in die Sowjetunion nie anerkannt, und die Balten unterhielten Missionen in Paris. Er warnte mich davor, die Staaten anzuerkennen. »Das wäre so, als würden die Vereinigten Staaten einen Botschafter ins Elsaß entsenden.«

Ich sagte Mitterrand, daß mich die Vorstellung besorgt mache, das sowjetische Militär könnte auf eigene Faust handeln. »Ich denke, wir müssen im Interesse der westlichen Welt handeln«, antwortete er. »... Wir bauen für die Zukunft vor. Wir befinden uns auf einer Straße von zehn Meilen und haben erst eine halbe Meile geschafft.« Wenn die Sowjetunion fortfuhr und Öl und Gas abstellte, sollte unsere Reaktion wirtschaftlicher Natur sein, sonst nichts, riet er. »Ich würde nicht mit dem drohen, was ich nicht tun will. Wir können keine Truppen schicken.« Mitterrand war mit seinen umsichtigen Überlegungen auf dem Punkt und sah ganz klar, was so viele Mitglieder unseres Kongresses nicht sehen wollten. Am gleichen Tage, an dem Mitterrand und ich uns trafen, verhängten die Sowjets ihr Öl- und Gasembargo.

Tagebucheintrag vom 20. April

Die Presse macht mir gegenüber eine Menge Druck, weil es keine Mäßigung gegeben hat und jetzt wirklich Zwangsmaßnahmen durchgeführt werden ... Sie lassen Schiffe wieder abdrehen und haben bestätigt, daß Öl und Gas in der Tat abgeschnitten sind, also kommen wir nicht weiter. Baker hat ein zweites Mal mit Schewardnadse gesprochen, nachdem der gesagt hatte, wir sollten sie nicht nach ihren Worten beurteilen, sondern nach ihren Taten. Baker fragte ihn: »Wie konnten Sie das sagen?«, und der hat auf die Frage nicht reagiert.

An diesem Abend sprachen Scowcroft, Baker und ich über unsere Optionen, und unsere Diskussion wandte sich wirtschaftlichen Maßnahmen wie Handelssanktionen zu. Ich bat Baker, sich mit unseren Verbündeten über ihre Erwartungen zu beraten, und beschloß, daß ich in der folgenden Woche mit den Führern im Kongreß sprechen mußte. Das würde uns etwas Zeit geben, um eine Reaktion zu erarbeiten.

BRENT SCOWCROFT

Der Präsident berief ein Treffen des Sicherheitsrates über Litauen für Montag, den 23. April, ein. Die Teilnehmer fanden sich am frühen Abend im Kabinettsraum ein, darunter alle aus dem Wirtschaftsteam: Nicholas Brady, Handelsminister Robert Mosbacher, Agrarminister Clayton Yeutter und die US-Handelsbeauftragte Carla Hills. Der Präsident betonte, daß dies kein Entscheidungstreffen sei, lediglich eine Diskussion. Ich skizzierte, wo wir standen. Es gab drei Felder, in denen wir agieren konnten: Das erste war Sicherheit – Rüstungskontrolle – Verhandlungen, von dem ich glaubte, daß wir in diesem Bereich nichts aussetzen sollten. Das zweite waren nicht-wirtschaftliche amerikanisch-sowjetische Kontakte, durch die sich wenig bewegen ließe. Das dritte war das wirtschaftliche Feld, weitgehend analog zu der wirtschaftlichen Zwangsanwendung gegenüber Litauen. »Es wäre schwierig, dem Kongreß zu erklären, warum wir Wirtschaftsabkommen mit Moskau verhandeln, die der Wirtschaft dort helfen sollen, während sie ökonomische Maßnahmen anwenden, um die Litauer auszuquetschen«, sagte ich.

Es gab viele Wege, die wirtschaftliche Agenda zu unterteilen. Einer war die Unterscheidung zwischen Initiativen, an denen wir vor und seit Malta gearbeitet hatten, und dann diejenigen auszusetzen, die der Präsident mit Gorbatschow diskutiert hatte, etwa Handelsabkommen und den Meistbegünstigungsstatus. Ein anderer war, zwischen kommerziellen Vergünstigungen und technischem Austausch zu unterscheiden. Letzterer brachte unser eigenes Ziel der Reform in der Sowjetunion voran. Wir konnten auch einfach diejenigen Initiativen aussetzen, die ihnen mehr halfen als uns.

Baker schärfte uns ein, daß wir zwei Ziele hatten: unsere Beziehungen zur UdSSR insgesamt zu erhalten und Streit mit unseren Verbündeten zu vermeiden. Er hatte die meisten unserer Verbündeten rund um die Welt konsultiert. Die einhellige Reaktion war, daß wir auf dem richtigen Weg waren und nichts unternehmen sollten, außer die Energiesperre zu verurteilen. Die versammelten Berater schlossen sich diesem Rat an – niemand wollte eine dramatische Aktion. Baker und das Wirtschaftsteam blieben bei ihrer Meinung, daß Sanktionen übertrieben seien, es sei denn, Gorbatschow griffe zu Gewalt. Ich war etwas irritiert über die zurückhaltende Einstellung, die in dem Treffen überwog, obwohl man das aus der Perspektive der versammelten wirtschaftlichen Ministerien wohl erwarten mußte. Sie mußten sich keine Sorgen über politische und Sicherheitsfragen machen oder über die Kritik, der Präsident sei den Sowjets gegenüber »zu weich«. Dennoch beschäftigte sich keines von Bakers zwei Zielen mit unseren Interessen in Litauen selbst. Ich fand, wir sollten stärker reagieren, aber nicht wegen des Drucks im Inland. Vielmehr deshalb, weil Gorbatschow uns völlig ignoriert und jede seiner Zusicherungen gegenüber dem Präsidenten verletzt hatte. Er schien zu erwarten, daß nur wir uns anpassen sollten, und ich hielt es für gefährlich, ihn damit durchkommen zu lassen. Jetzt nur mit einem kleinen Schlag auf das Handgelenk zu reagieren konnte uns später noch Schwierigkeiten bereiten. Aber angesichts der Einstellung rund um den Tisch entschied ich mich, daß es fruchtlos und eine Verschwendung von Zeit sei, den Konsens anzugreifen.

Ich war mit dieser Diskussion unzufrieden, weil sie nicht in Richtung Handeln wies, und ich wollte handeln. Unser wichtigstes Ziel war, den Litauern Unterstützung zu zeigen. Während ich noch glaubte, daß das amerikanische Volk hinter mir stand bei der Art und Weise, wie wir mit der Situation umgingen, war es doch schwer, untätig zu sein. Wir wollten den Litauern nicht die Vorstellung vermitteln, daß wir ihre Notlage ignorierten. Wir konnten aber auch nicht vorschlagen, daß wir mit ihnen auf die Barrikaden gehen würden und sie dann hängenlassen, wenn die Sowjets Gewalt einsetzten.

Es war attraktiv, wirtschaftliche Initiativen auszusuchen, die man knapp unterhalb von Wirtschaftssanktionen aussetzen konnte. Das schaffte Anreize für die Sowjets, das Energieembargo aufzuheben, ohne daß wir Drohungen aussprechen mußten, die Gorbatschow ein Nachgeben schwergemacht hätten, ohne einen hohen politischen Preis zu zahlen und sein Gesicht zu verlieren. Ich entschied, daß wir unsere Bemühungen um ein Handelsabkommen und den Meistbegünstigungsstatus einstellen würden, bis die Sowjetunion an einer Verhandlungslösung zu arbeiten begann. Ich wollte keine anderen Kontakte abbrechen oder den Gipfel absagen.

Tagebucheintrag vom 24. April

Wir hatten ein Treffen mit der versammelten Führungsriege im Kongreß, und ich ging im Detail meine Überlegungen zu Litauen durch. Sie waren zu meiner angenehmen Überraschung entschieden dafür, mir eine flexible Haltung zuzugestehen, anstatt dramatischen Aktionismus an den Tag zu legen. Jesse Helms war eine Ausnahme, wollte Litauen anerkennen, aber Rostenkowski und andere verstanden, daß meine Bedenken über das, was in Osteuropa passieren würde, berechtigt sind. Sie favorisierten unseren Ansatz zu Dialog und Diskussion, um damit zu versuchen, die Sowjets zum nächsten Schritt zu bringen. Sie stimmten überein, daß dies auf dem wirtschaftlichen Sektor geschehen sollte, also hatte ich ein wenig Spielraum und Zeit.

In komplizierten Fragen stellte sich Landsbergis, obschon ein echter Patriot, als sehr schwierig heraus. An dem Tag, an dem er sich beklagte, sein Land sei das Opfer eines neuen »Münchner Abkommens«, war ich rasend. Ich konnte seine Enttäuschung zwar verstehen, wünschte mir aber, er würde erkennen, daß wir uns für die litauische Unabhängigkeit engagierten. Mich einer Appeasement-Politik zu beschuldigen war hanebüchen. Ich wußte nicht recht, was ich in der Angelegenheit tun sollte, außer ihm die Botschaft zukommen zu lassen, daß das der Sache nicht dienlich war. Dies tat ich in einer Pressekonferenz am 25. April. Am nächsten Tag veröffentlichten Mitterrand und Kohl einen Brief an Landsbergis, in dem sie ihn aufforderten, Litauens Unabhängigkeitserklärung zu »suspendieren« und mit Gorbatschow zu reden. Dies hatte auch Baker bei Schewardnadse angesprochen. Ich fand das eine großartige Idee und ermutigte sie dazu. Es würde vielleicht etwas öffentlichen Druck auf Landsbergis ausüben und ihn zur Zusammenarbeit bringen.

Bevor ich handelte, wollte ich Gorbatschow ohne einen Sturm öffentlicher Aufmerksamkeit vorwarnen. Ich entwarf einen Brief und warnte ihn vor dem, was ich tun würde – nämlich unter den gegebenen Umständen nicht mit MFN weiterzumachen. Ein Dialog mußte beginnen. Ich war mir nicht sicher, ob die Umstände stärkere Maßnahmen erfordern würden, oder ob ich den Brief überhaupt abschicken sollte, aber ich bezog eine gewisse Befriedigung daraus, an dem Abend an meiner Schreibmaschine zu sitzen und fünf Seiten in die Tasten zu hauen, um es mir von der Seele zu schreiben. Eine redigierte Fassung ging am 29. April an Gorbatschow:

… Ich habe der von Ihnen geäußerten Meinung große Bedeutung beigemessen, daß keine Gewalt angewendet würde und daß eine eventuelle Trennung oder Selbstbestimmung für Litauen möglich sei. Jetzt haben wir das Problem, daß wir nicht länger untätig herumsitzen und dabei den Eindruck erwecken können, wir kümmerten uns nicht um den Wunsch des litauischen Volkes nach Freiheit.

Ich habe häufig öffentlich gesagt, daß es nicht nur mein Wunsch ist, daß die Perestroika zum Erfolg kommt, sondern auch, daß Sie persönlich die Oberhand behalten. Das sehe ich noch immer so … Am Dienstag traf ich mich mit den wichtigsten Führern in unserem Kongreß und erklärte, daß ich in der Angelegenheit nichts unternehmen wolle – obwohl in meinem Land das Gefühl wächst, daß meine Untätigkeit dem Streben des freiheitsliebenden Volkes von Litauen einen schweren Schlag versetzt. Dieses wachsende Gefühl – das ich teile – läßt mich glauben, daß wir unmöglich unser Handelsabkommen zum Abschluß bringen können, wenn kein Dialog mit Litauen beginnt.

Ich habe keine andere Wahl, als mich mit unserer starken Überzeugung zu identifizieren, daß Litauen ein Recht auf Selbstbestimmung und die Kontrolle des eigenen Schicksals hat.

Ich freue mich darauf, Sie bei unserem kommenden Treffen zu sehen. Ich bin fest entschlossen, das Treffen trotz der bestehenden Spannungen abzuhalten. Es steht viel auf dem Spiel.

Während ich auf Antwort wartete, beschloß der Senat am 1. Mai mit 73 zu 24 Stimmen, Moskau in den USA Handelsvorteile vorzuenthalten, bis das Embargo gegen Litauen aufgehoben war. Zwei Tage später kam eine kühle Antwort von Gorbatschow, die Botschafter Dubinin persönlich an Brent Scowcroft übergab:

»Mir scheint, daß wir in Malta grundsätzlich gegenseitiges Verständnis erlangt hatten, was die Haltung gegenüber Litauen angeht. Wie ich damals betonte, kann diese Art von Problem nur demokratisch gelöst werden, in einer besonnenen Weise und ohne jede Einmischung von außen. Ich möchte Ihre besondere Aufmerksamkeit auf den letzten Punkt lenken und darauf hinweisen, daß Sie dem Separatismus das Wort reden sollten, wenn Sie unsere Beziehung unterminieren und die Einstellung unseres Volkes gegenüber den Vereinigten Staaten verschlechtern wollen. Ich habe auch gesagt, daß wir auf vorsichtiges und durchdachtes Handeln des amerikanischen Präsidenten in dieser enorm empfindlichen Frage zählen. Das war das Fundament, auf dem weiteres Handeln basieren sollte.

Sowohl Ihrer als auch unser Ansatz zu der Situation in Litauen bekräftigt, daß dieses gegenseitige Verständnis tatsächlich auf eine praktische Ebene gehoben wurde ... Sollen wir jetzt glauben, daß sie Ihre Ansicht in bezug auf die Konsequenzen negativer Schritte im Bereich der sowjetisch-amerikanischen Handels- und Wirtschaftsbeziehungen geändert haben? Oder ist es vielmehr so, daß Washington weitergehen will auf dem Weg genau jener Eskalation, die vor noch nicht einmal zehn Tagen seitens der USA als unakzeptabel angesehen wurde?«

Es war eine enttäuschende Antwort. Nach meinem Verständnis hatte das, was in Malta gesagt worden war, auch ein Einvernehmen darüber beinhaltet, daß Gorbatschow nicht zu Zwangsmaßnahmen greifen würde – und genau das war das Energieembargo. Das war nur schwerlich als Teil einer »demokratischen« Lösung oder des Dialogs anzusehen, den Gorbatschow und Schewardnadse versprochen hatten. Ich hatte versucht, für beide Seiten Verständnis zu zeigen, aber das bedeutete nicht, daß wir wegsehen würden, wenn Moskau Litauen einschüchtern und bestrafen wollte. Wir hatten eine maßvolle und verhältnismäßige Antwort auf die Entwicklung gegeben, indem wir den Fortschritt bei den Verhandlungen zum Meistbegünstigungsstatus und dem Handel verzögern. Wir hatten den Forderungen nach Wirtschaftssanktionen nicht nachgegeben, obwohl unsere Sympathien bei Litauen lagen. Wir ermutigten zu konstruktivem Dialog, nicht zu Separatismus.

BRENT SCOWCROFT

Die litauische Premierministerin Kasimira Prunskiene besuchte die Vereinigten Staaten Anfang Mai, und sie wurde zu einem informellen Treffen in das Weiße Haus eingeladen. Dies war eine gute Methode, um unsere Unterstützung für Litauen und die Premierministerin zu zeigen. Sie war überlegter als der hitzige und manchmal kontraproduktive Landsbergis. Sie sollte am Nordwest-Tor ankommen, und wir gingen in das Kabinettszimmer, um auf sie zu warten. Doch es erschien keine Premierministerin: Das schwere, motorbetriebene Tor hatte sich nur bis zur Hälfte geöffnet und war dann kaputtgegangen. Ihre Limousine konnte nicht auf das Grundstück fahren, und sie mußte mit ihren Begleitern vom Tor bis zur westlichen Lobby laufen.

Dieser unglückliche Zufall wurde von einigen Pressevertretern böswillig als ein überlegter Schachzug beschrieben, um Prunskiene zu erniedrigen. Nichts hätte weiter von der Wahrheit entfernt sein können. Wir wollten sicher nicht in unsere eigene Suppe spucken. Wir hatten sie eingeladen, um eine Erklärung abzugeben. Es handelte sich um das erste Treffen eines amerikanischen Präsidenten mit einem litauischen Premierminister seit der Annexion des Baltikums, und das war ein Präzedenzfall, den wir als solchen auch verstanden wissen wollten. Unsere einzige Sorge war, daß dieses als eine Anerkennung der Unabhängigkeit der Regierung dargestellt werden könnte. Aus diesem Grunde erlaubten wir dem litauischen Konsul auch nicht, sie in das Kabinettszimmer zu begleiten, und erklärten später in einer Pressemeldung, daß der Präsident sich mit ihr nicht als Premierministerin traf, sondern als einer anerkannten und in freier Wahl bestimmten Repräsentantin des litauischen Volkes.

GEORGE BUSH

Prunskiene war eine starke und hartnäckige Patriotin, und sie hatte ein weitreichendes Verständnis für die strittigen Fragen. Ich fand, daß mit ihr vernünftiger umzugehen war als mit Landsbergis. Sie erkannte an, daß die Vereinigten Staaten die litauische Unabhängigkeit lange unterstützt hatten und daß es ein komplexes Ziel war, ihrem Land zu helfen und gleichzeitig die übergeordneten Interessen der USA in bezug auf die Sowjetunion nicht aus den Augen zu verlieren. Der Kohl/Mitterrand-Brief öffnete einige Möglichkeiten, die Situation zu einer Lösung zu bringen, sagte sie, aber die Litauer brauchten Zusicherungen: Anerkennung der Dauerhaftigkeit litauischer Unabhängigkeit, der Rechtmäßigkeit der derzeitigen Regierung und der territorialen Unverletzlichkeit Litauens. Sie argumentierte, daß der Druck des Westens auf Gorbatschow ihm half, den Reaktionären zu widerstehen, und daß er keine Gewalt anwenden wollte.

Ich war nicht so optimistisch, daß ein militärischer Eingriff so unwahrscheinlich war. Die Armee konnte noch intervenieren, und wir mußten vorsichtig sein. »Ich möchte nicht erleben, daß Litauen unter dem gleichen Stiefel zertreten wird, der die Kinder Ungarns 1956 zertreten hat, als ihnen gesagt wurde: ›Geht auf die Barrikaden‹«, sagte ich. Sie gaben ihr Leben, wurden zu Märtyrern, und wir waren nicht da und Westeuropa auch nicht. Wir müssen einen besseren Weg finden. Es ist schwer für das Volk von Litauen, das zu verstehen, aber genau das versuche ich zu tun.« Aber das sei nicht die einzige Frage, fügte ich hinzu: Ich wollte keine sowjetischen Truppen mehr in Polen haben, und Vaclav Havel sollte die Chance bekommen, in der Tschechoslowakei den Wunsch nach Freiheit zu erfüllen. »Nur die USA können hier einen entscheidenden Schnitzer machen und alle Chancen vereiteln. Die Welt schreit nach Rüstungskontrolle ... Die Sowjetunion hat in dieser Angelegenheit noch immer etwas zu sagen. Ich reite nicht auf diesen Punkten herum, weil ich eine eingeschränkte Sicht von der litauischen Unabhängigkeit habe, sondern weil noch soviel mehr auf dem Spiel steht... Macht es mehr Sinn, Gorbatschow öffentlich zu ohrfeigen, als im stillen sicherzustellen, daß er unser Engagement versteht? Eines müssen Sie unbedingt verstehen, wenn Sie dieses Büro, dieses Symbol der Freiheit, verlassen: Ich setze mich persönlich für die Freiheit Litauens ein, meine ganze Regierung tut das. Wir können über die Methoden diskutieren, aber bitte verstehen Sie richtig, wo unser Herz schlägt.«

Ein Jahr, das mit einem Gefühl vorsichtiger Versprechen begonnen hatte, war in Ungewißheit und düstere Ahnungen verfallen. Das sowjetische Militär verlangte, daß Gorbatschow und Schewardnadse weder zu Hause noch im Ausland länger Zugeständnisse machen sollten, die die strategische Position der Sowjetunion in Osteuropa gefährden könnten. Wir fürchteten, daß wir es, wenn die deutsche Wiedervereinigung und die Umgestaltung von Osteuropa als Teil eines freien Kontinents jetzt nicht vorangingen, in der Sowjetunion bald mit einer neuen Regierung zu tun kriegen könnten – und zwar einer, die wie die alten Betonköpfe nicht willens war, jene Art von Kompromissen einzugehen, die wir benötigten. Die Situation in Litauen warf dunkle Schatten auf die Vereinbarungen über Deutschland und bedrohte das Gipfeltreffen im Juni.

Der Zusammenbruch der DDR

BRENT SCOWCROFT

Das Nachlassen der Spannungen des kalten Krieges stellte die fundamentalen Annahmen in Frage, auf denen die gesamte westeuropäische Sicherheitsstruktur der Nachkriegszeit und unsere eigenen strategischen Planungen basierten: die sowjetische Bedrohung und ein geteilter Kontinent. Die amerikanische Militärpräsenz in Europa in Form der NATO hatte im wesentlichen auf der Existenz dieser Bedrohung sowie auf der Nutzung von Militärbasen in Westdeutschland beruht. Plötzlich mußte alles neu überdacht werden. Welcher Natur waren die neuen europäischen Sicherheitsbedürfnisse? Welch eine Sicherheitsarchitektur würden wir dafür benötigen? Wie sah die Zukunft der NATO aus? Wie sollte die Beziehung eines vereinten Deutschlands zur NATO gestaltet sein, und würde es uns gestattet sein, dort Truppen zu stationieren?

Wir mußten den größeren strategischen Rahmen der europäischen Sicherheit neu bedenken, unsere Rolle darin und die Beziehungen der Supermächte. Die Geschehnisse überall in Europa waren in ihrer Ursache und Wirkung miteinander verbunden und mußten ebenso im gemeinsamen Kontext gesehen werden wie individuell. Wir wurden Zeugen von Veränderungen, wie sie sonst nur von den Siegern am Ende eines größeren Krieges aufoktroyiert werden konnten. Es war entscheidend, daß wir eine Vereinbarung im Stile von Versailles vermieden, die Europa nach dem Ende des Ersten Weltkrieges geteilt und unbefriedet gelassen hatte – mit tragischen Folgen. Unsere Aufgabe war es, eine gemeinsame Vision zu entwickeln von einem Europa nach Ende des kalten Krieges – nicht nur, wie es sich unsere Verbündeten und wir uns vorstellten, sondern in dem auch die Sowjetunion ihre Interessen wiedererkennen oder das sie wenigstens akzeptieren konnte.

Die erste Maxime war, jeden weiteren Aufruhr zu vermeiden, der Europa im Laufe des 20. Jahrhunderts durchzogen hatte. Der amerikanische Isolationismus hatte bei diesen Tragödien seine Rolle gespielt. Wir hatten aus dieser blutigen Geschichte gelernt, daß die Vereinigten Staaten weiterhin eine wichtige Rolle in der europäischen Sicherheit spielen mußten, was auch immer sich im Hinblick auf die Sowjetunion entwickeln würde. Der Transmissionsriemen dafür mußte die NATO sein. Das Bündnis war der einzige Weg für die USA, Truppen in Europa als sichtbares Bekenntnis zu seiner Sicherheit und Stabilität zu behalten. Mehr noch, ein vereintes Deutschland als Vollmitglied war der Schlüssel zu unserer Präsenz. Dort lagen unsere Militärbasen. Wenn Deutschland das Bündnis verließ, würde es sehr schwer, wenn nicht gar unmöglich werden, amerikanische Truppen in Europa zu halten. Wir brauchten das Bekenntnis Helmut Kohls, Deutschland im Bündnis und amerikanische Truppen auf seinem Boden zu belassen. Zusammengenommen hatten wir durch diese Interessen bei der deutschen Wiedervereinigung viel zu verlieren – abgesehen von unserem Wunsch, die Teilung Europas zu beenden.

Wir mußten auch die Aufgabe der NATO neu definieren. Nicht nur mußte das amerikanische Volk überzeugt werden, daß auch weiterhin erhebliche Ausgaben – von der Entsendung von Soldaten ganz zu schweigen – im nationalen Interesse lagen. Wir mußten auch Moskau gegenüber zeigen, daß das Bündnis nicht länger die Bedrohung darstellte, wie sie dem sowjetischen Volk über vierzig Jahre hinweg gepredigt worden war. Präsident Bush hatte die Frage einer neuen Sicherheitsarchitektur bereits im Dezember bei seiner Ansprache auf dem NATO-Gipfel umrissen, und James Baker hatte deren große Bedeutung einige Tage später in Berlin unterstrichen. Baker hatte auch hinzugefügt, daß diese neue Architektur auch neue Aufgaben für die NATO, die EG und die KSZE bedeuten würde. In voller Absicht waren seine Ausführungen sehr breit gewesen und hatten sowohl eine für die Sowjetunion weniger bedrohliche NATO unterstrichen als auch größere Nähe zu den europäischen Strukturen, um die Franzosen zu beruhigen. Er hatte aber auch unser wichtigstes Anliegen betont, nämlich daß die Vereinigten Staaten ihre Verbindung zu Europa beibehielten. Das Ergebnis der Wiedervereinigung und die gleichzeitige Veränderung der Sicherheitsarrangements in Europa dürften nicht nur den europäischen und sowjetischen Interessen Rechnung tragen, sondern langfristig auch denen Amerikas.

Mir war klar, daß es an den Vereinigten Staaten war, diese Fragen anzusprechen und den Prozeß der Wiedervereinigung so zu steuern, daß mögliche Konflikte jetzt und in der Zukunft vermieden wurden. Wo insbesondere für unsere Rolle in Europa soviel auf dem Spiel stand, mußten wir tief in die zunehmend komplizierte Diplomatie, die vor uns lag, involviert sein. Ich wollte einen Ton anschlagen, der auf konstruktive Zusammenarbeit ausgerichtet war, so wie zur Zeit des Falls der Berliner Mauer, als wir den provokanten Aufforderungen nach Gesten und zündender Rhetorik widerstanden hatten. Die Wiedervereinigung und ein neues Europa, ungeteilt und frei, durften nicht auf Kosten anderer Nationen entstehen. Es mußte mit ihnen und durch sie sein, im Osten wie im Westen. Wir konnten die Veränderungen um uns herum nicht nach Gewinnern und Verlieren aufteilen.

Die Wiedervereinigung und die künftige Architektur Europas so auf einen guten Weg zu geleiten war ein monumentales Unterfangen. Da die Veränderungen so schnell vor sich gingen, hatten wir nicht viel Zeit für eine ausführliche Betrachtung. Zum Glück spülte die Flut der Geschichte in Deutschland und ganz Osteuropa in unsere Richtung. Wir mußten die positiven Strömungen soweit wie möglich antreiben, steuern und leiten.

Für einen kurzen Moment hatte es in den letzten Tagen des Jahres 1989 so ausgesehen, als könnte Ostdeutschland bestehenbleiben. Als Versuch, die geringe Unterstützung für seine Regierung zu verbreitern und zu stärken, begann Modrow mit verschiedenen politischen Fraktionen Gespräche am runden Tisch. Solch ein Ansatz war in Polen erfolgreich gewesen. Die meisten Teilnehmer außerhalb der Regierung hatten bei den Protesten im Oktober und November eine Rolle gespielt, bevorzugten aber doch eine reformierte DDR gegenüber einer Wiedervereinigung. Sie sprachen sich für ein System zwischen freier Marktwirtschaft und Kommunismus aus – den Weg der Mitte. Der runde Tisch verständigte sich bald auf neue Parlamentswahlen im Mai 1990 und begann sogar, selber als Parlament zu fungieren und die Kampagne gegen die verhaßte Geheimpolizei Stasi anzuführen.

Es sollte jedoch nicht sein. Die Regierung Modrow, voll alter Ge-

sichter und gefangen in alten Gewohnheiten, zerstörte bald wieder das bißchen Stabilität, das sie aufgebaut hatte. Sie war unfähig oder nicht willens, Reformen einzuleiten, die die zusammengebrochene Wirtschaft wieder in Schwung gebracht hätten. Auch die politischen Reformen waren nicht umgesetzt worden, es gab keine Reaktion auf die Forderungen, die Stasi aufzulösen. Anfang Januar versuchte Modrow, durch eine Reorganisation die Autorität der Stasi im neuen Gewand wiederherzustellen. Durch inszenierte »Vorfälle« wie der Entstellung sowjetischer Kriegsdenkmäler, die eine Antwort erforderten, sollten ihr neue Aufgaben zuwachsen. Die dünne Glaubwürdigkeit der Regierung bröckelte nun vollends. Der runde Tisch protestierte ärgerlich, und die Kooperation mit dem Regime hörte praktisch auf – und damit auch der Versuch, einen Weg der Mitte zu finden.

Am 15. Januar 1990 strömten Tausende Demonstranten auf die Straßen von Ostberlin und stürmten die Zentrale der Stasi. Am 26. Januar, als Präsident Bush mit Helmut Kohl über unsere neuen Vorschläge zur Reduzierung konventioneller Truppen in Europa sprach, glaubte dieser nicht mehr daran, daß Ostdeutschland sich aus eigener Kraft reformieren könnte oder würde. Es stand am Rande des völligen Zusammenbruchs.

GEORGE BUSH

Ein schlicht müder Helmut Kohl erklärte mir den Zusammenhang der jüngsten Ereignisse. Die ostdeutsche Regierung hatte Probleme, aber nicht, weil sie keine Reformen machen wollte, sagte er. »Sie können es einfach nicht richtig machen.« Während Havel in der Tschechoslowakei moralische Autorität genoß und ebenso Mazowiecki in Polen, hatte Modrow kaum noch Einfluß auf sein Volk.

»Ich mache selber Stück für Stück Druck in Richtung der nötigen Reformen« , erklärte Kohl. »Es gibt einige Erfolge auf wirtschaftlichem Gebiet, aber Maßnahmen, die einen Tag brauchen sollten, benötigen Wochen. Das Ergebnis: Das Vertrauen der Bevölkerung in die Regierung ist eine Katastrophe. Die Leute reisen zu Tausenden aus, und der Rest sitzt auf gepackten Koffern … Seit dem 1. Januar sind 43 000 Leute herübergekommen. Auf lange Sicht ist das nicht tragbar. Das sind gute Leute, Ärzte, Ingenieure, Spezialisten. Sie können nicht ersetzt werden.«

Kohl wollte sich im Februar in der Schweiz mit Modrow treffen und diskutieren, wie man Ordnung in die Situation bringen könnte. »Meine Aufgabe ist jetzt, den Zerfall in Mitteleuropa aufzuhalten«, sagte er. »Daran arbeite ich Tag und Nacht.« Er fragte, ob nur wir zwei uns für ein paar Stunden treffen könnten. Vielleicht in Camp David, wie wir im November angedacht hatten. Ich war sehr angetan von der Idee. Ich fand es wichtig, daß wir uns in einem solchen Umfeld zusammensetzten. Wir machten schließlich ein Treffen für den 24. Februar aus.

Kohl war wenig begeistert davon, mit einer ostdeutschen Regierung zusammenzuarbeiten, die weder funktionierte noch sich reformieren wollte. Auch an dem Plan eines Staatenbundes, an dem Modrow noch immer festhielt, hatte er kein Interesse. Nach der versuchten Wiederherstellung der Stasi-Autorität im Januar waren alle westdeutschen Parteien darin übereingekommen, jede weitere Arbeit an einer Vertragsgemeinschaft einzustellen, bis in Ostdeutschland freie Wahlen abgehalten worden sind. Kohl hoffte, daß dabei die Kommunisten eine Niederlage erleiden würden und die DDR dann in Richtung eines Bundes und schließlich der Wiedervereinigung gehen würde. Modrow seinerseits erkannte, daß seine Regierung die Macht nicht mehr lange halten konnte, und verständigte sich am 28. Januar mit dem runden Tisch darauf, die Wahlen vom 6. Mai auf den 18. März vorzuziehen. Wir erwarteten, daß die Kommunisten oder die Sozialdemokraten durch den früheren Termin Vorteile erzielen würden.

BRENT SCOWCROFT

In Washington bemerkten wir langsam, daß wir, genau wie alle anderen, die Geschwindigkeit, mit der Ostdeutschland auseinanderfiel, weit unterschätzt hatten. Die Möglichkeit eines vorsichtigen, kontrollierbaren »graduellen und schrittweisen« Prozesses, wie ihn Kohl vorgeschlagen und wir unterstützt hatten, schien sich zu verflüchtigen. Wenn es unmöglich war, die Geschwindigkeit der Vereinigung zu kontrollieren, dann war der schnellste Weg dorthin vielleicht die beste oder möglicherweise die einzige Möglichkeit, unvorhersehbares Chaos zu verhindern. Das könnte es den Gegnern auch schwerer machen, den Prozeß entgleisen zu lassen. Die sich rapide verändernde Situation rief nach einer starken Führung der USA, wenn die Wiedervereinigung zu unseren Bedingungen zustande kommen sollte.

Unser Schlüssel dazu war im Westen die enge Zusammenarbeit mit den Westdeutschen, um sicherzustellen, daß sie sich für dasselbe Ziel stark machten, das wir zu erreichen hofften. Die Prinzipien unserer Politik waren einfach: Wie der Präsident Kohl gegenüber bei dem Treffen am 3. Dezember angedeutet hatte, würden wir eine Wiedervereinigung unterstützen, die es Westdeutschland erlaubte, eine separate, »innere« Diplomatie mit Ostdeutschland zu betreiben, ohne sich darüber Sorgen machen zu müssen, ob die Vereinigten Staaten dies letztlich unterstützen würden. Die Schwäche dieses Ansatzes lag darin, daß er auf der Annahme beruhte, Kohl würde auch weiterhin dieselben Prioritäten bezüglich der »externen« oder internationalen Aspekte beibehalten wie wir. Wir hofften, das Bekenntnis des Präsidenten, Kohl zu unterstützen, würde unsere Versicherung dafür sein, daß Kohl auf einer Mitgliedschaft in der NATO und der weiteren Stationierung von US-Truppen bestehen würde. Aber es bestand stets die Gefahr, daß er sich gedrängt fühlen könnte, einen Handel mit den Sowjets einzugehen: deutsche Neutralität im Tausch für die Wiedervereinigung.

Auch in diesem Fall wollten wir, daß alle Länder – insbesondere die Sowjetunion – die externen Abmachungen akzeptierten und sich selber als Teilhaber an der entstehenden europäischen Friedensordnung ansahen. Die Strategie zur Erlangung eines Konsenses zwischen den Parteien mußte auch den Ablauf der praktischen Fragen der Wiedervereinigung beinhalten: Wer sollte bestimmen, was wann und mit wem angegangen wurde? Bob Blackwill, Philip Zelikow, Bob Hutchings und Condi Rice – die sowjetischen und europäischen Gruppen des Sicherheitsrates, die mit dem Prozeß befaßt waren – entwarfen ein Konzept, wie wir uns ein vereinigtes Deutschland vorstellten und wie wir dorthin gelangen konnten. Ganz Deutschland mußte in der NATO sein, wenn auch vielleicht keine fremden Truppen auf ostdeutschem Boden stationiert werden mußten. Die Grenzen würden die von Westdeutschland und Ostdeutschland sein, und Berlin würde in das vereinigte Ganze einbezogen werden, womit gleichzeitig die Rechte der Alliierten und das Besatzungsstatut erloschen. Die Vereinigung würde dann zwischen den beiden deutschen Staaten selbst ausgehandelt werden. Wenn das abgeschlossen war, würden die deutschen Staaten das Ergebnis von den vier Mächten absegnen lassen. Ich stimmte diesem Ansatz zu, auch wenn die Frage des Vereinigungsprozesses mir noch zuwenig ausgearbeitet war.

Das Außenministerium hatte eine andere Vorstellung. Baker stimmte darin überein, daß die grundlegenden inneren Vereinbarungen zwischen den Deutschen ausgehandelt werden sollten, hielt es aber für gefährlich, alle anderen von den äußeren Aspekten dieses Prozesses auszuschließen. Die Sowjetunion herauszuhalten konnte zu separaten sowjetisch-westdeutschen Verhandlungen führen, mit möglicherweise katastrophalen Folgen. Im Außenministerium schlug man deshalb vor, die Verhandlungen der beiden deutschen Staaten mit dem Viermächteprozeß zu verschmelzen – was später als »Zwei-plus-Vier« bekanntwurde. Um die Gefahren zu verringern, die durch die Beteiligung der vier Mächte entstanden, schlug Baker vor, daß diese sich schon vorher darauf einigen sollten, daß das Ziel der Verhandlungen die Vereinigung war und daß die vier Mächte nur für die externen, internationalen Aspekte der Vereinigung zuständig seien.

Ich hatte meine Zweifel an diesem Vorschlag. Ich verstand Bakers Bedenken gegenüber einer Verhandlung »nur für Deutsche«, aber ich fürchtete, daß die Einbeziehung der vier Mächte Schaden anrichten konnte. Die Sowjets würden die Gelegenheit haben, ihre Opposition von innen her auszuüben. Vielleicht gelang es ihnen sogar, die Briten und die Franzosen, die noch immer keinerlei Begeisterung für die Vereinigung zeigten, wenigstens im Sinne einer Verzögerungstaktik auf ihre Seite zu ziehen. Der Weg mit dem geringsten Risiko war meines Erachtens, die zwischendeutschen Verhandlungen so stark wie möglich zu beschleunigen, zu versuchen, sie vor Einmischung zu schützen, und zu hoffen, daß alles schnell genug vorangehen würde, um eine mögliche Opposition mit einem Fait accompli konfrontieren zu können. Außerdem würde das Ergebnis der Wahlen im März großen Einfluß darauf haben, wie schnell die Verhandlungen zwischen den beiden deutschen Staaten vorankommen würden und in welche Richtung sie liefen – Staatenbund oder Bundesstaat.

Zugegeben – im Grunde war es eine etwas armselige Idee, zu

versuchen, Gorbatschow aus dem Prozeß herauszuhalten. Zusammenarbeit war besser – wenn sie machbar war. Darauf setzt der Baker-Plan. Seine Bedingungen waren, daß alle sechs Beteiligten sich schon am Anfang darauf einigen mußten, das Ergebnis müsse Vereinigung heißen, daß die beiden deutschen Staaten sich mit den internen Fragen beschäftigten und daß Ostdeutschland eine frei gewählte Regierung haben mußte – was auch bedeutete, daß die Verhandlungen erst nach den Wahlen beginnen würden. Wenn diese Bedingungen wirklich eingehalten würden, könnte Zwei-plus-Vier funktionieren. Baker, der den größten Teil der operativen Arbeit erledigen würde, war ein herausragender Unterhändler. Ich war bereit, meine Vorbehalte, daß Baker das mit den Verbündeten besprechen würde, beiseite zu legen, und zeigte mich mit dem Ansatz einverstanden.

Unser nächster Schritt war, eine gemeinsame Position des Westens sicherzustellen, welche die Wiedervereinigung sowie ein souveränes Deutschland ohne verbleibende Einschränkungen unterstützte. Wenn der Westen darin einig war, daß sowohl die Wiedervereinigung als auch die Mitgliedschaft in der NATO in der Entscheidung der Deutschen lagen, würde es der Sowjetunion wesentlich schwerer gemacht, beide Ziele zu blockieren. Gleichzeitig würden wir gemeinsam mit ihnen daran arbeiten, die größeren politischen und strategischen Fragen zu lösen, und ihnen die Sicherheit geben, daß wir ihre Sicherheitsinteressen ernst nehmen würden. Diese Strategie würde es für Moskau ebenfalls schwierig machen, die Vereinigung aufzuhalten, sondern sie auffordern, sie stillschweigend hinzunehmen.

GEORGE BUSH

Die intensive Kampagne persönlicher Diplomatie, mit der wir unsere Strategie den Verbündeten schmackhaft machen wollten, begann am 29. Januar mit allem Nachdruck: Da kam der britische Außenminister Douglas Hurd, nachdem er die Position von Geoffrey Howe übernommen hatte, zu seinem ersten Besuch nach Washington. Hurd wiederholte den Standpunkt Margaret Thatchers, den ich von meiner Unterhaltung mit ihr über die Reduzierung konventioneller Truppen in Europa kannte. Sie ließ wiederum ihre zögernde Haltung übermitteln, die Vereinigung gutzuheißen, weil sie fand, daß dies in einem größeren strategischen Kontext nicht sorgfältig genug durchdacht worden sei. »Sie wartet ab, die Wiedervereinigung gutzuheißen – eine zögerliche Wiedervereinigerin«, sagte Hurd, als wir im Oval Office saßen. »Sie ist nicht *dagegen*, aber zögernd. Sie sieht Fragen, die noch besprochen werden müssen. Wird Deutschland in der NATO bleiben oder nicht? Wird Ostdeutschland in der EG sein? Was ist mit den russischen Befindlichkeiten? Wir brauchen einen Rahmen, in dem diese Fragen besprochen werden können.« Als ihm Baker bei anderer Gelegenheit von den Zwei-plus-Vier-Plänen erzählte, zeigte sich Hurd interessiert, war aber eher geneigt, den sowjetischen Vorschlag zu einem baldigen KSZE-Treffen anzunehmen, um die Wiedervereinigung zu diskutieren. Er wies darauf hin, daß der EG-Ministerrat dies gerade auf einem Treffen in Dublin beschlossen habe.

BRENT SCOWCROFT

Das britische Interesse, die deutsche Vereinigung auf einem KSZE-Gipfel zu behandeln, alarmierte uns. Diese mit 35 Mitgliedern große und schwerfällige gesamteuropäische Organisation war nicht der richtige Ort für solche Verhandlungen. Wenn schon die vier Mächte die Wiedervereinigung sprengen konnten, dann erlaubte die KSZE mit ihren Konsensmechanismen jedem Land, das der Aussicht auf ein großes Deutschland kritisch gegenüberstand, erst recht einen wesentlich größeren Spielraum, den Prozeß abzuwürgen oder zu behindern. Ein KSZE-Gipfel zur Ratifizierung eines Vereinigungsabkommens konnte sich zu einer Friedenskonferenz für Deutschland entwickeln und würde alte Wunden und ungelöste Konflikte aufreißen. Sowohl Kohl als auch wir lehnten die Idee eines formellen Friedensvertrages für Deutschland und die Aussicht auf eine weitere »Gewinner-Verlierer«-Regelung ab.

Auch Bonn begann, in praktischer Hinsicht zu überlegen, wie die internationalen Fragen der Wiedervereinigung angegangen werden konnten, insbesondere die NATO-Mitgliedschaft. Am 31. Januar brachte Genscher bei einer Rede vor der Evangelischen Akademie Tutzing einen Vereinigungsvorschlag in Umlauf. Er wiederholte seine Überzeugung, daß die Wiedervereinigung nur gemeinsam mit der Integration Europas kommen durfte und die Grenzen der deutschen Nachbarn unbedingt garantiert werden mußten. Außerdem mußte die deutsche Mitgliedschaft in der EG und der NATO unwiderrufbar sein. »Wir wollen kein vereintes neutrales Deutschland«, erklärte er. Deutschland sollte in der NATO, aber das ostdeutsche Territorium würde außerhalb des Bündnisses bleiben. Er schlug auch vor, die NATO und den Warschauer Pakt in ein größeres europäisches Sicherheitssystem einzubinden, das auf der EG und der KSZE basieren sollte. Die KSZE sollte durch neue Strukturen gestärkt werden, auf die man sich beim Gipfel im weiteren Verlauf des Jahres einigen würde.

BRENT SCOWCROFT

Wir hatten Einwände gegen Teile dieses Plans und sahen auch einige Auslassungen, die eventuell zu Störungen führen konnten. Wie schon gesagt: Angesichts der vorhandenen praktischen Probleme und der gegebenen Natur der KSZE konnten wir unmöglich zulassen, daß diese Organisation die NATO und ihre Funktionen übernahm. Genscher hatte auch nicht erklärt, wie die Beziehung der NATO zum Territorium der DDR aussehen sollte und wann die NATO, falls überhaupt, die Verteidigung dieses Gebietes aufnehmen sollte. Die Rolle der Bundeswehr in der DDR war nicht erwähnt worden, ebensowenig die Zukunft der US-Truppen in Deutschland. Genschers offensichtliche Umgehung einer Rolle der vier Mächte bei der Wiedervereinigung war ebenfalls irritierend, besonders sein Vorschlag, die beiden deutschen Staaten sollten die Ausgestaltung ihres Zusammenschlusses selbst bestimmen und diesen dann von der KSZE absegnen lassen. Wir wußten nicht, ob das nur die Vorstellungen Genschers waren oder ob Kohl das unterstützte.

Einige Tage nach Hurds Besuch kam Genscher am 2. Februar nach Washington und traf sich mit Baker. Er erklärte den Gedankengang, der hinter dem Vorschlag von Tutzing stand. Er betonte, daß es ihm vor allem darum ging, der Sowjetunion zu versichern, daß das Territorium der NATO nicht nach Osten ausgedehnt werde. Baker akzeptierte diese Formulierung, vielleicht weil er nicht merkte, welche Schwierigkeiten das für die NATO bedeuten würde. Es war eine unglückliche »Konzession« an Genscher, die viele ernste Probleme hätte erzeugen können. Baker skizzierte das Zwei-plus-Vier-Konzept, und Genscher reagierte positiv – »solange klar ist, daß es ›Zwei-plus-Vier‹ heißt und nicht ›Vier-plus-Zwei‹«, die Alliierten also nicht das Ergebnis diktieren würden. Obwohl Genscher sich nicht offen dafür ausgesprochen hatte, sah Baker bei ihm Unterstützung für sein Konzept und auch eine stillschweigende Zustimmung, daß die KSZE nicht der richtige Ort war, um die Zukunft Deutschlands auszuhandeln.

Die Koalitionsregierung in Bonn machte die Außenpolitik sowohl für die Deutschen als auch für uns etwas kompliziert. Genscher sprach sich nicht detailliert in allen Fragen mit Kohl ab, was bedeutete, daß wir gelegentlich einen uneinheitlichen Eindruck vom Kern ihrer Politik hatten. Außerdem informierten Kohl und Genscher sich gelegentlich nicht darüber, was sie taten und sagten. Kohl hatte Genscher nichts von seinem Zehn-Punkte-Plan im November erzählt, Genscher hatte versäumt, Kohl im Vorfeld seiner Rede in Tutzing von seinen Vorschlägen zu unterrichten. Das jüngste Beispiel war, daß Kohl Genscher gegenüber nicht erwähnte, daß Gorbatschow ihn im Februar nach Moskau eingeladen hatte. Es war also sehr wichtig, daß wir auch mit dem Kanzleramt in Bonn über unser Konzept sprachen. Um Kohls Ansichten zu sondieren, nahmen Bob Blackwill und ich die Gelegenheit wahr, bei einer Konferenz in München am 3. Februar mit Horst Teltschik zu sprechen.

Ich hatte Teltschik bei einem Treffen in den späten Achtzigern kennengelernt. Es war nur ein kurzes Zusammentreffen, und ich hatte nicht das Gefühl, daß ich ihn wirklich kannte, als ich mein Amt antrat. Es brauchte einige Zeit, bis ich ihn besser kennengelernt hatte, besonders weil es Monate gedauert hatte, bis eine direkte Telefonleitung eingerichtet worden war. Er war sehr scharfsinnig und direkt, und er konnte in der Mehrzahl der Fälle die Ansichten seines Kanzlers treffend wiedergeben. Ich freute mich über seinen fröhlichen Gruß am Telefon – »Hallo, Brent, hier ist Horst« –, weil unsere Gespräche immer produktiv waren, sogar dann, wenn wir nicht zu einem gemeinsamen Schluß kamen. Teltschik unterstützte nachdrücklich die Ansichten des Kanzlers, die er – da war ich mir sicher – oft selber mitentwickelt hatte. Er war kein Anhänger Genschers und half mir sehr dabei, die feinen Unterschiede zwischen dem Kanzler und dem Außenminister und deren Bedeutung zu erklären. Kohl sollte sich am 11. Februar mit Gorbatschow treffen, Baker war zwei Tage vorher in Moskau. Teltschik erzählte mir, Kohl habe vor, Gorbatschow davor zu warnen, daß ein Massenexodus von Ostdeutschen oder Aktionen ihres Parlaments nach den Wahlen im März eine sehr schnelle Vereinigung erzwingen könnten. Er wollte auch klarstellten, daß eine deutsche Neutralität nicht in Frage käme. Wir kamen darin überein, daß Kohl über Einzelheiten des Besuchs Bakers informiert werden sollte, bevor er sich mit Gorbatschow traf.

Teltschik und ich waren gleichermaßen der Meinung, daß es essentiell für unsere beiden Regierungen war, gemeinsam ein schnelles Tempo vorzulegen. Nur so könnten wir sicherstellen, die Vereinigung zu erreichen, bevor die Gegner sich formieren und sie aufhalten konnten. Er aber machte sich noch Sorgen über mögliche Interventionen der vier Mächte. Ich versicherte ihm, daß die USA das nicht zulassen würden. Wir verständigten uns auch darauf, daß wir nicht erlauben konnten, daß eine KSZE-Sitzung in eine Friedenskonferenz umgewandelt würde. Als ich nach Washington zurückkehrte, war ich zuversichtlicher, daß Bonn eng mit uns zusammenarbeiten wollte und dasselbe »äußere« Ergebnis unterstützte wie wir.

Nachdem er die Idee des Zwei-plus-Vier-Prozesses den Briten und den Deutschen vorgestellt hatte und positive Reaktionen – wenn auch keine feste Zusage – erhalten hatte, wollte Baker versuchen, bei den Gesprächen über Rüstungskontrolle am 5. Februar in Moskau auch die sowjetische Seite dafür einzunehmen. Auf dem Weg zu seinem Aufenthalt in Prag landete seine Maschine zum Nachtanken auf dem irischen Flughafen Shannon. Dort traf er den französischen Außenminister Roland Dumas, der zu einem Treffen der EG in Irland war. Dumas fand den Plan gut und versprach, ihn Mitterrand gegenüber zur Sprache zu bringen.

In Moskau war Gorbatschow wegen einer ganzen Reihe von Streitfragen heftig unter Druck der sowjetischen Rechten geraten; sie warfen ihm unter anderem vor, er sei Deutschland gegenüber offensichtlich »zu weich«. Am 1. Februar hatte Modrow nach einem Gespräch mit Gorbatschow einen neuen Plan für eine blockfreie

Konföderation der beiden deutschen Staaten mit jeweils eigenen Regierungen vorgeschlagen. Der Plan wurde von der Sowjetunion öffentlich unterstützt, so auch in einem persönlichen Brief von Gorbatschow an Präsident Bush, in dem er einen »graduellen Prozeß« hin zur Einheit befürwortet hatte. Der Vorschlag war für uns und für Kohl unakzeptabel, insbesondere, weil er von einem neutralen, entwaffneten und, zumindest für einige Zeit, nur konföderierten Deutschland sprach. Immerhin hatte die Sowjetunion aber zum ersten Mal festgehalten, daß sie im Prinzip gegen die deutsche Einheit nichts einwenden wollte. Diese Entwicklung verärgerte die Reaktionäre in der Partei.

Am 7. Februar stellte Baker Schewardnadse das Zwei-plus-Vier-Szenario vor und betonte noch einmal mehr, daß es dafür gedacht war, die schwierige internationale Seite der Wiedervereinigung zu behandeln, und erst nach den Wahlen im März beginnen konnte. Die USA konnten den Vorschlag Modrows für ein neutrales Deutschland nicht unterstützen. Baker argumentierte sogar, daß ein neutrales Deutschland für die Sowjets gefährlicher sein könnte als ein fest in der NATO verankertes; es könnte etwa eigene Atomwaffen haben wollen. Baker wiederholte Genschers Formel für den Status der DDR: Wenn Deutschland in der NATO bliebe, würde es keine Verlagerung der Jurisdiktion der NATO oder von Truppen nach Osten geben. Die NATO würde sich in ein eher politisches und weniger militärisches Bündnis entwickeln. Davon hatte der Präsident bereits im Dezember auf dem NATO-Treffen in Brüssel gesprochen.

Schewardnadse bestand darauf, daß ein vereintes Deutschland neutral sein müsse. Er sagte nichts gegen die Vereinigung, aber er wollte bestimmte Garantien für die sowjetische Sicherheit. Er drängte zu einem Vier-Mächte-Treffen, um einen Friedensvertrag zu diskutieren, und sagte, daß er ein Wiederaufleben des Neonazismus an den politischen Rändern sowie die Möglichkeit eines remilitarisierten Deutschlands befürchte. Die vier Mächte sollten alles etwas verlangsamen. Die Briten und die Franzosen dächten auch so, obwohl Schewardnadse einräumte, daß die Ereignisse sich für diese Möglichkeit bereits zu weit entwickelt hatten. Er unterstützte den Plan Modrows für eine graduelle Entwicklung. Baker wiederholte, daß Deutschland weder neutralisiert noch demilitarisiert werden konnte: Es mußte ihm erlaubt sein, sich selbst zu verteidigen. Wenn die Sowjetunion über die potentielle militärische Bedrohung eines vereinten Deutschland besorgt war, wäre es dann aus ihrer Sicht nicht vielleicht sogar besser, es in der NATO zu halten?

Baker schnitt das Thema Zwei-plus-Vier gegenüber Gorbatschow am 9. Februar an und sprach von den notwendigen Vorbedingungen, auch davon, daß der Prozeß erst nach den Wahlen beginnen konnte – damit die Deutschen erst selber Klarheit über die Wiedervereinigung gewinnen konnten. Gorbatschow sagte, er könne den Plan akzeptieren, solange er auf einem festen völkerrechtlichen Fundament beruhte. Er schien weniger besorgt über ein Wiederaufleben der deutschen Militärmacht zu sein als Schewardnadse. Er sagte Baker, er teile die Ansicht Amerikas, es gebe »nichts Furchterregendes an der Aussicht auf ein vereinigtes Deutschland«. Er habe jedoch noch Vorbehalte gegen eine Mitgliedschaft Deutschlands in der NATO.

Baker fragte, ob Gorbatschow eher ein unabhängiges Deutschland außerhalb der NATO bevorzuge oder eines, das in das Bündnis eingebunden war, wenn sichergestellt sei, »daß es keine Erweiterung der gegenwärtigen Jurisdiktion der NATO nach Osten« geben werde. Gorbatschow hatte sich darüber noch keine Gedanken gemacht, aber er war gegen eine Vergrößerung der NATO. Baker wiederholte, es werde »keine Erweiterung der NATO-Jurisdiktion oder Verlegung von Truppen auch nur einen Zentimeter nach Osten« geben. Gorbatschow räumte ein, er sehe in der weiteren Stationierung von US-Truppen in Deutschland Vorteile. Auch er lege es nicht auf eine Wiederholung von Versailles an, auf eine Aufrüstung Deutschlands. »Was Sie mir über Ihren Ansatz gesagt haben und über das, was sie bevorzugen, ist sehr realistisch«, sagte er. »Aber fragen Sie mich jetzt nicht nach einer Grundsatzentscheidung.«

BRENT SCOWCROFT

Bakers Treffen mit Gorbatschow war sehr wichtig. Gorbatschow hatte nicht nur gesagt, daß er keine Angst vor der Wiedervereinigung habe, sondern zum ersten Mal schien er in Hinblick auf den Weg dorthin und das fertige Ergebnis nicht festgelegt zu sein. Die Gespräche ebneten sicherlich den Weg für die Treffen des sowjetischen Führers mit Kohl und Genscher und haben höchstwahrscheinlich dazu beigetragen, Gorbatschow wohlwollend zu stimmen. Es hing viel von diesem Besuch Kohls ab, und wir mußten alles tun, was wir konnten, um den Erfolg sicherzustellen. Was auch immer die Deutschen in Moskau vorstellen würden – es war äußerst wichtig, daß es mit unserer Position und dem, was Baker gerade von Gorbatschow gehört hatte, auf einer Linie lag. In München hatte mir Teltschik kurz skizziert, was Kohl Gorbatschow vorzulegen gedachte, und diese Vorschläge verringerten unsere Bedenken bezüglich des Besuchs. Der Präsident wußte aber, daß Kohl politisch und persönlich unter enormem Druck stand und daß dies eines der allerwichtigsten außenpolitischen Treffen war, die der Kanzler jemals gehabt hatte. Ich schlug vor, er solle an Kohl schreiben und ihm jede persönliche Unterstützung zusichern, ihm aber vor allem unsere Präferenzen bezüglich der Zukunft eines vereinten Deutschland klarmachen.

GEORGE BUSH

Ich versicherte Kohl, daß die Vereinigten Staaten die Wiedervereinigung weiter unterstützen. »Wenn die Dinge sich schneller entwickeln, als wir angenommen haben«, schrieb ich ihm, »dann bedeutet das lediglich, daß unser gemeinsames Ziel in all diesen Jahren, die deutsche Einheit, sogar früher erreicht wird, als wir gehofft haben.« In Fragen der Vier-Mächte-Verantwortung »möchte ich ganz klar sagen, daß die Vereinigten Staaten nichts tun werden, woraus Ihre Landsleute schließen könnten, daß wir ihre eigene Wahl über die Zukunft ihres Landes nicht respektieren. Auf keinen Fall werden wir der Sowjetunion den Versuch erlauben, den Vier-Mächte-Mechanismus als ein Instrument zu verwenden, um Sie zu zwingen, die Art von Deutschland zu schaffen, die Moskau gefällt, in einem Tempo, das Moskau vorgibt.«

Gleichzeitig betonte ich noch einmal, daß ich ein vereintes Deutschland wollte, das fest innerhalb des westlichen Bündnisses steht.

> Natürlich ist auch dies eine Angelegenheit, die das deutsche Volk und seine gewählten Repräsentanten entscheiden müssen. Ich war daher zutiefst dankbar, daß Sie Vorschläge einer Neutralität zurückgewiesen und sich klar dafür ausgesprochen haben, daß Deutschland im Nordatlantischen Bündnis bleiben wird. In die-

sem Sinne unterstütze ich den Vorschlag, daß eine Komponente der Mitgliedschaft eines vereinten Deutschland in der Atlantischen Allianz ein besonderer militärischer Status für das Territorium der jetzigen DDR sein könnte. Wir sind der festen Überzeugung, daß dies mit der Sicherheit Deutschlands, wie auch der seiner Nachbarn, kompatibel gemacht werden könnte, eingebettet in einen substantiellen, vielleicht langfristig einem völligen Truppenrückzug der Sowjetunion aus Mittel- und Osteuropa ...

Auch wenn, was wir hoffen, die Sowjetunion alle ihre Truppen aus Osteuropa zurückzieht, bleibt sie doch bei weitem die mächtigste Militärmacht in Europa. US-Truppen in Deutschland und an anderen Orten auf dem Kontinent müssen meines Erachtens, nachdrücklich unterstützt von einer glaubwürdigen Abschreckungsdoktrin, weiterhin dazu beitragen, die Sicherheit des Westens zu bewahren, solange unsere Verbündeten unsere militärische Präsenz in Europa als Teil unserer gemeinsamen Verteidigung wünschen. So wie unsere zwei Länder gemeinsam durch diese Zeit von Hoffnung und Verheißung gehen, können wir zuversichtlich sein, in unserer geteilten Verantwortung die Früchte der Freiheit zu verteidigen. Nichts, was Herr Gorbatschow zu Ihnen oder James Baker sagen kann, kann die fundamentalen Fakten unserer tiefen und beständigen Partnerschaft verändern.

BRENT SCOWCROFT

In seinem Brief hatte der Präsident unsere Position klarer gemacht, wie die Beziehung des ostdeutschen Teils des vereinten Deutschlands zur NATO beschaffen sein sollte. Unter Verwendung eines Vorschlags, den Manfred Wörner in einer Rede zur Sprache brachte, regte er an, »daß eine Komponente der Mitgliedschaft eines vereinten Deutschland in der Atlantischen Allianz ein besonderer militärischer Status für das Territorium der jetzigen DDR sein könnte«. Dieser Vorschlag unterschied sich von dem Genschers darin, daß das ganze vereinte Deutschland zum Territorium und der Jurisdiktion der NATO gehören würde und somit von der Sicherheitsgarantie der NATO gedeckt wäre. Der Präsident erklärte, er erwarte, daß dieser »besondere militärische Status« von einem substantiellen Rückzug sowjetischer Truppen aus Mittel- und Osteuropa begleitet werde. Da ganz Deutschland zur NATO gehören sollte, würden die sowjetischen Truppen vom Gebiet der DDR abgezogen werden müssen. Dies war die entscheidende Korrektur, die wir machen mußten, damit Gorbatschow uns mit der Idee Genschers keine Fallstricke legen konnte.

Wie Teltschik und ich es arrangiert hatten, schickte Baker auch eine Zusammenfassung seiner Gespräche mit Gorbatschow an Kohl. Kohl machte sich also mit der größtmöglichen Garantie amerikanischer Unterstützung im Gepäck auf seine entscheidende Reise. Wir hatten alles getan, was wir konnten, um das von uns erwünschte Ergebnis einzufädeln.

Doch trotz unserer Vorkehrungen waren wir mehr als nur ein bißchen nervös. Wir hatten großes Vertrauen in Kohl, aber Gorbatschow könnte sich vielleicht für einen harten Kurs entscheiden. Wir konnten die Möglichkeit nicht völlig ausschließen, daß Gorbatschow ihn in Versuchung führen oder bedrohen würde. Da Kohl Präsident Bush nicht sofort nach dem Treffen mit Gorbatschow anrief, um dem Präsidenten eine persönliche Einschätzung zu geben, war es eine große Erleichterung, Kohls Kommentare über die Gespräche bei der Pressekonferenz zu hören:

»Generalsekretär Gorbatschow und ich stimmen darin überein, daß es das alleinige Recht des deutschen Volkes ist, die Entscheidung zu treffen, ob es in einem Staat zusammenleben möchte. Generalsekretär Gorbatschow hat mir unmißverständlich zugesagt, daß die Sowjetunion die Entscheidung der Deutschen, in einem Staat zu leben, respektieren wird, und daß es Sache der Deutschen ist, den Zeitpunkt und den Weg der Einigung selbst zu bestimmen. Wir waren uns ebenfalls einig, daß die deutsche Frage nur auf Grundlage der Realitäten zu lösen ist: Das heißt, sie muß eingebettet sein in die gesamteuropäische Architektur und in den Gesamtprozeß der West-Ost-Beziehungen.«

Es war ein historisches Treffen. Gorbatschow hatte die deutsche Wiedervereinigung als eine Frage akzeptiert, die die Deutschen für sich selber entscheiden mußten. Es gab aber noch Haken. So machte er klar, daß die auswärtigen Aspekte alles andere als eine ausschließlich deutsche Angelegenheit waren. Und er war noch immer nicht bereit, die deutsche Mitgliedschaft in der NATO zu akzeptieren.

Während Kohl sich in Moskau mit Gorbatschow traf, kam NATO-Generalsekretär Manfred Wörner am 10. Februar zum Mittagessen nach Camp David. Er unterstrich, daß die Vereinigten Staaten eine entscheidende Rolle dabei spielen müßten, die Zukunft der NATO zu sichern und Deutschland im Bündnis zu halten. »Dies ist eine einzigartige Gelegenheit, ein entscheidender Moment«, sagte er. »In wenigen Wochen oder Monaten werden Sie persönlich Entscheidungen treffen müssen, die die Zukunft Europas entscheiden können.« Es gab nur eine kritische Frage: ob Deutschland neutral werden würde oder in der NATO bliebe. »Die Antwort auf diese Frage wird die kommenden Jahrzehnte europäischer Geschichte bestimmen.« Wenn man Deutschland erlaube, das Bündnis zu verlassen, so warnte er, »würde die alte Büchse der Pandora von Wettstreit und Rivalität in Europa wieder geöffnet werden.« Ein neutrales Deutschland mit 79 Millionen Menschen und der stärksten Volkswirtschaft in Europa würde auch eine beachtliche Militärmacht darstellen – und könnte irgendwann atomare Waffen für sich fordern.

Ein entmilitarisiertes Deutschland würde den Fehler des Versailler Vertrages wiederholen, fuhr er fort. »Es wäre in keine sichere Struktur eingebunden. Es wäre die natürlichste Reaktion der Briten und der Franzosen, zu versuchen, das neue Deutschland zu kontrollieren. Die Deutschen würden ihrerseits reagieren und eigene Bündnisse aufbauen. Wir würden dann das gleiche Spiel wiederholen – mit all den Instabilitäten –, das wir am Anfang des Jahrhunderts in der europäischen Politik gesehen haben. Die potentielle Instabilität in Osteuropa trägt sogar noch zu mehr Wettbewerb und Rivalität bei.«

Wörner erschrak vor einer solchen Vorstellung. »Wir müssen die klassische deutsche Versuchung vermeiden: sich frei zwischen Ost und West zu bewegen und mit beiden Seiten zu feilschen«, sagte er. »Wenn ich eine Botschaft für Sie habe, dann ist es diese: Sie dürfen nicht erlauben, daß so etwas passiert. Das ist Ihre historische Aufgabe.« Die Sowjets waren in einer schwachen Position. Sie konnten die Vereinigung nicht verhindern, wenn die Vereinigten Staaten ihre klare Unterstützung für den Prozeß aufrechterhielten.

Wörner glaubte, Gorbatschow werde schließlich ein Deutschland innerhalb der NATO akzeptieren müssen. »Wenn die Sowjets ihre langfristigen Sicherheitsinteressen richtig einschätzen, wie können sie dann angesichts Moskaus historischer Erinnerungen ein neutrales Deutschland wollen? Die Sowjets konnten es nur kurzfristig auf Neutralität anlegen.« Wörner bezweifelte, daß sie irgendwelche Möglichkeiten hatten, Deutschland davon abzuhalten, ein Mitglied der NATO zu bleiben. Sie hatten keine Druckmittel, nicht einmal mit ihren Truppen in der DDR. »Sie und Deutschland müssen sich jetzt auf die deutsche Einheit innerhalb der NATO einigen und das den Russen verkaufen«, erinnerte er uns. »Die Russen werden das akzeptieren müssen.« Er war außerdem unnachgiebig in der Frage, ob Deutschland ein Vollmitglied des Bündnisses sein müsse. »Eine einfache Anbindung an die NATO wird für Deutschland Versuchungen erzeugen, diplomatische Händel mit Rußland einzugehen«, warnte Wörner. »Wenn Deutschland außerhalb der integrierten NATO-Struktur steht, werden die Vereinigten Staaten aus Europa raus sein. Das würde in Europa zu großer Destabilisierung führen. Wenn Sie jetzt gehen, gehen Sie in einem kritischen Moment.«

BRENT SCOWCROFT

Ich fand Wörner in seiner Analyse brillant. Deutschland und seine Mitgliedschaft in der NATO lagen im Zentrum vieler Fragen, die sich Europa angesichts seiner Zukunft stellen mußte, und der Präsident der Vereinigten Staaten mußte die Führung bei der Lösung dieser Fragen übernehmen und die Richtung für Europa vorgeben. Als es an der Zeit war, brachte Wörner die NATO in einer Weise ins Spiel, die nicht nur Gorbatschows stillschweigende Zustimmung zur deutschen Mitgliedschaft erleichterte, sondern auch den Übergang der NATO zu einer Welt nach Ende des kalten Krieges. Sein frühzeitiger Tod im Jahre 1994 raubte der atlantischen Gemeinschaft in einer entscheidenden Zeit einen großen Strategen.

Ich war von der Zwei-plus-Vier-Formel noch immer nicht ganz überzeugt. Wir hatten die Frage nicht im Nationalen Sicherheitsrat diskutiert. Das war vielleicht meine Schuld, denn ich hatte es nicht auf die Tagesordnung gesetzt. Aber ich hatte gedacht, Baker wollte unter den Verbündeten lediglich sondieren, um zu sehen, ob das Konzept funktionieren könnte, nicht aber, daß er tatsächlich ihre

Zustimmung einholte. Jetzt standen wir plötzlich vor der Entscheidung, die Idee umzusetzen. Ich konnte den Gedanken nicht loswerden, daß Genscher ein anderes Spiel als Kohl betrieb und daß Baker Genscher unbeabsichtigt dabei half und ihn ermutigte.

Unsere einzige vernünftige Wahl war, hinter Kohl zu stehen, aber ich war mir nicht sicher, ob er Zwei-plus-Vier voll unterstützte. Ich fürchtete, er könnte glauben, daß ihm dadurch die Hände gebunden seien. Ich wußte von Teltschik sowohl von der Hoffnung des Kanzlers auf freie Hand als auch von einigen Zweifeln an Genschers Programm. Am 12. Februar fuhr Baker nach Ottawa, um an einem Treffen der Außenminister der NATO und des Warschauer Pakts über die Vorschläge der »Open Skies«-Verhandlungen teilzunehmen. Er wollte diese Gelegenheit nutzen, um die sechs teilnehmenden Länder auf die Zwei-plus-Vier-Formel einzuschwören. Ich schärfte ihm ein, daß der Präsident nicht mit Kohls Handlungsfreiheit ins Gehege kommen wollte. Baker war sich sicher, daß er sowohl Kohl als auch Genscher mit im Boot hatte. Er bat Genscher, er möge Kohl bitten, den Präsidenten anzurufen und ihm zu sagen, er unterstütze unseren Plan. Kohl tat dies am 13. Februar und nutzte die Gelegenheit, seine Reise nach Moskau zu beschreiben.

GEORGE BUSH

Kohl dankte mir für meine Hilfe wie auch für die von Baker. »Ich glaube fest, daß der Brief, den Sie mir vor meinem Aufbruch nach Moskau geschrieben haben, eines Tages zu den großen Dokumenten in der deutsch-amerikanischen Geschichte zählen wird«, sagte er sehr großmütig. Er berichtete, er und Gorbatschow hätten Zwei-plus-Vier besprochen und er habe Gorbatschow noch einmal gesagt, daß eine Neutralität Deutschlands nicht in Frage käme. Kohls Eindruck war, daß die Sowjets die Frage debattieren wollten, aber daß wir in dieser Sache in Verhandlungen gewinnen konnten. »Die Modalitäten werden wichtig sein«, fügte er hinzu, »aber ich glaube, wir können eine Lösung finden.« Ich sagte, unser baldiges Treffen in Camp David werde sehr wichtig sein, um eine Strategie festzulegen, wo wir hartnäckiger und flexibler sein mußten.

Nach intensiven Verhandlungen in improvisierten Treffen gaben die Außenminister der Teilnehmerstaaten zu dem, was bald der

Zwei-plus-Vier-Prozeß sein sollte, eine gemeinsame Stellungnahme ab. Sie erklärten ihre Bereitschaft, Gespräche zu führen über »die äußeren Aspekte der Herstellung der deutschen Einheit, einschließlich der Fragen der Sicherheit der Nachbarstaaten«. Vorgespräche sollten nach den ostdeutschen Wahlen beginnen. Die anderen NATO-Außenminister waren in völliger Unkenntnis über die Gespräche gelassen worden, bis die Stellungnahme an die Presse gegeben worden war. Das Ergebnis waren ein Ausbruch von Ärger und eine hitzige Debatte. Der italienische Außenminister sprach für viele seiner Kollegen, als er bemerkte: »Wir haben seit vierzig Jahren im Bündnis zusammengearbeitet.« Genscher drehte sich um und sagte ihm mit einem eisigen Blick ganz offen: »Sie spielen hier nicht mit.« Das Treffen endete mit der Empörung, die von dieser Bemerkung hervorgerufen wurde.

BRENT SCOWCROFT

Baker und Schewardnadse kamen in Ottawa auch über eine beiderseitige Reduzierung chemischer Waffen überein, die beim kommenden Gipfeltreffen in Washington, das jetzt für Ende Mai auf dem Plan stand, in einem Vertrag festgelegt werden sollte. Die Verhandlungen zur Reduzierung konventioneller Kräfte in Europa und über einen weiteren beiderseitigen Truppenabbau waren ein anderes Thema. Die Sowjetunion wollte Kürzungen bis zu einer gleichen Obergrenze, aber wir wollten die Symmetrie der Zahlen zwischen den amerikanischen und sowjetischen Truppen brechen und favorisierten ungleiche Kürzungen. Die Sowjetunion sollte sich aus Osteuropa zurückziehen, während wir eine Truppenpräsenz auf dem Kontinent behielten. Baker erreichte eine Vereinbarung über eine gemeinsame Obergrenze von jeweils 195 000 Soldaten in Mitteleuropa und weiteren 30 000 für die Vereinigten Staaten außerhalb dieser Zone, insgesamt also 225 000. Die Sowjetunion hatte außerhalb dieser Zone keine Truppen stationiert.

Baker rief mich an, um diesen Vorschlag abzuklären. Er klang wie unser Vorschlag, darum informierte ich Verteidigungsminister Cheney. Er sagte, die Zahlen seien so, wie das Verteidigungsministerium sie benötige, aber es fiel ihm offensichtlich schwer, dies jetzt sofort an einem Samstagabend zu entscheiden. Ich sagte ihm, daß Baker unter Druck stand, und schließlich stimmte er zu, es sei in Ordnung. Ich klärte es dann noch mit dem Präsidenten ab, rief dann Baker an und sagte ihm, er könne weitermachen. In der Eile hatte es jedoch ein Mißverständnis gegeben: Während es kein Problem mit der Gesamtzahl von erlaubten Soldaten gab, stellte sich heraus, daß auch die beiden Komponenten auf unserer Seite, also die 195000 und die 30000, bindend waren. Das reduzierte den Spielraum des Pentagons enorm, wenn es darum ging, Truppen zu verschieben, um auf Krisensituationen zu reagieren. Kein unüberwindliches Problem, aber auch nicht gerade ein Lehrbuchbeispiel dafür, wie Außenpolitik gemacht wird. Die Integration und Koordination der Politik waren meine Aufgabe, und ich war nicht gerade glücklich über ein schlampiges Ergebnis.

Baker hatte seine Aufgabe hervorragend gelöst und einen Fahrplan für den Weg zur deutschen Einheit sowie der Mitwirkung an den Verhandlungen aufgestellt – ein riesiger Schritt in Richtung unseres Ziels. Aber das hieß noch lange nicht, daß alle Streitfragen beigelegt waren. In gleichem Maß, in dem meine Bedenken über Zwei-plus-Vier zutrafen, gab es noch sehr reale Verhinderungsmöglichkeiten. Die Erklärung von Ottawa zeigte einen gewissen Grad an Konsens, daß die Wiedervereinigung schnell kommen konnte. Dennoch gab es guten Grund zu der Annahme, daß die Briten und die Franzosen nicht gerade unglücklich wären, wenn der Prozeß in die Länge gezogen würde und ein Deutschland entstünde, das eben noch nicht vereint und mächtig wäre.

Im Hinblick auf die Sowjetunion war die Situation bedeutend negativer einzuschätzen. Gorbatschow hatte sich Kohl und Baker gegenüber sehr gefällig gezeigt. Aber was auch immer er selbst gedacht haben mochte – ein großer Teil der sowjetischen Hierarchie, von Schewardnadse abwärts, war weit davon entfernt, sich mit der Wiedervereinigung abgefunden zu haben. Die Sowjets und die Ostdeutschen hofften noch immer, den Prozeß durch eine deutsche Konföderation kanalisieren zu können – und dadurch einen kräftigen Einfluß auf deutsche Angelegenheiten beizubehalten. Dies würde einen Sieg der Linken, also der Sozialdemokraten und der Kommunisten, bei den Wahlen im März voraussetzen, ein Ergebnis, das die Wahlforscher vorhersagten. Aber auch im Falle einer Niederlage konnten die Linken noch darauf hoffen, die Deutschen zwingen zu können, zwischen NATO und Einheit zu wählen.

Die Koalition in Bonn schien genau über diese Frage zu streiten, als sie die genauen Schritte zur Vereinigung festlegte. Es gab nach dem Grundgesetz der Bundesrepublik Deutschland zwei Möglichkeiten: Die erste – gemäß Artikel 146 – war, daß in gesamtdeutschen Wahlen Delegierte für eine verfassunggebende Versammlung bestimmt wurden, die dann einen völlig neuen politischen Staat, eine neue Regierungsform, Gesetze und eine Verfassung festlegen würden. Die andere Option war der Artikel 23, der es erlaubte, daß »andere Teile Deutschlands« der existierenden Bundesrepublik beitreten können. Dieser Ansatz erforderte, daß die DDR sich in ihre ehemaligen Länder auflösen würde, die dann wiederum in die BRD aufgenommen werden würden, was in einer vergrößerten Bundesrepublik unter Beibehaltung ihres Systems resultieren würde. Artikel 146 würde einen neuen Staat erfordern, eventuell auf dem Wege einer Konföderation, während der Artikel 23 die direkte Übernahme der DDR bedeutete.

Kohl und wir hatten eine starke Präferenz für Artikel 23, der mögliche Veränderungen des westdeutschen politischen Systems vermeiden würde – besonders dann, wenn die SPD in Ost und West die Kontrollmehrheit in der verfassunggebenden Versammlung gewinnen sollte und das neue Deutschland auf einen neutralen (und eventuell sozialistischeren) Weg brachte. Dies war eine echte Gefahr. Umfragen in Westdeutschland zeigten Mitte Februar eine Unterstützung von 58 Prozent in der Bevölkerung für ein Deutschland außerhalb aller Bündnisse, und es wurde erwartet, daß die ostdeutsche SPD die Wahlen im März gewinnen würde. Außerdem hatte die SPD in beiden deutschen Staaten angekündigt, daß ein künftiges vereintes Deutschland keiner Allianz angehören sollte. Kohl sprach sich bald mit Unterstützung seiner Parteifreunde öffentlich für das Verfahren nach Artikel 23 aus, dem eine Wirtschafts- und Währungsunion vorangehen sollte. Dies war ohnehin gleichbedeutend mit der Aufnahme der DDR in die bestehende BRD, weil Ostdeutschland dadurch dem westdeutschen Wirtschaftssystem unterworfen wurde. Es gab aber ernsthafte Meinungsverschiedenheiten innerhalb der Koalition, ob gesamtdeutsche Wahlen zu bevorzugen seien – der »dritte Weg«, wie Genscher das nannte.

Gleichzeitig war in Bonn der Status des ostdeutschen Territoriums in der NATO heftig umstritten. Verteidigungsminister Ger-

hard Stoltenberg unterstützte die volle Mitgliedschaft des gesamten deutschen Staatsgebiets und Truppen der Bundeswehr auf ostdeutschem Boden. Genscher bestand darauf, daß Moskau der deutschen Einheit nur zustimmen würde, wenn die DDR neutral und außerhalb der NATO bliebe. Am 19. Februar gab Kohl, der versuchte, die Koalition bezüglich Artikel 23 auf eine Linie festzulegen, und dabei den Rat sowohl von Stoltenberg als auch von Teltschik überging, gemeinsam mit Genscher eine Erklärung ab, in der eine revidierte Position zur DDR eingenommen wurde. Es wurde zwar die Idee fallengelassen, daß das ostdeutsche Territorium nicht in der NATO sein sollte, dafür wurde aber erklärt, daß keine NATO-Truppen, einschließlich der Bundeswehr, dort stationiert werden sollten. Es war eine unbefriedigende Lösung. Die DDR würde entmilitarisiert sein, und wir hatten noch immer keine Antwort auf die Frage, in welcher Weise die NATO für das Gebiet Verantwortung tragen sollte oder wie die deutsche Mitgliedschaft unter diesen Bedingungen funktionieren könnte. Wir hofften, diese Frage mit Kohl in Camp David besprechen zu können.

Es gab noch ein weiteres, besonders ärgerliches Problem: die deutsch-polnische Grenze. Die meisten Deutschen (einschließlich Genscher), die anderen Europäer und die Amerikaner fanden, daß die Linie, die von Oder und Neiße in Ostdeutschland gebildet wurde und die zu den Regelungen aus der Besatzungszeit nach dem Kriege stammte, de facto *die Ostgrenze des Nachkriegs-Deutschland war. Kohl bestand jedoch darauf, daß nur die Regierung eines vereinten Deutschland sich* de jure *auf Veränderungen an den deutschen Grenzen von 1937 einigen konnte, die große Teile von dem eingeschlossen hatten, was jetzt Polen war. Seine zwiespältigen Aussagen in dieser Frage gaben vielen Anlaß zur Besorgnis, die sich vor dem Verhalten eines künftigen Deutschland fürchteten, und lieferten jenen Argumentationshilfe, die – wie etwa Margaret Thatcher – der Vereinigung insgesamt kritisch gegenüberstanden.*

Für uns war die Frage der Grenzen deshalb kompliziert, weil wir die Notwendigkeit sahen, Kohl im eigenen Land zu stärken. Die Debatte führte zu einer ernsthaften Zerreißprobe der Bonner Koalition und der Beziehung zwischen Kohl und Genscher. Wir hatten volles Vertrauen, daß Kohls Haltung zur Grenzfrage schließlich mit unserer identisch sein würde. Wir nahmen an, seine Ausflucht vor einer klaren Antwort sei in erster Linie dadurch motiviert, daß er die große Zahl von Menschen, die nach dem Krieg aus den deutschen Gebieten Polens vertrieben worden waren, nicht vor den Kopf stoßen wollte – viele von ihnen waren konservative Wähler von CDU und CSU. Die Frage konnte bei den kommenden Wahlen in der BRD auch zum Sprungbrett der rechtslastigen Partei der Republikaner werden. Vielleicht hatte Kohl auch die Geschichte im Blick und wollte darin nicht als der Staatsmann eingehen, der große Gebiete aufgegeben hatte, die über Jahrhunderte hinweg ein integraler Bestandteil des Vaterlandes gewesen waren. Da wir seine Position stützen wollten, waren wir bereit, uns seinem Urteil zu beugen, wenn er die Grenzfrage offiziell lösen wollte. Er schien in der Sache mit einem Augenzwinkern zu sprechen, aber seine gegenwärtige Haltung und die Unruhe, die sie unter den anderen Europäern verursachte, bereitete uns auch Kopfzerbrechen.

GEORGE BUSH

Die polnische Grenze und die Mitgliedschaft in der NATO gehörten zu den Themen, die ich am 24. Februar mit Kohl in Camp David besprechen wollte. Zur Vorbereitung telefonierte ich am Morgen des Besuchs mit Thatcher und Mulroney. Ich versuchte auch, Mitterrand anzurufen, konnte ihn aber nicht erreichen.

Margaret Thatcher machte aus ihrer Besorgtheit kein Geheimnis, ungeachtet des Zwei-plus-Vier-Arrangements. Sie hatte mit Andreotti, Genscher, Stoltenberg und Mazowiecki gesprochen (Kohl fehlte auffallenderweise in ihrer Aufzählung), die, wie sie sagte, alle die Tatsache akzeptiert hätten, daß die Wiedervereinigung kommen wird. Es seien aber auch alle besorgt über die Konsequenzen und die Unsicherheit. Sie glaubte, daß die Vereinbarung von Ottawa dazu beitragen würde, einige der Ängste zu zerstreuen, aber die halbe NATO ärgere sich noch immer darüber, ausgeschlossen zu sein.

Sie wies darauf hin, daß es wichtig sei, zu einer gemeinsamen Haltung im Bündnis zu gelangen. »Es gibt nicht viele Möglichkeiten«, stellte sie fest. »Kohl hat das mit der NATO gut gehandhabt, auch die Frage, Ihre Truppen in Deutschland zu halten. Aber das ist das Problem mit Ostdeutschland. Wenn alle kommunistischen Truppen die DDR verließen, wäre das eine alarmierende Entwicklung für Gorbatschow. Es würde so aussehen, als komme ihm die Grenze des Bündnisses näher.« Genscher und sie nahmen an, daß es Gorbatschow einige Sicherheit geben würde, wenn es den sowjetischen Truppen erlaubt sei, für eine beliebig lange Übergangszeit zu bleiben. »Ich befürchte, daß Gorbatschow sich isoliert fühlen wird, wenn die ganze Wiedervereinigung nur im Sinne des Westens vor sich geht. Er hat den Warschauer Pakt bereits an demokratische Regierungen verloren.«

Die Ängste von Margaret Thatcher vor einem vereinten Deutschland waren jedoch unüberhörbar. Sie sagte in düsteren Bildern voraus, Deutschland werde das »Japan Europas werden, aber schlimmer als Japan. Japan ist eine Inselmacht mit einem enormen Handelsüberschuß. Deutschland liegt im Herzen eines Kontinents von Ländern, die es zum größten Teil überfallen und besetzt hat. Deutschland hat kolossalen Wohlstand und Handelsüberschüsse, also müssen wir ein größeres Land politisch einbinden – die Sowjetunion oder Sie.« Sie schlug noch einmal vor, daß es an der Zeit sein könnte, die KSZE zu stärken und für einen größeren politischen Rahmen zu nutzen. Es gab auch wirtschaftliche Probleme zu lösen, speziell jene, die dadurch entstanden, daß ein neues Mitglied (die DDR) in die EG aufgenommen würde, eines mit Millionen Einwohnern und keiner Erfahrung in der Marktwirtschaft.

Thatcher brachte dann das Thema auf, ostdeutsches Territorium in die NATO einzugliedern. Sie lehnte Stoltenbergs Vorschlag ab, daß westdeutsche Truppen dort stationiert werden könnten; auch dies wäre für die Sowjetunion problematisch. Ich fragte, was sie von dem Vorschlag hielt, das Gebiet der DDR zu entmilitarisieren, also auch die sowjetischen Truppen auszuschließen. Sie bezweifelte, daß Gorbatschow daran in einem so frühen Stadium anbeißen würde. »Die NATO würde sich nach Osten bewegen. Er muß wenigstens einige Zusicherungen bekommen. Das ist der Preis dafür, in der NATO zu bleiben.« Ich konnte mich mit dem Gedanken, sowjetische Truppen in der DDR zu behalten, nicht anfreunden. Obwohl Mazowiecki wollte, daß sie blieben, konnte ich mir nicht vorstellen, daß diese Idee vom polnischen Volk lange unterstützt werden würde. Was ich aber wirklich wollte, war, daß Kohl sich ganz klar dafür aussprach, daß die BRD sich für eine volle NATO-Mitgliedschaft des vereinten Deutschlands aussprach. Die Frage, wie er mit dem

Gebiet der DDR umgehen sollte, war ein schwieriges politisches Problem für Kohl. »Darum haben wir nur eine kleine Gruppe hier für diese Gespräche«, sagte ich. »Genscher ist nicht hier; auch nicht ihr Botschafter. Nur Brent Scowcroft, ich und James Baker. Wir wollten das so, damit wir besser über die Parteiprobleme sprechen können ... Wir haben viel zu verlieren, wenn Helmut Kohl keinen Erfolg hat.«

Ich fragte Thatcher, was Mitterrand dachte. »Wir haben uns unterhalten«, sagte sie. »Unter uns – er ist genauso furchtsam wie wir. Wenn wir nicht aufpassen, bekommen die Deutschen im Frieden das, was Hitler im Krieg nicht bekommen konnte. Er ist steinhart in der Frage der Oder-Neiße-Linie ... Die Franzosen fürchten die Dominanz Deutschlands. Sie haben Angst vor dem Tempo, mit dem die BRD nach der Vereinigung drängt, und weil sie sich nicht erst um andere Fragen kümmert. Wir haben in Ottawa gut angefangen ... Aber es gibt noch große Unsicherheit, wenn die Leute daran denken, daß es da mitten im Kontinent wieder diese Großmacht geben wird, die sich mit den meisten Völkern schon angelegt hat. Es ist nicht damit getan, Deutschland in der EG zu verankern – denn gerade das könnte Deutschlands neues Imperium werden: Die Imperien der Zukunft werden wirtschaftlicher Natur sein.«

BRENT SCOWCROFT

Thatcher hatte ihre Haltung bemerkenswert verfeinert, aber ihre Bedenken waren noch immer offensichtlich und für mich besorgniserregend. Sie mochte die Vorstellung eines riesigen Deutschland mitten in Europa nicht und hatte Angst vor den politischen Auswirkungen der Wiedervereinigung auf Gorbatschow. Geschickt nutzte sie die Frage der polnischen Grenzen, um anzudeuten, daß Deutschland sich vielleicht doch nicht verändert hatte. Dabei verband sie ihre Bedenken auf eine Weise miteinander, daß sie sich gegenseitig verstärkten.

Während der Ton, in dem sie ihre Bedenken vortrug, sich stark verbessert hatte, machte mir doch ihr Inhalt wenig Freude. Die meisten von uns in der amerikanischen Regierung waren strikt dagegen, sowjetischen Truppen zu erlauben, in Ostdeutschland zu bleiben. Auf jeden Fall waren Cheney und ich dagegen, ebenso der Präsident. Zudem hatten wir hart daran gearbeitet, die sowjetischen

Truppen aus Osteuropa zu entfernen. Baker war vielleicht die Ausnahme: Er schien willens, sie vorübergehend bleiben zu lassen, um eine bessere taktische Verhandlungsposition zu haben – als ein Mittel, die Unterstützung Moskaus für ein vereintes Deutschland in der NATO zu bekommen. Ich war auch entsetzt, daß Thatcher ein entmilitarisiertes Ostdeutschland unterstützte. Schließlich verunsicherten mich ihre Bemerkungen über eine Stärkung der KSZE. Sie schien es in einer konstruktiven Weise gemeint zu haben, aber ich hatte deutliche Anzeichen gesehen, daß die Franzosen danach trachten würden, die NATO durch die KSZE zu ersetzen. Diese Vorstellung war nicht akzeptabel: einerseits, weil die NATO für die Strategie der USA absolut zentral war, andererseits, weil meines Erachtens kollektive Sicherheit, wie sie durch den Völkerbund und die Vereinten Nationen symbolisiert wurde, letztlich überhaupt keine Sicherheit bot.

GEORGE BUSH

Brian Mulroney unterstützte die Wiedervereinigung, hatte aber einige Vorbehalte. »Ich bin persönlich besorgt, daß die Vereinigung für Deutschland nicht nur davon angetrieben zu sein scheint, daß zwei Staaten den legitimen Wunsch haben, zusammenzukommen«, sagte er, »sondern durch den totalen Zusammenbruch der Wirtschaft des einen Staates und die ökonomische Stärke des anderen … Ich habe Genscher gesagt: Sie sprechen hier nicht wirklich von einer Fusion; es ist eine Übernahme.« Er sagte voraus, daß die wirklichen Probleme mit der Vereinigung erst später sichtbar werden würden, in Bereichen wie dem gemeinsamen Markt. »Die Gemeinschaft war nie auf die Möglichkeit einer solch großen europäischen Macht angelegt«, sagte er. Ich sah diese Bedenken als zusätzliche Nüsse an, die es zu knacken galt, aber ich war nicht wirklich besorgt darüber.

Ich erzählte Mulroney von dem Vorschlag, sowjetische Truppen in Ostdeutschland zu belassen. »Es bereitet mir allerdings Sodbrennen, wenn wir plötzlich bei einem Versuch, Stabilität in Deutschland zu erlangen, stillschweigend zustimmen oder sogar offen dafür sind, daß sowjetische Truppen in Deutschland bleiben«, sagte ich. »Das ist genau das, wogegen wir uns all die Jahre stark gemacht haben.« Mulroney reagierte heftig: »Ich sehe bei aller Fairneß nicht, wie wir das akzeptieren können. Der Preis für die deutsche Einheit müssen zumindest die volle deutsche Mitgliedschaft und die volle Unterstützung in allen westlichen Organisationen sowie für die amerikanische Führung des Bündnisses sein. Ich habe es Genscher angedeutet …, und ich werde es Ihnen sagen: Wir geben unseren Platz in Europa nicht auf. Wir haben dafür bezahlt. Wenn die Leute wissen wollen, wie Kanada für seinen Platz in Europa bezahlt hat, dann sollen sie die Gräber in Belgien und Frankreich besuchen … Die NATO hat uns bis hierher gebracht. Die Solidarität im Bündnis wird uns noch weiter bringen.« Mulroney hatte es voll erfaßt.

Meine Ziele für die Treffen mit Kohl in Camp David waren einfach: den Weg zur Vereinigung zu koordinieren, Deutschland in der Frage des NATO-Vorbehalts bei der Stange zu halten und eine Erklärung zur Oder-Neiße-Linie zu bekommen. Es würde das erste Mal sein, daß ein deutscher Kanzler in Camp David war, und ich freute mich darauf, Helmut Kohl die Anlage zu zeigen und für ein paar entspannte Gespräche die Füße hochzulegen.

Der 24. Februar war ein blasser, wolkiger und kalter Morgen. Auf dem Gipfel des Berges war das Wetter sogar noch kälter, verkrusteter Schnee lag auf dem Boden. Ein eisiger, beißender Wind blies, als meine Frau Barbara und ich, eingehüllt in graue Anoraks, Helmut Kohl und seine Frau begrüßten, die im Präsidenten-Hubschrauber ankamen. Sie wurden von James Baker (strahlend in einem roten Flanellhemd, Cowboy-Stiefeln und Hut) und Brent Scowcroft, der sie am Dulles-Flughafen in Washington abgeholt hatte, begleitet. Meine Frau und ich fuhren die Kohls in Golfkarren zu ihrem Häuschen, damit sie sich frisch machen konnten.

Die Zwei-Zimmer-»Hütten« in Camp David sind nicht perfekt, aber sehr gemütlich. Jedes Häuschen hat einen offenen Kamin, und als die Kohls ankamen, begrüßten sie freundliche Rauchwölkchen aus dem Schornstein. Wir sagten ihnen, daß Freizeitkleidung an diesem Tag vorgesehen war und daß die Tagesordnung und der Ablauf der Treffen und Aktivitäten in jeder Hinsicht, die ihnen entgegenkam, geändert werden könnten. Ich haßte es immer, wenn man von übernächtigten Besuchern mit Jetlag erwartete, daß sie aufblieben und an schnell aufeinanderfolgenden Treffen mit voller Geistesschärfe teilnahmen. Nach einem anregenden Essen im Laurel Cottage, dem gesellschaftlichen Zentrum in Camp David, gingen wir in das große holzgetäfelte Wohnzimmer.

Kohl erzählte mir von den Ereignissen in Ostdeutschland und wie sich die deutsche Einheit aus seiner Sicht darstellte. »Die Entwicklungen sind so dramatisch, daß ich es kaum glauben kann«, rief er mit leuchtenden Augen aus. »Der Kommunismus in der DDR ist in sich zusammengefallen wie ein Kartenhaus.« Die Regierung Modrow hatte sich im Januar praktisch aufgelöst, und Modrow hatte keine Vorstellung davon, wie er das Vertrauen wiederherstellen konnte. »Zwischen dem 1. Januar und heute haben so viele Leute die DDR verlassen, wie in einer ganzen Stadt wohnen«, sagte Kohl und machte dabei eine wegwerfende Handbewegung. »Wir müssen diese Leute überzeugen, zu bleiben. Die Produktivität im Osten ist dramatisch gefallen. Jeder will in D-Mark bezahlt werden, vielerorts werden die Waren knapp. Die Korruptionsprozesse gegen ehemalige DDR-Beamte haben katastrophale Folgen. Von den fünfzehn wichtigsten Würdenträgern der DDR vor einem Jahr sind zehn im Gefängnis. Das war die Führungsriege ... Im Rest des Landes ist die Korruption aber nicht weniger schlimm. Vor drei Wochen war die Situation so, daß ich zu dem Schluß kam, daß wir etwas anderes tun mußten«, fuhr Kohl fort. »Wir mußten unser Programm ändern. Deshalb brauchen wir jetzt eine Währungsunion.« Er wußte, daß die neue ostdeutsche Regierung Bonn nach den Wahlen darum bitten würde, Geld in Staatsbetriebe zu investieren. Er würde nein sagen müssen, denn die Situation war zu ernst, um einfach Geld in Hilfsprogramme zu stecken. Größere Maßnahmen zur industriellen Entwicklung waren vonnöten. »Ihr Telefonsystem funktioniert nicht; die Eisenbahn ist ein Desaster; und die Umwelt ist in schrecklichem Zustand – einschließlich zweier Atomkraftwerke, schlimmer als der Typ von Tschernobyl. Die Situation ist katastrophal, also muß ich schnell reagieren. Ich muß darauf bestehen, daß wir uns sofort nach den Wahlen für eine Marktwirtschaft stark machen.« Das waren die ersten Einzelheiten, die ich von seinen ehrgeizigen Plänen erfuhr.

Kohl spielte das Problem der polnischen Grenze herab. »Die Grenzfrage ist nicht besonders ernst«, erklärte er mit einem vertrauenerweckenden Lächeln. »Unter Freunden kann ich ehrlich sein: In der BRD sind heute zwischen 85 und 90 Prozent der Bevölkerung für die Oder-Neiße-Grenze. Die große Mehrheit weiß, daß die Grenze bleiben wird. Der Mann, der Camp David gebaut hat,

Präsident Roosevelt, wird in Deutschland nie besonders beliebt sein. Die Polen wurden nach Westen gedrängt und die Deutschen vertrieben. Das war eine Reaktion auf die Verbrechen der Nazis, aber die Deutschen, die es traf, waren unschuldig – zwölf bis vierzehn Millionen Menschen. Ein Drittel des Reiches von 1937 wurde abgeschnitten. Im Jahr 1945 wurden zwei Millionen deutsche Zivilisten auf der Flucht aus Osteuropa getötet. Wir müssen diese psychologischen Probleme in meinem Land berücksichtigen.«

Kohl sagte, daß es wichtig sei, den Polen Sicherheit in der Frage der 1000 Kilometer langen Grenze zu vermitteln. Sie müßten aber verstehen, daß die Entscheidung in einem Vertrag festgelegt werden muß, der von einem gesamtdeutschen Parlament ratifiziert wird. Er bestand darauf, daß er und die BRD nicht anstelle eines vereinten Deutschlands tätig werden konnten, erkannte aber an, daß er etwas tun mußte, um die Erwartungen der Polen zu befriedigen. »Das Problem ist, daß die Polen Reparationen verlangen könnten«, sagte er. »Das würde ich unannehmbar finden. Wir haben schon 150 Milliarden Mark an Polen, Israel und einzelne Betroffene gezahlt. Wir können nicht noch mehr zahlen, fünfzig Jahre nach Kriegsende.«

Statt die Polen an den Zwei-plus-Vier-Gesprächen zu beteiligen, wie Warschau und andere vorschlugen, empfahl Kohl eine andere Vorgehensweise: »Wenn wir uns zwischen der BRD und den USA gut absprechen, dann *könnten* wir die Angelegenheit gegenüber Polen vielleicht erfolgreich vertreten, aber nicht durch deren Teilnahme, sondern durch Rücksprache … Ich möchte Mazowiecki gern helfen, aber ›Zwei-plus-Fünf‹ ist nicht machbar. Wir sollten bei Zwei-plus-Vier bleiben, aber mit einem Konsultationsmechanismus für Polen. Gorbatschow hat an der Oder-Neiße-Frage kein Interesse; er will einfach nicht, daß Polen die Frage seiner Ostgrenzen aufwirft. Es gibt alte polnische Städte in der jetzigen UdSSR.« Kurz gesagt schlug Kohl vor, daß die Vereinigten Staaten vermitteln sollten.

Er versicherte mir wieder, daß Deutschland keine Neutralität wolle. »Ein vereintes Deutschland wird ein Mitglied der NATO sein«, beteuerte er und schlug zur Bekräftigung auf die Lehne des Sessels. »Wir brauchen aber eine präzise Definition der Mitgliedschaft Deutschlands in der NATO. Auch eine Übergangsphase wird fur uns vonnöten sein. Einheiten der NATO, einschließlich Bundeswehrtruppen, die der NATO zugeteilt sind, können nicht auf ostdeutschem Boden stationiert werden.« Gleichzeitig wollte er nicht, daß die Sowjetunion ihre Truppen für unbegrenzte Zeit in Ostdeutschland belassen würde, weil das der deutschen Souveränität schlecht anstehen würde.

Er brachte dann einen irritierenden Gedanken auf: »Wenn Westdeutschland ein Mitglied der NATO ist, sollten wir das vielleicht so machen wie Frankreich«, sagte er. Frankreich war ein Mitglied der NATO, beteiligte sich aber nicht am militärischen Aufbau. »Wie wäre es mit der militärischen Einbindung eines neuen Deutschland? Wäre das eine gute Idee? Wir wollen aber keinen besonderen Militärstatus für ganz Deutschland, wie das 1918 war. Deshalb ist die NATO so wichtig.« Kohl fügte hinzu, daß wir auch anfangen mußten, uns über die amerikanischen Atomwaffen in Deutschland Gedanken zu machen, und darüber, wie diese Waffen in Osteuropa gesehen wurden.

Ich antwortete schnell. Ein Frankreich im Bündnis, mit all seinen speziellen Arrangements, reichte mir völlig. »Die Mitgliedschaft Deutschlands in der NATO ist eine absolut zentrale Frage«, erinnerte ich ihn. Ich fügte hinzu, daß er es gelegentlich unterließ, sich mit unseren kleineren NATO-Partnern zu beraten und daß Genschers Bemerkungen gegenüber den Italienern in Ottawa auch nicht besonders hilfreich gewesen waren. Er sah das Problem ebenfalls und versuchte, das Verhältnis zu Andreotti und den anderen wieder zu bereinigen. »Ich werde das auch zu gegebener Zeit mit François Mitterrand machen«, sagte er. »Er ist hart geblieben. Die meisten Franzosen sind auf unserer Seite, aber die politische Klasse in Frankreich ist gegen uns.« Dänemark, Norwegen und die Niederlande waren auch noch problematisch. »Margaret Thatcher: Da kann ich nichts machen. Ich kann sie nicht verstehen. Das britische Weltreich zerfiel, während sie Deutschland bekämpften – sie denkt, das Vereinigte Königreich hat diesen enormen Preis bezahlt, und jetzt kommt Deutschland schon wieder.«

»Wir sehen es nicht so«, antwortete ich. »Wir fürchten die Gespenster der Vergangenheit nicht; Frau Thatcher schon. Aber Sie und wir müssen uns alle Mühe geben und uns in vollem Bewußtsein unserer einzigartigen Rolle vor der Geschichte abstimmen.« Ich erzählte ihm, daß ich mit Margaret Thatcher telefoniert hatte, um ihre Ansichten zu erfahren.

»In der BRD wächst unter den Deutschen der Ärger, weil wir über mehr als vierzig Jahre verläßliche Partner gewesen sind«, klagte Kohl. »Warum hilft das nicht?« Ich beteuerte ihm, daß die Vereinigten Staaten helfen wollten und auch würden. Wenn er sagte, daß Deutschland ein vollwertiges NATO-Mitglied bleibe, würde das den anderen viel Sicherheit vermitteln. Er würde auch über die polnische Grenze sprechen müssen – und über die Atomwaffen der USA in Deutschland. Ich fand, daß diese ein essentieller Teil unserer Militärpräsenz dort waren. Ohne diese Waffen in Deutschland zu behalten, würde es schwerfallen, andere in Europa zu überzeugen, sie zu behalten. Mehr noch – unsere Bevölkerung sah die nukleare Abschreckung als einen Schutz für unsere Truppen an. Wenn wir die Waffen abzogen, würde auch die heimische Zustimmung zurückgehen, unsere Truppen in Europa zu behalten.

Kohl antwortete, daß er für die Vereinigten Staaten in Europa sei, und das nicht nur in militärischer Hinsicht: »Ich will das Konzept der Festung Europa ausmerzen.« Baker wies darauf hin, daß die NATO die *raison d'être* dafür war, daß die USA ihre Truppen in Europa beließen. »Wir können keine US-Truppen auf dem Gebiet eines nicht voll akkreditierten NATO-Mitglieds haben«, erinnerte er Kohl. Kohl spekulierte, die Sowjetunion von einer Mitgliedschaft zu überzeugen sei vielleicht »am Ende nur eine Frage von klingender Münze. Sie brauchen Geld.« Ich sagte ihm, daß ich der Perestroika ein Gelingen wünschte und einen erfolgreichen amerikanisch-sowjetischen Gipfel im Auge hatte, um Gorbatschow zu Hause Auftrieb zu geben. Dennoch – »die Sowjets sind nicht in einer Position, die Beziehung Deutschlands zur NATO diktieren zu können. Ein wenig besorgt es mich, wenn es Gerede gibt, daß Deutschland nicht in der NATO bleiben könne. Zur Hölle damit! Wir haben überlebt, sie nicht. Wir können den Sowjets nicht einen Sieg vom Rande der Niederlage zugestehen.«

Kohl drängte, daß die Vereinigten Staaten mit der Sowjetunion außerhalb der Zwei-plus-Vier-Verhandlungen Gespräche über die volle deutsche NATO-Mitgliedschaft führen sollten. »Dadurch werden sie verstehen, daß es eine völlige Übereinstimmung ohne jedes Spielchen zwischen der BRD und den USA gibt«, sagte er.

»Die Sowjets werden Ihnen eher einen realistischen Preis für ihre Zustimmung nennen.« Moskau würde etwas als Gegenleistung erwarten. »Sie haben tiefe Taschen«, scherzte ich.

Ich schlug einen erfrischenden Spaziergang im Umkreis von Camp David vor, um unsere Köpfe nach dem gewichtigen Gedankenaustausch wieder frei zu machen. Kohl erklärte, er sei ein begeisterter Spaziergänger. Wir gingen beherzten Schrittes los und folgten dem Trampelpfad, der entlang dem Zaun um das Gelände führt. Seine Freude an der Natur war unverkennbar, aber er war sichtlich ermüdet von der langen Anreise aus Europa. Der starke Wind war eingeschlafen, aber eine kalte Spätnachmittagsbrise blies noch. Kohl hielt sich wacker, bis wir eine langen, steilen Abhang erreichten. Auf der Hälfte der Strecke kamen ernste Zweifel auf, ob er es ganz nach oben schaffen würde. Kräftig keuchend und schimpfend kämpfte sich der Kanzler mit dem Jetlag zum Gipfel. Wir tauften den Abhang umgehend »Helmut-Kohl-Gedächtnishügel«.

Nach dem Frühstück am nächsten Morgen besuchten wir eine Messe in der reizenden neuen Kapelle von Camp David, die auf die gesamte Familie Bush immer große Anziehungskraft ausübte. Die auf der Basis stationierten Marines kamen auch mit ihren Familien. Der Chor bestand aus zwölf Mitgliedern der Mannschaft, dem Offizierskorps und deren Gattinnen. Ein Militär-Kaplan vollzog die einfache, aber bewegende Zeremonie. An diesem besonderen Tag hatte es noch eine zusätzliche Bedeutung, als wir, der deutsche Kanzler Seite an Seite mit mir, den Segen Gottes für unsere Arbeit erbaten. Bekannte Loblieder waren ausgewählt worden, und Kohl und seine Begleiter sangen auf deutsch mit.

Nach der Kirche nahmen wir unsere Gespräche wieder auf. Kohl wollte wissen, wann wir uns genauer über Zwei-plus-Vier unterhalten würden. Die zwei deutschen Staaten würden erst nach den Wahlen Abmachungen treffen können. »Wir können mit der Regierung Modrow nicht verhandeln«, sagte er. »Sie hat keinen Auftrag dafür.« Baker erinnerte ihn daran, daß die Verbündeten langsam nach Rücksprache drängten. Er erklärte, daß wir darüber nachdachten, die Gespräche zwischen den USA, Großbritannien, Frankreich und Westdeutschland zu beginnen, bevor wir mit Moskau verhandelten. »Das würde helfen, die Ängste der Briten und der Franzosen wie auch die der anderen NATO-Verbündeten zu mindern, besonders, wenn wir die NATO über diese Gespräche informieren.«

»Wir müssen unbedingt sichergehen, daß wir die Verbündeten nicht außen vor lassen – so, als ob wir Europa aushöhlen wollten«, sagte ich. Ich fragte, wann er die Wiedervereinigung erwartete. Kohl konnte nur vermuten: vielleicht Ende des Jahres. Parallel zur politischen Entwicklung lag die Währungsunion, die auch eine Menge Arbeit erforderte. »Ich will hier nicht in Laufschritt verfallen, auch wegen der Ängste der anderen. Also könnte die deutsche Einheit nächstes Jahr kommen.«

Kohl sagte voraus, daß Gorbatschow seine Kernbedingungen zu Deutschland während des Gipfels in Washington offenlegen würde. »Gorbatschow wird eine echte Entscheidung mit dem Präsidenten im Umfeld von wichtigen Vereinbarungen und Fortschritt bei der Rüstungskontrolle mit den Amerikanern treffen wollen«, sagte er. »Das wäre dann nicht Zwei-plus-Vier, sondern nur Gorbatschow und der Präsident.«

»Gorbatschow muß sein Gesicht und sein Ansehen wahren können«, antwortete ich. »Das ist der springende Punkt.«

»Das unterstützt meine These«, sagte Kohl. »Er möchte mit der anderen Supermacht zu tun haben. Die zentrale Frage ist die Mitgliedschaft Deutschlands in der NATO. Letzten Endes wird Gorbatschow dem Präsidenten dieses Zugeständnis machen.«

Am Ende unserer Gespräche brachte Horst Teltschik das Problem auf, welchen Status das ostdeutsche Territorium haben sollte. Er wies darauf hin, daß wir vorsichtig sein mußten, wenn wir den Begriff »Jurisdiktion« im Zusammenhang mit NATO und dem Gebiet der DDR gebrauchten, und statt dessen lieber von »Truppen« sprechen sollten. Es gab einen entscheidenden Unterschied. »Jurisdiktion« hatte mit der grundlegenden Verantwortung des Bündnisses zu tun (die wir nicht aufs Spiel setzen wollten), während der Standort von Truppen das nicht tat. Baker stimmte zu. »Ich habe den Begriff ›Jurisdiktion‹ gebraucht, bevor ich mir darüber klar wurde, daß das Auswirkungen auf Artikel 4 und 5 des NATO-Vertrages haben würde«, räumte Teltschik ein. Kohl schlug vor, wir sollten das öffentlich verkünden.

In unserer gemeinsamen Pressekonferenz erklärte ich detailliert unsere gemeinsame Position in der Frage der NATO-Mitgliedschaft:

»Wir teilen die Überzeugung, daß ein vereintes Deutschland ein volles Mitglied der NATO bleiben soll, was die Teilnahme am militärischen Aufbau einschließt. Wir stimmen darin überein, daß Truppen der USA weiterhin in einem vereinten Deutschland und andernorts in Europa als Garant fortgesetzter Stabilität stationiert bleiben sollen. Der Kanzler und ich sind uns auch darüber einig, daß das frühere Gebiet der DDR in einem vereinten Staat einen besonderen militärischen Status haben sollte und daß dieser die legitimen Sicherheitsinteressen aller betroffenen Staaten einschließlich der Sowjetunion berücksichtigen muß.«

BRENT SCOWCROFT

Ich fand, daß das Treffen ein großer Erfolg war. Nicht, daß jetzt alles abgestimmt war, aber es hatte die Beziehung zwischen dem Präsidenten und dem Kanzler wirklich gefestigt. Es gab eine Nähe und Kameradschaft, die meinem Gefühl nach enorm hilfreich sein würde, wenn wir anfingen, das letzte Stück der Strecke zur Wiedervereinigung hinabzusausen. Es gab eine Reihe von Dingen, die mich besonders berührt hatten. Eines davon war Kohls Beschreibung der DDR als ein Pflegefall. Ostdeutschland war das Kraftwerk des Warschauer Pakts gewesen. Es hatte stets an vorderster Front gestanden, wenn es um Spionage ging oder um die Ausbildung von Terroristen, um Waffenlieferungen an linksgerichtete oder antiamerikanische Regimes oder um die Stützung kommunistischer Staaten mit wirtschaftlicher Hilfe. Wie hatten wir nur derart danebenliegen können? Vielleicht war der Verfall im Inneren ein Teil des Preises, der für diese internationale Aggressivität zu zahlen war.

Ich war erfreut über die Schnelligkeit und Deutlichkeit, mit denen der Präsident die Idee einer deutschen Rolle in der NATO nach Art Frankreichs zurückgewiesen hatte. Ich war mir nicht klar darüber, ob Kohl das ernst gemeint hatte oder ob er nur sehen wollte, wie entschlossen der Präsident in der NATO-Frage war. Wenn letzteres der Fall gewesen sein sollte, so reiste er jedenfalls ohne irgendwelche Zweifel ab. Das Problem mit dem ostdeutschen Territorium bestand aber weiterhin.

Ich war enttäuscht, daß Kohl bei der Pressekonferenz nach Abschluß des Treffens der Grenzfrage auswich. Als erstes wurde er gefragt, ob er die existierende Grenze als die endgültige betrachte.

Er war einfach ungeschickt bei der Antwort. »Entsprechend der gesetzlichen Lage in unserem Land muß ein vom Volk frei gewähltes – und daher souveränes – Parlament die Frage entscheiden«, antwortete er. Er hätte ohne weiteres sagen können, daß Bonn vollends hinter der Oder-Neiße-Linie stand, auch wenn *de jure* nur ein vereintes Deutschland die Grenzfrage angehen konnte. Er zierte sich, weil er sich noch immer wegen der Unterstützung der westdeutschen Rechten verbog.

GEORGE BUSH

Am Tag nach dem Treffen in Camp David rief ich sowohl Mitterrand als auch Thatcher an. »Ich glaube, daß Kohls Schweigen in der Grenzfrage ein Fehler ist«, sagte Mitterrand. »Helmut Kohl muß die Verantwortung für seine Handlungen tragen, und er sollte hier diplomatisch vorgehen. Er muß die Oder-Neiße-Linie anerkennen. Dennoch glaube ich, daß er es aus wahltaktischen Gründen nicht tun wird ... Ich habe Kohl gesagt, daß er einen ernsten Fehler mache. Es ist ein schlichtes Faktum, daß alle Europäer wegen des Krieges immer argwöhnisch gegenüber Deutschland sein werden, auch wenn sie diesen Argwohn vielleicht nur vage artikulieren. Die SPD könnte sehr wohl die Wahlen am 18. März gewinnen. Wenn das passiert, wird es für Kohl schwer sein, wieder handlungsfähig zu werden, und es liegt völlig in seinem Interesse, hier offen zu bleiben.« Er argumentierte, Kohl habe nicht begriffen, daß es nicht an Deutschland sein könne, die Grenzen festzulegen. »Die Sieger haben das Sagen, in diesem Fall die Sieger des Zweiten Weltkrieges. Über diesen Punkt muß zwischen Großbritannien, Frankreich und den Vereinigten Staaten absolute Klarheit bestehen.«

Er war rasend über die Art und Weise, wie die französische Armee in Deutschland behandelt wurde, seit das Thema Wiedervereinigung aufs Tapet gebracht worden war. »Ich habe den französischen Botschafter in Berlin angewiesen, in Berlin eine Parade zu organisieren, und die Berliner haben gebeten, die Parade abzusagen!« Mitterrand wollte, daß die Position der Alliierten klar war. »Wir sind für den Westen in Deutschland und zum Schutz Deutschlands. Wenn wir einfach ein Eroberer wären und nicht in Deutschland sein müßten, dann wären wir nicht gerne wie die Sowjets in der DDR – versteckt vor den Leuten. Wir sprechen von deutscher Einheit, das ist Zwei-plus-Vier. Aber wenn wir von Grenzen sprechen, heißt es Vier-plus-Zwei. Ich möchte, daß Sie meine Gedanken kennen. Ich möchte auch, daß Sie meine Haltung gegenüber der BRD im Kopf haben … Wir dürfen unsere nationalen strategischen Bedenken nicht den innenpolitischen Bedenken von Helmut Kohl unterordnen. Dies alles wird sehr schnell gehen. Lassen Sie uns nicht in den Glauben verfallen, daß die UdSSR von der Szene verschwunden ist.« Mitterrand war nicht gerade glücklich.

Margaret Thatcher war zufrieden mit dem, was Kohl über die NATO-Mitgliedschaft sagte, aber sie war noch immer verärgert über die Frage der polnischen Grenzen. Obwohl ich ihre und Mitterrands Vorbehalte verstand, war ich im Hinblick auf das Ergebnis zuversichtlich. Ich glaubte, daß Kohl sich die Anerkennung der Oder-Neiße-Linie noch abringen würde. Ich hörte mir ihre Ängste geduldig an und versuchte, für ihre Bedenken ein offenes Ohr zu haben. Ich würde mich jedoch nicht von meinem Kurs abbringen lassen, von dem ich mir sicher war, daß er der beste war.

Am 28. Februar rief ich Gorbatschow an, der nicht sonderlich erfreut über meine Beschreibung des Treffens in Camp David war. Er hatte Sorgen wegen Kohls Ausflüchten in der Grenzfrage und war unzufrieden über das, was über die Zukunft Deutschlands im Kontext der europäischen Sicherheit gesagt wurde. »Sie haben gesagt, daß Sie ein gegenseitiges Einvernehmen mit Kohl haben. Ich muß Sie enttäuschen – wir haben noch kein gemeinsames Einvernehmen mit Kanzler Kohl«, sagte er vorsichtig. »Sie haben gesagt, daß niemand sich über diese Veränderungen und über die Bedrohung durch ein vereintes Deutschland Sorgen machen muß. Aber wenn das so ist, warum wollen die westlichen Staaten die Deutschen dann in ein Bündnis einbinden? Wenn wir finden, daß dies negative Auswirkungen auf die Sowjetunion haben kann, dann müssen wir lange und genau darüber nachdenken.« Er war allerdings erfreut, daß ich ihn angerufen hatte, um von den Gesprächen zu erzählen, und bat mich, das weiterhin zu machen.

BRENT SCOWCROFT

Gorbatschows Ton war freundlich, aber über den ominösen Hintersinn seiner Formulierung »dann müssen wir lange und genau darüber nachdenken« konnte es keine Zweifel geben. Er war nicht mit Bush und Kohl im gleichen Boot. In Verbindung mit Mitterrands – angesichts der engen deutsch-französischen Beziehungen – doch etwas überraschendem Ausbruch war es ein ernüchterndes Nachspiel zu dem ungestümen Wochenende mit Kohl. Mir war ziemlich unklar, was wir tun konnten, um die von diesen Telefonaten offengelegte, tiefsitzende Angst zu lindern, obwohl eine Erklärung Kohls zu den Grenzen die Stimmung sicher verbessert hätte.

Die ostdeutschen Wahlen rückten nun näher, und wir waren alle über ihren Ausgang nervös. Auf der Basis der bisherigen Erfahrungen in Osteuropa konnte man erwarten, daß die Ostdeutschen die Kommunisten fallenlassen würden. Angesichts der »Sozialisierung« der DDR war es jedoch vernünftig zu erwarten, daß die Masse der Stimmen sich bei den Sozialdemokraten sammeln würde. Tatsächlich war das die verbreitete Erwartung von Beobachtern, sowohl in Europa als auch in den Vereinigten Staaten. Die letzten Umfragen gaben zum Beispiel der SPD Ost 44 Prozent gegenüber nur 20 Prozent für die CDU Ost. Ich gönnte mir nicht den Luxus, an einen christdemokratischen Sieg zu glauben.

GEORGE BUSH

Helmut Kohl rief mich am Vorabend der Wahl an. Er war vorsichtig optimistisch. Er hoffte, das Ergebnis werde eine »vernünftige Koalition« ermöglichen und spätestens bis Ostern eine neue Regierung; dann konnte die Arbeit an der Währungsunion beginnen. Er versprach, es werde, was auch immer passierte, in Sachen Wiedervereinigung kein *Fait accompli* geben. Die Polen sollten in allen Fragen konsultiert werden, die sie betrafen. Er versprach noch einmal, daß die Parlamente in Ost- und Westdeutschland Erklärungen über eingegangene Verbindlichkeiten abgeben würden und daß eine gesamtdeutsche Regierung umgehend einen international bindenden Vertrag unterschreiben würde. Er wollte jedoch, daß die Stimmen verstummten, die von einem Zwei-plus-Vier-Gespräch in dieser Frage sprachen, das in Warschau stattfinden sollte. »Wenn das passieren würde, dann könnten wir auch gleich nach Jalta gehen. Das werde ich nicht zulassen.« Ich sollte mich bald mit Mazowiecki treffen und versprach Kohl, seine Gedanken zuvor mit den wichtigsten Leuten bei uns zu besprechen.

Wenn es noch irgendwelche Zweifel daran gab, daß der Zusammenbruch der DDR und das ungeduldige Drängen der Bevölkerung nach politischer und wirtschaftlicher Freiheit der Motor der Wiedervereinigung geworden waren, so wurden diese durch die ostdeutschen Wahlen endgültig zerstreut. Bei einer Wahlbeteiligung von über 93 Prozent gewann die CDU-geführte Koalition »Bündnis für Deutschland« 48 Prozent der Stimmen, während die SPD es nur auf 22 Prozent brachte und die PDS, die umbenannte ostdeutsche kommunistische Partei SED, auf 16 Prozent kam.

Das Ergebnis war ein Schock für alle beteiligten Parteien. Es bedeutete, daß Kohls Partner in der Legislative 193 von 400 Sitzen haben würden. Auf Drängen Kohls hatte sich Lothar de Maizière, der Chef der ostdeutschen CDU und der neue Ministerpräsident, während der Wahlen für eine rasche Wiedervereinigung gemäß Artikel 23 stark gemacht. Innerhalb weniger Tage verkündete er seine volle Unterstützung für die Wiedervereinigung und schlug den 1. Juli als Stichtag für die Währungsunion vor. Umgehend begannen die Verhandlungen zwischen den beiden deutschen Staaten über die Wirtschafts- und Sozialunion, der die volle politische Union folgen sollte. Die »Zwei« hatten also die inneren Aspekte der Wiedervereinigung geregelt. Jetzt war es an uns, die auswärtigen, internationalen Gesichtspunkte anzugehen.

Das Gesicht des neuen Europa

Die Auswirkungen der ostdeutschen Wahlen auf die Diplomatie im Umfeld der »auswärtigen« Gesichtspunkte der Wiedervereinigung waren dramatisch. Sie beendeten definitiv jede sowjetische Hoffnung darauf, den Weg zur Vereinigung durch eine folgsame ostdeutsche Regierung verlangsamen zu können. Statt dessen war Moskau mit einer ostdeutschen Regierung konfrontiert, die sich enthusiastisch für die schnelle Aufnahme in die Bundesrepublik einsetzte. Die sowjetische Seite war jetzt politisch isoliert. Dennoch war es wichtig, daß wir weiterhin mit ihr Rücksprache nahmen und sie als vollwertigen Partner behandelten, anstatt sie einfach mit den Bedingungen des Westens für ein Ergebnis in unserem Sinne zu konfrontieren.

Die Bedeutung der Wahlen war auch den westlichen Verbündeten nicht entgangen. Insbesondere die Briten erkannten, daß die Wiedervereinigung jetzt unvermeidlich war, und begannen, nachdem sie diese Tatsache akzeptiert hatten, sehr ernsthaft im Sinne des bestmöglichen Ergebnisses zu arbeiten. Margaret Thatcher übernahm eine aktive Rolle in unseren Bemühungen, die Deutschen in der NATO zu halten und die Auswirkungen der Wiedervereinigung auf das Bündnis zu analysieren. Die Solidarität unter den Verbündeten wuchs, und dies machte es der Sowjetunion unmöglich, den Westen in den Zwei-plus-Vier-Verhandlungen zu spalten. Die Franzosen und die Briten erwärmten sich für die Deutschen und bestanden nicht länger darauf, daß ein Friedensvertrag Bestandteil einer Vereinbarung wurde. Sie stimmten auch unserem Plan zu, den Regelungsbereich der Zwei-plus-Vier-Verhandlungen auf die Rechte der Alliierten und ähnliche Fragen der Übertragung der vollen Souveränität zu beschränken. Ebenso unterstützten sie uns in dem Bestreben, die sowjetische Seite davon abzuhalten, die Tagesordnung zu erweitern.

GEORGE BUSH

Ich war überrascht und erfreut über das Ergebnis der Wahlen. Hätte die SPD gewonnen, wäre meiner Meinung nach das Risiko eines konföderierten Deutschlands außerhalb der NATO wesentlich größer gewesen. Auch für Helmut Kohl persönlich hing viel von dem Resultat ab. Er war so eng mit der deutschen Einheit verbunden, daß ein Sieg der SPD und eine Verschiebung der Einheit vermutlich seine Chancen bei den kommenden westdeutschen Wahlen verschlechtert hätten. Aber Kohl hatte hart gekämpft und bei der Organisation des Wahlkampfs der ostdeutschen CDU geholfen. Es hatte funktioniert, und einmal mehr hatte er seinen Skeptikern eins ausgewischt.

Am 20. März rief ich Kohl an, um ihm zu gratulieren. Ich sagte ihm: »Sie sind als Wahlkämpfer einfach ein Teufelskerl!« – »Es war ziemlich hart in den letzten Wochen, aber es hat sich gelohnt«, antwortete er. »Sie dürfen nicht vergessen, daß die Leute dort in schwierigen Zeiten leben. Die letzten freien Wahlen waren über fünfzig Jahre her. Seit 1961, als die Mauer gebaut wurde, hat es praktisch keine Kommunikationsmöglichkeiten mit der Außenwelt gegeben ... Die Arbeiter haben für uns gestimmt. Wenn wir uns jetzt vernünftig verhalten, wird die Wirtschaft im Land in fünf Jahren funktionieren. Das Ergebnis ist auch für die NATO-Frage enorm wichtig. Ich kann jetzt von ganz anderen Seiten Unterstützung bekommen, als ich es bei einem Sieg der Linken gekonnt hätte. Ich bin also glücklich.«

Präsident Bush besprach mit Kohl den verbleibenden Stachel im Fleisch der Bündnissolidarität – die polnische Grenze. Die Frage war zum Schwerpunkt für alle Regierungen geworden, die sich mit der Aussicht auf die Wiedervereinigung nicht anfreunden wollten. Am 8. März, nach heftigen internen Auseinandersetzungen innerhalb der Koalition, hatte Kohl dem Bundestag eine Erklärung vorgelegt. Sie orientierte sich an den Eckpunkten, die er mit dem Präsidenten in dem Telefonat kurz vor den ostdeutschen Wahlen besprochen hatte. Die beiden deutschen Staaten würden die polnische Grenze unter der Bedingung endgültig anerkennen, daß Polen von Reparationsforderungen Abstand nahm und die Rechte der verbleibenden deutschen Minderheit respektierte. Ein entsprechender Vertrag sollte nach der Wiedervereinigung geschlossen werden. Die Polen waren aber nicht so leicht zu beschwichtigen. Am 9. März gelang es Premierminister Mazowiecki, Mitterrand zu der öffentlichen Forderung zu bewegen, daß ein deutsch-polnischer Vertrag vor der Vereinigung unterzeichnet werden müsse. Die Situation wurde ernst. Mazowiecki sollte bald nach Washington kommen, und der Präsident bot sich als Vermittler an.

GEORGE BUSH

Ich erläuterte Kohl, was ich Mazowiecki sagen wollte, und fragte, was er davon halte. »Ich werde ihm sagen, daß Sie mir immer wieder versichert haben – und daß ich Ihnen glaube –, die derzeitige Grenze zwischen der DDR und Polen solle die endgültige deutsch-polnische Grenze sein«, sagte ich. Ich würde auch die Teilnahme Polens an den Zwei-plus-Vier-Verhandlungen befürworten, wann immer Polen betreffende Fragen zur Debatte stünden.

Kohl schlug vor, die beiden deutschen Regierungen sollten an Mazowiecki schreiben, um ihn zu beruhigen. »Lassen Sie mich noch eine Bemerkung machen, die ich nicht in der Öffentlichkeit machen werde: Ich bin bereit und willens, mich mit Mazowiecki auf einen möglichen Text zu verständigen.« Ich fragte, ob ich dies dem polnischen Staatsmann gegenüber erwähnen könnte. »Wenn Sie es für nützlich halten und er es nicht öffentlich macht – und er Ihnen versichert, daß er es nicht tut«, sagte Kohl.

BRENT SCOWCROFT

Mir gefiel die Vorstellung nicht besonders, auf Kohls offensichtliches Angebot hin zu agieren. Da die Polen starken Anreiz hatten, eine solche Neuigkeit nicht für sich zu behalten, konnten wir uns plötzlich inmitten einer Zankerei zwischen Westdeutschland und Polen wiederfinden. Ich fand, wir sollten es Kohl überlassen, zu entscheiden, wann und in welcher Form er die Frage direkt mit Mazowiecki ansprechen wollte.

GEORGE BUSH

Ich traf Mazowiecki am 21. März im Weißen Haus. Er dankte mir für die gemeinsame Erklärung, die Kohl und ich in Camp David hinsichtlich der Beteiligung Polens an den Zwei-plus-Vier-Gesprächen abgegeben hatten. »Das polnische Volk neigt zu einer gewissen Paranoia bei Vereinbarungen, die über seinen Kopf hinweg getroffen werden«, sagte er mir. »Es ist entscheidend für uns sicherzustellen, daß unsere westlichen Landesteile kein Geschenk Stalins sind, sondern von allen Mächten garantiert werden und nicht nur durch eine einseitige Handlung von einer Macht.«

Mazowiecki wiederholte, daß er eine bindende Vereinbarung wollte, niedergelegt und paraphiert vor der Vereinigung, die dann von einer gesamtdeutschen Regierung – sobald sie existierte – unterschrieben wird. Ich erklärte ihm Kohls politische Probleme und legte ihm ans Herz, Kohl zu vertrauen, wenn er erklärte, daß die gegenwärtige Grenze die endgültige sein solle. Mazowiecki sagte mir, er habe großen Respekt vor Kohl – das Problem sei nicht der Kanzler, sondern die Position, die ein vereintes, stärkeres Deutschland einnehmen könnte.

»Ganz im Vertrauen: Was wäre, wenn ich Kohl dazu bewegen könnte, sich jetzt mit Ihnen auf einen Vertragstext zu verständigen?« fragte ich. »Antworten Sie nicht gleich, und bitte behalten Sie es für sich. Wenn es helfen könnte, den Prozeß voranzubringen, würde ich es tun.« Mazowiecki gab mir zu verstehen, daß seine erste Reaktion auf die Idee positiv war, aber daß er das erst genauer prüfen mußte.

Wie sich herausstellte, hatte ich Kohl falsch verstanden, als er sein Angebot unterbreitet hatte, sich auf einen Text zu einigen. Ich dachte, er habe von dem Text eines etwaigen deutsch-polnischen Vertrages gesprochen. In einem nachfolgenden Telefonat machte Horst Teltschik aber gegenüber Brent Scowcroft deutlich, daß Kohl den Text einer gemeinsamen Erklärung gemeint hatte, die von beiden deutschen Parlamenten abgegeben werden könnte.

Ich sprach am 23. März mit Kohl und erklärte ihm, was passiert war. Kohl meinte, dieses Mißverständnis sei nicht der Rede wert. Ich sagte ihm, daß ich angeboten hatte, ihn zu fragen, ob er in Erwägung zöge, mit Mazowiecki einen Vertragstext zu erarbeiten. »... Ich habe ihn gebeten, das streng vertraulich zu behandeln«, sagte ich. »Ich habe es als eine Idee von George Bush ausgegeben, ohne jeden Hinweis, daß Sie und ich irgend etwas darüber gesagt haben könnten.« Kohl sagte, wir könnten die Idee weiterentwickeln. »Offen gesagt: Was Sie hier vorgeschlagen haben, ist etwas, das er vielleicht als das Äußerste dessen akzeptieren könnte, was Deutschland anbieten kann.« Kohl verstand aber nicht, warum Mazowiecki nicht einfach zum Telefon griff und anrief. »Ich würde ihm sagen, daß ich einen Vertrag nicht früher unterzeichnen würde«, erklärte er. »Niemand wird mich dazu bringen. Aber ich will ihm helfen: Wenn zwei deutsche Parlamente und zwei deutsche Regierungen das von der Anerkennung der Oder-Neiße-Linie als dauerhafter Grenze sprechen, ist es doch nicht unvernünftig anzunehmen, daß sie ihre Haltung in den nächsten zwei Jahren nicht ändern werden.«

BRENT SCOWCROFT

Durch diese Gespräche war die Grenzkrise weitgehend entschärft. Der Präsident hatte, wie sich zeigte, das Problem genau richtig eingeschätzt und gelöst. Er ging mitten in eine kontroverse Debatte hinein und brachte beide Seiten zu einer Verständigung. Es stellte sich heraus, daß das »Mißverständnis« über Kohls Absicht die Lösung vorangebracht hatte. Er bekam Kohls Versprechen, daß beide deutsche Staaten Polen gegenüber zusichern würden, daß der »Kern« eines Textes für einen künftigen Vertrag zwischen den beiden Staaten erarbeitet werde.

Die Ironie bei der ganzen Angelegenheit ist, daß über die Grenzfrage zu dem Zeitpunkt diskutiert wurde, als die Bundesrepublik beschloß, Ostdeutschland über den Artikel 23 aufzunehmen – so wie es die Regierung de Maizière bevorzugte. Ein vereintes Deutschland, das einfach eine vergrößerte BRD mit bestehenden Gesetzen war, war auch weiter unverändert an seine alte juristische Anerkennung der Oder-Neiße-Linie gebunden. Es hatte aber niemand daran gedacht, eine Verbindung zwischen Artikel 23 und der Lösung der Grenzfrage herzustellen. Wir hatten den Wald vor lauter Bäumen nicht gesehen.

Die wichtigste internationale Frage war nach wie vor ungelöst – die Sowjetunion dahin zu bringen, ein vereintes Deutschland in der NATO zu akzeptieren. Die einzige Möglichkeit, sie zu überzeugen, daß dies keine Bedrohung darstellen werde, war, zu demonstrieren, daß sich der Charakter des Bündnisses selber veränderte. Es gab schon rein praktische Gründe für uns, die Aufgabe und Strategie der NATO einer Überprüfung zu unterziehen: das Nachlassen der Ost-

West-Spannung und die Lockerung der Kontrolle der Sowjetunion im Warschauer Pakt. Die Wiedervereinigung verkomplizierte auch bestehende Probleme des Bündnisses, etwa die schwebende Frage der Modernisierung von Kurzstreckenraketen und die Verhandlungen über die Reduzierung konventioneller Streitkräfte in Europa.

Im Februar hatten wir angefangen, ernsthaft zu diskutieren, welche Zukunft wir uns für die NATO vorstellten, und der Präsident ordnete eine komplette Neubewertung unserer NATO-Strategie an. Wir stellten eine Projektgruppe mit Mitgliedern verschiedener Ministerien, die European Strategy Steering Group (Europäische Strategie-Steuerungsgruppe) unter dem Vorsitz von Bob Gates zusammen, um die praktischen Fragen zu analysieren. Eine der ersten Fragen, die angegangen wurden, waren die atomaren Kurzstreckenraketen. Die Verbündeten hatten sich auf dem NATO-Gipfel im Vorjahr darauf verständigt, eine neue Runde von Rüstungskontrollverhandlungen über atomare Kurzstreckenraketen zu beginnen, nachdem der KSE-Vertrag über die konventionellen Streitkräfte unterzeichnet war. Seither war die Angelegenheit stillschweigend beiseite geschoben worden. Nachdem wir mit asymmetrischen Schritten bei den konventionellen Truppen vorangekommen waren, ging die Bedeutung der Kurzstreckenwaffen als ein Mittel, die zahlenmäßige Überlegenheit des Warschauer Paktes auszugleichen, zurück. Anfang 1990 fingen wir an, uns Sorgen zu machen, daß der Kongreß eine Modernisierung ohnehin nicht finanzieren würde. Die Modernisierung zu streichen wurde militärisch möglich und politisch attraktiv. Formelle Verhandlungen bargen jedoch die Gefahr, die öffentliche Debatte in Deutschland über die Zukunft der verbleibenden Raketen wiederzubeleben, und dies konnte jenen zum Vorteil gereichen, die der Neutralität eines vereinten Deutschland das Wort redeten. Wir mußten eine Möglichkeit finden, die Debatte im Bündnis still zu beenden und den Kongreß davon abzuhalten, einfach zu erklären, die Modernisierung sei gestorben. Wir entwickelten den Plan, die Modernisierung zu streichen, bevor der Kongreß aktiv wurde, und gleichzeitig neue Vorschläge zu Rüstungskontrollgesprächen über Kurzstreckenwaffen anzubieten, nachdem die laufenden Verhandlungen für den Vertrag über die konventionellen Streitkräfte abgeschlossen waren.

Wir mußten auch herausfinden, wie die Streitkräfte eines verein-

ten Deutschland in die neuen Obergrenzen für konventionelle Truppen passen würden. Wir wußten, daß eine Deckelung deutscher Truppen für die Sowjetunion von entscheidender Bedeutung war und daß sie dies in einem Vertrag festgelegt haben wollte. Der Versailler Vertrag hatte jedoch eine derartige »Singularisierung« des deutschen Militärs nach dem Ersten Weltkrieg erzwungen, was zu einer Reihe von Ressentiments geführt hatte. Obgleich sowohl die Westdeutschen als auch die Amerikaner eine Obergrenze für die Bundeswehr akzeptieren konnten, wollten wir das doch in den Kontext der Grenzen einordnen, die für alle nationalen Armeen in beiden Bündnissen galten.

Alle diese Fragen hatten ihren Einfluß auf die Verhandlungen zur Wiedervereinigung, insbesondere die NATO-Mitgliedschaft. Aus diesem Grund wollten wir sie innerhalb des Bündnisses möglichst schnell vom Tisch haben – was auf die Notwendigkeit eines weiteren NATO-Gipfels, besser früher als später, hindeutete. Anfang April schlugen Baker, Cheney, Scowcroft und Powell vor, die Streichung der Modernisierung der atomaren Kurzstreckenraketen zusammen mit dem Vorschlag für einen NATO-Gipfel in einer Ansprache des Präsidenten unterzubringen. Das war ein ehrgeiziger Vorschlag, weil uns das wegen der steigenden Erwartungen an einen Gipfel, den Manfred Wörner bereits vorgeschlagen hatte, zusätzlichem Druck aussetzte.

Es war nötig, unsere wichtigsten Verbündeten über die Zukunft der NATO und die Rolle der Vereinigten Staaten darin zu befragen, und die westliche Unterstützung für eine volle Mitgliedschaft Deutschlands im Bündnis zu stärken. Die erste Runde der Zwei-plus-Vier-Verhandlungen war für den 5. Mai in Bonn angesetzt, und der Westen sollte mit einer Stimme sprechen. Wir wollten die Tagesordnung dieser Gespräche strikt auf die Rechte der Alliierten begrenzen und die Diskussion der NATO-Mitgliedschaft Deutschlands und ähnlicher Themen, die den Deutschen selbst überlassen sein sollten, außen vor lassen. Der Präsident sprach mit Genscher über einige dieser Fragen, als er am 4. April in Washington war, um sich vor den Gesprächen mit Eduard Schewardnadse mit uns zu beraten. Wir vereinbarten auch Treffen mit Thatcher und Mitterrand für Mitte April.

Es gab innerhalb der Bonner Koalition unterschwellige Differenzen über die Natur der NATO-Mitgliedschaft. In einer Rede am 23. März, nur wenige Tage nach den ostdeutschen Wahlen, hatte Genscher darüber spekuliert, daß die NATO und der Warschauer Pakt beide schnell in die Geschichte eingehen könnten. Damit hatte er angedeutet, daß es akzeptabel sei, wenn das Gebiet der DDR in dem vereinten Deutschland außerhalb der NATO bliebe und statt dessen in einer noch immer undefinierten KSZE-Struktur eingebunden wäre. Kohl war derart erbost über seinen Außenminister, daß er seine ursprüngliche Position, die mit Genscher auf einer Linie gelegen hatte, aufgab und sich statt dessen öffentlich für die Formulierung Stoltenbergs aussprach. Dessen Haltung war, daß ganz Deutschland in der NATO sein sollte und deutsche Truppen auf ostdeutschem Gebiet stationiert werden könnten. Bei unseren Gesprächen am 4. April gab Genscher dann seine Haltung auf und sprach positiver über die künftige Rolle der NATO. Er spekulierte, daß die Sowjets die Mitgliedschaft eines vereinten Deutschlands vielleicht akzeptieren würden, wenn bestimmte Bedingungen erfüllt seien. Dieser Meinungsumschwung war ermutigend, aber Genschers Ministerialbürokratie hielt noch eine Zeitlang die Ansicht aufrecht, daß Ostdeutschland außerhalb der NATO bleiben könnte. Ebenso wie Kohl sah Genscher voraus, daß der kommende Gipfel mit Gorbatschow in Washington entscheidend für die endgültige Entscheidung sein würde. In der Frage der Zwei-plus-Vier-Gespräche sprach sich Genscher für unser knappes Programm aus.

Als sich der Präsident am 13. April mit Frau Thatcher auf den Bermudas traf, war ich mir der britischen Unterstützung sicher. Unsere strategischen und ökonomischen Interessen und Ziele rund um die Welt waren seit vielen Jahrzehnten sehr ähnlich gewesen, und ich konnte mir nicht vorstellen, daß sich unsere bestehende Beziehung mit Großbritannien durch das Ende des kalten Krieges oder die Wiedervereinigung verändern würde. Seit den späten 40er Jahren, der Regierungszeit Trumans, in der die Vereinigten Staaten angefangen hatten, die traditionelle »balancierende« Rolle Großbritanniens in Europa und weltweit zu übernehmen, hatten sich die Briten darauf verlassen, daß wir die sowjetische Bedrohung erwiderten und der britischen Stimme in Europa und darüber hinaus

Gehör verschaffen. Es mochte unterschiedliche Ansichten über neue Herausforderungen geben, aber die Schubkraft und der Geist unserer Beziehungen würden vermutlich bleiben wie bisher – besonders falls die Sowjetunion nach Abschluß der Perestroika wieder eine stärkere und aktivere internationale Rolle übernehmen sollte.

GEORGE BUSH

Auf den Bermudas erzählte ich Margaret Thatcher von unserer Absicht, die Tagesordnung der Zwei-plus-Vier-Gespräche eng abzustecken und uns vor jedem Treffen genau zu beraten. Sie stimmte umgehend zu, drängte aber darauf, daß sich diese Verhandlungen nicht mit Verteidigungsfragen befassen sollten. Ebenso wie ich zog sie es vor, daß dies in anderen Gremien besprochen wird. Ich sagte ihr, daß Manfred Wörner einen Gipfel vorgeschlagen hatte, und erklärte detailliert, was eine neue NATO-Erklärung meines Erachtens beinhalten solle – etwa den Startschuß zu einer Neubewertung unserer Aufgabe und Strategie. Sie war begeistert. Wir wollten beide die NATO als Kern der westlichen Verteidigung beibehalten, glaubten aber auch, das Bündnis könnte eine größere politische Rolle der atlantischen Gemeinschaft spielen. Sie hatte die Vorstellung, daß die NATO in Zukunft die politische Verantwortung für die Verteidigung tragen würde, während die KSZE ein politisches Forum zwischen Ost und West sein sollte, ein Ort zum Dialog mit den Osteuropäern. Wir sprachen über das Dilemma der atomaren Kurzstreckenwaffen. Ich versicherte ihr, daß wir auch weiterhin dazu stünden, unsere Truppen in Europa zu belassen, daß der Kongreß aber keine Mittel für die Modernisierung der atomaren Kurzstreckenwaffen bewilligen würde. Ich wollte die Streichung des Programms ankündigen.

Margaret Thatcher sagte, daß Kohl sich privat absolut klar dafür aussprach, konventionelle und atomare Waffen auf deutschem Boden zu behalten, daß wir aber ein öffentliches Bekenntnis der Deutschen zur weiteren Stationierung von Atomwaffen brauchten. »Ich akzeptiere, daß es keine Modernisierung geben wird, weil die Deutschen es nicht wollen.« Sie beklagte sich, die Deutschen verlören »ihren Appetit auf Verteidigung … Die deutsche Politik bewegt sich stärker nach links als unsere. Aber ich habe nicht die Befürchtung, daß wir Deutschland verlieren könnten. Ich denke, wir können es in der NATO halten und auch weiterhin konventionell ausgerüstete Truppen des Westens dort stationieren. Bei Atomwaffen bin ich mir nicht so sicher.« Sie hatte das Gefühl, wir sollten einen NATO-Gipfel vor gesamtdeutschen Wahlen abhalten, um es Helmut Kohl leichter zu machen, eine stärkere Verpflichtung einzugehen. »Ich glaube in der Tat, daß ein NATO-Gipfel für die öffentliche Meinung ganz wesentlich ist«, sagte sie.

Thatcher glaubte, daß die Sowjets letztlich US-Truppen in Deutschland als Stabilitätsgarantie für sich selber wie auch für uns betrachten würden, sprach sich aber noch immer dafür aus, daß wir den sowjetischen Truppen für eine Übergangszeit erlauben sollten zu bleiben – das würde Gorbatschow bei seinen Militärs helfen. »Da bin ich anderer Ansicht«, sagte ich. »Ich will, daß die Sowjets nach Hause gehen.«

BRENT SCOWCROFT

Auf dieses Treffen sollten am 19. April in Key Largo ähnliche Gespräche des Präsidenten mit Mitterrand folgen. Ich ahnte, daß dies ein absolut entscheidendes Treffen werden konnte, um den »Geist von Kennebunkport« wiederzubeleben. Die amerikanisch-französischen Beziehungen hatten sich seit dem vorangegangenen Mai verschlechtert, wenn auch nicht auf der persönlichen Ebene zwischen den beiden Präsidenten. Ich hatte das Gefühl, daß der Grund in Differenzen über unsere verschiedenen Visionen von der Welt nach Ende des kalten Krieges – und der amerikanischen Rolle darin – liegen könnte.

Obwohl Frankreich seit Generationen ein geschätzter Verbündeter gewesen war, so war doch die Verbindung zwischen uns nie so warmherzig und beständig gewesen wie die mit Großbritannien. Frankreich war schon seit langem ambivalent in seiner Haltung über die Präsenz der Vereinigten Staaten in Europa, zumal man uns dort gelegentlich in europäischen Angelegenheiten als einen Rivalen und eine dominante Stimme von außerhalb ansah. Während des kalten Krieges, als die Notwendigkeit amerikanischer Truppen als Ausgleich zur sowjetischen Bedrohung groß gewesen war, hatten die Franzosen das Engagement der USA in Europa und in der NATO begrüßt, obwohl ihr Austritt aus der integrierten Kommandostruktur unter de Gaulle in den 60ern ihre Abneigung dieser amerikanischen Rolle widergespiegelt hatte. Jetzt, als die Bedrohung zurückging, war es meines Erachtens sehr wahrscheinlich, daß die Franzosen zu dem Schluß kommen würden, daß die Notwendigkeit der größeren Militärpräsenz der USA zurückgehen würde und damit auch das Gewicht unserer Stimme in Angelegenheiten Europas. Das würde den Franzosen die Möglichkeit geben, ihren Einfluß in Europa – basierend auf einer französisch dominierten deutsch-französischen Allianz – zu stärken.

Als die deutsche Wiedervereinigung zunehmend unvermeidlich erschien, begann diese französische Vision eines künftigen Europa illusorisch auszusehen, wenigstens für mich. Ein vereinigtes Deutschland würde Frankreich, vielleicht sogar die ganze EG, in den Schatten stellen. Ich hatte gehofft, Paris würde diese veränderten Realitäten anerkennen und seine Strategie anpassen, sich vielleicht an die Vereinigten Staaten und die NATO als einem Gegengewicht zu einem vergrößerten Deutschland wenden. Die Franzosen schienen jedoch genau in die entgegengesetzte Richtung zu gehen. Sie sprachen sich dagegen aus, daß die NATO eine gemeinsame Position des Westens für den kommenden KSZE-Gipfel entwickelte. Sie kämpften gegen die Rücksprache mit der NATO im Zwei-plus-Vier-Prozeß und gegen eine abgestimmte Position der westlichen Alliierten darin. Schließlich widersetzten sie sich jedem Versuch, die Aufgaben und Ziele der NATO zu erweitern. Die Vereinigten Staaten schienen in längerfristigen Planungen der Franzosen für Europa kaum mehr vorzukommen. Statt dessen versteiften sie sich auf eine Vorstellung von einem Europa, in dem die Rolle der NATO stagnierte oder gar nicht mehr vorkam und die Westeuropäische Union WEU, der militärische Arm der EG, schrittweise die Gewährleistung der europäischen Sicherheit übernehmen sollte.

Ich wünschte mir, daß der Präsident diese Fragen in Key Largo Mitterrand gegenüber ansprechen konnte, und hoffte, damit das aufhalten oder umkehren zu können, was ich als negative Strömung in Frankreich ansah. Er erwähnte viele der strittigen Punkte in einem Brief, den er im Vorfeld der Konsultationen an Mitterrand schrieb. Darin betonte der Präsident die besondere Bedeutung enger amerikanisch-französischer Beziehungen für die Stabilität des entstehenden Europas, außerdem seine Entschlossenheit, daß die

USA sich weiterhin klar zu Europa bekennen würden – einschließlich einer deutlichen Militärpräsenz. Konsultationen in und mit der NATO über den Zwei-plus-Vier-Prozeß waren wichtig, nicht um das Bündnis in ein Forum zu verwandeln, das eine Art Anleitung gab, sondern um den Verbündeten Gewißheit zu vermitteln über das, was dort vor sich ging. Der Präsident skizzierte unsere eingeschränkte Agenda für Zwei-plus-Vier: »Die Altlasten des Krieges zu beseitigen und einem friedlichen, demokratischen und vereinten deutschen Staat die volle Souveränität zurückzugeben.« Wir sollten versuchen, der Sowjetunion eine Art Zusage für die Beachtung ihrer Sicherheitsbedenken zu geben, aber sie sollte nicht die Gelegenheit bekommen, den Zwei-plus-Vier-Prozeß zu manipulieren. Der Brief endete mit einer Betonung der Notwendigkeit, die NATO zu stärken, ihre politische Rolle zu vergrößern und sicherzustellen, daß die NATO, die EG und die KSZE insgesamt komplementär waren und nicht in Konkurrenz zueinander standen. Es war eine sehr deutliche Botschaft, aber eine, von der wir hofften, daß Mitterrand sie als Versuch ansehen würde, ihm auf kollegiale Weise die Hand entgegenzustrecken.

GEORGE BUSH

Wie sich herausstellte, war das Treffen in Key Largo angenehm und keineswegs auf Konfrontation angelegt. Bei unserer ersten Sitzung waren wir nur zu viert: Brent Scowcroft und ich, Mitterrand und Jacques Attali. Es gab keine Tagesordnung, der Großteil der Diskussion befaßte sich mit der Zukunft der NATO. Spezielle Fragen der Vereinigung wurden nur kurz gestreift. Was die Ziele der Zwei-plus-Vier-Verhandlungen anbetraf, war Mitterrand einverstanden mit der engen Agenda, die Margaret Thatcher und ich in der Vorwoche auf Bermuda vorgestellt hatten. Aus Sorge um mögliche sowjetische Ängste war Mitterrand ebenso wie Thatcher der Ansicht, daß es keine NATO-Truppen in Ostdeutschland geben solle.

Bei unserer Diskussion über die NATO erläuterte ich, warum es für die USA wichtig war, in Europa zu bleiben. Die Frage war nur, wie das aussehen sollte. »Wir streben keinen dreizehnten Stuhl am Tisch der EG an«, sagte ich. »Die KSZE kann die Sicherheit in Europa nicht garantieren, aber wir stellen uns eine erweiterte Rolle der

NATO vor.« Mitterrand bemerkte, daß die Rolle der NATO schon jetzt groß sei. Wie konnte sie noch größer gemacht werden? »Sie wird eine Garantie gegen Instabilität abgeben«, sagte ich. »Ihre Rolle wird eine andere sein. Die Organisation muß flexibel sein.«

»Das Risiko eines Krieges ist geringer geworden«, antwortete Mitterrand. »Die Sowjetunion wird Schwierigkeiten haben, ihre Einheit zu erhalten. Die Osteuropäer sind nicht länger unsere Feinde. Nichtsdestotrotz verbleibt eine Bedrohung. Gorbatschow muß vielleicht die eine oder andere gefährliche Haltung einnehmen, wenn er von den Umständen dazu gezwungen wird, also müssen wir unsere Sicherheitsvorkehrungen aufrechterhalten ... Die Sowjetunion macht einen beunruhigenden Eindruck: Eine Großmacht in einem geschwächten Zustand ist gefährlich. Die Vereinigten Staaten sollten in allen Fragen, die Auswirkungen auf das Gleichgewicht in Europa haben, ein Wort mitreden.« Die NATO war das organisatorische Forum für die Debatte von Fragen bezüglich Sicherheit und Gleichgewicht in Europa.

Mitterrand stimmte zu, daß wir sicherstellen konnten, daß sich NATO, EG und KSZE gegenseitig ergänzten, und schlug vor, wir sollten zur Besprechung politischer Fragen regelmäßige Kontakte zwischen den Ministerien und auf der Ebene der Außenminister einrichten. Ein solches Konzept würde der EG keine Konkurrenz machen. »Europa ist mehr als die EG«, sagte er. »Auch wissen die Osteuropäer nicht, wohin sie gehen sollen. Sie müßten sich bei einer Vergrößerung der EG als Bittsteller vorkommen.« Es würde eine ganze Generation brauchen, das vollständig zustande zu bringen. »Die Leute sagen, ich will die Vereinigten Staaten nicht mehr in Europa; das ist völlig falsch. Ich will, daß die Amerikaner hieran teilhaben.« Ich sagte ihm, daß wir die Vereinigten Staaten nicht in Europa halten konnten, wenn die NATO sich nicht einer neuen Rolle anpaßte. Mitterrand schlug einen NATO-Gipfel vor, um die Frage zu diskutieren – genau das, was ich im Sinn hatte.

BRENT SCOWCROFT

Bei dem Treffen wurden unsere wichtigsten operativen Ziele zufriedenstellend erreicht. Es brachte uns für die unmittelbar anstehenden Aufgaben auf eine Linie. Aber meine Bedenken waren nicht zerstreut worden. Die Schubrichtung von Mitterrands Bemerkungen war, die NATO auf ihre traditionelle Rolle festzulegen: die Verteidigung gegen einen massiven sowjetischen Angriff auf Westeuropa. Das war genau das, was wir nicht wollten und was mit Sicherheit zur Verkümmerung des Bündnisses führen würde. Ich verließ Key Largo sogar mit noch größerer Überzeugung, daß die USA und Frankreich deutlich unterschiedliche Ansichten über die Zukunft Europas und unsere Rolle darin hatten.

Bis Ende April war sich der Westen mehr oder weniger einig über über die Ziele von Zwei-plus-Vier und stand geschlossen hinter einer Mitgliedschaft Deutschlands in der NATO. Wir wandten uns jetzt der Herausforderung zu, die Zukunft der NATO und die Verantwortung der KSZE in einer Weise zu schmieden, daß die Sowjetunion überzeugt werden konnte, daß davon oder von der Mitgliedschaft Deutschlands in der NATO in Zukunft keine Bedrohung ausgehen würde. Da Gorbatschow in seinen Gesprächen mit Baker im Februar in der Frage der deutschen Wiedervereinigung und der deutschen Mitgliedschaft in der NATO ambivalent erschienen war, gab es die Möglichkeit, daß er sich überzeugen lassen würde, wenn wir die richtigen Anreize fanden.

Am 4. Mai hielt Präsident Bush eine Rede vor der Oklahoma State University und rief dort formell zu einem NATO-Gipfel auf. Dort sollte eine weitreichende Neubewertung der NATO-Strategie für das veränderte Europa der 90er Jahre in Gang gebracht werden. Vier kritische Punkte sollten angesprochen werden: die Rolle, die die NATO in Europa spielen konnte; die konventionellen Truppen, die das Bündnis benötigen würde, und die Ziele für die Kontrolle konventioneller Waffen; die Rolle von in Europa stationierten Atomwaffen und die Ziele des Westens in den Rüstungskontrollgesprächen; und schließlich die Aufwertung der KSZE, um wiederum die NATO und die demokratischen Werte in einem Europa zu stärken, das jetzt ungeteilt und frei war. Er rief auch zu schnelleren Verhandlungen beim Vertrag über die konventionellen Streitkräfte in Europa auf und verkündete die Streichung der Modernisierung der nuklearen Kurzstreckenwaffen.

Während wir planten, wie wir die NATO verändern und der Sowjetunion Anreize bieten könnten, überlegte sich Schewardnadse, welche Zusicherungen Moskau brauchen würde. Als er und Ba-

ker sich direkt nach den ostdeutschen Wahlen in Namibia getroffen hatten, hatten sie auch über Deutschland gesprochen. Zwei-plus-Vier half zwar dabei, einige ihrer Bedenken zu zerstreuen, die Sowjetunion hatte aber ein grundlegendes Problem. Sorgen machte ihnen nicht, wer heute in Deutschland das Sagen hatte, sondern das Deutschland der Zukunft. Schewardnadse sagte, sie könnten ein vereintes Deutschland in der NATO akzeptieren, räumte aber ein, daß Deutschland auch nicht neutral sein könne. Er gab offen zu: »Wir kennen die Antwort auf das Problem nicht.« Baker ging mit ihm die Argumentation durch, Deutschland in der NATO zu verankern und dort die US-Truppenpräsenz aufrechtzuerhalten. Schewardnadse sagte, er habe keine Zweifel am Wert der Militärpräsenz der USA heute oder in der Zukunft; in der Tat könnten sowjetische Truppen nur vorübergehend in Ostdeutschland stationiert sein. Das Problem, so sagte er, sei, daß die US-Truppen in Deutschland nur schwerlich garantiert werden könnten; er zweifelte, daß die nächste Generation in der deutschen Führung in fünf oder zehn Jahren sie noch haben wolle.

Nun hatte Admiral William Crowe die Frage der deutschen Mitgliedschaft in der NATO bei einem Treffen im März in Moskau auch gegenüber Sergej Achromejew angesprochen, und die Reaktion des Marschalls war weitaus barscher gewesen als die des sowjetischen Außenministers. Der Unterschied machte die Spaltung in der oberen Führerschaft in Moskau deutlich. »Achromejew war in seiner Ablehnung sehr deutlich«, stand in Crowes damaligem Telegramm. »Er bestand darauf, daß dies schlicht und ergreifend etwas sei, was die UdSSR nicht akzeptieren könne; daß dies dem Volk nicht verkauft werden könnte. Er merkte an, daß alle sowjetischen Familien Erinnerungen an die Deutschen aus dem Zweiten Weltkrieg haben und dies eine Sache des Volkes sei.«

Während Schewardnadse in der Frage der deutschen Mitgliedschaft in der NATO flexibler auftrat als der Marschall, schien er zutiefst besorgt über die Zukunft der sowjetischen Reformen und darüber, ob Gorbatschow sich an der Macht halten konnte. Beides konnte durch das Zustandekommen der deutschen Vereinigung tiefgreifend beeinflußt werden. Seit Februar war Schewardnadse laufend vom Militär und den Konservativen in der Partei wegen der Reformen und seiner Außenpolitik angegriffen worden, und es war ihm nicht gelungen, sich genug Bewegungsfreiheit zu verschaffen, um mit dem Westen einen Handel schließen zu können. Im April hielt er bei einer Konferenz kommunistischer Parteimitglieder im Außenministerium eine schier unglaubliche Rede. Er verdammte die Einseitigkeit der Partei und ihre Besessenheit bei der Machterhaltung in Osteuropa und forderte, daß ihr einziges Sinnen und Trachten jetzt der Erfolg der Reformen in der Sowjetunion sein sollte. Ohne Reformen, so warnte er, sei »eine Diktatur möglich«. Er forderte eine Lösung für Deutschland, die »vom sowjetischen Volk akzeptiert« werden würde und »Vertrauen schafft, daß es keine neue militärische Bedrohung« von deutschem Boden aus geben werde. »Die Sowjetunion muß ein neues Sicherheitsgerüst für Europa suchen und sich dabei der KSZE bedienen«, erklärte er.

Beim Treffen der Zwei-plus-Vier-Minister am 4. Mai in Bonn stellte Schewardnadse eine neue, harte sowjetische Haltung vor. Ein Vertrag sollte die Mitgliedschaft Deutschlands in den Bündnissen und den Status der Truppen aller vier Mächte regeln. Er würde alle Maßnahmen der vier Mächte während der Besatzung bestätigen, und es sollte Regelungen geben, wie in der deutschen Innenpolitik jedes Wiederaufleben des Nazismus verhindert werden konnte. Es könne keine NATO-Mitgliedschaft geben, statt dessen sollte die KSZE gestärkt werden. Die Polen würden an allen Diskussionen über die Grenze beteiligt werden, und Deutschland mußte auf atomare, biologische und chemische Waffen verzichten.

Schewardnadse akzeptierte den Artikel 23 des westdeutschen Grundgesetzes als das Mittel für die Vereinigung, was bedeutete, daß die Sowjetunion nunmehr der Aufnahme der DDR in Westdeutschland zustimmte. Er schlug aber vor, die inneren und die äußeren Aspekte »auszukoppeln«. Die Vereinigung würde vorankommen, aber die Frage der auswärtigen Regelungen – der Sicherheitsfragen, die den Problemen zugrunde lagen – würde zurückgestellt werden, bis eine europäische Sicherheitsstruktur entwickelt sei, um die Bündnisse zu ersetzen. Die Rechte der vier Mächte würden nach der Vereinigung in Kraft bleiben. Kurz gesagt, Schewardnadse forderte die weitere Aussonderung eines vereinten Deutschland, neutral und außerhalb der Bündnissysteme und immer noch unter Kontrolle von außen. Das war für uns völlig unakzeptabel – und dabei war Schewardnadse die moderate Stimme in Moskau.

Nach dem Treffen in Bonn konzentrierten sich die Deutschen und wir darauf, wie die sowjetische Haltung abgemildert werden konnte. Am 17. Mai kam Kohl nach Washington, wo er mich bezüglich der inneren Situation in Deutschland auf den neuesten Stand brachte. »Ich werde nächste Woche einen Vertrag zwischen den beiden deutschen Staaten unterzeichnen, der die Wirtschafts- und Währungsunion betrifft«, sagte er. Er rechnete damit, daß die Umsetzung rund vierzehn Monate brauchen und es Mitte Januar 1991 zu gesamtdeutschen Wahlen kommen würde.

Er schien äußert besorgt darüber, ob Gorbatschow sich während der entscheidenden Tage der Zwei-plus-Vier-Verhandlungen an der Macht halten könne. Er zeichnete ein düsteres Bild der sowjetischen Wirtschaft und sagte, daß er nach Wegen suche, die den Vereinigten Staaten und Deutschland helfen könnten. Er setzte mich über einen geheimen Besuch in Kenntnis, den Teltschik einige Tage zuvor in Moskau gemacht hatte, um wirtschaftliche Hilfe anzubieten. Die Sowjets hatten fast zwölf Milliarden Dollar an Krediten vom Westen gefordert. Kohl sagte voraus, daß Gorbatschow auf dem Gipfel in Washington um eine ähnliche Hilfe anfragen würde. Ich sagte Kohl, daß die Vereinigten Staaten keine Kredite an die Sowjets gewähren konnten, solange sich die Situation im Baltikum nicht verändert hatte. Kohl antwortete: »Meine Frage lautet: Wollen wir ihm helfen oder jemand anders an seiner Stelle sehen? Ich glaube, dann lieber ihn.«

Glaubten seine Berater, daß die sowjetischen Militärs eine Übernahme planten? »Ja, aber nicht mit Gewalt«, antwortete Kohl. »Es würde eine Gruppe von Zivilisten sein, aber unterstützt von der Armee. Das ist für uns kein Problem, aber Polen und andere werden bestürzt sein.« Er glaubte, daß Gorbatschow selber vermutlich keine Truppen in der DDR behalten wollte, aber daß es eine innenpolitische Frage in der Sowjetunion war. »Es ist nicht wie zu Stalins Zeiten«, sagte er. »Er muß sich zu Hause mit der öffentlichen Meinung auseinandersetzen. Ich denke, daß sein Treffen mit Ihnen sehr wichtig sein wird – nicht inhaltlich, aber vom Auftritt her, weil er als Gleicher neben Ihnen steht. Er hat große Probleme. Seine ostdeutschen Verbündeten sagen, sie wollen in der NATO sein.«

»Wir werden ihn als Gleichen behandeln«, bekräftigte ich.

»Wenn wir nur das Problem in Litauen lösen könnten … Wir werden ihm wahrscheinlich kein Geld geben können. Aber wir werden regionale Fragen ansprechen, Rüstungskontrolle und so weiter. Wir wollen nicht, daß der Gipfel ein Fehlschlag wird.« Kohl bot an, vorher mit Gorbatschow zu sprechen. »Aber das sollte unter uns bleiben«, sagte er, »mein Kabinett weiß nichts davon.« In der Frage der sowjetischen Truppen in Ostdeutschland plante er, sie für eine begrenzte Zeit bleiben zu lassen, »wenn das nötig ist«.

»Da denke ich anders«, sagte ich. »Ich kenne Ihre Haltung, aber ich finde, die Truppen sollten gehen.« Ich sagte, daß ich mir sicher war, Gorbatschow davon überzeugen zu können, daß US-Truppen in Deutschland bleiben sollten, »aber ich muß sichergehen können, daß Deutschland die US-Truppen will«.

»Welch eine NATO wäre das denn, die US-Truppen nicht berücksichtigt?« fragte Kohl. Wenn die Europäer den Amerikanern zu gehen erlaubten, wäre das für alle eine Niederlage. »Denken Sie an Wilson 1919«, sagte er.

Während sich Bush und Kohl in Washington trafen, besuchte Baker vom 16. bis 19. Mai Moskau. Wir hofften, etwas Bewegung in die sowjetische Haltung zu Litauen, Deutschland und die Rüstungskontrolle zu bekommen, aber in keinem Punkt gab es viel Fortschritt. Offenbar übte das Militär großen Druck auf Gorbatschow und Schewardnadse aus. Schewardnadse sagte sogar eine Vormittagssitzung ab, von der wir erhofft hatten, daß sie den Weg für Fortschritte in der Rüstungskontrolle frei machen würde – insbesondere bei den konentionellen Streitkräften in Europa. Die sowjetische Führerschaft schien sich selber in die Enge zu treiben.

Als Baker Gorbatschow dann persönlich treffen konnte, begann der sowjetische Präsident einen langen Vortrag über die Beziehungen zu den USA, Osteuropa und die deutsche Vereinigung. Gorbatschow hatte vielleicht Hemmungen, diese Fragen direkt gegenüber Präsident Bush anzusprechen, besonders die der finanziellen Unterstützung. Vielleicht wählte er Baker aus, um diese Botschaft zu übermitteln und seinen Frustrationen Luft zu machen. Vielleicht sah er dies als eine Gelegenheit, bei der der Überbringer der Botschaft – ein enger Freund des Präsidenten – diese verstärken würde. Er legte seine Gedanken in einer Art offen, die er selten jemandem gegenüber an den Tag legte. Er fragte: »Warum sollten wir das tun? Was ist da für uns drin?«

Gorbatschow behauptete, Washington habe sich in bezug auf die Sowjetunion noch nicht wirklich entschieden. Er verwies auf Osteuropa: »Alles, was dort geschieht, haben wir mit Ihnen besprochen und haben es in Übereinstimmung mit dem umgesetzt, was wir gesagt haben«, belehrte er Baker. »Aber ich habe Informationen, daß Ihre Politik darauf abzielt, Osteuropa von der Sowjetunion zu trennen. Sie kennen meine Einstellung: Wenn diese Länder selbst danach trachten, sich von uns zu trennen – wenn es das ist, was sie wollen, dann sollen sie es tun. Das ist in Ordnung. Aber nicht, wenn sie in dieser Hinsicht gedrängt werden.«

Ein anderes Beispiel war Deutschland. »Ich glaube, daß Ihre Haltung widersprüchlich ist ... Sie haben uns gesagt, daß beide deutsche Staaten Frieden wollen, daß beide Demokratie wollen und daß sie deshalb keine Gefahr darstellen«, fuhr Gorbatschow fort. Wenn dem so sei, warum sollten die Deutschen dann nicht dem Warschauer Pakt beitreten? Wenn wir sagten, daß wir den Deutschen vertrauen konnten und daß sie das unter Beweis gestellt hatten – warum fanden wir es dann nötig, sie in die NATO einzubinden? »Wenn Sie also von einem vereinten Deutschland sprechen und sagen, wenn Deutschland nicht in der NATO sei, könnte das Probleme bereiten, dann sagen Sie in Wahrheit, daß Sie nicht glauben, daß man Deutschland vertrauen kann.« Wenn wir eine realistische Analyse angeboten hätten, daß es die Infrastruktur des Bündnisses ernsthaft bedrohen würde, wenn Deutschland nicht in der NATO sei, dann hätte er das verstanden. »Aber wenn Sie das sagen, gibt es ein Problem. Denn dann sagen Sie, daß Sie weiterhin Ihren Block benötigen, auch wenn das andere Bündnis verschwindet.« Die Vereinigten Staaten sagten, die NATO sei jetzt und in Zukunft nötig, weil die Sowjetunion noch immer eine riesige Armee habe. »Aber wenn das die Prämisse ist, aufgrund derer Sie die NATO jetzt rechtfertigen wollen, dann halte ich das wirklich nicht für konsistent. Ich halte es für einen Widerspruch zu dem Prinzip, auf dem wir unsere Beziehung aufzubauen versuchen.«

Ein vereintes Deutschland in der NATO würde eine äußerst ernste Entwicklung im strategischen Gleichgewicht bedeuten. »Ich denke, Sie müssen fragen, was für uns der nächste logische Schritt sein wird«, warnte er. »... nun, ein Schritt könnte sein, alle Gespräche auszusetzen und darüber nachzudenken, welchen Einfluß diese Entwicklung auf unsere Militärdoktrin haben könnte, auf unsere Truppen, und welchen Effekt das auf unseren Verhandlungsansatz in Wien haben dürfte. Ich sage das nicht, weil ich ein Spielchen betreiben möchte, nicht, weil ich auf ein anderes Niveau politischer Balgerei kommen will, sondern weil ich wirklich glaube, daß dies ein ernstes Problem für uns ist.«

Gorbatschow verwies darauf, daß die Sowjetunion uns ihre Pläne für die Perestroika mitgeteilt habe. Er zweifele jetzt daran, daß die Vereinigten Staaten reif dafür waren, die Art von Verständnis aufzubauen, die notwendig war, um die gemeinsamen Ziele zu erreichen. Er argwöhnte, daß der Ansatz der USA dahin ging, nicht etwas zu tun und die Schwierigkeiten der Sowjetunion zu teilen, sondern die Sowjetunion diese allein bewältigen zu lassen – und wenn ihre Probleme größer wurden, könnte das sogar den Vereinigten Staaten helfen.

Baker versuchte, Gorbatschow zu überzeugen, daß Instabilität in der Sowjetunion das letzte war, was wir uns wünschten. Die Vereinigten Staaten suchten nicht nach Vorteilen und betrieben keine politischen Spielchen. In der Frage, ob wir der Sowjetunion in der wirtschaftlichen Krise helfen wollten, war die Situation nicht so einfach: Es war für die Regierung schwer zu rechtfertigen, unsere Steuergelder zu schicken, wenn die Sowjetunion selber noch immer Milliarden schickte, um Regimes wie Kuba zu helfen.

Gorbatschow widersprach: Die Vereinigten Staaten errichteten einen »Damm« um die sowjetischen Anstrengungen, während andere westliche Staaten, insbesondere Deutschland, ihre Skepsis überwunden hätten und Möglichkeiten der Kooperation sahen. Wenn die Vereinigten Staaten in wirtschaftlichen Fragen auf der Stelle treten wollten, würde das die Beziehung belasten. »Als Ergebnis würden unsere existierenden kooperativen Bindungen reduziert werden«, warnte er. »Ein solcher Prozeß kann gefährlich sein.«

In diesem Augenblick, der für den Führer eines stolzen Volkes insbesondere im Umgang mit dem Gegner sehr schwierig gewesen sein mußte, sagte Gorbatschow, daß er die Angelegenheit mit Präsident Bush besprechen werde, daß aber die Sowjetunion zeitweise finanzielle Unterstützung benötige. »Ich denke, die beste Formulie-

rung ist, daß wir etwas Sauerstoff brauchen«, sagte er. »Wir bitten nicht um ein Geschenk. Wir bitten um einen Kredit; wir bitten um bestimmte Kredite für genau umrissene Zwecke ... Ich werde dem Präsidenten sagen, daß wir 15 bis 20 Milliarden Dollar brauchen werden, um über den Berg zu kommen.« Das sei nur Taschengeld für die Sowjetunion, fügte er hinzu, aber wegen der Umstellungen in der Wirtschaft könnten sie solche Geldmittel nicht schnell genug aufbringen. Er bat Baker, dem Präsidenten von dem Anliegen zu berichten. »Wenn wir uns über die Waffenreduzierungen einigen, werden wir beide eine bedeutende Summe an Ressourcen und Geld einsparen«, sagte Gorbatschow. »Aber jetzt sind wir in einer besonderen Situation.«

Baker kehrte zu den Deutschen zurück und sagte, wir wollten sie über die Mitgliedschaft im Bündnis entscheiden lassen. »Wir zwingen Deutschland nicht in die NATO. Aber wir glauben, daß es wichtig ist, daß Deutschland ein Teil der NATO ist – nicht wegen irgendeiner Angst vor der Sowjetunion, sondern weil wir denken, daß wir den Keim dafür legen, daß die Geschichte sich wiederholt, wenn wir Deutschland nicht wirklich in den europäischen Institutionen verankern. Wenn Deutschland nicht in der bestehenden Sicherheitsinstitution verankert ist, würden wir eine mächtige neue Einheit in Europa bekommen, die darauf bedacht ist, ihre eigenen Sicherheitsmaßnahmen zu ergreifen.« Es würde für die Deutschen wesentlich leichter sein, auf chemische, biologische und atomare Waffen zu verzichten, wenn sie in der NATO waren.

Baker versuchte, die Haltung Moskaus abzumildern, indem er der sowjetischen Seite neun »Sicherheiten« vorlegte. Diese waren zwar alle von den Deutschen und uns selber bereits in verschiedenen Formen vorgelegt worden, aber sein Stab hatte sie nun zu einem kompakten Paket zusammengeschnürt:

1. Die Vereinigten Staaten bekannten sich dazu, die Verhandlungen zur Reduzierung konventioneller Streitkräfte in Europa für den ganzen Kontinent zum Abschluß zu bringen.

2. Die Vereinigten Staaten stimmten zu, mit den Verhandlungen über nukleare Kurzstreckenwaffen zu beginnen, sobald ein Vertrag über die Reduzierung konventioneller Streitkräfte in Europa abgeschlossen war.

3. Deutschland würde seine Zusage erneuern, atomare, biologische oder chemische Waffen weder zu produzieren noch zu besitzen.

4. Die NATO würde fortfahren, eine umfassende strategische Neubewertung sowohl der konventionellen als auch der atomaren Kräfte durchzuführen.

5. Die Stationierung von NATO-Truppen auf dem Gebiet der früheren DDR würde während einer Übergangsperiode ausgesetzt werden.

6. Die Deutschen stimmten einer Übergangszeit für den Abzug der sowjetischen Truppen aus der DDR zu.

7. Deutschland würde sich klar zu seinen Grenzen bekennen, insbesondere deutlich machen, daß das Gebiet eines vereinten Deutschland nur aus der BRD, der DDR und Berlin bestehen würde.

8. Der KSZE-Prozeß würde gestärkt werden, einschließlich einer bedeutenden Rolle der Sowjetunion im neuen Europa.

9. Deutschland machte deutlich, daß es danach trachten würde, beiderseitige wirtschaftliche Angelegenheiten in einer Art und Weise zu behandeln, die der Perestroika förderlich war.

Baker fügte hinzu, daß ein vereintes Deutschland in der NATO ein anderes Deutschland sein würde und daß die NATO selber verändert sein würde. Ob man Deutschland »vertrauen« könnte, blieb offen. Zu guter Letzt: Wenn Deutschland nicht in der NATO sein wollte, würde es das auch nicht sein.

Gorbatschow fragte, was passieren würde, wenn ein vereintes Deutschland sich eines Tages entschließen würde, aus der NATO auszutreten, was unsere Kontrollmöglichkeiten unterminieren würde. »Wir werden in der Zwischenzeit nichts haben, um das neue System auszuprobieren und auszugestalten«, wandte Gorbatschow ein. »Im Augenblick haben wir die Vier-Mächte-Rechte, den Vereinigungsprozeß – das gibt uns Handlungsmöglichkeiten. Das erlaubt uns, ein neues System, eine neue Struktur zu entwickeln. Vielleicht ein System, das auf Entmilitarisierung beruht.« Er überlegte, ob wir vielleicht alle Punkte, die Baker aufgezählt hatte, in einem endgültigen Übereinkommen über Deutschland zwischen den vier Mächten und Deutschland dokumentieren sollten.

Baker fragte, ob dieses endgültige Übereinkommen den Passus enthalten solle, daß Deutschland nicht das Recht habe, in der NATO zu verbleiben. Gorbatschow sagte ja. Sprach er über ein blockfreies Deutschland? Gorbatschow sagte, er würde es nicht-angeschlossen nennen, und schlug als Beispiel die Verbindung von Frankreich zur NATO vor. Er fügte hinzu, wenn es der sowjetischen Seite nicht gelingen sollte, uns von ihrer Sichtweise zu überzeugen, »dann werde ich zu Ihrem Präsidenten sagen, daß wir der NATO beitreten wollen. Immerhin haben Sie gesagt, daß die NATO sich nicht gegen uns richtet: Sie sagten, es sei ein neues Europa – warum also sollten wir uns nicht bewerben?«

Baker sagte, wir könnten getrost annehmen, daß Deutschland in der NATO bleiben wolle, weil sie genau das sagten. Die Sowjetunion sollte einen Austritt nicht als Vorbedingung für die Auslösung der Rechte und Verantwortlichkeiten der vier Mächte erwägen. Dies widerspräche den Prinzipien von Helsinki. Wenn Deutschland die freie Wahl hatte, würde Gorbatschow dann akzeptieren, wenn es Mitglied der NATO bleiben wollte? »Wie ich Ihnen offen gesagt habe«, antwortete er, »können wir ein vereintes Deutschland nicht als Mitglied der NATO oder des Warschauer Paktes akzeptieren, weil das grundlegende Auswirkungen auf das strategische Gleichgewicht in Europa und der Welt haben würde. Sie sollten uns in diesem entscheidenden Augenblick wirklich nicht allein stehenlassen. Wir werden vielleicht ungewöhnliche Züge machen müssen.«

BRENT SCOWCROFT

Es war schwer zu sagen, ob Gorbatschow wirklich meinte, was er sagte, oder ob er einfach die Unzufriedenheit der Konservativen über die innere Zerrüttung artikulierte. Vielleicht reagierte er auch auf unsere Differenzen bezüglich Litauen. Seine kalte Warnung als Antwort auf den Brief des Präsidenten über Litauen war nur zwei Wochen zuvor überbracht worden. Wenn ich nun Jahre später darauf zurückblicke, ist es schwer zu sagen, wieviel der Drohungen leer waren und wieviel Wirklichkeit.

Dieser Zeitraum markiert vermutlich den Höhepunkt des Drukkes, den Gorbatschow und Schewardnadse von den Konservativen und dem Militär zu erwarten hatten, jedenfalls vor dem Staatsstreich vom August 1991. In der Tat: Wie wir schon an anderer Stelle beschrieben haben, waren die Aussichten für Moskau nicht besonders rosig. Die osteuropäischen Staaten blätterten rapide vom Warschauer Pakt ab. Und der Warschauer Pakt zerfiel nicht nur, sondern wir verlangten auch noch, daß der Dreh- und Angelpunkt – Ostdeutschland – der Bundesrepublik und der NATO beitreten solle. Die Konservativen wollten, daß Gorbatschow die Bremsen anzog – fest anzog. Sogar Schewardnadse bleckte die Zähne, wenn auch mehr aus Kummer als aus Wut.

GEORGE BUSH

Ich verbrachte einen guten Teil des Monats Mai mit der Vorbereitung des Gipfels in Washington. Ich hatte Vorbehalte, mich mit Gorbatschow zu treffen, während die Sowjets noch immer die Blockade gegen Litauen aufrechterhielten. Zu Hause wurde ich kritisiert, ich käme ihm zu weit entgegen, wenn wir einfach weitermachten. Ich wußte, daß die Lage sich nicht verbessern würde, aber ich wollte das Risiko eingehen und mit den Gesprächen fortfahren. Natürlich – wenn die Krise sich verschlimmerte und es zu Gewalt kam, würden wir absagen. Aber für unsere Beziehungen und für andere Länder stand zuviel auf dem Spiel, um zuzulassen, daß die Situation in Litauen den schmerzlichen Fortschritt torpediert, den wir in den amerikanisch-sowjetischen Beziehungen gemacht hatten. Wir mußten von Angesicht zu Angesicht miteinander sprechen.

Ich las die Briefing-Unterlagen oben in Maine und hatte eine Sitzung nach der anderen. Ich dachte lange über den Stand unserer Beziehungen zu den Sowjets nach. Ich hatte nicht das Gefühl, daß wir weniger erreicht hatten, als ich mir erhofft hatte. Es lagen nur noch zu viele unerledigte Fragen an, insbesondere bei der Rüstungskontrolle, wie auch eine Reihe von regionalen Fragen von Afghanistan bis Angola. Ich dachte auch über die enormen Probleme nach, denen sich Gorbatschow gegenübersah: Er stand einer morschen Volkswirtschaft vor; Boris Jelzin, sein erbitterter Gegner, würde wahrscheinlich zum Präsidenten der Russischen Föderation gewählt werden (was am 29. Mai, als Gorbatschow auf dem Weg nach Kanada und in die USA war, tatsächlich geschah); und dann noch der Kampf um das Baltikum und die anderen Nationalitätenprobleme. Der Mann hatte eine ungeheure Leistung vollbracht, und wir sollten darüber sehr froh sein. Dennoch: Wer wußte schon, was passieren würde, ob er am nächsten Tag noch dasein würde?

Um in der umfangreichen Agenda der amerikanisch-sowjetischen Themen und in Sachen Deutschland voranzukommen, mußten die Sowjets, und Gorbatschow, ihr Gesicht wahren können. Sie brauchten Standfestigkeit, auch wenn um sie herum alles auseinanderfiel – ihr Imperium, ihre Wirtschaft und jetzt auch noch ihre Union. Ich hatte vor, ihnen Glaubwürdigkeit und Standfestigkeit zu bieten, ohne mich zu beugen oder einigen ihrer verwegeneren Vorstellungen stillschweigend zuzustimmen, geschweige denn, in den für uns entscheidenden Fragen nachzugeben. Wir konnten ihnen die geforderten 20 Milliarden Dollar an Finanzhilfe nicht zukommen lassen, wenn sie nicht tiefgreifende wirtschaftliche Reformen einleiteten – und selbst dann wußten wir nicht, woher wir das Geld nehmen sollten. Wir konnten ihnen auch den Meistbegünstigungsstatus nicht gewähren, solange sie keine Ausreisegesetzgebung und keine echten Fortschritte bei der Lösung der litauischen Frage vorzuweisen hatten. Sie mußten mit Verhandlungen beginnen und die Blockade aufheben. Wenn sie das taten, konnten wir einen erfolgreichen Gipfel haben – etwas, das Gorbatschow mit nach Hause nehmen konnte zu seinem Parteitag im Juli. Ich wollte ihm natürlich gerne helfen, wenn ich konnte.

Die Deutschen erwarteten den entscheidenden Durchbruch bei der sowjetischen Haltung zur NATO-Mitgliedschaft. Ich war mir bewußt, daß Kohl und Genscher glaubten, Gorbatschow werde mit mir die Abmachung zwischen den Supermächten treffen wollen. Vielleicht hatten sie recht: Dies konnte die richtige Zeit und der richtige Ort dafür sein, aber sicher war ich mir nicht. Jede Konzession seinerseits konnte Gorbatschows Autorität auf dem Parteitag ernsthaft untergraben. Die Experten waren bei meinen Briefings pessimistisch über ein Abkommen: Gorbatschow schien einer Verzögerungstaktik zu folgen und hoffte auf größere Zugeständnisse der Deutschen in Fragen wie der Stärke ihrer Streitkräfte. Die Deutschen baten uns inständig, Gorbatschow vor dem Parteitag nicht in eine Ecke zu drängen, und schlugen vor, wir sollten die Gespräche nutzen, um seine Haltung zu unseren neun Punkten zu sondieren, die Baker in Moskau aufgebracht hatte. Vielleicht gab es Bereiche, in denen er sich bewegen würde.

Mitterrand traf sich am 25. Mai in Moskau mit Gorbatschow, und die beiden sprachen vor allem über Deutschland. Mitterrand schickte mir kurz vor dem Gipfeltreffen einen Brief, in dem er mir seine Eindrücke schilderte. »Gorbatschows Feindseligkeit gegenüber einer deutschen Mitgliedschaft in der NATO erscheint mir weder vorgetäuscht noch taktisch«, schrieb er. »In dieser Frage ist er sowohl entschlossen als auch standhaft. Er läßt sogar durchblicken, daß er – sollte er vor vollendete Tatsachen gestellt werden – gezwungen wäre, sein Verhalten in einer Reihe von Fragen zu ändern, insbesondere was die Abrüstung in Europa angeht.« Mitterrand glaubte, daß Gorbatschow noch immer in tiefer Sorge über die Veränderung im Gleichgewicht der Kräfte sei, die dadurch entstehen würde.

Sie hatten auch über Litauen gesprochen. »Herr Gorbatschow ist offen für einen Dialog, aber nicht bereit, über Grundlegendes zu sprechen«, sagte Mitterrand. »Er besteht weiterhin darauf, daß Litauen seine Unabhängigkeitserklärung zurücknehmen muß ... Kurz gesagt: Mein Eindruck ist, daß Michail Gorbatschow nicht viel Manövrierfläche bei den Nationalitätenfragen der baltischen Staaten und den Folgen der deutschen Einheit hat. Bei letzterem wird der Fahrplan, den Helmut Kohl aufgestellt hat, meines Erachtens auf ernsthafte Hindernisse stoßen.«

Einen Tag bevor Gorbatschow in Washington eintreffen sollte, rief mich Helmut Kohl an – vielleicht ein weiteres Anzeichen dafür, daß er erwartete, die Frage der deutschen NATO-Mitgliedschaft werde auf dem Gipfel gelöst werden.

»Herr Bush, Sie können sich auf meine rückhaltlose Unterstützung verlassen«, sagte er. »Eine Sache, die Gorbatschow unbedingt verstehen muß, ist, daß wir – egal was passiert – weiter Seite an Seite stehen werden. Und ein Zeichen der Zusammenarbeit zwischen uns ist die Verbindung durch eine künftige Mitgliedschaft eines vereinten Deutschlands in der NATO ohne jede Beschränkung. Sie sollten ihm dies in einer freundlichen Weise deutlich machen, und ebenso, daß dieses auch meine Sicht der Dinge ist. Hier sollte es keinerlei Zweifel geben. Ein zweiter Punkt: Wir können vernünftige wirtschaftliche Vereinbarungen mit ihm finden. Er braucht unbedingt Hilfe. Er soll auch wissen, daß wir nicht die Absicht haben, von seiner Schwäche zu profitieren ...«

»Ich erwarte keinen Durchbruch«, sagte ich. »Aber wir wollen, daß er mit dem Gefühl wieder abfahren kann, einen erfolgreichen

Gipfel erlebt zu haben, auch wenn es keine großen Durchbrüche gegeben hat. Ich denke, das können wir leisten. Wir haben eine ganze Reihe von Abkommen zu unterzeichnen.« Ich erinnerte an das Gespräch, das wir Anfang des Monats geführt hatten: Kohl hatte dabei vorausgesagt, Gorbatschow würde beim Gipfel um finanzielle Hilfe bitten, so wie er das Baker gegenüber in Moskau getan hatte. »Wir haben damit Schwierigkeiten, die mit Litauen zusammenhängen. Aber ich werde Ihren Rat beherzigen. Ich will nicht, daß er glaubt, wir würden ihn wegen seiner Schwäche übervorteilen.«

Gipfel und Lösungen

GEORGE BUSH

Der 31. Mai war ein strahlender, heißer Tag, und die Ankunftszeremonie für Gorbatschow vor der Kulisse des Washington Monument war spektakulär. Die farbenprächtigen historischen Uniformen aus dem Revolutionskrieg der *Old Guard* aus Fort Myer stachen vor dem frischen grünen Gras und den sprießenden Blättern hervor. Eine Militärkapelle spielte, und Ehrengarden aller Waffengattungen schwenkten ihre Flaggen, als Gorbatschow und ich die Parade abnahmen – für mich immer ein bewegendes Erlebnis.

Gorbatschow sah gut aus, wirkte zuversichtlich und kein bißchen müde, als er mich mit einem Lächeln und einem kräftigen Händedruck begrüßte. Er war zunächst ein wenig angespannt und sprach mit weicher Stimme. Er wurde unbefangener, als wir ins Oval Office kamen, und fast schon jovial, als wir uns unter den von Gilbert Stuart gemalten Porträts von George Washington in die weißen Sessel am Kamin setzten.

Unsere Unterhaltung an diesem Morgen war größtenteils philosophischer Natur, in der Art, wie wir uns das beide in Malta erhofft hatten. Gorbatschow sprach von der Notwendigkeit, sich von altem Argwohn zu befreien. Wir stünden an einer historischen Zeitenwende, sagte er: »Sie mögen mir zustimmen oder auch nicht, aber die Konfrontation, in die wir nach dem Zweiten Weltkrieg geraten sind, hat unsere Zeit und Energie verschwendet, während andere, die zuvor Besiegten, sich gut entwickelt haben.« Die Welt verändere sich auf dramatische Weise. Die Vereinigten Staaten konnten trotz ihrer Machtfülle die Welt nicht alleine führen, und die Weltpolitik nach Art eines Kartenspiels gegeneinander statt miteinander zu betreiben war nicht der richtige Weg. Es gab eine Umbesetzung in der Welt, und die amerikanisch-sowjetischen Beziehungen waren in diesem Prozeß lebenswichtig. »Die Frage lautet: Können wir zusammenarbeiten?«

Ich hörte gespannt seinem langen und freimütigen Überblick über die Situation zu, die auf uns zukam, und machte mir zu den verschiedenen Punkten Notizen. »Es gibt bemerkenswerte Veränderungen in der Einstellung der USA gegenüber der Sowjetunion, obwohl es auch zunehmenden Argwohn gibt«, antwortete ich, die Entwicklungen in Litauen im Sinn. Ich fügte hinzu, daß sich viele Amerikaner der Geschichte der Sowjetunion vermutlich zuwenig bewußt waren, zum Beispiel der Verluste im Zweiten Weltkrieg. »Während wir um die Rüstungskontrolle gerungen haben, bin nicht nur ich für dieses Thema empfänglicher geworden, sondern auch mein Volk«, fuhr ich fort. »Ich wollte das gesagt haben, bevor wir uns dem unvermeidlichen Thema Deutschland zuwenden ... Wir sehen keine Gewinner oder Verlierer in der Geschichte.« Ich wollte ihm zu verstehen geben, daß es trotz der Probleme der Sowjetunion keine Versuche geben würde, ihr die ihr zustehende Position streitig zu machen, solange ich im Amt war. »Bitte glauben Sie, daß ich in dieser Hinsicht aufrichtig bin, bevor wir uns den Detailfragen zuwenden.«

»Sie haben mir in Malta eine Karte mit blauen Fähnchen gegeben«, fuhr ich fort. »Ich habe die CIA gebeten zu prüfen, wie genau Ihr Geheimdienst gearbeitet hat. Sie haben gute Noten bekommen... Ich habe Herrn Scowcroft gesagt, daß wir Sie überzeugen müssen, daß diese Fähnchen nicht bedeuten, daß wir Sie umstellen oder die Sowjetunion einkreisen wollen. In einigen Fällen können wir das mit Worten tun, in anderen nur mit Taten.« Deutschland stand auf der Liste der schwierigen Fragen, die vor uns lagen, ganz oben. »Es ist mir klar, daß es unterschwellige Vorbehalte gibt, die mit dem deutschen Problem zusammenhängen. Wir wollen nicht, daß die Sowjetunion von irgendeiner Macht bedroht wird. Wir mögen verschiedene Ansichten über die Zukunft Deutschlands haben: Werden sie wieder zu ihrem früheren Wesen zurückkehren, oder haben sie ihre Lektion gelernt und ihre Schuld beglichen? Ich glaube an letzteres.« Nach vierzig Jahren war Deutschland anders geworden. Ich wollte es nicht in einer Weise isolieren, die es herausforderte, daß die Geschichte sich wiederholte. Ich konnte aber auch Litauen nicht ignorieren. »In dem Ausmaß, wie wir ein Bekenntnis zu unseren eigenen Prinzipien der Selbstbestimmung erkennen, können wir kooperieren«, sagte ich. »Ich habe versucht, mich hier zurückzuhalten, weil ich weiß, daß Sie große Probleme haben. Aber ich werde von links und von rechts beschuldigt, daß ich die grundlegenden Prinzipien der USA hintenanstelle.«

Als unser ausführlicher Gedankenaustausch andauerte, warf Brent Scowcroft mir einen ungeduldigen Blick zu und zeigte auf seine Uhr, um uns daran zu erinnern, daß wir schon die Zeit überschritten hatten, die eigentlich für eine Plenumsdiskussion mit Stabsmitarbeitern beider Seiten gedacht war. Gorbatschow winkte ihn mit einem Lächeln fort, bevor er sich einer ausführlichen Beschreibung der Probleme seines Landes zuwandte. »Geben Sie mir noch fünf Minuten«, sagte er. »Die Phase der Perestroika, die wir gerade durchmachen, ist möglicherweise ganz entscheidend.« Das politische System war verändert worden, und der Prozeß der Umformung der Föderation hatte begonnen. »Die Schwierigkeiten werden grundlegender Natur sein«, sagte er. »Verschiedene Republiken haben unterschiedliche Beziehungen zueinander, aber unsere grundsätzliche Stoßrichtung heißt Marktwirtschaft ... Wir sind aber noch nicht soweit. Wir haben eine zentralisierte Wirtschaft, und das müssen wir berücksichtigen, während wir weitermachen.«

»Ich verstehe«, warf ich ein. »Aber das ist wie mit der Schwangerschaft: Ein bißchen schwanger gibt es nicht.«

»Aber genausowenig kann man das Kind nach einem Monat bekommen«, antwortete Gorbatschow. »Wir brauchen zwei Jahre für den Übergang ... Wir hoffen, wir können uns dann im richtigen Augenblick mit Ihnen zusammensetzen.« Er spielte auf finanzielle Hilfe an.

»Wir sollten über die praktischen Ziele sprechen«, sagte ich, entschlossen, mich nicht festzulegen. »Wir haben Differenzen, aber lassen Sie uns darüber sprechen.«

Das Gespräch an diesem Morgen war eine schöne Fortsetzung von Malta. Die direkte Begegnung erlaubte uns beiden wieder, alle Karten auf den Tisch zu legen. Gorbatschow hatte die eingeplante Zeit aber so weit überzogen, daß wir das Plenartreffen verschieben mußten, damit er zu einem Essen in der sowjetischen Botschaft hetzen konnte.

Wir trafen uns um halb fünf nachmittags wieder. Im Kabinettsraum saßen wir mit Beratern, die an dem langen, polierten Holztisch aufgereiht waren, und sprachen zwei Stunden lang über

Deutschland. Ich begann mit einem kunstvollen Vortrag, in dem ich die sowjetischen Vorbehalte gegenüber Deutschland ansprach, erklärte, wie wir damit umzugehen gedachten, und zu dem Schluß kam, daß ein vereintes Deutschland in der NATO eine stabilisierende Wirkung auf den Aufbau Europas haben würde.

Gorbatschow bestand darauf, daß wir Europa und das vereinte Deutschland im Zusammenhang besprachen. »Das eine kann nicht vom anderen getrennt werden«, sagte er. »Osteuropa und die Sowjetunion verändern sich in Richtung der westlichen Kultur und wollen mit anderen Nationen zusammenarbeiten.« Dadurch werde ein Dialog über neue Sicherheitsstrukturen möglich. Er glaube nicht daran, daß ein neues Europa ohne die Vereinigten Staaten aufgebaut werden konnte, aber warnte davor, daß die UdSSR dabei nicht isoliert werden durfte. »Wenn das geschieht, werden wir reagieren müssen«, sagte er frei heraus. »Wie beim Eishockey sind das die harten Regeln des Spiels. Eine Tatsache. Ich hoffe, ich habe das hier deutlich gemacht.«

Er ging die Alternativen durch. »Es ist äußerst wichtig für uns, daß wir eine Abmachung bezüglich Deutschland treffen. Es ist mir egal, wer der Urheber ist. Das können Baker und Schewardnadse machen oder Scowcroft und Achromejew. Es geht mir nur um die Lösung«, sagte er. Deutschland könnte beiden Bündnissen angehören oder keinem. Beide Bündnisse seien für die Sowjetunion akzeptabel, aber wenn Deutschland nur der NATO angehörte, käme Europa aus dem Gleichgewicht. Es könne eine lange Übergangsfrist geben, in der beide Bündnisse sich vom militärischen hin zum politischen entwickelten.

»Wir haben hier ausgehend von historischen Ereignissen eine grundlegende Differenz, was Deutschland angeht«, sagte ich. »Sie haben mehr Argwohn gegenüber den Absichten eines vereinten Deutschlands, als wir das haben … Ich kann mir Deutschland potentiell als einen ausgesprochenen Freund der Sowjetunion vorstellen.« Im Westen waren einige argwöhnischer als ich, aber alle stimmten darin überein, daß eine Gefahr im Verhältnis von West- und Osteuropa bestünde, wenn die Deutschen von den anderen demokratischen Ländern isoliert oder sonstwie abgesetzt werden. Wir wußten nicht, wofür die Deutschen sich entscheiden würden. Aber angesichts der Geschichte war ein Deutschland in der NATO in Verbindung mit der durch das Bündnis bedingten stabilisierenden US-Präsenz die beste Lösung für alle Seiten. Die Antwort auf seine Bedenken war es, die Natur der NATO zu verändern.

»Wir befürworten die amerikanische Präsenz in Europa«, sagte er. »Aber Sie scheinen Ihre Präsenz an die NATO zu binden und unterstellen, daß ein Deutschland außerhalb der NATO das Ende der NATO sei und damit auch das Ende der Präsenz der USA.« Ein vereintes Deutschland könne doch auch das haben, was er »zwei Anker« nannte – die Mitgliedschaft in beiden Bündnissen, die BRD in der NATO und sowjetische Truppen in der DDR, abgesichert durch eine Vereinbarung zwischen den beiden Bündnissen. Er wollte den Vorschlag in den Zwei-plus-Vier-Gesprächen diskutieren (genau das, was wir nicht wollten) und wiederholte seine Idee von einer Übergangszeit. Er fügte hinzu, wir könnten beide Bündnisse bestehenlassen, und jedes Land könnte beiden Organisationen beitreten. »Die NATO ist eine offene Organisation«, sagte er. »Vielleicht treten wir ja auch bei ...«

»Ich bin mir nicht sicher, ob die früheren Kollegen von Marschall Achromejew gerne unter dem Oberbefehl von General Galvin stehen würden«, witzelte ich.

Ich machte einen anderen Versuch. Ich erinnerte Gorbatschow daran, daß die Schlußakte von Helsinki festgelegt hatte, daß alle Länder das Recht haben sollten, ihre Bündnisse selbst zu wählen. Für mich bedeutete das, daß Deutschland sich selbst aussuchen konnte, was es wollte. Stimmt er mir zu? Zu meinem größten Erstaunen zuckte Gorbatschow mit den Schultern und sagte: »Ja, das ist korrekt.«

Urplötzlich war es völlig still im Raum. Achromejew und Valentin Falin sahen sich an und krümmten sich in ihren Sesseln. Bob Blackwill schob mir einen Zettel zu, auf dem stand, ob ich es für möglich hielte, Gorbatschow dazu zu bringen, das zu wiederholen. Ich nickte ihm zu. »Ich bin dankbar, daß Sie und ich darin übereinzustimmen scheinen, daß jede Nation ihr eigenes Bündnis aussuchen kann«, sagte ich. »Stimmen Sie und ich überein, daß wir in einem Schlußdokument verankern können, ein vereintes Deutschland habe das Recht, blockfrei zu sein oder auch der NATO anzugehören?« fragte Gorbatschow.

»Da stimme ich zu, aber die deutsche Öffentlichkeit will in der

NATO sein«, antwortete ich. »Doch wenn sie aus der NATO austreten wollen, werden wir das respektieren. Sie leben in einer Demokratie.«

»Ich stimme zu, öffentlich zu sagen, daß die Vereinigten Staaten und die UdSSR einer deutschen Vereinigung positiv gegenüberstehen und daß die Frage der Bündniszugehörigkeit in einem abschließenden Vertrag den Deutschen überlassen wird«, sagte Gorbatschow.

»Ich würde es anders formulieren«, sagte ich. »Wir unterstützen ein vereintes Deutschland in der NATO. Wenn sie das nicht wollen, werden wir das respektieren.«

»Ich stimme zu«, antwortete Gorbatschow.

»Auch dem zweiten Teil?« fragte ich.

»Beiden Teilen«, antwortete Gorbatschow.

»Gut«, sagte ich. »Können wir die Minister das ausarbeiten lassen?«

»Lassen Sie sie an der Übergangsperiode arbeiten«, sagte Gorbatschow.

Mittlerweile war die Bestürzung im sowjetischen Stab mit Händen zu greifen. Achromejew funkelte wütend mit den Augen und gestikulierte zu Falin hin. Deutlich hörbar flüsterten sie einander erregte Wortfetzen zu, während Gorbatschow sprach. Es war eine unglaubliche Szene, keiner von uns hatte etwas Derartiges jemals zuvor erlebt – geradezu eine offene Rebellion gegen den sowjetischen Führer. Dann zerrte Schewardnadse an Gorbatschows Ärmel und flüsterte ihm etwas zu. Gorbatschow wies auf Falin, damit dieser jetzt seinen Vortrag halte. Falin begann mit einer Verzögerungstaktik und hielt einen langen Vortrag darüber, warum Deutschland in der NATO für das sowjetische Volk nicht akzeptabel sei. Währenddessen gestikulierte und flüsterte Schewardnadse weiterhin aufgeregt auf Gorbatschow ein. Nach einigen Minuten dieses faszinierenden Schauspiels schaltete sich Gorbatschow wieder in die Debatte ein. Er versuchte jetzt, sich von den vorher gemachten Äußerungen zu distanzieren, indem er wieder eine lange Übergangszeit forderte. Er schloß mit dem Vorschlag: »Lassen wir die Außenminister weiter über dieses Thema sprechen.«

Es war offensichtlich ein Versuch, der Kontroverse zu entkommen, die er angestoßen hatte. Aber dann kam ein weiterer unglaublicher Augenblick: Schewardnadse weigerte sich. »Wir könnten das tun«, sagte er, »aber solche Fragen müssen eigentlich von den Präsidenten persönlich diskutiert werden.« Ganz offensichtlich wollte er nicht der Sündenbock sein. Gorbatschow führte die Diskussion kraftlos weiter, versuchte zwar, sich von den früheren Aussagen zu distanzieren, widerrief sie aber nie ganz. Scheinbar völlig frustriert, sprach er noch einmal die Übergangsperiode an und forderte erneut, daß die Außenminister die Diskussion fortsetzen sollten. Diesmal gab Schewardnadse nach.

Ich bin mir nicht ganz im klaren darüber, warum Gorbatschow das getan hat. Vielleicht wußte er, daß unsere Haltung sich durchsetzen würde und dies die beste Methode war, das in seinem eigenen Stab durchzusetzen. Wie auch immer – es war eine beeindruckende Leistung.

BRENT SCOWCROFT

Ich konnte kaum glauben, was ich gesehen hatte, geschweige denn begreifen, wie es sich erklären ließ. Gorbatschow widerrief sein offensichtliches Nachgeben in unserem Hauptanliegen zu keinem Zeitpunkt, aber es war doch offensichtlich, daß er einen Feuersturm in seiner Delegation entfacht hatte und sich erbitterter Opposition gegenübersah. Die Bedeutung – und das Heikle – dessen, was vorgefallen war, wurde noch dadurch unterstrichen, daß Schewardnadse sich weigerte, seinen Chef zu retten. Aber die wirkliche Frage war, an welchem Punkt wir jetzt standen. Dieses Treffen war der Abschluß der Gespräche zwischen Gorbatschow und dem Präsidenten zum Thema Deutschland während des Gipfeltreffens. Wir fanden, daß wir – zumindest für den Augenblick – von den Sowjets alles zu diesem Thema bekommen hatten, was wir konnten.

GEORGE BUSH

Wir hatten noch immer nicht im Detail über die Verbindung von Meistbegünstigungsklausel, Handel und Litauen gesprochen. Am Abend, als wir das Staatsdinner verließen, zog mich Gorbatschow in der Halle zur Seite. Er sagte mir, daß es einem Desaster gleichkäme, wenn wir kein Handelsabkommen abschlössen. Dies entscheide seines Erachtens darüber, ob der Gipfel ein Erfolg werde oder nicht. Er war sehr aufgeregt und wirkte fast so, als hätte er den Brief zu diesem Thema, den ich ihm im April geschrieben hatte, nicht zu sehen bekommen. Auf unserer Seite hatten wir das vertraulich behandelt. Danach schlief ich nicht besonders gut. Ich wachte früh am Morgen auf und dachte darüber nach, wie wir dieses Hindernis überwinden konnten. Ich konnte jedoch nichts tun, solange die Sowjets in Litauen nicht aktiv wurden.

Am nächsten Tag traf sich Gorbatschow zum Frühstück mit einigen Kongreßabgeordneten. Als er und ich uns im Laufe des Vormittags trafen, erklärte er, er habe ihnen mitgeteilt, wie wichtig das Handelsabkommen für ihn sei. Ich fand es ziemlich clever, daß er sich so öffentlich mit ihnen getroffen und den Fall ausgebreitet hatte; das konnte dabei helfen, den Widerstand gegen die Gewährung der Meistbegünstigungsklausel abzubauen. Er habe gesagt, daß die Sowjetunion das für genauso wichtig erachtete wie die START-Verhandlungen, merkte er an: »Diese zwei Abkommen sind die tragenden Säulen des Gipfels.« Was die praktischen Auswirkungen anbetraf, gab er zu, daß ein Abkommen zwar auf Jahre hinaus den tatsächlichen Handel kaum ausbauen würde, aber es wäre doch der Beginn von ernsthaften Geschäftsbeziehungen.

»Was Sie mir gestern abend gesagt haben, hat großen Eindruck auf mich gemacht«, antwortete ich. Ich las ihm den Brief vor, den ich ihm zum Thema Handelsabkommen geschrieben hatte, und erklärte noch einmal die politische Bedeutung Litauens in den Vereinigten Staaten. »Wenn der Dialog wieder aufgenommen und die Blockade aufgehoben würde, wäre das Abkommen jeden Augenblick unterschriftsreif«, sagte ich. »Ich sehe natürlich ein, daß Sie uns nicht bei Ihren inneren Angelegenheiten mitreden lassen wollen, und das will ich auch gar nicht. Aber es ist ein Dilemma ... Ich weiß, daß ich es in der derzeitigen Situation nicht durch den Kongreß bekommen würde.«

»Wir haben beide unsere Standpunkte klargemacht«, sagte Gorbatschow matt. »Ich kann Sie nicht dazu zwingen, mit mir übereinzustimmen. Sie ziehen das Baltikum meiner Position vor. Belassen wir es dabei.«

»Aber welche Chancen bestehen denn, Gespräche einzuleiten?« fragte ich beharrlich weiter. »Sie haben gesagt, Sie würden es versuchen.« Er antwortete, daß er einen Dialog mit den baltischen Staaten im Rahmen der Verfassung vorziehen würde, daß er sogar bereit sei, es auch außerhalb dessen zu versuchen. Die Staaten sollten zur Ausgangsposition wie vor der Unabhängigkeitserklärung zurückkehren und diskutieren, in welche Richtung sie dann gehen wollten. »Wir wollen ein Handelsabkommen«, versicherte ich ihm. »Ich möchte keine Bedingungen gedruckt sehen, weil das sonst so aussieht, als würden wir ihnen etwas vorschreiben. Aber es macht einfach keinen Sinn, einen Gesetzentwurf einzureichen, der nicht die Spur einer Chance hat.«

»Gut, ich merke, daß Sie sich darüber Gedanken gemacht haben«, räumte Gorbatschow ein. »Ich weiß nicht, was wir noch tun könnten. Wir haben heute kein Handelsabkommen, und das ist schon seit vielen Jahren so ...« Ich sagte ihm, daß ich daran arbeiten würde. »Eigentlich ist das eher mein Problem«, sagte er mit einem Schulterzucken. »Ich habe es Ihnen erklärt und weiß, daß es jetzt an Ihnen liegt. Lassen Sie mich betonen, daß unsere Sorgen über die baltischen Staaten genauso tief sind wie Ihre. Wir wollen eine Lösung finden, weil sonst der Perestroika schwerer Schaden zugefügt wird. Aber das Leben läßt sich leider nicht immer so einfach kontrollieren.«

Gleich nach dieser Aussprache gingen wir in den Kabinettsraum zu den Gesprächen über Rüstungskontrolle. Viktor Karpow faßte den bisherigen Fortschritt der anderen Gespräche sowie die vorbereiteten Dokumente zusammen: eines zu START sowie eine Stellungnahme zu künftigen Verhandlungen. Außerdem gab es eine Absichtserklärung zu den Verhandlungen über die konventionellen Streitkräfte in Europa auf der Basis der Vereinbarung von Ottawa.

Nach dem Treffen nahm ich James Baker zur Seite. Ich hatte über die Bedeutung des Handelsabkommens für Gorbatschow nachgedacht, und angesichts seines Zögerns in Sachen Deutschland wollte ich versuchen, ihm entgegenzukommen. Ich wußte, daß er mit etwas Handfestem nach Hause fahren mußte. Ich bat Baker, er solle versuchen, einen Kompromiß auszuarbeiten.

Der Handel, den ich vorschlug, sollte einen offenen und veröffentlichten Teil haben sowie einen geheimen, genau umrissenen. Wir würden zwar das Getreide- und das Handelsabkommen unterzeichnen, das Paket aber erst zur Ratifizierung an den Kongreß senden, wenn die Sowjetunion die Bedingung erfüllte, die wir öffentlich für die Gewährung des Meistbegünstigungsstatus gestellt hatten: Ein Auswanderungsgesetz mußte verabschiedet werden. Die private oder geheime Seite war, daß wir das Paket nicht zur Zustimmung vorlegen würden, bevor Verhandlungen mit den Litauern begonnen hatten und Moskau das Wirtschaftsembargo aufgehoben hatte. Wir konnten Gorbatschow einen handfesten Erfolg in Form eines unterzeichneten Abkommens mit öffentlichen Bedingungen mitgeben, die er erfüllen konnte, aber wir stellten sicher, daß das Abkommen nicht umgesetzt werden konnte, bis es in Sachen Litauen zu substantiellen Fortschritten gekommen war. Dadurch wurde Gorbatschow zu Hause nicht in Verlegenheit gebracht, und wir bekamen die Bedingungen, die wir haben wollten. Mit diesen Vorschlägen im Gepäck kehrten Baker und Schewardnadse wieder an den Verhandlungstisch zurück.

Während die beiden miteinander sprachen, rief ich Helmut Kohl an und berichtete ihm von meinen Gesprächen mit Gorbatschow vom Vortag. Kohl fragte, ob Gorbatschow die Wirtschaftshilfe erwähnt hatte. »Noch nicht«, sagte ich. »Ich denke, das wird er morgen in Camp David tun.« Ich fragte ihn, ob er damit leben könne, wenn wir sagten, daß Deutschland gemäß der Schlußakte von Helsinki das Recht habe, zu wählen, ob es zur NATO gehören wolle. »Ganz genau«, sagte Kohl. »Das glauben wir. Aber wir müssen ihn noch dazu bringen, seine Meinung zu ändern. Herr Bush, ich glaube, daß die wirtschaftliche Seite wichtiger ist.«

Kurz nach diesem Telefonat kam Baker mit einem Handelsabkommen, das die Formulierung enthielt, die ich vorgeschlagen hatte. Die feierliche Unterzeichnung der Abkommen, die wir in den vergangenen zwei Tagen getroffen hatten, war für halb sechs im östlichen Saal, dem East Room, angesetzt. Als Gorbatschow und ich uns an der Eingangstür trafen, sah er mich aufmerksam an und fragte: »Haben wir eine Abmachung?« Ich nickte. »Ja, wir haben eine Abmachung«, antwortete ich und lächelte. Gorbatschow strahlte vor Erleichterung.

Weil keiner erwartet hatte, daß wir das Handelsabkommen unterzeichnen würden, mußten wir warten, bis jemand zum Handelsministerium geflitzt war, um die Dokumente zu holen. Während dieser Unterbrechung wurde es im Schein der Fernsehlampen sehr heiß und ungemütlich, und das Publikum – Würdenträger, Unterhändler und Presse – schwitzte und fächelte sich Luft zu. Gorbatschow wandte sich mir zu und sagte, er glaube, sie würden sich mit Litauen schneller befassen, als wir glaubten. Das hoffe ich, dachte ich bei mir.

Gegen Ende des zweiten Tages war Gorbatschow in überschäumender Stimmung. Er hatte das Handelsabkommen bekommen, Fortschritte bei den Verhandlungen zu START und Chemiewaffen erzielt und versprochen, bei den konventionellen Streitkräften in Europa voranzukommen. Wir hatten die deutsche Frage nicht gelöst, aber ich hatte auch nicht erwartet, daß wir eine endgültige Einigung finden würden. Wir hatten auch noch keinen Beschluß zu Litauen, aber wir hatten unser gegenseitiges Verständnis verbessert. Ich hatte einige Hebel angesetzt und hatte das Gefühl, daß der persönliche Kontakt enorm geholfen hatte – er wußte jetzt, daß ich es nicht darauf anlegte, ihn in die Enge zu treiben, sondern in gutem Glauben handelte.

Mir war klar, daß ich einige Kritik für den öffentlichen Teil der Abmachung über die Meistbegünstigungsklausel und Litauen würde einstecken müssen, denn wir konnten nur diesen Teil enthüllen. Wie erwartet, begann die Presse bald, darüber zu klagen, daß Baker einen Ausverkauf der Interessen Litauens betrieben habe. Ich wußte aber, daß sich alles schnell wieder beruhigen würde, wenn schließlich herauskam, daß unser Abkommen zu Handel und Meistbegünstigungsklausel genau das gewesen war, was die Sowjets dazu gebracht hatte, mit Litauen ins reine zu kommen. Die Kritik war frustrierend, aber wir wollten natürlich die Sowjets nicht dadurch demütigen, daß wir das Junktim zwischen Litauen und dem Handel mit den USA öffentlich machten.

Wir fuhren am Sonnabend nach Camp David, und ich wußte, daß es ein großer Tag werden würde. Gorbatschow und ich flogen im selben Hubschrauber, und wir wurden ironischerweise beide von den militärischen Adjutanten begleitet, welche die atomaren Codes verwalteten, die es uns erlaubten, das Land des jeweils anderen zu zerstören. Trotzdem saßen wir dort zusammen und sprachen über den Frieden. Während des Fluges schien Gorbatschow sich sehr für Immobilien zu interessieren. Er stellte alle möglichen Fragen, während wir über die Vororte Washingtons nach Maryland und weiter über das Land flogen. Wie kauft und verkauft man Häuser? Wer leiht das Geld? Wem gehört das Haus? Was tut man, wenn man wegziehen muß? Wieviel kostet dieses und jenes Haus?

Wie ich es mir in Camp David zur Regel gemacht hatte, mußte dort alles ganz zwanglos sein und einem nur informellen, flexiblen Zeitplan folgen. Gorbatschows Begleiter sagten mir, es sei eine echte Errungenschaft, daß ich ihn dazu überreden konnte, Krawatte und Jackett abzulegen. Er war entspannt und begeistert. Das Wetter war perfekt, die Sonne warm und der Himmel strahlend blau. Wir saßen den Vormittag über im Freien unter einem Sonnenschirm, der sich auf der Veranda vor dem Präsidentenbungalow über einen Glastisch spannte. Eine leichte Brise raschelte durch die Bäume, die uns sechs umgaben: Scowcroft, Baker, Achromejew, Schewardnadse, Gorbatschow und mich.

Das Gespräch überstieg meine Hoffnungen und Erwartungen bei weitem. Gorbatschow beschrieb die Schwierigkeiten bei den Reformen in der Sowjetunion und die Herausforderungen, vor die er sich durch die Nationalitätenkonflikte gestellt sah. Als er über Jelzin sprach, wurde er mürrisch und abweisend. Wir unterhielten uns über eine große Bandbreite von außenpolitischen Fragen – von Mittelamerika und Kuba über Südafrika und Afghanistan bis Korea. Aber der wichtigste Aspekt unserer Gespräche war die offene Atmosphäre, die frei von Spannungen war. Wir entwickelten ein gutes Gefühl dafür, was wir geben und nehmen, was wir tun und was wir nicht tun konnten. Gorbatschow überzeugte sich, daß wir mit ihm zusammenarbeiten wollten, und ich hatte das Gefühl, daß das auch sein Wunsch war. Wir scherzten sogar miteinander, und manchmal erzählten wir uns Geschichten, über die wir in lautes Lachen ausbrachen. Die Scherze zeigten den Grad der Vertrautheit an, den wir erreicht hatten, und wie entspannt wir mittlerweile waren. Gorbatschow blieb tatkräftig und spannungsgeladen und zeigte sich vielen meiner Vorschläge gegenüber offen.

Das Abendessen an diesem Tag war denkwürdig. Gorbatschow hatte sich auf einen Spaziergang begeben, während ich ein kurzes Nickerchen machte. Als er an der Stelle vorbeikam, wo der Hufeisen-Wurfplatz lag, hatte er eines der Hufeisen aufgelesen und beim ersten Versuch ins Schwarze getroffen. Von wegen Anfängerglück! Tim McBride, mein Assistent, hatte das orangefarbene Hufeisen mitgenommen und auf einer Schmuckplatte mit Inschrift anbringen lassen, die an den Besuch erinnerte. Diese übergab ich Gorbatschow, während ich zum Ende des Abendessens einen informellen Toast ausbrachte. Er war sehr gerührt und verschluckte sich, als er beschrieb, was er über die neue Beziehung zwischen unseren Ländern und uns selbst fühlte. Achromejew sagte später auch zu Scowcroft, daß er glaube, daß dies der Beginn einer neuen Ära sei – und dies von einem Veteranen des kalten Krieges zu hören war in der Tat revolutionär.

Nach dem Essen nahm Gorbatschow mich wieder beiseite, diesmal um zu fragen, ob Baker mir von seinen Gesprächen mit Schewardnadse über die finanziellen Fragen berichtet hatte. Er erklärte, daß er vor seinem Stab nicht über die Notwendigkeit sprechen wollte, die Vereinigten Staaten um Geld zu bitten. Ich sagte ihm, daß Baker es erwähnt hatte, aber daß wir noch schwierige politische Probleme zu meistern hatten, die auch ihm bewußt waren, etwa die Hilfe an Kuba und Fortschritt in der deutschen Frage. Auch wirtschaftliche Reformen mußten angesprochen werden, wenn sie Kredite erhalten wollten. Ich sagte, ich könnte mir private Kredite mit Hilfe von Regierungsbürgschaften vorstellen, daß aber zuvor die offenen Fragen gelöst werden mußten.

Es war irgendwie merkwürdig, daß wir im Umgang mit den Sowjets immer geglaubt hatten, wir wüßten soviel, aber in Wirklichkeit sowenig gewußt hatten – und oft wurden wir angenehm überrascht. Wir hatten gehört, daß Gorbatschow nicht gerne in Hubschraubern reiste, aber dennoch schien er sich in unserem sehr wohl zu fühlen, schaute aus dem Fenster und stellte viele Fragen. Falls er nervös war, so wußte er das gut zu verbergen. Wir hatten auch gehört, daß Gorbatschow sich nicht gerne entspannte, aber er erzählte mir, daß er gerne an der frischen Luft sei und viel spazierengehe. Er brauchte weniger als zehn Minuten für einen Kilometer – das ist schon ein recht zügiges Tempo. Raissa Gorbatschowa berichtete uns, daß er leider nur noch wenig Zeit für sportliche Betätigung hatte. Er genoß es, auf den mit Holzplanken befestigten Wegen rund um Camp David zu spazieren, und wir schlugen uns auch quer durch den Wald. Er interessierte sich für den Gift-Sumach, das hier allgegenwärtige Ärgernis. Wir redeten über die Jagd, und er erzählte uns, daß er Sportschütze gewesen war. Ich fragte ihn, ob er gerne zum Tontaubenschießen gehen würde, weil ich überlegte, ihn zu der phantastischen Schießanlage in Camp David mitzunehmen. Er antwortete aber, daß er nur Luftgewehre benutze und keine Schrotflinten.

BRENT SCOWCROFT

Die unbeschwerte Atmosphäre dauerte auch noch am nächsten Morgen an, als wir uns auf die Pressekonferenz vorbereiteten. Wir hatten die Eröffnungsstellungnahme des Präsidenten am Abend zuvor an Botschafter Bessmertnych weitergegeben, um herauszufinden, wo wir uns in bezug auf Deutschland befanden. Der Text enthielt die Formulierung: »Wir sind uns darüber völlig einig, daß die Frage der Bündniszugehörigkeit in Übereinstimmung mit der Schlußakte von Helsinki allein von den Deutschen zu entscheiden ist.« Nach dem Aufruhr in der sowjetischen Delegation über diese Frage am ersten Tag des Gipfels erwartete ich zumindest, daß die Sprachregelung beanstandet werden würde. Zu meiner Überraschung gab es keinen Laut. Gorbatschow äußerte auch keine Bedenken, als der Präsident bei der Pressekonferenz sagte, daß sie beide zwar nicht einer Meinung darin waren, daß ein vereintes Deutschland ein vollwertiges Mitglied der NATO sein sollte, daß sie aber darin übereinstimmten, daß die Frage der Bündniszugehörigkeit in Übereinstimmung mit Helsinki Sache der Deutschen sei. Wir würden sehen, ob diese stillschweigende Zustimmung wirkliche Flexibilität in der sowjetischen Haltung bedeutete. Obwohl nur wenige bei der Pressekonferenz die Bedeutung dieser Bemerkungen erfassen konnten, war es doch ein aufregender Moment: Wir hegten die vorsichtige Hoffnung, daß Gorbatschow in seiner Haltung zu Deutschland nachgegeben hatte.

GEORGE BUSH

Als wir zusammen zum Weißen Haus zurückflogen, bat ich Gorbatschow um einige Autogramme für unsere fünf Kinder. Er nahm sich die Zeit und schrieb für jedes einzelne ein Grußwort. Ich schrieb eines für seine Tochter Irene. Gorbatschow hatte noch mehr Fragen zu Immobilien. »Werfen Sie morgen einen Blick in die Zeitung«, riet ich ihm. »Da werden Sie viele Anzeigen finden. Wenn jemand ein Haus verkaufen will, suchen Sie sich einen Makler, und der wird dann alles für Sie erledigen.«

Gorbatschow lachte. »Das ist der große Unterschied«, witzelte er. »In unserem Land würde man den Makler suchen und erschießen!«

Die Hubschrauber landeten auf dem südlichen Rasenplatz des Weißen Hauses, und ich gab Gorbatschow eine Führung durch die Wohnräume der Residenz. Ich zeigte ihm das Lincoln-Schlafzimmer mit der Abschrift der Ansprache von Gettysburg und erklärte ihm, worum es darin ging. Dann gingen wir zu meinem Büro im oberen Stockwerk, wo er sich meinen Fernseher mit den fünf Bildschirmen und meinen Computer ansah. Ich liebte es, das Weiße Haus auf diese Weise mit Würdenträgern, Freunden und Abgeordneten beider Parteien zu teilen. Viele von ihnen waren noch nie zuvor im Wohntrakt im oberen Stock gewesen, und alle waren stets sehr bewegt von dem Hauch der Geschichte, der in diesen Räumen zu spüren war. Das Haus gehörte allen – und den Leuten die Möglichkeit zu geben, es sich anzusehen, war eine einfache Übung für mich.

Im Oval Office erklärte ich ihm meinen Tagesplan für diesen Montag, und Gorbatschow schien von der detaillierten Einteilung beeindruckt zu sein. Er sagte, daß er sein Büro unbedingt modernisieren lassen müsse – etwas Vergleichbares hatte er nicht zu seiner Verfügung. Dann zeigte ich ihm die schematische Übersicht für einen ganzen Monat. Er schien richtig verblüfft zu sein, also gab ich ihm ein Exemplar. Er sagte, er würde uns gerne seinen Stabschef vorbeischicken, damit der mit John Sununu arbeiten könnte. Im folgenden Herbst fuhr Sununu dann nach Moskau und half Gorbatschows Stab, sein Büro zu modernisieren und zu rationalisieren. Während wir durch das Weiße Haus schlenderten, lud Gorbatschow mich ein, nach Moskau zu kommen, und ich sagte spontan zu.

Diese Art von Gegenseitigkeit machten meines Erachtens den Gipfel zu einem wichtigen Erfolg. Gorbatschow und ich konnten offenen Herzens und ohne Umschweife miteinander über buchstäblich jedes Thema sprechen. Wir hatten in Camp David unseren Gedanken zu verschiedenen Fragen freien Lauf gelassen, wie wir das in Malta nicht hatten tun können. Ich glaube, daß wir als echte Freunde auseinandergingen, aufbauend auf der persönlichen Beziehung, die wir in den früheren Gesprächen zu bilden begonnen hatten. Wir mußten zwar noch die handfesten Beweise abwarten (die wir gegen Ende des Monats bekamen), aber immerhin hatten wir jetzt schon eine tragfähige Abmachung auf den Weg gebracht, nach der die Sowjetunion den Dialog mit Litauen beginnen und das Embargo zurücknehmen würde.

BRENT SCOWCROFT

Auch ich fand, daß der Gipfel ein Erfolg war. Es gab Fortschritt bei der Rüstungskontrolle – zumindest wußten die Unterhändler jetzt, wohin es gehen sollte. Die Atmosphäre war von gegenseitiger Hilfsbereitschaft geprägt, und die Gespräche zwischen den beiden Präsidenten hatten mir das Gefühl vermittelt, daß die Sowjets wirklich mit uns zusammenarbeiten wollten. Aber es gab durchaus noch Probleme. Präsident Bush hatte ein großes Zugeständnis gemacht, als er das Junktim in bezug auf Litauen verborgen gehalten hatte. Gorbatschow konnte zufrieden nach Hause fahren. Er hatte von dem Gipfel das bekommen, was er brauchte – auf Kosten des Präsidenten, der nun fürchten mußte, daß man ihm vorwerfen würde, Litauen im Stich gelassen zu haben. Auch über der Lösung für Deutschland schwebten noch gewisse Zweifel. Ebenso wie Kohl hatte ich erwartet, Gorbatschow würde auf dem Gipfel alle verbleibenden Fragen zur Wiedervereinigung lösen wollen. Seine Stellungnahmen zur Sache und auch die schweigende sowjetische Zustimmung zu der Zusammenfassung des Präsidenten auf der Pressekonferenz waren ermutigend gewesen. Dennoch war beides doppeldeutig und nicht schlüssig. Zwischen unseren beiden Positionen war immer noch mehr als nur ein Spalt.

Die Gespräche halfen aber dabei, die Spannungen bezüglich Deutschland zu entschärfen, und hatten als Ergebnis, daß die Bündniszugehörigkeit von den Deutschen zu entscheiden sei. Gorbatschow äußerte keinen Widerspruch zu unserem Vorschlag, und sowohl er als auch Schewardnadse begannen den Westen aufzurufen, zu den »Neun Punkten« Stellung zu nehmen, insbesondere beim NATO-Gipfel. Wir hatten auch eine Vereinbarung erzielt, die Verhandlungen über die konventionellen Streitkräfte in Europa voranzutreiben. Dadurch wurde sichergestellt, daß die Abrüstung mit den rapiden politischen Veränderungen mithielt und sie verstärkte. Wir konnten die letzten Schritte zur deutschen Wiedervereinigung nicht machen, ohne die gegenseitigen Truppenstärken in Europa zu behandeln. Die Deutschen und die Sowjets sprachen bereits über Obergrenzen für die Bundeswehr, aber darüber wollten wir nicht verhandeln, ohne gleichzeitig die Truppenstärken aller anderen Länder in den beiden Bündnissen zu berücksichtigen. Das sollte auf dem NATO-Gipfel passieren, nicht in den Gesprächen zur Wiedervereinigung.

GEORGE BUSH

Am 8. Juni kam Kohl wieder nach Washington. Wir trafen uns zweimal, unter anderem bei einem Abendessen im kleinen Kreis mit Brent Scowcroft und James Baker in Washington. Kohl vermutete, daß Gorbatschow jetzt wahrscheinlich auf Wirtschaftshilfe drängen würde. Die Sowjets erwarteten, daß der Westen ihnen mit rund 20 bis 25 Milliarden Dollar helfen würde, damit sie Verbrauchsgüter kaufen konnten. Gorbatschow wandte sich aber unabhängig davon auch wegen eines Kredits von fünf Milliarden Mark an die Deutschen, um die bestehenden Kreditlinien zu erhöhen. »Sie sagten, wir dürften im Gegenzug etwas erwarten«, fügte Kohl hinzu. Er glaubte, daß Gorbatschow nach einem Weg suchte, die NATO-Mitgliedschaft zu ermöglichen. Gorbatschow hatte sich erkundigt, welche Vorschläge die NATO machen könne, und hatte die Idee eines Nichtangriffspaktes zwischen den beiden Bündnissen ins Spiel gebracht. Das fand ich keine besonders gute Idee, denn ich dachte mir, daß so etwas den Warschauer Pakt in einem Moment stützen würde, in dem er schon am Rande des Zusammenbruchs stand.

BRENT SCOWCROFT

Vor dem Treffen zum Abendessen fand ein zumindest für mich faszinierender Ausflug statt. Während des Besuchs des Kanzlers in Camp David im Februar hatten er, der Präsident und ich bei einigen Cocktails zusammengesessen und uns länger über Militärstrategie und militärische Führungspersönlichkeiten unterhalten. Dabei hatten wir Deutschland und die Vereinigten Staaten verglichen. Während dieser Unterhaltung, in deren Verlauf Kohl umfassende Kenntnisse auf diesem Gebiet bewies, hatte er erwähnt, daß er gerne irgendwann einmal den Heldenfriedhof in Arlington besuchen würde, und mich gefragt, ob ich ihn begleiten würde. Natürlich stimmte ich zu, erwartete aber nicht, daß es jemals dazu kommen würde.

Am Tag bevor Kohl im Juni ankommen sollte, klingelte jedoch das Telefon, und ich wurde gefragt, ob ich mich einem Spaziergang über den Friedhof anschließen wollte, bevor das Essen begann. Ich rief den Aufseher in Arlington an und sorgte für einen Führer. Der nächste Tag war strahlend und warm, und bis ich am frühen Nachmittag auf den Kanzler traf, lag die Temperatur schon bei gut dreißig Grad Celsius mit obendrein hoher Luftfeuchtigkeit. Ich machte mir angesichts dieser belastenden Umstände Gedanken um den nicht eben kleinen Mann und schlug vor, wir sollten lediglich eine Rundfahrt mit dem Auto machen. Davon wollte er nichts wissen, und so liefen wir über den Rasen und sahen uns die Gräber einiger bedeutender amerikanischer Militärbefehlshaber an. Unsere Diskussion, in der wir die Besonderheiten, die Erfolge und die Fehlschläge der Ikonen der amerikanischen militärischen Vergangenheit analysierten und mit den »Großen« der deutschen Militärgeschichte verglichen, war wirklich eine denkwürdige Erfahrung. Kohl ist auf diesem Gebiet enorm bewandert, und obwohl Militärgeschichte eines meiner Hobbys ist, war ich kein ebenbürtiger Gesprächspartner für ihn. Das Wetter kriegte ihn aber schließlich doch noch klein. Als ihm Sturzbäche von Schweiß das Gesicht herabliefen, schlug er vor, wir sollten ein Glas Eistee zu uns nehmen. Ich geriet in Panik. Wo sollte ich jetzt mit dem Kanzler der Bundesrepublik Deutschland hingehen, ohne Anmeldung und Sicherheitsprüfungen, um ein Glas Eistee zu trinken? Ich erinnerte mich schließlich an ein Restaurant am George Washington Parkway in der Nähe des Potomac-Flusses. Dort gingen wir hin, um uns etwas abzukühlen und unsere Unterhaltung fortzusetzen.

GEORGE BUSH

Am 11. Juni kam der ostdeutsche Ministerpräsident Lothar de Maizière ins Weiße Haus. Es war eine merkwürdige und faszinierende Sitzung – das erste und letzte Treffen eines ostdeutschen Staatschefs mit einem amerikanischen Präsidenten. Noch ungewöhnlicher war, daß de Maizière der Vorsitzende des Treffens des Warschauer Paktes gewesen war, das einige Tage zuvor stattgefunden hatte. Der Großteil unserer Unterhaltung diente zwar eher der

Form, aber er gab mir doch einige interessante Eindrücke von Gorbatschow und dem sterbenden Bündnis. Hier bekam also ein US-Präsident ein Briefing über ein Treffen des Warschauer Paktes von dessen Vorsitzendem – sehr außergewöhnlich!

»Die Entwicklungen im Warschauer Pakt könnten bedeuten, daß er nicht mehr sehr lange überleben kann«, sagte er mir. »Insbesondere die Repräsentanten von Ungarn und der Tschechoslowakei sagen, daß sie, nach einer Übergangszeit, dieses Bündnis nicht mehr wollen.« Es würde nötig sein, neue Strukturen aufzubauen, um zu verhindern, daß die übrigen Länder den Pakt wiederbeleben würden. Er sprach von den Problemen, vor denen seine Landsleute standen: »Vierzig Jahre Sozialismus haben die Leute verändert«, bemerkte er traurig. »Die Niederlage bedeutet im Leben von vielen einen gewissen Verlust. Wir werden die Gemüter beruhigen und ihnen Zeit zum Aufholen geben müssen.«

Er beschrieb seine Gespräche mit Gorbatschow: »Ich hatte das Gefühl, daß er immer noch annimmt, daß die sowjetischen Nationen und Völker sich schwertun werden, die vollwertige Mitgliedschaft Deutschlands in der NATO zu akzeptieren, wenn nicht bestimmte Einzelheiten ergänzt werden«, sagte er. »Er sprach zum Beispiel von einem Vertrag zwischen den beiden Bündnissen über die weitere Stationierung von sowjetischen Truppen in der DDR.« Bei unserem Gespräch beim Mittagessen fragte ich ihn, ob er glaube, daß Gorbatschow zuversichtlich sei. »Ich hatte den Eindruck, daß er den Gipfel als sehr erfolgreich ansah«, sagte de Maizière. »Er sagte, daß dies der Übergang von Konfrontation zu Partnerschaft gewesen sei. In dieser Hinsicht war er recht optimistisch. Aber das ändert nichts an seinen Problemen zu Hause. Hunderttausende verlassen die Partei, die außerdem in einzelne Gruppen zerfällt. Der Parteitag Anfang Juli wird enorm wichtig sein, weil es in der Sowjetunion keine andere integrierende Kraft gibt als die Partei ...«

Unser vorsichtiger Optimismus, daß wir die letzten Hindernisse auf dem Weg zur deutschen Wiedervereinigung aus dem Weg räumen würden, wurde auf dem Zwei-plus-Vier-Treffen in Ostberlin am 22. Juni gedämpft. Die Sowjetunion schien sich plötzlich zu verschanzen und zeigte eine neue und unerwartete Unbeweglichkeit. Schewardnadse stellte einen harten Entwurf eines Interim-Abkom-

mens mit unannehmbaren Klauseln vor. Er produzierte das Gespenst einer Fünfjahresfrist, in der Deutschland geteilt und beide Teile in den jeweiligen Bündnissen bleiben sollten. Die Streitkräfte der vier Mächte sollten bis zum Ende der Übergangszeit vor Ort bleiben. Es sollte strenge Obergrenzen für die deutsche Armee geben – nicht mehr als eine Viertelmillion Soldaten. Nachdem die Obergrenzen in Kraft getreten seien, würden die Truppen der vier Mächte auf Proforma-Stärke reduziert werden, und Soldaten der West-Alliierten würden auf dem Gebiet der früheren DDR nicht erlaubt sein. Die Streitkräfte der vier Mächte sollten aus Berlin abgezogen werden, obwohl die Sowjets weiterhin ihre Militärpräsenz in Ostdeutschland beibehalten würden. Es war schwer einzuschätzen, was man von Schewardnadses Plan mit all seinen Anklängen an Versailles halten sollte, nachdem er nach Gorbatschows kooperativem Verhalten in Washington und einigen positiven Bemerkungen von Schewardnadse bei einem KSZE-Treffen in Kopenhagen vorgelegt wurde.

Baker schien zu glauben, daß Schewardnadses Plan nur dem Anschein diente, zur Stärkung der sowjetischen Binnennachfrage beizutragen, aber es war schon starker Tobak. Es sah aus, als hätten die sowjetischen Betonköpfe Schewardnadse die Zügel wieder aus der Hand gerissen. Soviel wurde sichtbar, als Baker ihm entgegentrat und zu erfahren verlangte, was sich seit Washington und Kopenhagen verändert hatte. Schewardnadse gab zu, das Dokument sei von der inneren politischen Situation in der Sowjetunion bestimmt worden. Es war nicht ihre endgültige Haltung zu Deutschland, und es würde viel von den Entscheidungen auf dem NATO-Gipfel und dem Fortschritt bei den KSE- und KSZE-Verhandlungen abhängen. Schewardnadse glaubte, daß sein Land in eine politische und wirtschaftliche Krise schlitterte. Es war entscheidend, daß seine Regierung auf Veränderungen in der NATO verweisen könne, um die sowjetische Bevölkerung davon zu überzeugen, daß vom Bündnis, von Deutschland oder den Vereinigten Staaten nicht länger Gefahr drohte.

BRENT SCOWCROFT

Mir schien, daß Schewardnadse mit seinen Äußerungen wirklich nur dem Schein Genüge tun wollte. Seine vertraulichen Gespräche mit Baker klangen eher wie ein Hilferuf. Er sagte mindestens vier

Mal, daß die Erklärungen auf dem NATO-Gipfel ganz entscheidend sein würden, um dem sowjetischen Volk die deutsche Souveränität und die NATO-Mitgliedschaft verkaufen zu können. Ich nahm das sehr ernst. Wenn wir auf dem Gipfel keine mutigen Schritte zur Veränderung des Bündnisses unternahmen, würden wir den öffentlichen Eindruck nicht bieten können, den die Sowjets als so entscheidend ansahen. Wir durften uns nicht mit bloßer Rhetorik anstelle echter Substanz zufriedengeben.

Der Präsident hatte seine ehrgeizigen Ziele für den NATO-Gipfel bereits im Mai in der Oklahoma State University verkündet. Seither war eine kleine Gruppe in der Regierung damit beschäftigt gewesen, die Vorschläge auszuarbeiten, die wir im Juli vorlegen wollten. Ende Juni war eine kurze Erklärung mit 22 Artikeln fertig. Darunter waren die Vorschläge, das Verhältnis der NATO zum Warschauer Pakt und seinen einzelnen Mitgliedern zu verändern, die militärische Organisation und die alten Doktrinen zu modifizieren und die Bedeutung der KSZE als einer dauerhaften Sicherheitsstruktur zu steigern.

Die Erklärung schlug vor, das Bündnis in vier Bereichen zu verändern: 1. Der politische Auftrag sollte hervorgehoben und eine Zusammenarbeit und Partnerschaft mit den früheren Gegnern betont werden. Das Bündnis verpflichtete sich, niemals als erstes zur Gewalt zu greifen, schlug einen Nichtangriffspakt mit den Mitgliedsstaaten des Warschauer Paktes (nicht mit dem Pakt selbst) vor und lud die entsprechenden Regierungen ein, diplomatische Vertretungen beim NATO-Hauptquartier in Brüssel einzurichten. 2. Sie rief dazu auf, den Charakter der konventionellen Verteidigung zu verändern – weg von der »Vorwärtsverteidigung« hin zu mehr mobilen, wirklich multinationalen Truppen. Das Dokument schlug nach Abschluß des KSE-Vertrages auch weitere Verhandlungen zur konventionellen Rüstungskontrolle vor, um die offensiven Streitkräfte und die Anzahl der Soldaten in Europa weiter zu reduzieren. 3. Sie kündigte eine neue atomare Strategie der NATO an, bei der die »Flexible Response«, die abgestufte Reaktion, modifiziert werden sollte, um nicht länger Atomwaffen als zentralen Baustein in der Verteidigung zu haben, sondern diese wirklich nur als »Waffen des letzten Auswegs« zu nutzen. 4. Sie schlug die Stärkung des KSZE-Prozesses vor: ein neues Mandat zur Förderung demokratischer Institutionen, operative Kapazitäten im Bereich der Konfliktverhütung und, erstmalig, eine institutionelle Struktur durch ein neues Sekretariat und andere Organe.

Obwohl die Erklärung in erster Linie dazu dienen sollte, Moskau bei der Wahrung seines Gesichts zu helfen, war sie doch ein zu wichtiges Dokument, um es in der üblichen Weise mit den Verbündeten abzustimmen. Normalerweise nahmen sich die Berufsdiplomaten der einzelnen Länder solche Entwürfe genau vor und erarbeiteten dann ein Kompromißpaket, das von allen Seiten reichlich angeknabbert wurde. Da wir diesmal wenig Zeit hatten und die Vorschläge im Kern bewahren mußten, entschieden wir uns, das übliche bürokratische Prozedere – einschließlich unseres eigenen – zu umgehen. Dieser Ansatz war nicht ohne Risiko: Wenn die Verbündeten nicht mitziehen wollten, konnte der Gipfel in eine Sackgasse laufen und fehlschlagen. Die einzelnen Mitglieder könnten sich auch dagegen verwahren, ohne vorherige Konsultation ein komplettes Paket »Made in America« zur Abstimmung vorgelegt zu bekommen. Um diesen Eindruck zu vermeiden und sie rechtzeitig zu überzeugen, entschied der Präsident, daß er das als Chefsache behandeln wollte. Er wollte frühzeitig mit den Regierungschefs der NATO-Partner sprechen und dann den Entwurf der USA auf dem Gipfel selbst nur unter den Außenministern und Staatschefs verhandeln. Er sandte Briefe mit dem Entwurf auf direktem Weg an Wörner, Kohl, Thatcher, Andreotti und Mitterrand.

GEORGE BUSH

Die Reaktion der Schlüsselpersonen der Allianz war wie erwartet entsprechend gemischt, während ihre Bürokratien wütend darüber waren, daß sie bei dem Vorgehen außen vor gelassen worden waren. Kohl gefielen die Vorschläge, Wörner und Andreotti waren völlig begeistert. Frau Thatcher war hingegen sehr skeptisch: Sie monierte, daß wir damit die Grundlagen einer gediegenen militärischen Strategie für einige »nur auf den ersten Blick« geeignete Vorschläge aufgaben. Sie war dafür, die Ausrichtung der NATO zu verändern, aber sie wollte die lang erprobte Strategie der »Flexible Response« auf keinen Fall modifizieren. Diese Strategie hielt der NATO die Möglichkeit offen, bei einem konventionellen Angriff der Sowjetunion den atomaren Erstschlag auszuführen, wodurch diese vielleicht abgeschreckt werden konnte. Sie sah den Schritt, Atomwaffen zu »Waffen des letzten Auswegs« zu erklären, als eine andere Formulierung für »Kein atomarer Erstschlag« an, wodurch unsere konventionellen Streitkräfte verwundbar wurden. Sie fürchtete, der Tonfall der Erklärung würde die Leute dazu bringen, die Sowjetunion nicht länger als Bedrohung zu empfinden. Auch die Idee, direkte Verbindungen mit den Warschauer-Pakt-Staaten aufzubauen, widerstrebte ihr, denn sie bevorzugte die KSZE und eine gemeinsame Erklärung von NATO und Warschauer Pakt. Sie forderte einen völlig neuen Entwurf, der von den Vereinigten Staaten, Großbritannien, Frankreich, Westdeutschland und Italien erarbeitet werden sollte.

Mitterrand war wohlwollender eingestellt und unterstützte einen Großteil der Erklärung. Aber auch er teilte die Bedenken von Frau Thatcher über die Sprachregelung des »letzten Auswegs« bei Atomwaffen; er fand das inkonsistent mit der Abschreckungsdoktrin. Er räumte aber ein, daß er uns keine Ratschläge geben wollte, welche Strategie wir annehmen sollten, nachdem Frankreich den militärischen Strukturen der NATO nicht angehörte. Auch den Franzosen gefiele die Idee der politischen Verbindungen nicht; sie fänden es besser, wenn die NATO sich weiterhin den Sicherheitsfragen widmete. Ich schickte Mitterrand ein Telegramm, in dem ich auf seine Einwände antwortete und versprach, die Angelegenheit in London auszudiskutieren.

Am 2. Juli schickte ich den Vorschlag an die anderen NATO-Führer. Im Begleitschreiben sagte ich, daß wir den Text auf dem Gipfel selbst debattieren würden. Außerdem schickte ich Frau Thatcher am 1. Juli eine Nachricht, in der ich auf ihre Einwände Punkt für Punkt einging und erklärte, daß ihre Solidarität dringend nötig sei. Wir brauchten, um die Sowjetunion für die deutsche Mitgliedschaft in der NATO zu gewinnen, einen mutigen Vorstoß. Ich lehnte den Entwurf eines neuen Dokumentes ab, um lieber die Sprachregelungen zu besprechen, wenn alle Staatschefs zusammentrafen.

Dank der fachkundigen Verhandlungen von James Baker und seinen Amtskollegen kamen wir auf dem Londoner Gipfel zu einem Kompromißvorschlag, der dem ersten Entwurf sehr nahe kam. Der gemeinsamen Erklärung von NATO und Warschauer

Pakt wurde mehr Bedeutung beigemessen, aber sie sollte kein Nichtangriffspakt sein. Die Substanz unserer Vorschläge zu Atomwaffen war enthalten, wurde aber an eine Vereinbarung über die konventionellen Streitkräfte in Europa gebunden – jenes Problem, bei dem Margaret Thatcher Einwände gehabt hatte. Ich verwässerte unseren Vorschlag in Richtung einer Formulierung, in der die fromme Hoffnung ausgedrückt wurde, die NATO würde an einen Punkt gelangen, an dem diese Waffen »wirklich nur noch als letzter Ausweg« dienen. Die »Flexible Response« wurde modifiziert, und das Bündnis sprach sich dafür aus, sich von der Vorwärtsverteidigung »zu entfernen«. Das war ein Wendepunkt für das Bündnis.

Auf dem Heimweg von London schickte ich eine Nachricht an Gorbatschow, in der ich ihm erklärte, was auf dem Gipfel passiert war und wie die Erklärung im einzelnen auf die sowjetischen Bedenken zugeschnitten wurden.

> »Ausgehend von einem Entwurf, den ich meinen Amtskollegen in der NATO zukommen ließ, haben wir vor einigen Stunden eine Erklärung abgefaßt, die eine Transformation des Bündnisses in jedem seiner Tätigkeitsfelder vorsieht, besonders in der Beziehung zur Sowjetunion. Wenn Sie die NATO-Erklärung lesen, möchte ich, daß Sie wissen, daß dies in erster Linie in Hinblick auf Sie geschrieben wurde. Ich habe das meinen Kollegen in London sehr deutlich gemacht.
> … Ich hoffe, daß die heutige NATO-Erklärung Sie überzeugen wird, daß die NATO den Sicherheitsinteressen von ganz Europa dienen kann und wird.«

Die NATO-Erklärung und meine persönliche Nachricht bereiteten den Boden für das, was die letzte Phase der Verhandlungen über die deutsche Wiedervereinigung werden sollte. Der Sowjetunion wurde ein Beweis für den tiefgreifenden Wunsch des Westens nach einer Veränderung der NATO geliefert. Unser Angebot lag nun auf dem Tisch.

Der Juli 1990 war ein entscheidender Monat für die Wiedervereinigung. Die Wirtschafts- und Währungsunion der beiden deutschen

Staaten trat am 1. Juli in Kraft, und die ostdeutsche Regierung gab dadurch effektiv viel von ihrer Kontrolle über die inneren Angelegenheiten auf. Die beiden Staaten begannen am 6. Juli mit den Verhandlungen über den zweiten Staatsvertrag zur politischen Union. Es wurde erwartetet, daß die Verhandlungen bis August abgeschlossen waren und der Vertrag im September ratifiziert werden konnte. Auch die Lage im Baltikum begann sich zu entspannen. Am 29. Juni setzte Litauen seine Unabhängigkeitserklärung aus, und Gorbatschow hob die Blockade auf.

In der ersten Juliwoche, während sich die NATO in London traf, trat auch der 28. Parteitag der Kommunistischen Partei der Sowjetunion (KPdSU) zusammen. Gorbatschow und Schewardnadse kämpften gegen die Betonköpfe um die inneren Reformen und ihre Außenpolitik – eine der härtesten Auseinandersetzungen, die je ein Parteitag erlebt hatte. Nach einem heftigen Kampf ging Gorbatschow als Sieger hervor. Er war mit drei Vierteln der Stimmen in seinem Amt als Generalsekretär bestätigt worden und hatte seine Autorität wiederhergestellt. Wir fürchteten nach seinen Äußerungen über die »Übergangszeit« auf dem Gipfel in Washington noch immer, daß er versuchen würde, die deutsche Wiedervereinigung soweit wie möglich hinauszuzögern. Doch dazu kam es nicht.

Am 14. Juli flogen Kohl und Genscher zu ausführlichen Gesprächen in die Sowjetunion, erst nach Moskau und dann in den Kaukasus in Gorbatschows Heimatort Stawropol. Seit dem Zwei-plus-Vier-Treffen vom 5. Mai hatten die Deutschen die Sowjetunion umschmeichelt und versucht, Sicherheit in der Frage der NATO-Mitgliedschaft zu vermitteln und die dringend benötigten wirtschaftlichen Anreize zu geben. Mitte Mai bot Bonn an, alle wirtschaftlichen Verpflichtungen der DDR gegenüber Moskau zu übernehmen und einen Kredit über drei Milliarden Dollar zu gewähren – als Teil eines Pakets von Vereinbarungen, die mit der deutschen Einheit verknüpft waren. Gorbatschow sagte später, daß diese Hilfe gerade zur rechten Zeit gekommen sei. Die Deutschen sollten auch die Stationierungskosten der sowjetischen Truppen in Ostdeutschland während der Übergangsphase bezahlen. Auf einer gemeinsamen Pressekonferenz zum Abschluß ihrer Gespräche erklärte Gorbatschow: »Ob es uns gefällt oder nicht, es wird die Zeit kommen, zu der ein vereintes Deutschland in der NATO sein wird, wenn es diese Wahl trifft. Nun, wenn das die Wahl ist, dann kann Deutschland bis zu einem gewissen Grad und in bestimmter Weise mit der Sowjetunion zusammenarbeiten.«

GEORGE BUSH

Am 17. Juli rief ich Kohl an, der mir Einzelheiten aus seinen Gesprächen mit Gorbatschow berichtete. »Es ist ihm gelungen, den Parteitag durchzustehen – das war harte Arbeit«, sagte er. »Ich glaube, daß ihm der Erfolg neue Energie gegeben hat.« Gorbatschow erkannte die Bedeutung der NATO-Erklärung an. »Was Mittel- und Osteuropa angeht, scheint er doch sehr mit der Situation in der Sowjetunion beschäftigt zu sein und nur wenig Interesse für die Lage einiger seiner Kollegen zu haben.«

Kohl beschrieb die Gespräche über Deutschland: »Der wichtigste Punkt in seiner Einschätzung der Lage ist, daß er anerkennt, daß es gesamtdeutsche Wahlen bis Ende des Jahres geben muß«, erinnerte er sich. »Er sagte auch, daß die deutsche Souveränität vollständig und mit Zustimmung sämtlicher Alliierter wiederhergestellt werden sollte. Ich habe dann Ihre Formel aus Camp David benutzt, daß ein souveränes Land gemäß den Regeln der KSZE sein Bündnis frei wählen kann. Und ich habe erklärt, daß die Deutschen sich einstimmig für die NATO aussprechen würden ... Ich sagte ihm, daß er in dieser Frage starken Druck auf seinen Stab ausüben müsse. Er nahm das als eine selbstverständliche Haltung hin.«

»Wir haben dann den Vertrag zwischen einem vereinten Deutschland und der UdSSR über den Abzug von Truppen besprochen. Er akzeptierte eine Zeitdauer von drei bis vier Jahren, auch wenn sein Stab da andere Vorstellungen hatte. Darauf haben wir uns geeinigt. Wir verständigten uns auch darüber, daß keine NATO-Truppen auf dem Territorium der DDR stationiert werden, solange der Abzug der sowjetischen Truppen andauert, obwohl deutsche Verbände, die nicht zur NATO gehören, dort stationiert werden können. Nach dem vollständigen Abzug der sowjetischen Truppen in drei bis vier Jahren dürfen dort nur deutsche NATO-Truppen stationiert werden.«

»Noch eine interessante Sache: Wir sprachen in unserem Vier-Augen-Gespräch über die deutsch-amerikanischen Beziehungen. Ich sagte ihm, daß dieses Verhältnis die größte Bedeutung hat. Und ich sagte ihm: Sollten die Sowjets versuchen, das zu untergraben, würde das Auswirkungen auf die deutschen Beziehungen zur UdSSR haben. Seine Antwort ist für Sie von Interesse. Er sagte, er habe seine Lektion gelernt: Es sei falsch zu versuchen, die Vereinigten Staaten dazu zu bewegen, ihre Truppen aus Europa abzuziehen – damit hatten sie schon in der Vergangenheit keinen Erfolg gehabt. Ich habe das mehrmals angesprochen, und ich denke, daß es ihm mit der Antwort Ernst war.« Kohl sagte, daß sein Eindruck von Gorbatschow der eines Mannes war, der sich selbst gut kennt und der einen ausgeprägten Sinn für Selbstironie hat. »Er hat alle Brükken hinter sich abgebrochen«, sagte er. »Er kann jetzt nicht mehr zurück und braucht unbedingt Erfolg.«

Für mich stellte sich nur noch die Frage nach einem beiderseitigen Truppenabzug aus Deutschland. Kohl sagte, daß diese Frage keinerlei Rolle gespielt und Gorbatschow dies auch nicht erwähnt habe. »Ich sagte, ich würde es als selbstverständlich annehmen, daß US-Truppen in Deutschland bleiben würden«, sagte Kohl. »Er hat das nicht zurückgewiesen.«

Ich rief Gorbatschow noch am gleichen Tag an, um ihm zu gratulieren und über die kommenden Gespräche der G7 in Houston zu informieren. Natürlich waren wir sehr erfreut über seine Äußerungen, daß ein vereintes Deutschland das Recht haben sollte, sein Bündnis selbst zu wählen. »Das zeigt großes staatsmännisches Geschick bei Ihnen, und wir freuen uns darüber«, sagte ich. »Ich hoffe, wir können in den nächsten Monaten in ähnlicher Weise auch bei den START- und KSE-Verhandlungen vorankommen.«

Gorbatschow beschrieb den Parteitag. »Ich denke, daß die Kommunistische Partei aus Gründen, die Sie verstehen werden, auch weiterhin eine machtvolle politische Organisation bleiben wird. Ihre Haltung und ihre Taten werden den Lauf der Dinge in diesem Land weitgehend beeinflussen. Und es ist nur natürlich, daß die Kommunistische Partei angesichts der neuen Lage und der Phase, die wir durchlaufen, ihr Machtmonopol widerrufen hat. Neue Parteien werden entstehen.« Er plante auch neue Beziehungen zu den einzelnen Republiken. »Das war vielleicht der schwierigste und wichtigste Abschnitt in meinem politischen Leben«, sagte er. Es gäbe aber noch viel zu tun, und er hoffe, auf unsere Zusammenarbeit zählen zu können.

Er fuhr fort: »Ich glaube, ohne unser Treffen in Washington und Camp David, ohne die Ergebnisse des NATO-Gipfels und die Londoner Erklärung, ohne die großen Schritte in meiner Unterredung mit Kohl und Ihre Gespräche mit ihm, ohne die Tätigkeit unserer Außenhandelsbehörden, kurz gesagt, ohne diese echte politische Aktivität wäre es schwer gewesen, unsere Standpunkte derartig anzunähern. Wir haben all dies erreicht, weil wir die Haltung des anderen verstanden haben. Wir haben versucht, die Sichtweise des anderen zu berücksichtigen. Ich halte die Ergebnisse meiner Unterredung mit Kohl für durchaus positiv.« Er hoffte, daß Baker und Schewardnadse auf diesem Erfolg aufbauen konnten. »Wenn diese Vereinbarungen respektiert werden, können wir zu günstigen Ergebnissen kommen.«

BRENT SCOWCROFT

Wir waren überrascht und erfreut über den schnellen Wechsel in der sowjetischen Haltung. Natürlich blieben noch einige Fragen über die Verantwortung der NATO für das DDR-Gebiet offen, wenn man die Einschränkung der militärischen Präsenz dort berücksichtigte. Es war auch noch unklar, welche Art von Verpflichtungen die Obergrenze für die deutschen Streitkräfte mit sich brachte und wie dies im Kontext, etwa bei den konventionellen Streitkräften in Europa, zu sehen war. Dennoch, dies waren Details, die im Vorfeld des endgültigen Zwei-plus-Vier-Vertrags geklärt werden würden.

Einige Journalisten hatten dem deutsch-sowjetischen Übereinkommen den Namen »Stavrapallo« gegeben, um anzudeuten, daß hier wieder ein bilaterales Abkommen über die Köpfe anderer Mächte hinweg geschlossen worden sei wie im Vertrag von Rapallo von 1922, als die beiden vom übrigen Europa isolierten Länder einen Handel zur Zusammenarbeit getroffen hatten. Hier bin ich anderer Meinung. Wenn dies ein »Stavrapallo« gewesen wäre, hätten andere bilaterale Verträge folgen müssen, um das zu zementieren. Aber es entstand keine Achse Moskau–Berlin. Kohl blickte weiter nach Westen, Gorbatschow blieb mit seinen inneren Problemen beschäftigt. Aber warum hatte er dann erst Kohl gegenüber in Stawropol einer Vereinbarung zugestimmt und das nicht schon in Washington mit dem Präsidenten besiegelt?

Ich denke, daß Gorbatschow die Unvermeidbarkeit einer frühen Vereinigung spätestens zur Zeit der Wahlen im März erkannt hatte, ihm aber keine vernünftige Alternative zur NATO als Heimat für ein vereintes Deutschland eingefallen war. Am 31. Mai warf er die Idee von der Doppelmitgliedschaft und einer langen Übergangszeit auf, vielleicht in der Hoffnung, daß wir anbeißen würden. Als wir das nicht taten, machte er die Bemerkung von dem »Zugeständnis« – vielleicht aus Frustration, vielleicht auch, um zu sehen, wie seine Kollegen reagieren würden. Die Bestürzung, die er in seinem Stab erzeugte, zeigte sowohl, daß dieser Zug nicht geplant gewesen sein konnte, als auch, daß es dafür noch zu früh war, denn er versuchte umgehend, davon wieder zurückzutreten.

Ich glaube, daß Gorbatschow daraus den Schluß zog, daß es gefährlich war, in dieser Richtung weiterzugehen, bevor er sich dem kommenden Parteitag gestellt hatte. Um das zu tun, brauchte er etwas Schützenhilfe vom NATO-Gipfel: Er mußte zeigen können, daß das Bündnis nicht länger eine Bedrohung war. Mit diesem Beweis in der Hand triumphierte er auf dem Parteitag. Er hatte dann genug Rückendeckung, um Deutschland ziehen zu lassen, was er schließlich mit Kohl in Stawropol vereinbarte. Das ist denkbar weit entfernt von einer Wiederholung von Rapallo.

Mit dem Durchbruch von Stawropol waren die Bedingungen der deutschen Wiedervereinigung abgesteckt. Das dritte »ministerielle« Treffen der Zwei-plus-Vier-Verhandlungen fand am 17. Juli in Paris statt. Dort wurde eine Vereinbarung über die polnisch-deutsche Grenze getroffen und der endgültige Vertrag skizziert. Es gab noch eine Reihe offener Fragen und einige technische Probleme, die gelöst werden mußten. Dies waren jedoch im wesentlichen nur Kleinigkeiten, nachdem der politische Prozeß einmal in Gang gesetzt worden war.

Der Vertrag selber wurde von den Außenministern der sechs beteiligten Mächte am 12. September in Moskau unterzeichnet. Darin wurde festgelegt, daß ein vereintes Deutschland aus der BRD, der DDR und Berlin bestehen sollte und daß die Deutschen die Abtretung des übrigen Vorkriegsterritoriums anerkannten. Sie erklärten den Verzicht auf militärische Aggression sowie auf atomare, biologische und chemische Waffen und bekannten sich zum Atomwaffen-

Sperrvertrag, den Westdeutschland bereits unterzeichnet hatte. Die maximale Truppenstärke der Bundeswehr wurde auf 370 000 Soldaten festgelegt und mußte innerhalb von drei bis vier Jahren auf diese Größe reduziert werden. Diese Zahl sollte Teil des generellen Abkommens über die konventionellen Streitkräfte in Europa werden. Die Sowjetunion würde ihre Truppen bis Ende 1994 aus der alten DDR abziehen. Solange sie noch in Deutschland waren, durften nur deutsche Einheiten, die nicht unter dem Oberbefehl der NATO standen, auf dem Gebiet der früheren DDR stationiert werden. Alliierte Truppen konnten in Berlin bleiben, solange die sowjetischen Truppen in Ostdeutschland waren. Sobald die sowjetischen Soldaten abgezogen waren, konnten deutsche NATO-Truppen im Osten Deutschlands stationiert werden, nicht aber Atomwaffen. Deutschland konnte einem Bündnis eigener Wahl beitreten und war voll souverän. Als letzten Schritt verzichteten die vier Mächte auf ihre Rechte und Pflichten. Die formelle deutsche Wiedervereinigung fand am 3. Oktober 1990 statt, indem die BRD einfach die fünf gerade wiederhergestellten östlichen Länder gemäß Artikel 23 des Grundgesetzes in den Bund aufnahm.

GEORGE BUSH

Alles in allem kam die endgültige Vereinbarung unseren ursprünglichen Zielen sehr nahe. Deutschland war vereinigt und gehörte der NATO an, obwohl der östliche Teil einen Sonderstatus haben würde. Für die Vereinigten Staaten und letztlich auch Europa war die Wiedervereinigung ein erstaunlich erfolgreiches Unterfangen. War auch Glück im Spiel gewesen? Ganz sicher, wenn man bedenkt, wie glücklich es sich gefügt hatte, daß die beteiligten Persönlichkeiten so eng zusammenarbeiten konnten, wie sie es taten. Aber vor allem unsere Empfänglichkeit für legitime deutsche Interessen ebenso wie die der Franzosen und der Briten und wie auch der sowjetische Anteil am Ergebnis hielten den Prozeß am Leben und sorgten dafür, daß er sich in die richtige Richtung entwickelte. Ich bin davon überzeugt: Hätten die Vereinigten Staaten sich hier nur als Zuschauer betätigt, wäre das Ergebnis vielleicht katastrophal gewesen. Es bestand durchaus die Möglichkeit, daß die Deutschen und die Sowjets einem Kompromiß zugestimmt hätten, bei dem Deutschland vereint, aber außerhalb der NATO geblieben wäre. Kohl und die deutsche Bevölkerung haben die Rolle der USA vom Gefühl her sehr positiv aufgenommen und glauben, daß wir großen Anteil an der erfolgreichen Wiedervereinigung Deutschlands haben.

Die Wiedervereinigung war eine noch nie dagewesene, äußerst schnelle Folge von Ereignissen, denen sich viele nur unter größten Schwierigkeiten anpassen konnten. Am Anfang hatten wirklich alle Spieler völlig verschiedene Ansichten über die Konsequenzen, den Wert oder auch die Bedrohung der Wiedervereinigung für ihre nationalen Interessen. Dennoch hatten wir weniger als ein Jahr später den tiefgreifendsten Wandel für die europäische Politik und Sicherheit für lange Zeit zuwege gebracht – ohne Konfrontation und ohne daß ein Schuß abgegeben worden war. In ganz Europa kamen alle bestens und vor allem höchst friedlich miteinander aus. Es gibt vielleicht in der ganzen Geschichte keine Epoche, in der Ereignisse von solcher Tragweite ohne Konflikte stattgefunden haben.

BRENT SCOWCROFT

Für mich war der kalte Krieg vorbei, als die Sowjetunion ein vereintes Deutschland in der NATO akzeptierte. Wir hatten den langen Prozeß abgeschlossen, der die Konfrontation der Supermächte beendete. Er war unter der Regierung Reagan begonnen, aber unter unserer Aufsicht sicher nach Hause gebracht worden. Er wurde vom politischen Instinkt des Präsidenten gefördert, Kohl zu vertrauen und unsere Verbündeten und die Sowjets auf unsere Linie zu bringen. Der Großteil der entscheidenden Verhandlungen war auf höchster Ebene beschlossen und durchgeführt worden. Das war persönliche Diplomatie im besten Sinne des Wortes. Die Ausbildung von Koalitionen, Konsens, Verständnis, Toleranz und Kompromiß hatten einem neuen Europa Bahn gebrochen, es umgewandelt und vereint. Es gab kein Versailles, keine übriggebliebene internationale Bitterkeit. Wir hatten – vielleicht – aus den Fehlern der Vergangenheit gelernt. Alle hatten ihren Anteil an dem Ergebnis. Wir hatten diesen Sieg für den Frieden gut vorbereitet.

Weil wir uns 1989 ganz auf Osteuropa konzentriert hatten, war die plötzlich entstehende Aussicht auf die Wiedervereinigung völlig überraschend gekommen. Unsere Reaktion war notgedrungen eher aus dem Stegreif als strategisch geplant. Alles, was wir zuvor über Deutschland gewußt hatten – das gilt auch für die Deutschen selber –, war, daß die Wiedervereinigung nur ein Traum in weiter Ferne war. Darum hatten wir im Vorfeld keine umfassende Planung vornehmen können und mußten enorm strampeln, um unsere Linie zu finden. Aber das gleiche galt im Herbst 1989 für alle unsere europäischen Verbündeten und praktisch die gesamte deutsche Führung.

Es wäre nützlich gewesen, wenn wir mehr Offenheit gegenüber unseren Verbündeten hätten walten lassen. Wir haben alles ausführlich mit den Sowjets durchgesprochen, aber mit unseren Freunden gab es ganz sicher zu wenige Gelegenheiten für offene Gespräche. Ein sorgfältigerer Dialog mit den deutschen Nachbarn hätte vielleicht dazu dienen können, verletzte Gefühle und Ängste zu lindern. Im Falle Polen halfen unsere Anstrengungen ganz klar dabei, die Bedenken zu zerstreuen. Im Hinblick auf Großbritannien und Frankreich waren wir vielleicht nicht so erfolgreich, wie wir es hätten sein sollen.

Ein ganz entscheidender Aspekt in dem ganzen Prozeß, auf den wir tatsächlich – vielleicht entscheidenden – Einfluß nehmen konnten und das auch taten, war die Frage, ob Deutschland in der NATO bleiben würde. Das Ergebnis war keineswegs vorbestimmt. Am Anfang war Gorbatschow ganz entschieden gegen die Vereinigung gewesen, geschweige denn für eine deutsche Mitgliedschaft im westlichen Bündnis, und sein Denken war wesentlich weniger großzügig als das seiner Kollegen. Unsere Weigerung, über den Lauf der Dinge erst in Osteuropa und dann in Deutschland in Frohlocken auszubrechen oder in Begriffen von Sieg für uns und Niederlage für sie zu sprechen, half dabei, Gorbatschow zu überzeugen, daß wir die Ereignisse nicht als Nullsummenspiel ansahen – sondern vielmehr als eines, in dem es nur Gewinner geben konnte. Wir arbeiteten nicht nur bilateral, sondern auch innerhalb der NATO hart daran, um die strategische Ausrichtung des Bündnisses von der Sowjetunion weg und zu neuen Zielen für die Zeit nach dem Ende des kalten Krieges hin zu entwickeln. Dadurch hatte Gorbatschow die Möglichkeit, dem Politbüro gegenüber zu argumentieren, daß die NATO sich verändert habe und nicht länger eine Bedrohung darstellte.

Die Geschwindigkeit, in der die Wiedervereinigung vonstatten ging, war vermutlich auch hilfreich, um mit Gorbatschows Einwänden umzugehen. Er schien nicht in der Lage zu sein, eine bessere Idee zu entwickeln als jene, zu der wir ihn drängen wollten. Er hatte keinen Erfolge damit, die beiden deutschen Staaten getrennt zu halten. Seine einzige verbleibende Option – außer dem Einsatz von Gewalt – war, zu versuchen, ein vereintes Deutschland zur Neutralität zu verpflichten. Hätte er nachhaltiger darauf bestanden, wäre ihm darin vielleicht Erfolg beschieden gewesen, aber ein Deutschland ohne Bindungen, losgelassen auf und in Mitteleuropa, schien ihm vielleicht schlimmer als eines, das in der NATO eingebettet war.

Obwohl die Vereinigung jetzt abgeschlossen war und Europa sich von den Wunden des Krieges erholte, blieben größere Fragen hinsichtlich der Zukunft offen. Die Zugehörigkeit des vereinten Deutschland zur NATO hatte, für den Augenblick, unsere Präsenz in Europa gesichert. Wir waren bei der Umformung der NATO vorangekommen und hatten einen Weg eingeschlagen, wie das Bündnis mehr als ein politisches Instrument bei der Stabilisierung Europas wirken konnte als eines der militärischen Konfrontation. Der Warschauer Pakt wurde in diesem Sommer formell aufgelöst. Ich glaubte, daß die NATO auch so eine wichtige Rolle für die europäische Sicherheit und Stabilität behalten würde, und damit auch die USA.

Wie lange konnte das andauern? Der Wettstreit um die politische und wirtschaftliche Führung in Europa trat jetzt in eine neue Phase ein, mit neuen Grundannahmen und Teilnehmern. Ein Schwergewicht war entstanden – Deutschland –, und es waren sich nicht alle im klaren darüber, was das bedeutete. Eine pessimistische Margaret Thatcher sagte später einmal, daß wir nicht Deutschland an Europa befestigt hatten, sondern Europa an Deutschland. François Mitterrand andererseits schien darauf zu vertrauen, daß er die Führerschaft in der deutsch-französischen Allianz behaupten konnte und damit den beherrschenden Einfluß auf die EG. Er schien auch zu hoffen – oder zu glauben –, daß die NATO als Instrument der europäischen Sicherheit verkümmern würde und die politische Stabilität zunehmend von der WEU/EG und der KSZE garantiert werden würde. Ich denke, er stellte sich vor, daß eine isolationistische amerikanische Öffentlichkeit schließlich den Abzug der amerikanischen Truppen fordern und damit die Führerschaft in der Sicherheitspolitik abgeben würde – an Frankreich. Wir glaubten andererseits, daß Deutschland eine konstruktive Rolle für die Zukunft Europas spielen und die stabilisierende Präsenz der USA dort unterstützen würde. Es lag an uns, die Bedeutung unserer Rolle weiterhin durch eine dynamische Führung des Bündnisses zu zeigen. Aber das waren keine überkommenen Aufgaben, sondern völlig neue. Wie sich unsere neue Rolle darstellen und entwickeln würde, hing davon ab, ob wir eine kooperative Beziehung zwischen den Supermächten ausbauen konnten, eine Beziehung, die sich den neuen und unvorhersehbaren Herausforderungen in der Welt nach dem Ende des kalten Krieges gewachsen zeigte.

Ein Haus zerfällt

BRENT SCOWCROFT

Der Golfkrieg stand symbolisch für den hoffnungsvollen neuen Geist, der sich während des vorangegangenen Jahres zwischen den Vereinigten Staaten und der Sowjetunion entwickelt hatte. Im August 1990, als unsere Länder zusammenstanden und die Invasion des Irak verurteilten, war natürlich auch ich der Ansicht, daß der kalte Krieg vorüber sei. Die beiden Länder hatten in einem wichtigen Konflikt in einem anderen Teil der Welt zum ersten Mal seit dem Zweiten Weltkrieg zusammengearbeitet. Das machte mir ganz deutlich, daß die Welt sich wirklich verändert hatte. Wir konnten jetzt über die Ausgestaltung einer neuen Weltordnung nachdenken, die auf der Kooperation von USA und Sowjetunion gegen grundlose Aggression beruhte.

In unserer Planung im Frühjahr 1991 konzentrierten wir uns zwar darauf, welche Probleme und Chancen sich aus und nach der Operation Wüstensturm ergaben, wir interessierten uns aber auch dafür, was aus der Sowjetunion zu hören war. Der zornige Rücktritt Schewardnadses und die Gewaltmaßnahmen im Baltikum waren Anzeichen für die wachsende politische Spaltung im Lande und innerhalb seiner Führung.

In vielerlei Hinsicht spiegelte die Beziehung zwischen Gorbatschow und Schewardnadse, deren vollständige Geschichte noch erforscht werden muß, den Tumult innerhalb der Sowjetunion wider. Beide waren die Architekten und Fürsprecher von Glasnost, aber sie hatten vermutlich verschiedene Vorstellungen davon, wie deren Ziele zu erreichen seien und wie das neue System aussehen könnte oder sollte.

Schewardnadse war wohl den Prinzipien der Demokratie und dem fundamentalen politischen Wandel, den diese erfordern würden, gewogener als einer einfachen Reform des bestehenden Systems. Gorbatschows Ziel schien noch immer die Erhaltung der politischen Strukturen und der zentralistischen Autorität zu sein – in einer erneuerten und regenerierten, aber noch vertrauten UdSSR. Als dann aber die Zeit voranschritt und sich der Widerstand gegen seine Reformen verhärtete, saß er mehr und mehr zwischen zwei Stühlen. Offensichtlich im Versuch, die Kontrolle über den von ihm in Gang gesetzten Prozeß zu behalten, manövrierte er zwischen Reformern und Konservativen hin und her und spielte sie gegeneinander aus. Seine Prioritäten verlagerten sich de facto von der Durchsetzung prinzipieller und weitreichender Reformen hin zur politischen Selbsterhaltung.

Meines Erachtens hatte Gorbatschows ständiges Vor und Zurück eher taktische Ursachen als ideologische. Er schien wirklich am Fortschritt interessiert zu sein, aber phasenweise beugte er sich dem Druck aus der Partei und dem Militär. Er wußte beispielsweise genau, wie dringend ein struktureller Wandel in der Wirtschaft erfolgen mußte, und sprach häufig von seinen marktwirtschaftlichen Reformprogrammen, aber entweder erkannte oder verstand er das Ausmaß der notwendigen Reformen nicht, oder er war nicht willens, das politische Risiko auf sich zu nehmen, das mit ihnen verbunden war. Das führte dazu, daß die sowjetischen Reformprogramme trotz der verheißungsvollen Rhetorik bis 1990 sehr oberflächlich waren. Stanislav Schatalin, Verfechter einer Marktwirtschaft nach westlichem Vorbild und enger Berater Gorbatschows, schlug im August 1990 einen »500-Tage-Plan« vor, um, wie er sagte, die Wirtschaft schnell auf die Basis einer freien Marktwirtschaft zu stellen. Gorbatschow übernahm den Plan zunächst rhetorisch, indem er ihn in sein Regierungsprogramm vom Oktober integrierte, aber er wurde nie umgesetzt. Was auch immer die Verdienste des Schatalin-Plans für die sowjetische Wirtschaft gewesen wären – ein Intensivkurs in Sachen Marktwirtschaft oder eine Schock-Therapie für eine dahinsiechende sowjetische Wirtschaft – Gorbatschow verhinderte die Umsetzung.

Obwohl er seinen Worten nach mit Schewardnadse darin übereinstimmte, daß der Einsatz von Gewalt das Ende der Perestroika bedeuten würde, griff Gorbatschow gelegentlich zu gewaltsamen Repressalien oder verhinderte nicht, daß die Armee das tat, wenn es die politische Ordnung oder die Einheit der Union zu bewahren galt. Das war in Tiflis in Georgien im Jahre 1989 geschehen und im Baltikum 1990 und Anfang 1991. Seine Manöver zwischen Reform und Reaktion wurden immer häufiger, bis sie in der zweiten Hälfte des Jahres 1990 schließlich geradezu zum Selbstzweck verkommen zu sein schienen – seine Versuche, die Union zu erhalten und sich selbst an der Macht, zeitigten einfach immer verheerendere Folgen.

Im Gegensatz dazu durchlief Schewardnadse offenbar eine völlige Wandlung seiner Philosophie hin zu Demokratie und marktwirtschaftlichen Reformen. Er kam aus dem gleichen Parteihintergrund wie Gorbatschow und war ähnlich geprägt wie dieser. Es ist daher nicht einfach zu begründen, warum er ein so klarer Vertreter des Wandels wurde. Vielleicht spiegeln die Unterschiede bei ihrer Wahl Persönlichkeitsmerkmale wider, als es darum ging, Überzeugung über Pragmatismus zu stellen und den Weg gegen das Ziel abzuwägen. Wann immer wir Schewardnadse vor dem Einsatz von Gewalt warnten, bestritt er vehement – und wie ich glaube auch aufrichtig –, daß dies auch nur als Option in Erwägung gezogen werden solle. Die Perestroika selbst würde dadurch zerstört werden. In prinzipiellen Fragen schien er Kompromisse für unmöglich zu halten. Gorbatschow hatte vielleicht mehr als sein Freund eine »realistische« Sichtweise dessen, was in dem vorhandenen politischen Klima möglich war – daß sie nur durch Geduld und Kompromiß jedwede praktische und dauerhafte Reform erreichen konnten.

Im Laufe des Jahres 1990 wurde Schewardnadse in unseren Augen der führende und weitblickendste Reformer in der sowjetischen Regierung, der mit dem Militär und dem eingefleischten rechten Flügel der Partei gleichsam um die Seele Gorbatschows kämpfte. Er gab sich alle Mühe, Gorbatschow auf dem Weg des überzeugten Reformers zu halten. Immer wieder schien uns, daß Schewardnadse intervenierte, wenn Gorbatschow Anzeichen sichtbar werden ließ, daß er von diesem abkam, oder in seiner Entschlußkraft Schwäche zeigte. Angefangen bei den Rüstungskontrollabkommen im Februar, bei denen er beinahe alle umstrittenen Fragen gelöst hatte (nur um erleben zu müssen, daß die Vereinbarungen vom Militär im Mai für ungültig erklärt wurden), bis zu seiner einsamen Erklärung mit Baker in der Verurteilung der irakischen Invasion von Kuwait im August (Gorbatschow hatte ihn da völlig im Stich gelassen) hatte

Schewardnadse unbeirrt versucht, die Sowjetunion auf Reformkurs zu halten.

Schewardnadse war es zwar im wesentlichen gelungen, sich bei der sowjetischen Politik während der Golfkrise 1990 durchzusetzen. Im späten Herbst sah seine Aufgabe aber zunehmend schwieriger aus. Im September hatte er die Situation gerettet, als Primakow versucht hatte, Gorbatschow davon zu überzeugen, daß die Vereinigten Staaten nur versuchten, die dreizehn Jahre zu entwerten, die die Sowjetunion in den Irak investiert hatte. Im Oktober jedoch, als Primakow eine Reise in den Irak unternahm, verlor Schewardnadse offenbar teilweise seine Kontrolle über die Außenpolitik. Zu dieser Zeit ließ er uns auf versteckten Wegen Warnungen zukommen, daß Primakow regelrecht versuche, eine kooperative Politik der Sowjetunion zu sabotieren. Gorbatschow änderte seine Politik im Golf nicht, war aber doch gespannt und hoffnungsvoll angesichts des Manövers Primakows. Das war wenig überraschend: Primakow versuchte, wenigstens einen Teil der enormen sowjetischen Investitionen im Irak zu schützen und gleichzeitig einen militärischen Konflikt zu verhindern – etwas, was Gorbatschow mit Sicherheit vermeiden wollte. Es kam uns so vor, als sei es Primakow bis Jahresende gelungen, wenigstens einen Teil von Schewardnadses Einfluß auf Gorbatschow zu neutralisieren.

Vielleicht trat Schewardnadse zurück, weil er davon entmutigt war, daß er in seinem Kampf zunehmend allein stand und gegenüber dem rechten Flügel der Partei verletzlich geworden war. Er mag geglaubt haben, er habe Gorbatschow schließlich verloren, oder er hatte wirklich Angst vor einer Diktatur gegen oder – viel schlimmer – mit Gorbatschow. Ohne Schewardnadse an seiner Seite schien Gorbatschow noch unentschiedener. In der Golfkrise verdoppelte er, angetrieben von Primakow und anderen, seine Anstrengungen, die amerikanischen Schritte hin zum Gewalteinsatz zu durchkreuzen. Wir verstanden den starken Kontrast zwischen dem bemerkenswerten Fortschritt in Ost- und Mitteleuropa von 1989 und 1990 und den Rückschritten von 1991 als einen Beweis für den früheren stabilisierenden Einfluß Schewardnadses. Die Opposition gegen die Reformen innerhalb der Partei wurde aber auch härter, und der Druck auf Gorbatschow, die einzelnen Republiken an die Kandare zu nehmen, stieg.

Anfang 1991, als Gorbatschow nach Wegen suchte, erst den Luftkrieg und später den Bodenkrieg gegen den Irak abzuwenden, explodierte in Litauen wieder einmal die Gewalt. Die Spannungen zwischen Vilnius und Moskau hatten unter der Oberfläche weitergebrodelt, seit Litauen ein halbes Jahr zuvor seine Unabhängigkeitserklärung zurückgenommen hatte. Am 2. Januar 1991 besetzten sowjetische Truppen öffentliche Gebäude in Lettland und Litauen, ein Zeichen für den Beginn einer gewaltsamen Niederschlagung der Unruhen. Diese Schritte wurden von der Entsendung zusätzlicher Truppen in die anderen Republiken begleitet. Wir wollten jede offizielle Stellungnahme von Präsident Bush zu dieser Intervention vermeiden, um den Zusammenhalt in der Golfkrise nicht zu gefährden. Das Ultimatum der UNO lief in wenigen Tagen aus, und Baker sollte sich am 9. Januar in Genf mit Tarik Aziz treffen. Ein Zerwürfnis mit Moskau würde Saddam nur zu weiterem Widerstand ermutigen. Schlimmer noch – die Betonköpfe um Gorbatschow könnten an Schlagkraft gewinnen und ihn dazu bringen, die Zusammenarbeit mit uns einzustellen.

Wir konnten die Intervention allerdings auch nicht unkommentiert lassen. Am 8. Januar verlas Marlin Fitzwater während einer Pressekonferenz eine Stellungnahme: Wir sähen die Entsendung von Truppen als eine Eskalation der Spannungen an und befürchteten, daß diese Maßnahme, die wir als »provokativ und kontraproduktiv« ansahen, die Aussichten auf friedliche Verhandlungen schmälerte. Präsident Bush sprach drei Tage später mit Gorbatschow und appellierte an seine Dialogbereitschaft.

Am 13. Januar schlug die Situation in eine Tragödie um. Die Truppen eröffneten in Vilnius das Feuer auf Demonstranten und töteten fünfzehn von ihnen. Nach einer scharfen internen Debatte, ob er es diesmal tun sollte, entschied sich der Präsident, eine Stellungnahme abzugeben, und verurteilte die Gewalt. Gorbatschow erklärte, er habe von dem Einsatz erst später erfahren, und behauptete, daß eine militärische und zivile Intrige den Angriff ohne sein Wissen verfügt habe.

GEORGE BUSH

Ich glaubte ihm damals und tue es noch heute. Als ich 1995 eine Konferenz über den kalten Krieg veranstaltete, wiederholte Gorbatschow diesen Vorwurf und fügte hinzu, daß die Verschwörer nach dem Vorfall versucht hatten, ihn zu der Stellungnahme zu bringen, er habe den Befehl gegeben.

Dennoch feuerte eine sowjetische Einheit eine Woche später wieder auf demonstrierende Zivilisten – diesmal in Riga, wo vier Menschen getötet wurden. Anstatt von den Maßnahmen verunsichert zu werden, bekundeten viele Republiken, darunter auch Rußland, ihre Sympathie mit den baltischen Staaten – ein deutliches Zeichen, daß die zentrale sowjetische Autorität schwächer wurde. Der Anführer der Aktion war Boris Jelzin.

Am selben Tag, als die sowjetischen Truppen auf die Demonstranten in Vilnius schossen, unterzeichnete Jelzin als Präsident der Russischen Republik einen gegenseitigen Beistandspakt mit Vertretern der drei baltischen Staaten. Das war nicht nur ein Akt der Unterstützung für die baltische Sehnsucht nach Unabhängigkeit, sondern auch eine Herausforderung Gorbatschows und der sowjetischen Zentralmacht. Der Pakt rief alle vier Republiken dazu auf, die jeweilige Souveränität zu achten und sich gegenseitig zu Hilfe zu eilen, wenn die Zentralregierung Gewalt gegen sie einsetzen sollte. Außerdem sollten alle Abstand davon nehmen, Regierungen innerhalb der Union anzuerkennen, die nicht durch freie Wahlen ins Amt gekommen waren. Die vier Präsidenten appellierten auch gemeinsam an die UNO, sie möge eine Intervention erwägen. Einige Tage später forderte Jelzin Gorbatschows Rücktritt.

Die Gewaltmaßnahmen im Baltikum und die Organisation der Opposition durch Jelzin hatten auch Konsequenzen auf Gorbatschows Pläne, die Unterstützung für die sowjetische Zentralmacht wieder zu beleben. Er hatte einen neuen Unionsvertrag vorgeschlagen, der jene auf Zwangsmitgliedschaft basierende Sowjetunion durch eine andere ersetzen sollte, der eine freiwillige Verbindung zugrunde lag. Nach der Ratifizierung durch alle Republiken hatte er vor, eine neue Verfassung einzuführen, die Mechanismen für einen Austritt aus der Union und für andere Probleme enthalten sollte. Es sah so aus, als habe Gorbatschow vor, den äußerst zentralistischen Staat in einen Bundesstaat oder gar einen Staatenbund zu überführen. Sechs Republiken – Armenien, Estland, Georgien, Lettland, Litauen und Moldawien – verkündeten am 6. Februar, daß sie das landesweite Referendum zu dem Vertrag boykottieren würden.

Im Rückblick ist klar, daß Jelzin die Grundfesten des sowjetischen Staates angriff und die politischen Strukturen bis ins Mark erschütterte, als er begann, die Autorität der Union und der Partei zu negieren und die eigene Kontrolle über die politischen und wirtschaftlichen Angelegenheiten der russischen Republik wieder geltend zu machen. Damit half Jelzin vermutlich dabei – zu diesem Zeitpunkt vielleicht noch unabsichtlich –, genau die Machtmittel aufzuweichen, durch welche die anderen Republiken an das sowjetische Zentrum gebunden waren, und ermutigte sie, sich weiter davon zu entfernen. Ohne Rußland würde die Fähigkeit des Zentrums, den anderen Republiken seinen Willen aufzuzwingen, in Zweifel gezogen werden – obwohl in letzter Konsequenz viel von der Loyalität des Militärs und des KGB abhing.

Vielleicht hat Gorbatschow nicht erkannt, daß der schwelende Verdruß der nationalen Gruppen über die sowjetische Autorität sehr tief saß und das Nationalitätenproblem eine echte Bedrohung für den Bestand der Union in sich barg. Er glaubte zuversichtlich (oder naiv) daran, daß die Republiken ihre wirtschaftliche und politische Zukunft im Rahmen der Union sahen. Daher war er sich sicher, daß sie trotz der verschiedenen Nationalitäten, die sie darstellten, in dem freiwilligen Zusammenschluß verbleiben würden, den der neue Unionsvertrag vorsah. Er schien überzeugt (oder zumindest voller Hoffnung), daß der Verdruß über die Zentralmacht sich legen würde, wenn Reformen in Gang gesetzt waren. Statt dessen sahen die Nationalisten in Gorbatschows Reformen eine Möglichkeit, das Zentrum herauszufordern.

In mancher Hinsicht haben die Vereinigten Staaten wohl den gleichen Fehler bei der Beurteilung der Lage gemacht. Über Jahre hinweg hatten wir tendenziell angenommen, daß die Sowjets erfolgreicher darin gewesen waren, engstirnigen Nationalismus auszurotten, als das tatsächlich der Fall war.

Moskaus politische, wirtschaftliche und soziale Probleme vervielfachten sich weiter, und keiner der Spitzenpolitiker konnte passende Antworten für einzelne Fragen vorweisen, geschweige denn ein in sich stimmiges Programm für die Gesamtheit der Probleme. Wir dachten, daß die Sowjetunion in einer vorrevolutionären Phase steckte.

Gegen Ende des Frühlings gab es Anzeichen, daß Gorbatschow die Kontrolle über die Partei in gewissem Maße wiedererlangte. Er hatte sich wieder nach links orientiert und versuchte, einen neuen Kompromiß mit den Reformern und den Republiken zu schließen. Anfang April gab Premierminister Valentin Pawlow ein Anti-Krisen-Paket der Regierung bekannt, das die Wirtschaft stabilisieren, den Durst der Republiken nach Unabhängigkeit stillen (zuletzt hatte sich Georgien am 31. März für unabhängig erklärt) und die Zentralautorität wiederherstellen sollte. Gorbatschow rief die Führer in den Republiken auf, ihre ideologischen Differenzen, politischen Programme und »individuellen Leidenschaften« zurückzustellen, um in einer gemeinsamen Anstrengung die Sowjetunion vor einer Anarchie zu bewahren. Er bat auch jene Republiken, die sich in einem Referendum für die Unabhängigkeit entschieden hatten, den Unionsvertrag zu unterzeichnen.

Am 23. April kam es zu einer wichtigen Bestätigung dieses Kurswechsels für die Zukunft des Landes. Gorbatschow traf sich mit Reformern und den Führern der neun Republiken, einschließlich Jelzin, in seiner Datsche in einem Vorort von Moskau – eine Konstellation, die bald als »Neun-plus-Eins« bezeichnet wurde. Es gelang ihm dort, die Zustimmung für eine Zusammenarbeit bei der Lösung der wirtschaftlichen und politischen Probleme des Landes zu bekommen, obwohl er dafür einen Preis für sich selber und das Zentrum zahlen mußte. Die Republiken würden künftig eine größere Rolle bei den politischen Entscheidungen der Union spielen. Außerdem sollte der Vertrag dahingehend modifiziert werden, daß er formell den Austritt aus der Union vorsah. Im Gegenzug würden die Republiken die bestehenden wirtschaftlichen Abkommen mit Moskau als zentraler Autorität respektieren und die sowjetische Ordnung und Gesetze in ihren Grenzen durchsetzen.

Am 20. Mai ratifizierte der Oberste Sowjet schließlich auch die Ausreise- und Auswanderungsgesetze, die Gorbatschow im Vorjahr in Camp David zugesagt hatte, wodurch das wichtigste Hemmnis bei der Vertiefung unserer Handelsbeziehungen beseitigt wurde. Dadurch war es dem Präsidenten am 3. Juni möglich, die Anwendung des Jackson-Vanik-Amendements auszusetzen und der Sowjetunion die gleichen Rechte wie den meisten anderen unserer Handelspartner zu gewähren.

Die Beziehungen zwischen den USA und der Sowjetunion während des Frühlings und des frühen Sommers befaßten sich im wesentlichen mit der Rüstungskontrolle sowie der Frage der Wirtschaftshilfe. Im März schrieb Gorbatschow mir und bat um 1,5 Milliarden Dollar an Krediten für Getreide aus unserem landwirtschaftlichen Hilfsprogramm. Ich wollte zwar gerne helfen, aber das sowjetische Verhalten bei den KSE- und START-Verhandlungen sowie die Übergriffe im Baltikum machten dies sehr schwierig. Ich war auch pessimistisch, was die Entwicklung der sowjetischen Wirtschaft anging und die Ernsthaftigkeit der Reformen, die nötig waren, um eine Marktwirtschaft zu schaffen. Ich hatte bislang keine Beweise dafür gesehen, daß auch nur die elementarsten wirtschaftlichen Reformen umgesetzt worden wären. Es gab auch noch weitere Probleme, etwa die geringe Kreditwürdigkeit. Meines Erachtens litt die Sowjetunion mehr an wirtschaftlicher Ineffizienz und falsch gesetzten Prioritäten als an akutem Geldmangel.

Wirtschaftshilfe sollte auch auf dem Londoner G-7-Gipfel im Juli ein wichtiges Thema sein. Gorbatschow wollte an dem Treffen teilnehmen, um sich dort für Soforthilfe und die Vollmitgliedschaft in den internationalen Finanzinstitutionen – dem Internationalen Währungsfonds (IWF) und der Weltbank – einzusetzen, damit die Sowjetunion leichteren Zugang zu finanzieller Unterstützung bekommen konnte. Das Problem bei diesen beiden Wünschen war im Grunde das gleiche wie bei den bilateralen Anfragen: wenig Anzeichen für die Ernsthaftigkeit von Wirtschaftsreformen oder die Bereitschaft zur Reduzierung der Verteidigungsausgaben. Der Sowjetunion eine Vollmitgliedschaft im IWF zu gewähren war ohnehin schwierig. Die Mitgliedschaft forderte von den einzelnen Ländern eine erhebliche Einlage von Kapital. Wir wußten, daß sie das Geld dafür nicht hatten. Ich war bereit, einen Status als »besonderer Partner« zu erwägen, wodurch die Sowjets Zugang zu technischer Hilfe haben würden, um ihre Wirtschaft in Schwung zu bringen, aber keine Vollmitgliedschaft.

Ob die G7 Gorbatschow überhaupt nach London einladen sollten, war ein weiteres Problem. Wenn er kam, mußten wir sicherstellen, daß der Gipfel ein politischer Erfolg für ihn wurde, aber wir wollten uns nicht zu Hilfsleistungen verpflichten müssen, die wir nicht anbieten konnten – es gab Gerüchte, daß er uns um Hilfszusagen in Höhe von 100 Milliarden Dollar bitten wollte. Ich hatte Primakow gesagt, daß wir alles im Vorfeld klären mußten, damit Gorbatschow nicht um Geld bat und dann mit leeren Händen wieder abfuhr. Primakow versicherte mir, daß Gorbatschow nicht nach London kommen und versuchen würde, dort einen gigantischen Scheck in Empfang zu nehmen.

Eine Einladung an Gorbatschow konnte nicht von mir allein, sondern mußte von der ganzen Gruppe ausgesprochen werden. Brian Mulroney war etwas zurückhaltend und schlug vor, wir sollten erst genau überlegen, was für John Major, den Nachfolger von Margaret Thatcher und Vorsitzenden beim Gipfel, am besten war. Major fand, wir sollten Gorbatschow einladen – aber als besonderen Gast, nicht als Teil des eigentlichen Treffens.

BRENT SCOWCROFT

Mitten in unseren Vorbereitungen für den G-7-Gipfel, als wir anfingen, das Hilfspaket für die Sowjetunion zu schnüren, gab es plötzlich Alarm. Am 20. Juni erhielten wir eine Mitteilung von Botschafter Matlock bezüglich eines Treffens, das er kurz zuvor mit Gavril Popow, dem reformfreudigen Bürgermeister von Moskau, gehabt hatte. Im Verlauf ihres Gespräches im Spaso-Haus hatte Popow Matlock voller Angst vor den Wanzen des KGB einen Zettel übergeben, auf dem stand, daß Premierminister Pawlow, der KGB-Vorsitzende Vladimir Krjutschkow, Verteidigungsminister Dimitri Jasow und der Vorsitzende des Obersten Sowjet der UdSSR, Anatoli Lukjanow, für den nächsten Tag einen Putsch gegen Gorbatschow geplant hatten. Er bat uns eindringlich, Jelzin zu warnen, der sich in Washington aufhielt und sich am Nachmittag mit Präsident Bush treffen sollte. Es war Jelzins offizieller Antrittsbesuch, nachdem er am 12. Juni zum ersten demokratisch und direkt gewählten Präsidenten von Rußland gekürt worden war.

Es war ein verwirrender Bericht. Wir wußten, daß Pawlow, ein Traditionalist, ohne Gorbatschows Erlaubnis einen Antrag im Obersten Sowjet eingebracht hatte, um einige von dessen Machtbefugnissen auf ihn übertragen zu lassen. Am nächsten oder übernächsten Tag sollte über diesen Antrag entschieden werden. War das die Grundlage des Gerüchtes über einen Putsch, oder steckte mehr dahinter? Baker rief aus Berlin an, wo er sich mit Bessmertnych getroffen hatte. Er hatte von Matlock eine ähnliche Botschaft erhalten und wollte Bessmertnych darüber informieren. Wir stimmten dem zu und entschieden auch, daß Matlock Gorbatschow informieren sollte, für den Fall, daß es Bessmertnych nicht gelingen sollte, zu Gorbatschow durchzukommen, ohne daß der KGB davon alarmiert wurde. Um sicherzustellen, daß Matlock ihn erreichen konnte, schickten wir Gorbatschow eine Botschaft des Präsidenten über die sowjetische Botschaft mir der Bitte, er möge Matlock sofort empfangen. Schließlich beschlossen wir noch, die ganze Sache mit Jelzin zu besprechen.

GEORGE BUSH

Ich sah Jelzin um drei Uhr nachmittags für etwa eine Stunde – diesmal kam er ins Oval Office. Nach all den Berichten über die Rivalität und die Schwierigkeiten zwischen den beiden in den vergangenen Monaten war ich etwas besorgt, daß Jelzin wieder die Gelegenheit nutzen würde, Gorbatschow anzugreifen. Ich war sehr erleichtert und auch überrascht, als er statt dessen voll des Lobes war. Ich war sehr beeindruckt von ihm und erfreut über den Besuch. Er war einnehmend und faszinierend, und sein ansteckendes Lachen machte es leicht, ihn zu mögen. Im Gegensatz zu seinem vorherigen Besuch schien er sich geradezu eine Scheibe von Gorbatschow abgeschnitten zu haben – sein Auftreten war gleichsam gewaschen und gebügelt.

Praktisch gleich zu Beginn des Treffens informierte ich ihn über die Botschaft von Popow. Ich drückte es so vorsichtig wie möglich aus. Ich wollte sichergehen, daß er nicht dachte, wir seien an der Verbreitung von Fehlinformationen beteiligt. »Ich will mich nicht in Ihre inneren Angelegenheiten einmischen«, sagte ich. »Ich gebe Ihnen lediglich die Tatsache bekannt, daß Popow einen handgeschriebenen Zettel an Matlock übergeben hat, auf dem stand, daß Gorbatschow morgen gestürzt werden soll.« Ich fügte hinzu, daß Popow angedeutet hatte, es handele sich dabei um das Resultat einer Verschwörung von Pawlow, Lukjanow, Jasow und Krjutschkow. Jelzin schenkte dem Gerücht keinerlei Glauben und sagte, es sei völlig unmöglich, daß so etwas passieren könnte. Er schlug vor, wir sollten Gorbatschow gemeinsam anrufen. Wir versuchten es, konnten ihn aber nicht erreichen. Ich hoffte, daß es Matlock gelungen war, Gorbatschow über dieses merkwürdige Gerücht zu informieren.

Im weiteren Verlauf unseres Gespräches an diesem Nachmittag sagte Jelzin all das, was wir in Sachen Reformen hören wollten, und er porträtierte sich selbst als ebenbürtige politische Figur zu Gorbatschow. Ich merkte, daß er die Rolle der Zentralgewalt als Kanal der Außenpolitik für die Union und die neuen Republiken etwas untergraben wollte. Deshalb versuchte ich, eine ausgewogene Haltung zwischen der Unterstützung für diesen neugewählten Präsidenten und der Loyalität zur Zentralgewalt einzunehmen. Ich erklärte ihm immer wieder, daß wir ihm Respekt entgegenbrachten und mit ihm so eng und soviel wie irgend möglich zusammenarbeiten wollten, aber auch, daß ich Gorbatschow nicht unterminieren wollte. Jelzin antwortete, er verstehe das sehr gut, und versicherte mir, daß er mit Gorbatschow im besten Einvernehmen stünde. Gorbatschow wiederum stimme völlig mit dem überein, was er – Jelzin – tue.

Ich fragte Jelzin nach der inneren Situation und dem Druck auf Gorbatschow. Er antwortete, indem er mir die letzten Monate aus seiner Sicht erzählte. »Gorbatschow steht unter dem Druck von Militär und KGB sowie dem Apparat der Kommunistischen Partei, wozu sich jetzt auch noch Pawlow gesellt hat«, begann er. »Die Lage war im Januar, Februar und März besonders akut. Gorbatschow zögerte und fing an, zurückzugehen. Die Reformen verlangsamten sich. Es wurde eine Offensive gegen Glasnost gestartet. Es kam zu den Ereignissen in Litauen, Georgien und Süd-Ossetien.« Er bat, seine Forderung nach einem Rücktritt Gorbatschows nicht falsch zu verstehen. »Ich sagte, wenn Gorbatschow die Reformen zurücknehmen will, dann sollte er zurücktreten. Aber im April konnten sich die demokratischen Kräfte konsolidieren. Gorbatschow hat eingesehen, daß er ohne den linken Flügel nicht überleben kann. Er gab die Position der vorangegangenen drei Monate auf. Das machte den Weg frei für das Neun-plus-Eins-Abkommen.«

Er versicherte mir, daß Rußland fest auf der Seite von Gorbatschow steht. »Ich kann ohne ihn nichts tun«, sagte er schlicht. »Wir können nur zusammen etwas ausrichten. Wenn Gorbatschow die Bühne verließe und statt dessen irgendein General käme, wäre das eine Tragödie. Die Leute würden auf die Straße gehen, und es käme zu einem Bürgerkrieg. Aber ich sehe das nicht so schwarz, das ist nur Gerede. In 24 Stunden werde ich wieder zu Hause sein und kann mir aus erster Hand ein Bild der Lage machen. Der Oberste Sowjet kann Gorbatschow nicht aus dem Amt heben – das kann nur der Kongreß der Volksdeputierten, und der würde das nie tun. Nur ein Verfassungsbruch könnte Gorbatschow jetzt aus dem Amt bringen. Das wird nicht geschehen.«

Am nächsten Tag erwiderte Gorbatschow meinen Anruf wegen der Botschaft von Popow. Ganz offensichtlich hatte er versucht, meinen Anruf vom Vortag anzunehmen, aber es hatte ein Mißverständnis gegeben. (Er erzählte mir später einmal, daß er rasend gewesen war, weil man den Anruf nicht zu ihm durchgestellt hatte.) Matlock hatte sich mit ihm getroffen, und er war erfreut, daß wir die Information an ihn weitergegeben hatten. Es war deutlich, daß er zuversichtlich war und glaubte, die Situation unter Kontrolle zu haben.

Gorbatschow erzählte mir von dem Versuch reaktionärer Abgeordneter im Obersten Sowjet, Schwierigkeiten im Zusammenhang mit dem Antrag zu machen, Machtbefugnisse von ihm auf Pawlow zu übertragen. Der Oberste Sowjet hatte sich dafür ausgesprochen, die Debatte umgehend zu beenden. »Meine Gegner haben heute von den anderen Abgeordneten kräftig Prügel bezogen«, rief Gorbatschow überschwenglich. Ich fragte mich, ob der Vorfall etwas mit dem Gerücht zu tun hatte, das Matlock ihm mitgeteilt hatte, und erklärte, wie es dazu gekommen war. »George, ich habe Ihrem Botschafter gesagt, er soll Ihnen ausrichten, daß dieses zu tausend Prozent unmöglich ist«, sagte Gorbatschow.

»Das ist gut«, antwortete ich. »Ich habe die Botschaft auf besonderen Wunsch von Popow auch an Jelzin weitergegeben. Ich möchte, daß Sie verstehen, daß ich nicht versuche, mich in Ihre inneren Angelegenheiten einzumischen. Aber ich hatte das Gefühl, es ist wichtig, daß Sie informiert sind.« Leider war mir hier etwas zuviel herausgerutscht. Ich hatte vergessen, daß Popow Matlock extra gebeten hatte, wir sollten seinen Namen nicht in Zusammenhang mit dem Gerücht bringen. Es stand sogar eigens in meinen Notizen für dieses Telefonat, daß ich den Namen Popows nicht erwähnen, sondern nur von einer »verläßlichen Person« sprechen sollte. Wir hörten später, daß Gorbatschow Popow der Illoyalität beschuldigte, weil dieser mit seiner Information nicht direkt zu ihm gekommen sei. Verständlicherweise war Popow noch eine ganze Weile über uns verärgert, weil sein Name gefallen war.

Ich sah Gorbatschow persönlich im Verlauf des G-7-Gipfels in London wieder. Am 17. Juli traf ich mich mit ihm im Winfield-Haus zu Gesprächen in freundlicher Atmosphäre. Kurz vor dem Treffen schickte Bessmertnych eine Nachricht, daß er sich gerne mit Baker treffen würde. Scowcroft und ich spekulierten, daß es darum ging, einige letzte Probleme beim START-Vertrag auszuräumen – wie der Frage, ob die sowjetische Seite einen neuen Raketentyp in Dienst stellen durfte. Uns ging es weniger um die eigentlichen Differenzen in der Sache als um den Eindruck, den das machen mußte. Wir sprachen auf dem Londoner Gipfel vorrangig über Frieden mit der Sowjetunion und wirtschaftliche Hilfe für sie, während es für jedermann so aussehen mußte, als ob die Sowjets nur neue Raketen aufstellen wollten, die auf uns gerichtet waren. Ich wollte dieses Thema eigentlich mit Gorbatschow besprechen, aber Baker kam kurz vor dessen Ankunft ins Zimmer und sagte: »Ich glaube, wir haben einen Deal.« Scowcroft stimmte nach einem Blick auf die Formulierung zu. Sie riefen die Rüstungskontrollexperten zusammen, um die Einzelheiten zu besprechen, während Gorbatschow und ich einen Fototermin wahrnahmen und dann zum Essen gingen. Danach nahm ich Gorbatschow zu einem vertraulichen Gespräch beiseite, in dessen Verlauf Baker und Scowcroft hereinkamen und mit nach oben gerichteten Daumen zeigten, daß wir ein Abkommen zur Rüstungskontrolle unterschriftsreif hatten. Es war ein bedeutender und mitreißender Augenblick: Wir hatten soeben ein historisches Abkommen erreicht, unsere Arsenale um einige tausend der tödlichsten Atomwaffen zu reduzieren.

Je mehr ich an diesem Tag Gorbatschow bei seinen Berichten über die Lage in seiner sowjetischen Heimat zuhörte, desto mehr verstand ich, wie enorm seine Probleme waren und wie wichtig es für ihn wurde, sich mit den Republiken auf eine Vorgehensweise zu einigen. Ich sagte ihm, daß Jelzin sich während seines Besuchs in den Vereinigten Staaten positiv verhalten hatte. Gorbatschow antwortete, daß sein Problem nicht Jelzin sei, sondern die Leute um ihn. Er vertraute Jelzins innerem Kreis nicht, weil er das Gefühl hatte, daß er von einigen von ihnen belogen worden war.

Meine Gedanken schweiften zurück nach Camp David, wo Gorbatschow andere Ansichten über Jelzin verkündet hatte. Ich sagte ihm, daß Jelzin sich für viele Dinge stark machte, die auch wir forderten – darunter die Beschränkung der Hilfe für Kuba und sofortige Freiheit für das Baltikum. Unter all den Maßnahmen, zu denen Gorbatschow greifen konnte, war die Gewährung der Unabhängigkeit für das Baltikum sicher diejenige, die ihm in den Vereinigten Staaten die meiste Sympathie für seine Belange einbringen würde. Gorbatschow antwortete, daß die Voraussetzungen dafür in der Verfassung verankert waren, und versuchte nochmals, die komplizierten Hintergründe und Umstände einer Unabhängigkeit zu erläutern – sie hatten damit zu tun, daß die Republiken mit dem Rest der Union wirtschaftlich stark verbunden waren und eine Entschädigung erwartet wurde. Er gab sich zuversichtlich, daß dieses Problem gelöst werden könnte, mochte sich aber nicht zu der Aussage durchringen, daß er die Unabhängigkeit zugestehen würde. Im Laufe der Diskussion lud mich Gorbatschow formell zu einem Besuch Ende Juli nach Moskau ein. Ich akzeptierte.

Als Gorbatschow später mit den anderen Staatsmännern zu einem entspannten Abend in der Downing Street Nummer 10 eintraf, fügte er sich nahtlos in die Gruppe ein. Er erzählte Witze über seine Person, darunter den von den zwei Russen, die sich beschweren, als sie in einer langen Schlange stehen, um Wodka zu kaufen. Einer erklärt ungeduldig, er ginge jetzt los, um Gorbatschow zu erschießen, der an der Warenknappheit schuld sei. Nach einigen Stunden kommt der Mann wieder zu seinem Freund in die Wodka-Schlange zurück, und der andere fragt: »Und, hast du ihn erschossen?« Der Mann schüttelt seinen Kopf: »Nein, die Schlange da drüben war noch länger als diese hier.« Gorbatschow bebte vor Lachen, als er den Witz erzählte.

Ich verließ London am 18. Juli und reiste zu Besuchen nach Griechenland und in die Türkei. Turgut Özal hatte einige Wochen zuvor angerufen und eine Einladung nach Istanbul ausgesprochen, die ich gerne angenommen hatte. Wir erweiterten den Abstecher, um noch nach Griechenland zu fahren, unserem anderen NATO-Verbündeten an der südlichen Flanke Europas. Premierminister Konstantin

Mitsotakis hatte mich auf seine Heimatinsel Kreta eingeladen. Als ich wieder nach Washington zurückkehrte, wo ein Terminplan voller heimischer Fragen auf mich wartete, war ich reichlich erschöpft – und mir blieben nur wenige Tage bis zu meiner Reise nach Moskau und einem weiteren Gipfeltreffen.

Als wir nach Moskau flogen, las ich einen Bericht von Colin Powell, in dem er seine Eindrücke in der Sowjetunion schilderte. Er war in der Vorwoche im Rahmen eines militärischen Austauschprogramms dorthin gereist. Er beschrieb die tiefe Unzufriedenheit, die zumindest die oberen Ränge des sowjetischen Militärs durchdrungen hatte. Der Bericht bestätigte unsere eigene Einschätzung, daß wir mit großer Vorsicht vorgehen mußten.

Powell legte seine Beobachtungen über die Unterstützung des Militärs für Gorbatschow, die Reform und die entstehende Beziehung zwischen den Republiken und der Zentralgewalt folgendermaßen dar:

> Die hochrangigen militärischen Führer halten im wesentlichen zu Gorbatschow, sind aber den Reformen gegenüber offen geringschätzig. Der sowjetische Stabschef Michail Moissejew hat besonders deutlich darüber gesprochen. Er nannte Schewardnadse einen »Verräter«, weil er aus der Kommunistischen Partei ausgetreten ist. (Ich will nicht wissen, was er sagen würde, sollte Gorbatschow austreten.) Die Generäle beschwerten sich, sie hätten zu viele »Präsidenten«. Einer der berüchtigteren Reformer, Major Lopatin (der jetzt ein Volksdeputierter geworden ist), kam nach Wladiwostok, um mich zu begrüßen. Moissejew war außer sich ... (Bei einem Bankett zu Ehren von Powell wollte Lopatin einen Toast ausbringen, ihm wurde aber vom Kommandeur der Pazifischen Flotte das Wort abgeschnitten.) ... Moissejew erzählte mir, daß er Lopatin später unter vier Augen getroffen und ihm den Kopf zurechtgerückt habe. Ich fragte, ob er so mit allen Volksdeputierten umspränge. Er sagte: »Man braucht nur drei Bedingungen zu erfüllen, um gewählt zu werden: die Generäle kritisieren, die Regierung kritisieren und alles versprechen.«

Powell schrieb auch, daß das sowjetische Militär »den politischen Pluralismus, der jetzt entsteht, verachtet. Aus ihrer Sicht ist das ein

Verlust von Ordnung und Kontrolle.« Es gab jede Menge neue Ausrüstung, und sie waren offenbar verwöhnt. »Die militärische Infrastruktur – von den Unterkünften bis zu Erholungsheimen – scheint der einzige Sektor zu sein, in den irgendwelche Investitionen fließen. Wir bekamen viele neue Panzer zu sehen – aber nicht einen neuen Autobus.« Powell betonte seinen Gastgebern gegenüber immer wieder, daß selbst eine »zurechtgestutzte« sowjetische Armee von 3,2 Millionen Soldaten verschwenderisch und unnötig war, wenn es eigentlich darum ging, die Wirtschaft und die Gesellschaft für die Zukunft fit zu machen. »Moissejew und seine Mitstreiter stimmten dem nicht zu. Ich habe das Gefühl, daß sie gegen jede weitere Kürzung ankämpfen werden. Ich glaube auch, daß weitere Kürzungen unvermeidlich sind.« Powell schrieb auch, daß General Moissejew und seine Führungsoffiziere in erster Linie Soldaten und Bürokraten waren, die versuchten, ihre Einrichtungen so gut zu schützen, wie sie konnten. »Sie stehen unter politischer Kontrolle. Ich sehe nicht, daß irgendwelche wilden Generäle die Macht an sich reißen. Ich zweifele auch daran, daß ihre Rekruten ihnen folgen würden. Gorbatschow hat ihnen viel zu verdauen gegeben. Es kann ein bißchen dauern, bis Gorbatschow oder einer der anderen ›Präsidenten‹ sie zwingen kann, die nächste Kröte zu schlucken, aber irgendwann werden sie das tun müssen.« Powell sah Moissejew, zu dem er gute Beziehungen unterhielt, als einen »ehrlichen Soldaten, keinen Visionär«.

Wir kamen am 29. Juli kurz vor 22 Uhr in Moskau an. Am Flughafen wurde ich von Gennadi Janajew abgeholt, von dem mir erzählt worden war, daß er ein kühler Mensch und ziemlicher Betonkopf sein sollte, der aber nicht einnehmender und freundlicher hätte sein können und einen guten Sinn für Humor hatte. Es gab eine kurze, aber mitreißende Begrüßungszeremonie ohne Ansprachen, bei der wir das »erste Team« unserer Gastgeber und eine Parade einer Ehrengarde von tadellos aussehenden jungen Soldaten zu sehen bekamen. Die Fahrt nach Moskau hinein dauerte eine halbe Stunde. Einige Leute standen am Straßenrand und winkten, so daß wir die Paradelichter einschalteten (die das Innere des Fahrzeugs beleuchten, damit die Leute gut sehen können, wer in dem Wagen sitzt) und Janajew einen Eindruck davon bekam, wie Wahlkämpfe in den Vereinigten Staaten ablaufen. Man konnte kaum nach draußen blicken, und ein paarmal winkten wir den Straßenlaternen zu, worüber wir herzlich lachten.

Am nächsten Tag hatte ich getrennte Treffen mit Gorbatschow und Jelzin. Ich traf Gorbatschow am späteren Vormittag im St.-Katharina-Saal, einem reich geschmückten Empfangszimmer mit Lüstern und vergoldeten Holzornamenten an Wänden und Decke. Gorbatschow, Tschernjajew, Scowcroft und ich redeten fast zwei Stunden über einen elfenbeinfarbenen Tisch hinweg. Gorbatschow war großartig, und ich verstehe bis heute nicht, wie er dem ganzen Druck, der auf ihm lastete, überhaupt widerstehen konnte. Zunächst dachte ich, daß er noch immer glaubte, aus dem Westen würde Geld wie Fallobst über ihn kommen, um dabei zu helfen, die sowjetische Wirtschaft zu sanieren. Bald aber wurde klar, daß er das pragmatisch sah und sich mit der Tatsache abgefunden hatte, daß er keine Mittel bekommen würde.

Die Arbeiten am neuen Unionsvertrag seien abgeschlossen, erzählte Gorbatschow mir. Ein Teil der Republiken widersetzte sich zwar noch, aber zwei Drittel bis drei Viertel waren dafür. Die Frage war nun, wann die Unterzeichnung stattfinden würde. Es würden nicht alle gleichzeitig unterschreiben. »Das wird so lange dauern, bis sich die Ukraine bereit erklärt, zu unterzeichnen. Der nächste Schritt sind dann eine Verfassung, die Wahl eines Präsidenten und des Obersten Sowjets und dann die Bildung einer neuen Regierung.« Er war überzeugt, daß die in allen Schichten der sowjetischen Gesellschaft noch bestehende Opposition gegen die Veränderungen sich bald legen würde. »Da gibt es einige wortgewaltige Gestalten, und unsere Medien schenken ihnen Beachtung. Darum müssen auch wir das in Betracht ziehen. Aber der Prozeß der Zusammenarbeit mit den Republiken gewinnt an Schwung. Die schwierigste Phase wird der Rest von 1991 und 1992 sein. Es ist gut, daß die Leute anfangen, mehr aus eigenem Antrieb zu machen.« Die Sowjets waren entschlossen, die Privatisierung zu beschleunigen, damit die Bevölkerung an die Arbeit gehen konnte. »Aber wir müssen von den Erfahrungen in Osteuropa lernen, einschließlich der in Ostdeutschland.« Er fügte hinzu, daß ihnen bewußt war, daß sie sich schneller bewegen mußten, um mit dem Westen zusammenarbeiten zu können.

Mir war wichtig, daß Gorbatschow verstand, daß wir ihm soviel

Unterstützung zukommen lassen würden, wie wir konnten. Ich sprach über bilaterale Wirtschaftsfragen und die Möglichkeiten für Handel und Kooperation. Wir mußten sichtbare Fortschritte präsentieren können, damit amerikanische Firmen mit den Sowjets zusammenarbeiten würden. Ein Erfolg, ein großes Projekt, konnte Milliarden Dollar privater Investitionen nach sich ziehen. »Aber ganz unter uns: Wenn Sie einfach mit dem Zauberstab wedeln könnten – was wollen sie wirklich?« fragte ich. Er sagte, er wolle das Land möglichst schnell aus dem Übergang heraus- und in eine Marktwirtschaft hineinführen. Wir fingen davon ausgehend eine Art informelles Brainstorming an und sprachen über verschiedene Ideen, wie wir bei den Problemen mit den harten Währungen helfen konnten.

Nach dem Mittagessen gingen Gorbatschow und ich auf den Domplatz des Kreml, wo er mir eine Führung gab. Draußen begrüßte uns ein heller, herrlicher und sonniger Tag, dennoch war es nicht zu heiß. Ich löcherte ihn mit Fragen über alles mögliche. Er zeigte uns voller Stolz die riesige Statue von Lenin, die von gut gepflegten Blumenrabatten umgeben war, und die große Kaiserliche Kanone. Das Gedränge der anwesenden Pressevertreter war allerdings überwältigend; wir konnten buchstäblich nur zentimeterweise vorankommen. Die KGB-Agenten mußten die Leute wegschieben, damit unsere Gruppe weitergehen konnte. Es gab einige kleine Zwischenfälle, Stabsmitarbeiter und Pressefotografen fielen hin, eine Kamera ging zu Bruch – aber der »Panzer« rollte weiter, und Gorbatschow selbst sagte den Presseleuten, daß sie aus dem Weg gehen sollten. Es lag eine gewisse Schärfe in der Situation. Ich weiß nicht, warum die Fotografen glaubten, sie müßten fünf Meter von uns entfernt stehen, zusammengedrängt und umgeben von Sicherheitsleuten, um immer und immer wieder die gleichen Schnappschüsse zu machen. Der ganze Spaziergang dauerte vielleicht eine Viertelstunde, dann mußte ich fort, um im Moskauer Staatlichen Institut für Internationale Beziehungen eine Ansprache zu halten.

Nach der Rede machte ich mich auf den Weg zum Präsidium des Obersten Sowjet und zu einem Treffen mit Jelzin. Er hatte eine Einladung zu einem größeren bilateralen Treffen mit Gorbatschow abgelehnt, das wir vormittags mit zwei oder drei anderen Präsidenten von Einzelrepubliken gehabt hatten. Er sagte, er weigere sich, an einer »gesichtslosen Massenaudienz« teilzunehmen. Bei unserem separaten Treffen war es klar, daß es ihm in erster Linie darum ging, den Eindruck aufrechtzuerhalten, daß Rußland und die Sowjetunion in ihrem Umgang mit den Vereinigten Staaten gleichwertig waren. Er informierte mich, ich sei der erste ausländische Staatsmann, den er in seinem neuen Amt empfangen hatte. Später wurde mir erzählt, daß sein neues Büro im Kreml früher von Gorbatschow selber benutzt worden war. Wir sprachen über die Schwierigkeiten, denen sich die Union gegenübersah, und den Hang der Republiken zur Unabhängigkeit. Ich machte mich für die Freiheit des Baltikums stark, was auch er unterstützte. Er sagte, er habe Gorbatschow am Vortag aufgefordert, in dieser Sache weiterzukommen. Jelzin jedoch schien besorgt über die Unabhängigkeitsbestrebungen der Ukraine, er fürchtete, daß dies die Union lähmen könnte. »Die Ukraine darf die Sowjetunion nicht verlassen«, sagte er eindringlich. Ohne die Ukraine würde sich das Gleichgewicht in der Union zugunsten der nicht-slawischen Republiken verlagern.

Am Abend standen wir im Begrüßungsdefilee im St.-Vladimir-Saal vor dem Staatsdiner. Jelzins Frau Naina, die meine Frau und ich sehr schätzen lernten, als sie ihren Mann später in die Vereinigten Staaten begleitete, kam alleine an. Ganz zum Ende der Begrüßung, als alle anderen Gäste schon an uns vorbei waren, inszenierte Jelzin seinen Auftritt. Er versuchte, meine Frau an ihren Platz zu führen, was für Gorbatschow ziemlich blamabel gewesen wäre, hatte damit aber keinen Erfolg. Gorbatschow nahm sie schnell am Arm, und wir gingen hinein. Jelzin sagte zu Botschafter Matlock, daß er bei der Gegeneinladung in der Botschaft einen Toast ausbringen wollte, und versuchte auch sonst, sich als völlig gleichberechtigt mit Gorbatschow zu geben.

Am nächsten Tag legte ich einen Kranz am Grab des Unbekannten Soldaten an der Kremlmauer nieder und ging dann zum Frühstück mit amerikanischen und sowjetischen Geschäftsleuten. Anschließend fuhr ich zu Gorbatschows Regierungsdatsche in den Vorort Novo Ogarjewo. Die drei großen Datschen auf dem Gelände waren großartig. Eine benutzte die Familie Gorbatschow am Wochenende, obwohl mir Raissa Gorbatschowa sagte, daß sie nicht allzu häufig Gelegenheit dazu hatten. Diejenige, die wir bewohnten, war wunderschön, mit hohen Decken, aufwendigen Möbeln und prächtigen Bädern. Es gab zwar nicht soviel Kunstwerke wie im Kreml, doch alles war sehr komfortabel. Wir gingen hinaus in den Garten und wanderten ein paar hundert Meter umher. In den Wäldern gab es Rotwild und Wildschweine, aber wie man uns sagte, durfte dort niemand jagen.

Das entspannte Treffen verlief ganz ähnlich wie unser Gespräch in Camp David im Jahr zuvor und dauerte rund fünf Stunden. Wie in Camp David trugen wir Freizeitkleidung. Gorbatschow war ganz in Grau gekleidet – Hemd und Strickjacke, Flanellhose und bequeme Schuhe. Ich selber trug ein Polohemd. Wir saßen draußen auf Korbstühlen an einem runden Tisch, auf der einen Seite die Datsche, auf der anderen der Wald.

Gorbatschow begann mit einem langen Monolog, während dem es mir kaum gelingen wollte, auch nur eine Zwischenbemerkung einzuflechten. Wieder sprach er über die innere Lage in der Sowjetunion. Er sagte, er sei bestrebt, die Veränderungen in der UdSSR ohne Gefahr oder Chaos im Rahmen der Gesetze verlaufen zu lassen. Neue Machtzentren entwickelten sich. »Kein Dogma wird mich aufhalten«, rief er. Er bezog sich auf eine Aussage, die er in der Vorwoche vor dem Zentralkomitee gemacht hatte: »Es wird keine ideologischen Zwänge geben, während wir vorangehen.« Er wollte eine neue Wirtschaft aufbauen, die auch die sozialen Beziehungen neu strukturieren würde. »Die Führer der USA können unsere strengsten Richter sein«, sagte er. Dann wandte er sich den regionalen Problemfeldern zu. »Totalitäre, autoritäre Regimes treten ab«, fuhr er fort. »Wir haben diese Veränderungen herbeigeführt.« Es sei an der Zeit, zusammenzuarbeiten und nicht länger nur den eigenen Vorteil zu suchen. Er schlug vor, daß wir im Geist unserer Zusammenarbeit beim Golfkrieg und im Mittleren Osten fortfuhren.

Ungefähr um halb zwölf, nicht lange nach Beginn des Treffens, gab mir Baker einen Zettel, auf dem stand, daß sechs litauische Wachsoldaten an einem Zollposten in der Nähe der weißrussischen Grenze getötet worden waren. Ich fragte Gorbatschow sofort, was dort vorgefallen war. Er wurde sichtbar blaß und schickte Bessmertnych, um die Situation zu überprüfen. Ich hoffte, daß das nicht wahr war. Einige Augenblicke später kam Bessmertnych zurück und flüsterte Gorbatschow ins Ohr. Gorbatschow erklärte, daß es eine Reihe von Vorfällen gegeben habe – den Tod eines Weißrussen, einen Angriff auf ein Armeelager und jetzt dies. Er sagte, er habe gerade erfahren, daß es eine gemeinsame Untersuchung weißrussischer und litauischer Kräfte geben werde. Später mußte sich Gorbatschow viel Kritik wegen dieses Vorfalls gefallen lassen, der ihm von vielen in den USA persönlich angelastet wurde. Ich glaube aber nicht, daß er dabei eine Rolle gespielt hat.

Wir nahmen unser Gespräch wieder auf, aber die überschäumende Stimmung war verflogen. Gorbatschow sprach von den Problemen, welche die Selbstbestimmung der Völker seines Erachtens mit sich brachte, und seinen Wunsch, in diesem Bereich mit uns zusammenzuarbeiten – nicht nur wegen der Lage in Jugoslawien, sondern auch in der UdSSR. Er erregte sich über die separatistischen Bestrebungen, mit denen die Zentralmacht zu kämpfen hatte, und verwies auf die Grenzzwischenfälle, die plötzlich zwischen den einzelnen Republiken zum Vorschein traten. Er wiederholte eine seiner liebsten Formulierungen, daß nämlich der »Prozeß« das einzig Bedeutsame sei.

Wir fuhren wieder nach Moskau, um den START-Vertrag im St.-Vladimir-Saal zu unterzeichnen. Ich fühlte mich von der Zeremonie emotional richtiggehend ergriffen. Für mich war das mehr als ein Zeremoniell. Es verhieß für junge Menschen in aller Welt, daß der Idealismus nicht tot war. Wir hatten uns endlich auf wirkliche Reduzierungen bei ballistischen Interkontinentalraketen verständigt. In meiner kurzen Ansprache wich ich von meinem vorbereiteten Text ab. Ich fügte noch den Namen Ronald Reagan ein, aber auch Richard Burt und den vieler anderer, die daran beteiligt gewesen waren, diesen historischen Vertrag auszuhandeln. Ich wünschte, ich hätte jedem einzelnen von ihnen in meiner Rede danken können.

BRENT SCOWCROFT

Trotz der Berichte, daß die Militärs verstimmt waren, hatten wir doch nicht das Gefühl, daß ein Aufstand direkt bevorstand. Es gab allerdings einige verräterische Anzeichen. Bei dem Abendessen, das Gorbatschow für den Präsidenten im Spaso-Haus gab, saß ich an einem Tisch mit Verteidigungsminister Dimitri Jasow. Er sah aus, als wäre er von einer Casting-Agentur ausgesucht worden: ein riesiger Bär von einem Mann, mit Händen, die an einen ganzen Schinken erinnerten, dazu einer blühenden Gesichtsfarbe, die auf eine

Vorliebe für Wodka schließen ließ. Er war ein wortkarger Mensch, und es lag ihm offensichtlich nicht besonders, sich mit den Nettigkeiten des diplomatischen Small talk abzugeben. Er war mürrisch und beklagte sich, daß alles nur nach unserer Pfeife tanzte, während die Lage der sowjetischen Armee sich jeden Tag verschlechterte. Es gäbe keine neue Ausrüstung (obwohl Powell das Gegenteil beobachtet hatte), junge Männer entzögen sich der Einberufung, es seien keine Häuser für die rückkehrenden Truppen aus Osteuropa vorhanden und so fort. Ich fragte ihn, warum es ihm noch immer so wichtig sei, daß das sowjetische Militär in steter Verteidigungsbereitschaft blieb. Welcher Bedrohung galt es zu begegnen? Er sagte, daß die NATO die Bedrohung sei. Ich wies darauf hin, daß die NATO stets ein Verteidigungsbündnis gewesen sei. Auch wenn er sich in der Vergangenheit wirklich Sorgen wegen der NATO gemacht habe – was ich bezweifelte –, so sei jede Offensivkraft nun durch die beschlossenen Abrüstungsschritte eliminiert worden. Diese Bemerkung spendete ihm wohl wenig Trost, aber im Laufe des Abends gelang es mir immerhin, ihn dazu zu bewegen, mit mir auf die NATO anzustoßen.

Als wir an Bord der *Air Force One* stiegen, hatten wir keine Ahnung, daß dies unser letzter Gipfel mit Gorbatschow gewesen sein sollte. Unsere Gespräche waren zur Zufriedenheit verlaufen. Wir hatten endlich den START-I-Vertrag in trockenen Tüchern – ein großer Schritt auf dem Weg in eine neue Ära, in der mit den strategischen Atomwaffen rationaler umgegangen wurde. Gorbatschow schien optimistisch, beinahe überschwenglich angesichts der Aussicht, sich den inneren Problemen seines Landes widmen zu können. Die dunkle Wolke über dem Baltikum trübte zwar die Stimmung während des Aufenthalts, aber wir hatten gute Fortschritte bei unseren bilateralen Gipfelgesprächen erzielt, und aufs Ganze gesehen, schien es doch Grund zu geben, das Glas als halb voll und nicht als halb leer zu betrachten.

Der Putsch

Brent Scowcroft

Am Sonntag, dem 18. August 1991, lag ich gegen 23.30 Uhr auf meinem Bett im Hotel Nonantum in Kennebunkport, las einige Telegramme und hatte im Fernsehen CNN eingeschaltet. Ich war an diesem Tag von Washington aus angereist, um Robert Gates abzulösen, und hatte mich darauf gefreut, zehn Tage Entspannung und wenigstens etwas Ruhe zu finden. Wie ich schon erwähnte, hatte mich die Erfahrung gelehrt, daß Krisen auf eine mysteriöse Weise immer dann ausbrechen, wenn der Präsident in Kennebunkport und die Führerschaft des Nationalen Sicherheitsrates in alle Winde zerstreut ist.

Ich hörte dem Fernsehen nur mit einem Ohr zu und nahm den Sprecher kaum wahr, der sagte, es gebe Berichte, daß Gorbatschow aus gesundheitlichen Gründen zurückgetreten sei. Nachdem wir ihn nur wenige Wochen zuvor – offenbar in bester Verfassung – gesehen hatten, quittierte ich die Bemerkung mit einem Schulterzucken, hörte aber genauer zu. Nach etwa einer Viertelstunde kam die Meldung wieder. Ich rief Gates in Washington an und bat ihn, das zu überprüfen. Danach telefonierte ich mit Roman Popadiuk, dem stellvertretenden Pressesprecher, der gerade in Kennebunkport den Bereitschaftsdienst hatte. Wenn wirklich etwas passiert war, konnten wir dazu nicht schweigen, also bat ich ihn, zu mir ins Hotel zu kommen.

Inzwischen war es Mitternacht geworden. Ich weckte den Präsidenten, sagte ihm, was ich gehört hatte, und wies darauf hin, daß wir bislang keine Bestätigung erhalten hatten. Ich sei der Meinung, daß wir vielleicht irgendeine Stellungnahme abgeben mußten, und Popadiuk und ich würden etwas entwerfen. Der Präsident und ich hatten verabredet gehabt, am nächsten Morgen um halb sieben zum Golfspielen zu gehen. Wir kamen überein, daß ich die Situation im Auge behalten und ihn um halb sechs anrufen würde. Ich hoffte, daß wir bis dahin wußten, ob etwas Ernstes geschehen war. Wir mußten auch noch auf den Hurrikan »Bob« achten, der dem Wetterbericht zufolge im Verlaufe des nächsten Tages durch Neuengland ziehen sollte. Wir waren alle der Ansicht, daß dies kein guter Zeitpunkt war, um von Washington abgeschnitten zu sein, besonders, wenn der Hurrikan sich als sehr wild erweisen sollte. Der Präsident wollte aber unbedingt, daß wir unsere Pläne nicht gleich ändern und vorzeitig nach Washington zurückkehren sollten, weil wir dadurch den Eindruck erwecken würden, daß sich eine Krise oder gar eine Katastrophe abzeichnete. Wie im Vorjahr, als der Irak in Kuwait einmarschiert war, konnten wir mit der Situation sehr wohl von Kennebunkport aus umgehen. Wir hatten die besten Kommunikationsmöglichkeiten, und wir konnten unsere Leute sehr schnell über den nahe gelegenen Luftwaffenstützpunkt Pease von und nach Washington bringen.

GEORGE BUSH

Abgesehen von den Putschgerüchten im Juli, die Gorbatschow zerstreuen konnte, hatte es kürzlich einige Anzeichen gegeben, daß die Betonköpfe in Moskau etwas ausheckten. Am Morgen des 17. August, eines Sonnabends, war Robert Gates wegen der täglichen präsidentiellen Lagebesprechung zu mir zum Frühstück gekommen. Unter den Berichten war auch eine Mitteilung, daß die bevorstehende Unterzeichnung des Unionsvertrages bedeutete, daß den Betonköpfen die Zeit davonlief und sie sich vielleicht zum Handeln gezwungen sahen. Gates glaubte, daß ernste Gefahr bestand, aber wir hatten keine genauen Informationen, was passieren könnte oder wann. Am nächsten Tag schlugen die Verschwörer zu.

Während sich die Ereignisse Mitte August zu überschlagen begannen, führte ich in meinem Tonbandtagebuch über meine Reaktionen Buch:

Aus dem Tagebucheintrag vom Montag, 19. August 1991

Scowcroft hat mich angerufen und mir gesagt, es gebe einen TASS-Bericht, dem zufolge Gorbatschow aus gesundheitlichen Gründen zurückgetreten sei. Ich rief um ungefähr halb sechs im Lageraum an, und man sagte mir dort, daß Gorbatschow abgesetzt sei. Eine der Neuigkeiten ist auch, daß wir überrascht worden sind.

Ich sagte das heute morgen zu Scowcroft, und er antwortete: »Ja, genau wie Gorbatschow.« Das ist wohl richtig. Wenn sie es nicht wußten, wie zum Teufel hätten wir es wissen sollen? ... Ich frage mich, ob ich nach Washington zurückkehren sollte. Hier gibt es nicht viel zu tun, außer einen geschäftigen Eindruck zu machen ... Ich habe jetzt das Gefühl, daß wir Gorbatschow gegenüber den richtigen Kurs eingeschlagen haben. Einige werden sagen: Nein. Aber die eine Sache, über die wir uns wirklich Gedanken gemacht haben, war ein Putsch der Rechten – obwohl ich in der letzten Zeit die Überzeugung gewonnen habe, daß die Schritte zur Demokratie nicht mehr umkehrbar sind. Wir müssen jetzt abwarten und sehen, ob das wahr ist, sehen, was die Bevölkerung in der Sowjetunion tut. Wird es Generalstreiks geben? Oder Widerstand? Wird das Militär Gewalt einsetzen und Unruhen niederschlagen, so daß sich alle weiteren Demokratisierungsschritte verbieten?

BRENT SCOWCROFT

Bis fünf Uhr morgens am Montag gab es nur wenige wirklich konkrete Details. Es hatte aber aus Moskau eine Stellungnahme gegeben, daß Gorbatschow seines Amtes enthoben worden und ein »Staatskomitee für den Notstandsfall« aufgestellt worden sei, dem der Vizepräsident Gennadi Janajew vorstand. Dem Komitee gehörten auch Premierminister Valentin Pawlow, Verteidigungsminister Dimitri Jasow, KGB-Präsident Vladimir Krjutschkow, Oleg Baklanow (der für den militärisch-industriellen Komplex verantwortlich war), Innenminister Boris Pugo sowie zwei weniger bekannte Zivilisten an. Ich rief den Präsidenten an und erfuhr, daß er schon im Lageraum angerufen hatte und über alles informiert war.

Ich schlug eine Pressekonferenz vor. Wegen der wenigen Informationen, die wir hatten, war uns nicht ganz wohl dabei, aber wir entschieden, daß es wichtig war, etwas zu sagen. Unser Dilemma war, daß wir den aktuellen Stand des Putsches nicht kannten. Der Präsident neigte dazu, den Putsch gänzlich zu verurteilen, aber wenn er sich als erfolgreich herausstellen sollte, wären wir gezwungen, mit den neuen Führern auszukommen, wie abstoßend ihr Verhalten auch immer sein mochte. Wir beschlossen, daß der Tenor verurteilend sein sollte, ohne aber alle Brücken hinter uns abzubrechen. Der Präsident meinte auch, es sei eine gute Idee, mit einigen seiner ausländischen Kollegen Verbindung aufzunehmen. Wir setzten die Pressekonferenz auf halb acht an, damit genug Zeit für diese Anrufe blieb.

GEORGE BUSH

Meine erste Reaktion war, mich auf eine sehr aktive Telefondiplomatie zu verlassen – je nachdem, wie die Dinge sich entwickelten. Das war kein blinder Aktionismus, sondern eine Maßnahme, andere Länder darüber informiert zu halten, was wir taten – insbesondere unsere Verbündeten, aber auch jene, die normalerweise nicht an vorderster Front standen. Meine Botschaft war, daß wir den Putsch nicht akzeptieren durften.

Ich sprach mit John Major – in erster Linie, um unsere Reaktion zu koordinieren. Er hatte so ziemlich die gleichen Informationen wie ich, und auch er wußte nicht, was aus Gorbatschow geworden war. Er stimmte darin überein, daß Janajew eine Galionsfigur zu sein schien. Einige Minuten später hatte ich François Mitterrand am Telefon. Ich erklärte, eine Stellungnahme abgeben zu wollen, um zu verkünden, daß wir weiterhin die Entwicklung zu Reformen und mehr Offenheit unterstützen würden. »Aber lassen Sie uns jede Erklärung über neue Rüstung vermeiden«, fügte ich hinzu. Mitterrand stimmte mir zu. »Wir dürfen allerdings nicht den Eindruck vermitteln, daß alles verloren ist«, sagte er. »Dieser Staatsstreich wird wahrscheinlich innerhalb einiger Tage oder Monate zusammenbrechen. Er geht gegen den Strom. Man kann ein erzwungenes Regime nur schwer über eine sich ändernde Nation stülpen. Das wird nicht funktionieren.« Er erklärte, daß wir zu unseren Prinzipien stehen sollten, und fragte, ob wir von der Nachricht auch überrascht worden waren. »So ist es«, sagte ich und fügte den Kommentar an, den Scowcroft mir gegenüber gemacht hatte: »Genauso wie Gorbatschow.«

Unser stellvertretender Gesandter in Moskau, Jim Collins, der die Botschaft kommissarisch leitete, während er auf die Ankunft des neuen Botschafters Bob Strauss wartete, sagte mir, daß er dem russischen Weißen Haus, der dortigen Regierungszentrale, einen Besuch abgestattet habe – Jelzin hätte er aber nicht zu sehen bekommen. Er wußte kaum mehr über den Putsch als wir. Ich rief dann

Helmut Kohl an: »Ich will hoffen«, sagte der, »daß die neuen Machthaber klug genug sein werden und wissen, daß es keinen Rückfall in eine frühere Politik geben kann.« Was auch immer geschehe, alle internationalen Vereinbarungen, die Abrüstung und die Rüstungskontrolle betreffend, mußten weiterhin Bestand haben. Die Sowjets könnten Hilfe nur erwarten, wenn sie die Menschenrechte respektierten. Er sagte, daß wir alle großen Respekt für Gorbatschow hätten. »Als Deutscher weiß ich alles, was er für uns getan hat, zu würdigen.«

BRENT SCOWCROFT

Wir hatten die Pressekonferenz an dem üblichen Platz angesetzt: auf der Wiese vor dem kleinen Haus in Walkers Point, in dem sich das Büro des Präsidenten befand. Kurz bevor die Konferenz beginnen sollte, ging als Vorläufer des Hurrikans ein heftiger Regen nieder. Leider gab es keinen geeigneten Raum im Inneren der Häuser. Wir mußten schließlich in ein kleines Zimmer in dem Gebäude gehen, in dem der Geheimdienst untergebracht war. Das Pressekorps zwängte sich mit regennassen Kleidern in das Zimmerchen mit den beschlagenen Fenstern.

Der Präsident erklärte, daß wir nur wenig Details der Ereignisse wußten, die er als »verfassungswidrig« und »beunruhigend« bezeichnete. Er rühmte Gorbatschow und sagte, daß er mit wichtigen ausländischen Staatsmännern in Kontakt stand. »Ein Putsch kann auch fehlschlagen«, sagte er. Wir konnten jetzt noch nicht feststellen, ob dieser hier erfolgreich sei. Er wolle nichts sagen oder tun, was die Geschehnisse gutheißen könnte. Dieser nur vorsichtig negativen Wertung folgte eine Stellungnahme, in der die Putschisten scharf verurteilt wurden und die Widerstand ankündigte, sobald wir ermittelt hatten, daß der Umsturz noch nicht ganz vollendet war. Dazu gehörte unter anderem eine Erklärung, die Jelzins Aufruf unterstützte, es sollten »die legal gewählten Staatsorgane wiederhergestellt und der Präsident der UdSSR, M. S. Gorbatschow, wieder in sein Amt eingeführt werden«. Wie sich herausstellte, war der Präsident der erste ausländische Staatschef, der Jelzin öffentlich unterstützt. Der russische Präsident sagte später oft, er habe das nie vergessen.

GEORGE BUSH
Aus dem Tagebucheintrag vom 19. August 1991

Die Fragen waren zum größten Teil in Ordnung; etwa: »Warum wurden Sie davon überrascht?« Es werden sich eine Menge Leute die Köpfe heißreden und unsere Politik analysieren, aber meines Erachtens wird dadurch unsere Politik, mit Gorbatschow zu arbeiten, total unterstützt. Hätten wir Gorbatschow den Teppich unter den Füßen weggezogen und uns Jelzin zugewandt, hätten wir militärische Übergriffe erleben können – viel schlimmer als das, was wir jetzt erleben. Davon bin ich überzeugt. Ich denke, wir müssen darauf achten, daß der Fortschritt, den wir unter Gorbatschow erzielt haben, nicht verlorengeht.

Ich spreche von Osteuropa, ich spreche von der deutschen Wiedervereinigung, ich spreche davon, daß die sowjetischen Truppen aus den Staaten des Warschauer Pakts abziehen und sich der Pakt selber auflöst. Sowjetische Kooperation im Mittleren Osten ist natürlich enorm wichtig, und die kriegen wir jetzt vielleicht nicht mehr. Wer weiß das schon?

Ich rief Toshiki Kaifu kurz vor neun Uhr an, und einige Minuten später hatte ich ein längeres Gespräch mit Brian Mulroney. Ich gestand, daß wir wirklich kaum etwas über die Lage wußten. »Es sind die Betonköpfe, Pugo, Krjutschkow, Jasow, Pawlow. Wir sind uns nicht sicher, wo Moissejew ist. Es gibt Gerüchte, daß er an die Krim geflogen ist, um Gorbatschow die Neuigkeiten beizubringen.« Ich erinnerte mich an meine Unterhaltung mit Janajew, als er in der Sowjetunion einige Wochen zuvor mein Gastgeber gewesen war. »Wir waren genauso überrascht wie alle anderen«, fügte ich hinzu. »Die Presse sagt, es war eine Panne der Geheimdienste.« Das war ein typischer Vorwurf: Immer wird erwartet, daß jedes Komplott, jeder Plan, jeder Zug, erfolgreich oder nicht, von den »Diensten« vorausgesehen wird. Gleichzeitig greifen uns manche Reporter wegen des puren Vorhandenseins der Dienste an, als sei daran etwas unmoralisch oder als würden sie nicht länger gebraucht.

»George«, sagte Mulroney, »da ist ein Punkt, da werden Sie vermutlich die Kritik für uns alle einstecken müssen. Man wird sagen: Wenn ihr alle in London etwas großzügiger gewesen wäret, dann hätte das alles nicht passieren müssen.« Er erinnerte mich an ein

Gespräch während des G-7-Gipfels. »Sie erinnern sich vielleicht daran, daß ich mich beim Essen an Helmut Kohl wandte und zu ihm sagte: ›Sollte Gorbatschow in einem Monat gestürzt werden, und die Leute beschweren sich später, daß wir nicht genug getan haben – ist es danach richtig, was wir hier vorschlagen?‹ Er sagte: ›Absolut.‹ Es gab keine grundsätzlichen Alternativen zu der Entscheidung in London.« Kohl hatte sich erst kürzlich in Kiew mit Gorbatschow getroffen und uns allen versichert, daß die Hilfe und Anerkennung, die wir Gorbatschow gegeben hatten, genau das war, was er wollte und auch brauchte.

Ich erinnerte mich an das Gespräch. »Ich werde dafür Prügel einstecken müssen, daß wir uns zu sehr an Michail Gorbatschow gehalten haben«, sagte ich. »Ich werde klarmachen, daß es verdammt richtig war, wenn man sich all die Veränderungen ansieht, die es gegeben hat. Und wenn wir ihm den Boden unter den Füßen weggezogen hätten, dann wäre es schon früher zu einem Umsturz gekommen.«

»Zweifeln Sie daran, daß er gestürzt worden ist, weil er uns zu nahe stand?« fragte Mulroney.

»Ich denke, daran gibt es keinen Zweifel«, sagte ich. »Es wird interessant sein zu hören, was die neuen ›Führer‹ sagen. Zuerst haben sie behauptet, er hätte Gesundheitsprobleme. Vielleicht sollte das heißen, daß Gorbatschow seine Krallen nicht zeigen wollte. Aber wichtiger sind das wirtschaftliche Chaos und die Misere und für diese Leute sicher auch der Verfall der Kommunistischen Partei. Es sind Betonköpfe, und sie müssen mit ansehen, wie die Partei, ihr Lebenselixier, und der KGB, der immer die unsichtbare Hand im Hintergrund war, untergraben und bedroht sind.«

Mulroney fragte mich, ob ich glaubte, daß die in den nächsten Tagen anstehende Unterzeichnung des Unionsvertrages eine Rolle gespielt habe. Er nahm an, daß die geplante Rückkehr Gorbatschows aus dem Urlaub zur Unterzeichnung des Vertrages den Traditionalisten den »Todesstoß« versetzt hätte und daß dies vermutlich den Putsch heraufbeschworen hatte. Ich war mir darin nicht so sicher, aber es war gut möglich. »Jelzin ist da draußen auf der Straße, steht auf einem Panzer und fordert, daß der Putsch rückgängig gemacht wird«, fügte ich hinzu. »Das muß man ihm lassen, er hat wirklich Mut.«

Aus dem Tagebucheintrag vom 19. August 1991

Ich stelle mir Gorbatschow selbst bei seinem Urlaub auf der Krim vor. Seinen Humor, seine Courage. Ich frage mich, wie es ihm geht, wo er ist, wie er behandelt wird. Ich denke an die alte Garde des Militärs, besonders Jasow, der bei allen unseren Treffen in der Sowjetunion immer nur genörgelt hat. Jasow trinkt viel und beschwert sich am Tisch bei John Sununu und anderen, daß alles nur schlecht ist.

... Die Live-Bilder auf CNN sind trostlos. Stoßstange an Stoßstange stehen die Panzerwagen in Moskau. Panzer sind auf den Straßen. Und dann Berichte, daß der Kreml von tausend Leuten abgesperrt wird. Es gab eine offizielle Erklärung, daß sie die internationalen Vereinbarungen einhalten wollen – eine Frage, welche die baltischen Staaten jetzt in Angst und Schrecken versetzt hat. Landsbergis, der es mit Gorbatschow weiter getrieben hat als alle anderen, ruft jetzt um Hilfe. Das wird sich jetzt kaum machen lassen. Auch in der restlichen Sowjetunion wird es mit Hilfe und Unterstützung jetzt schwierig werden, wenn man unter Unterstützung militärisches Eingreifen versteht. Die Linken, die von uns wollten, daß wir Gorbatschow fallenlassen und uns mit Jelzin beschäftigen, werden sich jetzt ein paar neue Gedanken machen müssen.

Jelzin fordert, daß Gorbatschow wieder ins Amt eingesetzt wird. Interessant. Unsere Rechten haben gesagt, vergeßt Gorbatschow. Aber er hat eine gewisse Stabilität garantiert, und jetzt scheint sogar er, der gewandteste und praktischste von allen Reformern, in den größten Schwierigkeiten zu stecken. Gott weiß, was mit den anderen passieren wird. Natürlich müssen wir unsere Unterstützung für die Reformkräfte deutlich machen. Gorbatschow, Jelzin, Schewardnadse und die anderen, die mir alle erst kürzlich gesagt haben, daß die Veränderungen nicht mehr umkehrbar sind. Wir werden es bald wissen.

Im Laufe des Tages erhielten wir einen Brief von Janajew, der über den sowjetischen Botschafter Viktor Kompletkow in Washington an Eagleburger und Gates übergeben worden war. Die Verschwörer erklärten die »offiziellen« Gründe ihres Putsches:

> »Es ist eine Situation der Unkontrollierbarkeit mit zu vielen Machtzentren entstanden. Dies kann nur weitverbreitete Unzu-

friedenheit in der Bevölkerung zur Folge haben. Es bestand auch eine ernste Gefahr des Zerfalls des Landes und des Zusammenbruchs des gemeinsamen Wirtschaftsraumes, des gemeinsamen Rechtsraumes, der gemeinsamen Verteidigung und der gemeinsamen Außenpolitik. Ein normales Leben ist unter diesen Umständen nicht möglich. Es hat in vielen Gegenden der UdSSR als Folge ethnischer Konflikte Blutvergießen gegeben. Ein Zerfall der UdSSR würde die schwersten Folgen nicht nur für unser Land haben, sondern auch im internationalen Rahmen. Unter diesen Umständen blieb uns keine andere Wahl, als beherzte Maßnahmen zu ergreifen, um diese Katastrophe zu verhindern.«

Janajew versicherte, daß das neue Regime die Reformen Gorbatschows fortführen würde und alle internationalen Vereinbarungen in Kraft blieben.

Tagebucheintrag vom 19. August 1991

… Ich habe beschlossen, Strauss zurück nach Washington zu rufen und selber dorthin zu fahren, um ihm morgen im Oval Office den Eid abzunehmen und loszuschicken. Jim Baker spricht mit ihm und schickt ein Flugzeug, um ihn abzuholen. Sie kommen heute nacht an. Und währenddessen haben wir natürlich noch den Hurrikan, der hier tobt.

Jelzin ruft zu einem Streik auf, und wir müssen ruhig bleiben, mit den Verbündeten Kontakt halten und alles tun, was wir können, um den Militärputsch rückgängig zu machen. Wir haben natürlich nur wenige Optionen.

Im Moment sorge ich mich um das Baltikum. Es wird Forderungen geben, Landsbergis militärisch zur Seite zu stehen. Wir hören, daß Estland vom sowjetischen Militär übernommen worden ist, Radio und Fernsehen in Litauen unter der Kontrolle der sowjetischen Armee stehen. Also haben wir einige große Probleme, die auch hier zu Hause Wellen schlagen werden … Das beste in Zeiten wie diesen sind Ruhe, Entschlossenheit und Prinzipientreue. Sich nicht zu knalligen Aussagen hinreißen lassen. Sehen, wie es weitergehen kann …

In der *Air Force One* auf dem Rückflug nach Washington hatte ich wieder John Major am Telefon … Major überlegt, ob wir ein

NATO-Ministertreffen brauchen. Ich habe Vorbehalte, daß dies so aussieht, als würden wir militärisch mobil machen, daß wir eine militärische Bedrohung für den Westen erwarten. Wenn es so scheint, als ob die NATO sich auf den Ernstfall vorbereitet, könnte es Forderungen der baltischen Führer geben (die es vielleicht sowieso geben wird), wir sollten sie mit Truppen unterstützen. Das wäre verdammt noch mal das letzte, was wir brauchen. In so eine Konfrontation verstrickt zu werden. Jelzin will, daß wir vor die UNO gehen und unsere Unterstützung für die Reformen bekunden. In der Art können und werden wir viel tun.

Der spanische Premierminister Felipe González und andere stimmten uns zu, daß es zu früh war, von militärischem Einschreiten zu sprechen oder sogar einen solchen Schritt vorzubereiten. Ich sprach mit Václav Havel und Lech Walesa, und beide hatten keine Angst, daß ihren Ländern eine konkrete Gefahr drohte, obwohl Havel die Lage in der Sowjetunion mit dem Prager Frühling von 1968 verglich. Jószef Antall in Ungarn fügte hinzu, dies sei einfach ein Beweis dafür, daß es richtig gewesen war, in großer Eile zu handeln, damit die sowjetischen Truppen aus seinem Land abgezogen wurden. Seine Sorge galt mehr den kommunistischen Aktivitäten in Ungarn als einer erneuten Besetzung durch sowjetische Truppen.

Tagebucheintrag vom 19. August 1991

Ich versuche, mir zu überlegen, was uns die Kritiker vorwerfen werden. Es ist schwer zu sagen, ob sie von rechts kommen werden – an Kritik von »links« glaube ich weniger. Mit »rechts« meine ich: Was werden wir jetzt mit den baltischen Staaten machen? Wie wollen wir ihre Freiheit garantieren? Der Unionsvertrag hätte morgen unterzeichnet werden sollen, und das hat vielleicht diesen Putsch ausgelöst. Die Verschwörer haben angekündigt, sie würden etwas in Sachen Wohnen, Energie und Nahrung machen – alles das, was die Leute wirklich interessiert ... Die Frage bleibt aber: Wie wollen sie das machen?

Um fünfzehn Uhr haben wir versucht, den Kreml direkt anzurufen und ihnen zu sagen, daß ich mit Gorbatschow sprechen will, aber wir kamen nicht durch.

Man kann Jelzin dabei sehen, wie er auf einem Panzer steht und mit den Leuten redet. Die Frage hier ist, ob die sowjetische Armee einlenken wird. Siebzig Prozent haben ihm bei den letzten Wahlen ihre Stimme gegeben – die Russen. Er hat erklärt, daß er jetzt in Rußland alle Funktionen ausüben muß. Wie wird das den bösen Jungs gefallen, den Putschisten?

... Wenn wir heute nacht einen Kommentar abgeben sollten, würde ich sagen: »Herr Gorbatschow, ich hoffe, daß es Ihnen gutgeht. Ich hoffe, daß man Sie nicht schlecht behandelt. Sie haben Ihr Land ganz phantastisch geführt. Sie sind von links und von rechts attackiert worden, aber Sie verdienen enorme Anerkennung. Zum Teufel – wir wissen nicht, was passiert ist, wo Sie sind, wie es Ihnen geht. Aber es war richtig, Sie zu unterstützen, und ich bin stolz, daß wir es getan haben. Es werden jetzt viele Gestalten im Fernsehen den Mund aufreißen und uns sagen wollen, was alles falsch war, aber Sie haben das Richtige getan, waren stark und gut für Ihr Land. Ich mag Sie, und ich hoffe, daß Sie wieder an die Macht kommen werden, auch wenn ich da skeptisch bin. Ich kenne Ihre Frau nicht besonders gut, aber ich denke auch an Sie und Ihre Familie. Ich mochte Janajew, als ich ihn getroffen habe, aber wenn ich jetzt zurückdenke und in meiner Erinnerung die Mosaiksteinchen zusammensetze, dann fällt mir ein, wie er sich an die kommunistische Doktrin geklammert hat. Ich stimme mit Antall in Ungarn überein, daß er eine Marionette ist und andere die Fäden ziehen. Ich sitze hier an einem Abend, an dem Kennebunkport von den Kräften der Natur von der Außenwelt abgeschnitten worden ist (wenn auch nicht so schlimm), und ich sehe, daß Sie von den Kräften der Machtpolitik abgeschnitten worden sind. Hören Sie nicht auf die Extremisten in Ihrem Land, Michail. Wir unterstützen Sie, und es war richtig, Sie zu unterstützen.«

Am nächsten Tag, bevor ich Robert Strauss im Weißen Haus den Eid als Botschafter in der Sowjetunion abnahm, versuchte ich, Boris Jelzin anzurufen, und sehr zu meinem Erstaunen kam er ans Telefon. Ich fragte ihn, was los sei. »Die Situation ist sehr komplex«, antwortete er und fuhr fort:

> »Präsident Gorbatschow befindet sich in Foros auf der Krim. Er ist völlig abgeschnitten, es gibt keine Möglichkeit, ihn zu errei-

chen. Präsident [sic!] Janajew hält sich an die Formulierung, daß Gorbatschow krank ist, aber das ist nicht bestätigt. Im wesentlichen hat eine Gruppe von acht Leuten die Präsidentschaft übernommen und den Ausnahmezustand über das Territorium Rußlands und das Baltikum verhängt. Es sind Truppen in Moskau einmarschiert, nicht nur in der Stadt selber, sondern im ganzen Distrikt und den umliegenden Städten. Allein diese Anweisungen zeigen schon, daß es sich bei dieser Gruppe um nichts anderes als eine rechtsgerichtete Junta handelt. Ich bin vor die Leute und die Soldaten getreten und habe gesagt, daß diese Handlungen verfassungswidrig sind, illegal und sie daher auf russischem Territorium keine Gültigkeit haben.

Das Gebäude des Obersten Sowjet und des Präsidentenbüros ist umstellt, und ich rechne jeden Augenblick damit, daß es gestürmt wird. Wir sind seit vierundzwanzig Stunden hier. Wir werden nicht abtreten. Ich habe an die hunderttausend Leute, die draußen stehen, appelliert, die legal gewählte Regierung zu verteidigen.

Im Grunde ist das ein rechtsradikaler Putsch; jeder einzelne der Putschisten ist wohlbekannt. Sie wollen die demokratisch gewählte Führung von Rußland, Leningrad, Moskau und anderen Städten stürzen. Heute morgen habe ich an Lukjanow, dem Vorsitzenden des Obersten Sowjet, zehn Forderungen gestellt. Die erste war, daß ich mit Gorbatschow sprechen will.«

Jelzin bat mich, auch ich solle verlangen, mit Gorbatschow zu telefonieren, und die Staatsmänner der Welt aufrütteln. Er hatte zu einem Streik aufgerufen, und praktisch alle Fabriken und Betriebe standen still. »Wir werden unsere Forderungen weiter stellen, bis das Komitee rausgeworfen ist und sich vor Gericht verantworten muß. Wir werden unsere Hoffnung und unseren Glauben nicht verlieren – es sei denn, sie greifen zu den extremsten und blutigsten Maßnahmen. Natürlich ist ein verwundetes Tier besonders gefährlich, und wir können uns nicht ganz sicher sein, daß sie nicht zu extremen Mitteln greifen.« Ich sagte Jelzin, daß er unsere volle Unterstützung für eine Rückkehr von Gorbatschow und der legitimen Regierung hat. Ich erklärte, daß ich am Vortag versucht hatte, Gorbatschow anzurufen, aber nicht durchkommen konnte. Mir gefiel aber die Idee, öffentlich zu verkünden, daß ich mit ihm sprechen wollte.

»Hier passiert alles so schnell, daß wir morgen abend noch einmal telefonieren sollten«, sagte Jelzin. »Es ändert sich buchstäblich stündlich.«

»Das mache ich gerne«, sagte ich. »Ich hoffe, daß die Leitungen nicht getrennt werden.« Ich fügte hinzu, daß ich auch bereit sei, Janajew anzurufen, aber daß ich nichts tun wollte, um das Regime zu legitimieren.

»Nein, völlig richtig, das sollten Sie nicht tun«, sagte Jelzin schnell. »Ein offizieller Anruf von Ihnen würde sie legitimieren. Wir haben versucht, einige Leute auf die Krim zu Gorbatschow zu schicken, aber er ist von drei Reihen bewaffneter Wächter und vom KGB abgeschirmt.«

»Wir werden weiter versuchen, ihn zu erreichen«, antwortete ich. »Wir haben nicht viel Hoffnung, aber das legitimiert Gorbatschow als Regierung.«

BRENT SCOWCROFT

Ich erinnere mich daran, daß Jelzin am Ende dieses Telefonats (vielleicht war es auch das vom nächsten Tag) sagte, er könne am Ende der Straße die Panzer hören, die sich auf das Parlamentsgebäude zubewegten. Er sagte, er müsse jetzt gehen und dies sei vielleicht das letzte Mal, daß wir von ihm hörten. Natürlich haben die Panzer nicht den Palast gestürmt, aber diese dramatische Einlage war typisch für Jelzin.

GEORGE BUSH

Es war, wie Jelzin gesagt hatte, eine phänomenal komplexe Situation. Ich war entschlossen, sie so zu handhaben, daß wir nicht in einen Krieg verwickelt wurden, aber zu unseren Prinzipien von Demokratie und Reform standen.

Am nächsten Morgen – es war Mittwoch, der 21. August – telefonierte ich wieder mit Jelzin. Er klang etwas zuversichtlicher, aber noch nicht siegesgewiß. »Wir haben die letzten zwei Tage hier im Parlamentsgebäude gesessen und das Gelände nicht verlassen«, sagte er etwas melodramatisch. »Herr Präsident, ich möchte Ihnen sagen, daß ich Gespräche mit Krjutschkow und dem Militär gehabt habe und die Truppen aufgehalten worden sind. Zehntausende von Leuten haben sie daran gehindert, das Parlamentsgebäude zu stürmen.« Er berichtete, daß der Russische Oberste Sowjet einstimmig erklärt hatte, daß der Putschversuch illegal sei und keine Auswirkungen auf russisches Gebiet habe. Alle Dekrete und Handlungen Jelzins als Präsident von Rußland hätten Unterstützung gefunden. »Sie haben mir auch zusätzlich die Erlaubnis erteilt, alle lokalen Amtsträger ihres Amtes zu entheben, wenn sie die Junta unterstützen.«

Jelzin sagte, Krjutschkow habe vorgeschlagen, auf die Krim zu fliegen und Gorbatschow zu treffen. Der Russische Oberste Sowjet habe ihm dies aber aus Sicherheitsgründen nicht erlaubt. Statt dessen hatte man Premierminister Iwan Silajew und Vizepräsident Alexander Rutskoi geschickt. Primakow und Vadim Bakatin waren auch unterwegs:

> »Ich versuche, mit [dem ukrainischen Präsidenten Leonid] Krawtschuk zusammenzuarbeiten, damit sie abgefangen werden, in Simferopol auf der Krim landen müssen und nicht früher zu Gorbatschow gelangen können. Jetzt fliegen also drei Flugzeuge um die Wette dorthin – alle versuchen, zuerst dort zu sein.
>
> Die Gefahr einer Belagerung besteht noch immer. Der Bataillonskommandeur der Lufteingriffskräfte hat sich geweigert, den Befehlen des Verteidigungsministeriums zu folgen, und sich auf die russische Seite geschlagen. Auf meinen Befehl hin hat er Moskau mit seinen Truppen verlassen und ist in seine Kaserne zurückgekehrt. Eine Truppe um meinen stellvertretenden Premierminister hält sich an einem sicheren Ort in der geographischen Mitte Rußlands auf – wenn mir etwas geschehen sollte, dann wird die Führung Rußlands intakt bleiben.
>
> Gestern abend haben auch Krawtschuk und [der kasachische Präsident] Nazarbajew berichtet, daß sie sich entschieden haben, die Entscheidungen der Junta zu ignorieren. Zehntausende von Moskowitern schirmen noch immer das Regierungsgebäude ab. Und auf meinen Befehl hin ziehen sich alle Truppen und Panzer aus der Peripherie von Moskau zurück. Es gibt aber noch KGB-Truppen und die Speznaz-Eliteeinheiten der Armee, die meinem Befehl nicht folgen und uns angreifen könnten. So sieht die Lage zur Stunde aus.«

Ich fragte Jelzin, ob Krawtschuk mit ihm zusammenarbeiten würde, um die fünf Mitglieder der Putschisten davon abzuhalten, Gorbatschow zu treffen. Er war sich nicht sicher, obwohl Krawtschuk gesagt hatte, daß er alles Mögliche versuchen würde. »Diese Flugzeuge sind allerdings gerammelt voll mit Sicherheitskräften. Krawtschuk hat versprochen, daß die Fluglotsen in der Ukraine sie in Simferopol landen lassen würden, und nicht da, wo Gorbatschow ist. Ich bin mir aber nicht sicher, weil es noch andere technische Probleme gibt.«

»Kann irgend jemand in der UdSSR mit Gorbatschow in Kontakt treten?« fragte ich.

»Nein«, antwortete er, »auch ich habe es heute mehrfach versucht. Man braucht einen besonderen Zugangsapparat. Wir bekamen von den Telefonisten gesagt, daß wir nicht einmal einen seiner Assistenten erreichen können. Entweder kommen wir nicht durch, oder sie schirmen uns ab. Von Gorbatschows Wächtern haben wir erfahren, daß es ihm gesundheitlich gutgeht und er entschlossen ist, keines der Dokumente zu unterzeichnen, mit denen er seine Macht auf jemand anders übertragen würde. Wenn wir die Leute nicht auf der Krim abfangen können, dann tun wir es hier, wenn sie nach Moskau zurückkommen. Wir sind darauf vorbereitet. Ich kann Ihnen jetzt über diese Telefonleitung keine Details geben.«

Ich fragte, was aus den anderen Putschisten geworden war. Insgeheim hoffte ich, daß Moissejew Abstand genommen hatte. Jelzin erzählte mir, daß Lukjanow scheinbar auf dem Rückzug sei und er es so aussehen ließ, als ob er nie etwas mit den Putschisten zu tun gehabt hatte und alle verfassungsmäßigen Maßnahmen voll unterstützte. Die drei in Moskau verbliebenen Anführer leiteten den Putsch von dort weiter. »Pawlow liegt im Krankenhaus im Bett«, fügte er hinzu.

»Ist er wirklich krank?« fragte ich.

»Nein, es ist eine diplomatische Krankheit«, antwortete Jelzin.

Ich überlegte, ob Bessmertnych, der ein Beamter war, wieder im Amt war. Jelzin spottete: »Ja, aber er gibt sich in stiller Neutralität.«

Gab es sonst noch etwas, was wir tun konnten? Jelzin sagte, ihm fiele auch nichts weiter ein, wie wir technisch oder sonstwie helfen konnten – abgesehen davon, die schlimme Lage publik zu machen und moralische Unterstützung und Erklärungen abzugeben. Das wichtigste Ziel war jetzt die Sitzung des Obersten Sowjet der UdSSR am 26. August. Er wollte versuchen, dort eine Resolution verabschieden zu lassen, in der die Übernahme des Komitees als illegal bezeichnet wird. Er setzte sich bei jedem Abgeordneten dafür ein, daß die Resolution angenommen wurde. Die Putschisten würden dann außerhalb des Gesetzes stehen und vor Gericht gebracht werden. Die andere Seite versuchte allerdings ebenfalls, die Abgeordneten auf ihre Seite zu bringen.

Ich fragte nach der Situation im Baltikum, das offensichtlich ein zentrales Ziel der Putschisten war. Estland hatte am Tag zuvor seine Unabhängigkeit erklärt, und Lettland tat dasselbe praktisch, während wir sprachen. Jelzin berichtete, daß dreißig Flugzeuge der Spezialeinheiten dorthin entsandt werden sollten. »Sie haben angefangen, eine Reihe von strategisch wichtigen Orten und Einrichtungen zu übernehmen. Wir versuchen, den Kommandeur der Eliteeinheiten auf unsere Seite zu bringen, damit er die Einheiten gar nicht erst dorthin schickt. Wir sprechen gerade mit ihm. Wenn wir ihn überzeugen können, wird er seine Truppen abziehen. Er ist Jasow unterstellt, dem Verteidigungsminister.«

Ich versprach, daß wir ihn weiterhin unterstützen würden. »Die ganze Welt unterstützt Sie, außer Irak, Libyen und Kuba«, sagte ich. »Die Leute geben Ihnen mehr Unterstützung, als Sie ahnen.«

»Ich werde alles tun, um die Demokratie in Rußland und der ganzen UdSSR zu retten«, sagte Jelzin dramatisch.

Kurz darauf sprach ich mit John Major. Er sagte mir, er habe gerade einen TASS-Bericht erhalten, nach dem das Komitee der Acht aufgelöst worden sei. Wir waren uns nicht ganz sicher, was das bedeutete und wer TASS die Information gegeben hatte. Es war ermutigend, aber wir wollten noch keine Erklärung abgeben, daß der Putsch vorbei war. Ich wies darauf hin, daß wir Jelzins Position nicht untergraben wollten und auf Gorbatschows Lage achtgeben mußten. Nach Majors Ansicht war die künftige Rolle Jelzins gestärkt worden und Gorbatschow vermutlich in großer politischer Verlegenheit. Wenigstens hielten sie zusammen, sagte ich zu Major. »Wenn das vorbei ist, wird die Sowjetunion vermutlich ganz anders aussehen«, fügte ich hinzu.

Tagebucheintrag vom 21. August 1991

Es ist ein stürmischer Tag in Maine. Scowcroft und ich sitzen in unserem Wohnzimmer. Immer wieder Telefonate. Ein Anruf kommt von Strauss, der uns erzählt, daß die USA gefragt worden sind, ob wir uns an einer Mission auf der Ebene der stellvertretenden Gesandten beteiligen wollen, zu einem Besuch bei Gorbatschow auf die Krim zu fliegen … Müßig, darüber nachzudenken, finde ich, denn es sieht nicht so aus, als würde das Flugzeug jemals losfliegen …

Wieder ein emotionaler Tag. Ich bin mit Freunden mit dem Boot rausgefahren – der *Fidelity.* Es hat uns auf den wilden Wogen ganz schön durchgeschüttelt. Und als wir wieder an der Pier waren, kam der Chef meiner Leibwache und sagte: »Sie haben einen Anruf von einem Staatschef.« Ich fragte: »Wer?« Er sagte: »Nun, das wollten sie am Telefon nicht sagen.« Ich ging zum Haus, ins Schlafzimmer, nahm den Anruf an: Es war Gorbatschow.

BRENT SCOWCROFT

Zu Beginn der Krise hatte ich die Armeefunker gebeten, in regelmäßigen Abständen zu versuchen, Gorbatschow zu erreichen. Schließlich gelang es ihnen am frühen Mittwoch nachmittag, völlig unerwartet. Wir mußten ihn am Apparat halten, während wir versuchten, den Präsidenten zu finden. Während Gorbatschow wartete, unterhielt er sich mit dem Übersetzer, Peter Afanasenko. »Es gibt doch einen Gott!« rief Gorbatschow. »Ich bin hier seit vier Tagen wie in einer Festung gefangen.« Afanasenko erklärte, daß es etwas dauern würde, Präsident Bush ans Telefon zu holen. »Wir haben Zeit«, sagte Gorbatschow. »Sie können sich nicht vorstellen, wie es hier zugegangen ist. Ich war völlig von der Außenwelt abgeschnitten.«

GEORGE BUSH

Als ich das Telefon abhob, sagte mir der diensthabende Offizier, daß Gorbatschow am Apparat war. »O mein Gott, das ist wunderbar«, sagte ich. »Michail!«

»Mein liebster George. Ich bin so froh, Ihre Stimme wieder zu hören«, sagte Gorbatschow.

»Mein Gott, ich bin froh, endlich mit Ihnen zu sprechen. Wie geht es Ihnen?«

»Herr Präsident«, antwortete Gorbatschow, »die Abenteurer hatten keinen Erfolg. Ich bin seit vier Tagen hier. Sie haben auf jede erdenkliche Weise versucht, Druck auf mich auszuüben. Sie hatten mich auf See- und Landwegen abgeschnitten. Meine Leibwache hat mich beschützt, wir haben der Provokation widerstanden.«

»Wo sind Sie jetzt?« fragte ich.

»Ich bin auf der Krim. Es ist erst eine Stunde her, daß ich meine Pflichten als Präsident wieder aufgenommen habe. Ich stehe wieder in dauerndem Kontakt mit den Führern der Republiken und habe das Verteidigungsministerium an Moissejew übergeben. Er darf nur meinen Anweisungen folgen. Die Truppen müssen sich aus der Stadt zu ihren normalen Standorten zurückziehen.« Er fügte hinzu, daß sich alles ausgezahlt hatte, was sie unternommen hatten, um die Beziehungen zu den Republiken zu verbessern. »Alle haben sich an unsere Grundsätze gehalten. Und der größte Widersacher gegen all diese illegalen Vorgänge war Jelzin.« Es sei eine furchtbare Tragödie gewesen, sagte Gorbatschow. »Es zeigt, daß solche Abenteurer keinen Erfolg haben können. Die Gesellschaft hat sich verändert; solche Sachen funktionieren nicht.«

Ich fragte, was aus den Putschisten geworden sei. »Einige kommen mich besuchen«, sagte er. »Ich weiß nicht, was sie in Händen haben. In den kommenden zwei Tagen muß ich all diese wichtigen Entscheidungen treffen.« Er hatte schon mit Jelzin gesprochen, der erste Anruf, den er getätigt hatte. Er dankte mir für unsere Unterstützung und sagte, er würde mich anrufen, sobald er wieder in Moskau war und die wichtigsten Fragen gelöst hatte. »Wir wollen mit Ihnen weiterkommen«, sagte Gorbatschow. »Das Ganze wird uns nicht zum Straucheln bringen. Es ist wichtig, daß dies hier von der Demokratie verhindert wurde. Das ist eine Garantie für uns. Wir werden weiter in und für unser Land arbeiten, um die Zusammenarbeit fortzuführen.«

»Das klingt ganz wie der alte Michail Gorbatschow, voller Leben und Selbstvertrauen. Wenn Sie wieder zurück sind, werden wir darüber reden, woran wir arbeiten können ...«, sagte ich.

Tagebucheintrag vom 21. August 1991

All das macht mir wieder einmal klar, wie wichtig eine Reaktion der Vereinigten Staaten ist. Wir hätten überreagieren, Truppen in

Bewegung setzen und die Leute zu Tode erschrecken können. Und wir hätten zuwenig tun können, indem wir sagen: Nun, wir arbeiten mit jedem, egal, wer da ist. Aber ich glaube, der Rat, den ich bekommen habe, war gut. Ich glaube, wir haben die richtige Balance gefunden. Sicherlich bekommen wir in diesem Fall enorme Anerkennung von den wichtigsten Politikern in der Sowjetunion.

Es ist schwer zu sagen, was mit den verschiedenen Teilnehmern des Putsches passiert. Janajew ist Geschichte, da bin ich mir sicher. Es gibt Gerüchte, daß Jasow tot ist, Selbstmord begangen hat. Gerüchte, daß Pugo und Krjutschkow unter Arrest stehen. Alles in allem noch immer eine finstere Situation …

Jelzin rief am Abend wieder an, um mir über die neuesten Entwicklungen zu berichten. Er war im Haus des Obersten Sowjet. Silajew und Rutskoi hatten Gorbatschow nach Moskau zurückgebracht, unversehrt und bei guter Gesundheit. Jasow, Pawlow und Krjutschkow waren in Gewahrsam genommen worden. Auf Jelzins Ersuchen hin hatte der Generalstaatsanwalt der Sowjetunion Ermittlungen gegen alle Verschwörer aufgenommen.

»Ich wollte Ihnen zu der Tatsache gratulieren, daß die Demokratie in unserem Land einen großen Sieg errungen hat«, sagte Jelzin. »Wir müssen zusammenarbeiten, damit sich so etwas nie wiederholen kann. Haben Sie vielen Dank für Ihre enorme Hilfe im Angesicht der ganzen Welt. Ich gratuliere Ihnen persönlich und danke dem amerikanischen Volk.«

»Mein Freund, Ihre Aktien stehen hier bei uns himmelhoch«, antwortete ich. »Sie haben Respekt für das Gesetz gezeigt und für demokratische Prinzipien geradegestanden. Gratulation. Sie waren diejenigen, die an vorderster Front waren, die auf den Barrikaden standen – wir haben nichts weiter getan, als Sie zu unterstützen. Sie haben Gorbatschow heil zurückgebracht, Sie haben ihn wieder an die Macht gebracht. Sie haben rund um die Welt eine Menge Freunde gewonnen. Wir unterstützen Sie und gratulieren Ihnen zu Ihrem Mut und zu dem, was sie getan haben. Wenn Sie nun von einem Freund einen guten Rat annehmen wollen – ruhen Sie sich aus, schlafen Sie etwas.«

Ich fragte ihn nach Moissejew. Benahm er sich richtig? »Nein, tut er nicht«, sagte Jelzin. »Wir haben ihn nicht unter Arrest gestellt.

Das muß Präsident Gorbatschow entscheiden. Meine Befehle galten nur für Jasow, Pawlow und Krjutschkow.« Pugo, einer der acht Anführer des Putsches, nahm sich das Leben, bevor er verhaftet werden konnte. Die anderen wurden später durch ein Amnestiegesetz begnadigt, das im Februar 1994 vom russischen Parlament verabschiedet wurde.

Bevor der 21. August vorbei war, wurden wir wegen unserer jüngsten Politik gegenüber der Sowjetunion bereits heftig angegriffen – man warf uns vor, wir hätten mehr tun und dem Putsch vielleicht zuvorkommen können. Mein Tagebuch von diesem und dem folgenden Tag gibt meine Reaktion wieder.

Ich kann die Gefühle nicht beschreiben, die in mir hochkamen, als es dann anfing, daß wir von links und rechts Prügel bekamen. Die Linken sagten, wir hätten mehr Geld geben sollen, dann wäre das nicht passiert. Von der Rechten hieß es, nun, wir hätten nicht so eng mit Gorbatschow zusammenarbeiten sollen ... Ich glaube, wir haben den richtigen Weg gewählt und unsere Politik hat sich gut behauptet. Ich denke, daß die Demokratie sich verfestigt hat. Gorbatschow muß auf der Hut sein, aber er braucht sich jetzt weniger um die Probleme mit der politischen Rechten zu sorgen – Militär, KGB und so weiter. Und vielleicht kommen wir zu einem Durchbruch bezüglich Kuba, Afghanistan, Baltikum etc. ...

Daß es zu dem Putsch gekommen ist, hat weniger mit Geld zu tun. Es ist viel komplizierter. Es hat mit der Union zu tun, mit der Macht der Armee, mit den Sparmaßnahmen, mit den Vorhaben für die Rüstungskontrolle, die Jasow und seinen Freunden im Hals steckengeblieben sind. Aber jetzt ist es natürlich leicht für ein paar Schlaumeier, die Dinge vereinfacht zu analysieren. Es wird Probleme im Baltikum geben ... Das Beste, was Gorbatschow tun kann, ist, sie gehen zu lassen. Ich habe ihm das gesagt, als ich mit ihm in seiner Datsche in Moskau war. Er hat jetzt offensichtlich weniger Widerstand von der Rechten, nachdem die beim Putsch verloren haben, und kann deshalb weitermachen und die baltischen Staaten loswerden. Dazu einen Plan, der eine Kompensation für die sowjetischen Interessen vorsieht und die Verteilungssysteme und die Abhängigkeit der Balten in einer formellen Weise löst.

BRENT SCOWCROFT

Wir hatten schon seit einiger Zeit befürchtet, daß es zu einem Putsch kommen könnte – seit sich die Stimmung gegen Gorbatschow sowohl in innen- als auch in außenpolitischen Fragen verschärfte. Er hatte schon etliche ernste Angriffe auf seine Autorität und seine Pläne durchgestanden, sowohl seitens der Partei als auch der Regierung. Gelegentlich schien er besorgt, aber er hatte stets großes Talent dafür gezeigt, seine Herausforderer und Widersacher auszumanövrieren und abzubügeln.

Der Zeitplan für die Unterzeichnung des Unionsvertrages war vermutlich der auslösende Faktor gewesen. Die Verschwörer haben sich vielleicht ausgerechnet, daß es zu spät sein würde, die Uhr wieder zurückzudrehen, wenn die Sowjetunion erst einmal so grundlegend verändert worden war. Die Beweislage scheint überwältigend, daß die Putschpläne als Reaktion auf die Ereignisse geschmiedet worden waren, bevor diese wirklich ausgegoren waren. Immerhin bestand die Gruppe der Putschisten aus den Führern der Organisationen, vor denen der Westen sich vierzig Jahre lang gefürchtet hatte: Militär, Sicherheitskräfte und Partei. Man kann getrost annehmen, daß die vorschnelle Reaktion der Verschwörer auf die Ereignisse die dilettantische Durchführung des Putsches ausgelöst hat – wie in einem Film der Marx-Brothers. In der Tat: In Anbetracht der Täter ist es unglaublich, daß der Putsch keinen Erfolg hatte.

Als Gorbatschow 1992 den Präsidenten besuchte, hatte er allerdings eine andere Theorie. Er erzählte, daß es ein Treffen von Teilen der Führung gegeben hatte – in jener Datsche in den Außenbezirken von Moskau, in der er sich auch mit dem Präsidenten getroffen hatte. Er war in einen bestimmten Raum manövriert worden, in dem es offenbar Abhöreinrichtungen gegeben hatte. Dort hatte er über eine Regierungsumbildung gesprochen, die er geplant hatte und bei der auch Pawlow und Krjutschkow ersetzt werden sollten. Als sie das hörten, hätten die Verschwörer reagiert, indem sie ihren Zeitplan beschleunigten.

Letztlich war es vielleicht so, daß die Aufrührer einfach das Gefühl hatten, alles bewege sich zu schnell und zu weit fort. Es schien ihnen vielleicht günstig, zu handeln, als Gorbatschow im Urlaub war. Welche Erklärung sich auch immer irgendwann als die richtige herausstellen wird – Kritiker, die behaupten, der Putsch hätte sich vermeiden lassen, wenn wir Gorbatschow in diesem Sommer mehr Hilfe hätten zukommen lassen, liegen völlig daneben. Wenn wir angekündigt hätten, neue finanzielle Mittel zu schicken, hätten sich die Umstürzler mit großer Sicherheit noch früher zum Handeln entschlossen, damit Gorbatschow daraus keine politischen Vorteile hätte ziehen können.

Auf dem Weg in die Geschichtsbücher

BRENT SCOWCROFT

Der fehlgeschlagene Putsch beschleunigte den Niedergang der zentralen sowjetischen Staatsmacht, insbesondere der Kommunistischen Partei, die weiter in Mißkredit gebracht wurde, letztlich auch von Gorbatschow selber. Es war im Windschatten von Jelzins Aufstieg auch ein Signal für die Republiken, mehr Selbstbewußtsein zu zeigen. Die enormen Auswirkungen auf die Beziehung zwischen Gorbatschow und Jelzin wurden deutlich, als Jelzin Gorbatschow am 23. August vor den Russischen Obersten Sowjet begleitete. Jelzin nutzte jede sich bietende Gelegenheit, um Gorbatschow zu demütigen und unmißverständlich klarzumachen, wer hier jetzt die Befehle gab. Gorbatschow dankte Jelzin für seine Unterstützung, und ich bin mir sicher, daß das von Herzen kam. Dann aber war er gezwungen, eine Erklärung zu verlesen, die alle Einzelheiten der Verstrickung der sowjetischen Regierung in den Putsch enthielt. Gorbatschow trug aber auch selber zu seinen Problemen bei, indem er auf einer Pressekonferenz nach seiner Rückkehr nach Moskau einen lahmen Versuch unternahm, den Kommunismus zu verteidigen und zu verkünden, daß er doch noch in eine positive Kraft umgewandelt werden könne. Dieser Auftritt zeigte, wie sehr er den Kontakt zur aktuellen Realität verloren hatte, und entlarvte auch seine ideologische Einstellung. Die Zeichen waren unmißverständlich: Die Ära Gorbatschow war vorbei.

GEORGE BUSH

Obwohl Jelzin sehr korrekt gehandelt hatte, als er Gorbatschows Rückkehr an die Macht forderte, fand ich sein Verhalten nach dem Putsch ziemlich rauh. Ich wußte, daß die beiden sich nicht besonders gut leiden konnten, aber gelegentlich behandelte Jelzin den politisch geschwächten Gorbatschow mit purer Verachtung. Er hatte die Oberhand gewonnen und begann, etwas abzuheben. Er hätte ein wenig »netter und sanfter« sein können, als Gorbatschow von der Bühne gedrängt wurde. Nichtsdestotrotz hatte der Putsch aus diesen früheren Widersachern unerwartete Verbündete gemacht, als es darum ging, die Kontrolle wiederherzustellen und die Opposition davon abzuhalten, sich wieder zu organisieren.

Die Ereignisse, die in der Woche nach dem Putsch stattfanden, waren kaum zu glauben. Verständlicherweise gab es eine Bereinigung in den Kreisen, die Gorbatschow am nächsten standen, nicht nur unter den direkten Verschwörern. Es wurde für mich nie ganz klar, wie viele von diesen Auswechslungen er selbst vornehmen wollte und wie viele auf Jelzins Initiative hin erfolgt waren. Gorbatschow schien bei einigen der ranghöheren Verschwörer zu zögern, sie zu bestrafen, und er hatte Moissejew noch kurze Zeit behalten. Wir hörten bald, daß Jelzin ihn gezwungen hatte, seinen einstmals so vielversprechenden jungen General zu feuern. Um Jasow tat es mir weniger leid, ich fand ihn nicht besonders sympathisch. Ich empfand jedoch eine große Trauer über den Selbstmord von Marschall Sergej Achromejew. Achromejew hatte irgendwie den Putsch unterstützt, wenn er auch offenbar keine direkte Rolle darin gespielt hatte. Er war ein ehrbarer und ehrlicher Berufssoldat, der, wie er einmal zu Scowcroft gesagt hatte, die Zerstörung all dessen mitansehen mußte, was in seinem Leben bisher einen Wert dargestellt und wofür er gearbeitet hatte. Andere bekannte Gesichter wurden ebenfalls entlassen: Gorbatschow entfernte Alexander Bessmertnych, weil er dem Putsch keinen Widerstand geleistet hatte. Es wurde behauptet, daß der Außenminister Anweisung an alle Botschaften geschickt hatte, die Aktion zu unterstützen. Er wurde zunächst durch Boris Pankin ersetzt, den sowjetischen Botschafter in der Tschechoslowakei. Im November allerdings überredete Gorbatschow schließlich Eduard Schewardnadse zur Rückkehr in dieses Amt. Gorbatschow feuerte auch den gesamten Ministerrat und ordnete an, daß der KGB reorganisiert wurde.

Gleichzeitig fing er an, Maßnahmen gegen die Parteiführung zu ergreifen, die in vielen Fällen den Putschversuch unterstützt hatte. Teilweise mag das dem echten Wunsch entsprungen sein, die Partei zu säubern und zu reformieren, aber auch in diesem Fall schien er von Jelzin gedrängt zu werden. Jelzin schritt auch selber ein, schloß das Hauptquartier des sowjetischen Zentralkomitees, verbot Verlautbarungen und Schriften der Partei und suspendierte sogar die Russische Kommunistische Partei. Am 24. August rief Gorbatschow mich an, um mir zu sagen, daß er als Generalsekretär der Partei zurücktreten werde (obwohl er Parteimitglied blieb) und die Regierung angewiesen habe, das Parteivermögen einzuziehen. Als er dies am nächsten Tag öffentlich verkündete, sagte er auch, daß sich das Zentralkomitee sich auflösen sollte, und er rief dazu auf, eine neue Partei zu bilden. Einige Tage später verbot das sowjetische Parlament alle Aktivitäten der Kommunistischen Partei. Trotz dieser erwünschten Entwicklung glaubte ich, daß ein gewalttätiger Konflikt weiterhin nicht ausgeschlossen war. Wenn Jelzin und seine Mitstreiter, den Geschmack des Sieges auf der Zunge, ihre neuen Gesetze und politischen Programme allzu dreist durch das sowjetische Parlament peitschten, dabei die jetzt eingeschüchterten Betonköpfe genug provozierten, diese sich wieder sammelten und über die Stränge schlugen – dann konnte es noch mehr Schwierigkeiten geben.

Die Republiken nutzten den Tumult, um ihre Bemühungen nach Unabhängigkeit von der Sowjetunion weiter voranzutreiben. Estland und Lettland hatten während des Putsches ihre Unabhängigkeit erklärt, Litauen hatte die Erklärung von 1990 bekräftigt, und am 24. August stimmte das ukrainische Parlament für die Unabhängigkeit (was in einem Referendum am 1. Dezember vom Volk bestätigt werden mußte). Die Ukraine, die ein Fünftel der Bevölkerung der Sowjetunion repräsentierte, wollte gleichzeitig eine eigene ukrainische Währung sowie die Kontrolle über die sowjetischen Truppen innerhalb der ukrainischen Grenzen. Am nächsten Tag votierte auch Weißrußland für die Unabhängigkeit. Gorbatschow weigerte sich noch immer, die baltischen Staaten anzuerkennen, und bestand darauf, daß nur der Kongreß der Volksdeputierten dem zustimmen könnte. Aber es war eine verlorene Schlacht. Rußland hatte sie bereits anerkannt, und Jelzin drängte, daß auch wir das umgehend tun sollten.

Für sein eigenes politisches Wohl und für das der amerikanisch-sowjetischen Beziehungen hoffte ich, daß Gorbatschow den baltischen Staaten die Unabhängigkeit gewähren würde, bevor wir im Westen handelten. Je länger wir warteten, desto wahrscheinlicher wurde es, daß sich neue Spannungen aufbauten. Ich wollte den internationalen und innenpolitischen Druck auf Gorbatschow vermeiden, den eine sofortige Anerkennung durch die USA mit sich bringen würde, und auch den Eindruck, daß er und seine Mitstreiter unter Zwang handelten. Ich fand, daß dieses in der Sowjetunion klar gesagt (und verstanden) werden sollte und daß wir ihnen, was auch immer daraus werden sollte, Zeit lassen würden – viel Zeit –, um das Baltikum freizugeben. Ich hatte vor, unseren Einfluß hinter den Kulissen geltend zu machen und im stillen auf genau die Art von Veränderung zu drängen, die wir und die ganze Welt dort zu sehen wünschten. Ich wollte auch nicht, daß die zentrale sowjetische Führung sich in die Ecke oder zu einer allerletzten, aufsehenerregenden militärischen Aktion gedrängt fühlte. Ich war mir der bösartigen hartleibigen Elemente innerhalb des Landes, der Partei und der Sicherheitskräfte nie so ganz sicher gewesen, besonders wenn sie das Gefühl hatten, daß sie nichts mehr zu verlieren hatten.

BRENT SCOWCROFT

Der Präsident hatte recht: Wir standen unter enormem Druck, die baltischen Staaten anzuerkennen, und wir wurden heftig dafür kritisiert, daß wir es nicht sofort taten. Es wäre die leichteste Übung gewesen, und niemand wollte ihre Befreiung mehr als wir. Aber wir strebten eine dauerhafte Lösung der Angelegenheit an. Das konnte eigentlich nur erreicht werden, wenn die Sowjetunion die baltische Unabhängigkeit freiwillig anerkannte. Sollte der rechte Flügel jemals an die Macht kommen, könnte er die Lage viel einfacher wieder rückgängig machen, indem er behauptete, die UdSSR habe lediglich in einer politisch geschwächten Phase und unter Zwang gehandelt. Anders gesagt, hätten sie behaupten können, die Unabhängigkeit sei ungültig. Indem wir einige Tage Geduld walten ließen, bis Moskau aus eigenem Willen handelte, kamen wir der Möglichkeit zuvor, daß jemand diese Behauptung aufstellen konnte.

GEORGE BUSH

Ich bat unsere Verbündeten um etwas Zeit, bevor sie handelten, und rief dann Gorbatschow an. Ich sagte ihm, daß wir nicht mehr lange warten konnten. Ich schickte ihm ein Telegramm, daß wir die baltischen Staaten am 30. August anerkennen würden. Er fragte, ob wir bis zum 2. September warten konnten, weil der neue sowjetische Staatsrat an diesem Tag in der Angelegenheit tätig werden sollte. Ich stimmte zu. Es schien mir wesentlich besser, sie zu diesem Schritt ermutigt zu haben, als die baltischen Staaten einseitig anzuerkennen, wobei jeder wußte, daß wir das sowieso tun würden. Dennoch – dies würde Gorbatschows öffentlichem Ansehen nur einen weiteren Schlag versetzen und in der bereits geschwächten UdSSR einen weiteren Mißton erzeugen.

Tagebucheintrag vom 2. September 1991

Es ist 13 Uhr Ortszeit in Kennebunkport am zweiten September 1991. Ich sitze alleine auf unserer Terrasse. Der letzte Tag eines phantastischen Urlaubs, trotz des Durcheinanders in der Sowjetunion. Ich bin alleine hier draußen und habe gerade einen kleinen Imbiß genommen, eine Muschelsuppe – die berühmte »New England Clam Chowder« –, ein Schinkenbrot und ein Glas Sherry.

Nahebei sitzen rund vierzig Möwen auf den landnahen Felsen. Ungefähr zehn, fünfzehn Kormorane hocken abseits am Ende des Felsens, auf den ich zum Angeln steige. Es ist vielleicht der klarste Septembertag, den ich hier jemals erlebt habe. Meine Erinnerung geht zurück zum 2. September 1944: Auf den Tag genau vor 47 Jahren wurde ich über den Bonin-Inseln abgeschossen. Soviel ist seither passiert, so ungeheuer viel – in meinem Leben und in der Welt.

Heute habe ich eine Pressekonferenz gegeben. Ich habe die baltischen Staaten anerkannt. Ich rief die Präsidenten von Estland und Lettland an, mit Landsbergis in Litauen hatte ich schon vor ein paar Tagen telefoniert. Ich habe ihnen gesagt, was wir tun würden. Ich erklärte, warum wir ein paar Tage länger gewartet haben. Ich hatte versucht, die Macht und das Prestige der Vereinigten Staaten nicht dazu zu nutzen, uns in Positur zu werfen und als erste an Bord zu springen, sondern dazu, Gorbatschow dazu zu bewegen, schnelle Schritte in Richtung der Befreiung des Baltikums zu ergreifen. Gestern gab er eine Stellungnahme in dieser Richtung ab, und heute wurde eine »Zehn-plus-Eins«-Vereinbarung diskutiert, nach der die verschiedenen Republiken berechtigt sind, ihre Beziehungen zur Zentralgewalt selber zu bestimmen – also alles in Ordnung, wenn die baltischen Staaten gehen wollen.

Das Schicksal der Union war nun ungewiß. In den Tagen nach dem Putsch trat der Kongreß der Volksdeputierten zusammen, um die Folgen des Aufstandes abzuschätzen. Am 5. September stimmten die Abgeordneten dafür, die »Souveränitätserklärungen und Unabhängigkeitsbeschlüsse, die von den Republiken verkündet worden sind, anzuerkennen«, obwohl die volle Unabhängigkeit noch von mehreren Punkten abhing: von Gesprächen mit der Sowjetunion über die technischen Aspekte, von der Unterzeichnung der Menschenrechtskonventionen durch die Republiken und einer Vereinbarung über den Beitritt zum Atomwaffensperrvertrag und der KSZE. Der Kongreß sprach sich für eine neue Konföderation von souveränen Staaten aus und setzte eine Übergangsregierung ein, bis die Einzelheiten und ein Vertrag ausgehandelt waren. Es sollte einen Staatsrat der Präsidenten aller Republiken (jedenfalls jener Republiken, die sich für den Verbleib in der neuen politischen Union entschieden) unter Vorsitz des Präsidenten der UdSSR geben, der als Regierung fungieren sollte und alle gemeinsamen politischen Entscheidungen koordinierte; ein Wirtschaftskomitee zur Vermittlung zwischen den Republiken; und einen verbesserten Obersten Sowjet aus zwei Kammern. Die neue Regierung würde alle bestehenden Verträge respektieren, Atomwaffen sollten unter einem zentralen Kommando bleiben, und auch die sowjetische Armee sollte bestehenbleiben, die (umgebildete) Kommandostruktur soll allerdings zwischen der Zentralgewalt und den Republiken aufgeteilt werden.

Es war noch nicht sicher, welche Republiken der neuen Union beitreten wollten oder wie das endgültige Ergebnis aussehen würde. Am 6. September genehmigte der neue sowjetische Staatsrat die Unabhängigkeit von Estland, Lettland und Litauen. Alle drei würden sich vermutlich nicht an der neuen Union beteiligen, ebensowenig Georgien und Aserbaidschan. Innerhalb weniger Wochen hatten sich alle Republiken außer Rußland, Kasachstan und Turkmenistan für die Unabhängigkeit entschieden, sie verblieben aber beinahe alle in den sowjetischen Institutionen und arbeiteten an dem neuen Unionsvertrag mit.

Bei einem Kabinettstreffen am 4. September, dem Tag nach unserer Rückkehr nach Washington, wurde diskutiert, wie die Vereinigten Staaten – insbesondere in wirtschaftlicher Hinsicht – auf die Umwälzungen reagieren sollten. Präsident Bush hielt es für keines-

wegs sinnvoll, zu beteuern, die USA könnten eine größere Rolle bei der Bestimmung dessen spielen, was in der Sowjetunion verlautbart wurde. Er fand, daß die Sowjetunion – und die Republiken – ihre Zukunft selbst definieren konnten und mußten und daß wir der Versuchung widerstehen sollten, jede neue Entwicklung zu kommentieren und darauf zu reagieren. Der Trend ging ganz klar in Richtung größerer Freiheit. Forderungen oder Erklärungen seitens der Vereinigten Staaten konnten sich als kontraproduktiv erweisen und den Widerstand der Betonköpfe in der Sowjetunion herausfordern.

GEORGE BUSH

Je länger ich der Debatte im Kabinettszimmer zuhörte, desto mehr war ich davon überzeugt, daß wir einfach nicht genug wußten, um detaillierte Hilfsprogramme zu entwerfen. Wir wollten nicht, daß die Sowjets an Hunger litten oder zuwenig Medikamente hatten. Aber was mich anging, so war ich noch immer davon überzeugt, daß das breitangelegte technische Hilfsprogramm, das wir auf dem G-7-Gipfel angekündigt hatten, nach wie vor der beste Ansatz war. Wir wurden in zweierlei Weise bereits aktiv: Erstens hatte ich angekündigt, daß die Vereinigten Staaten bei der Überwindung eventueller Engpässe in der Nahrungsmittelversorgung im kommenden Winter helfen und zu diesem Zweck Experten in die Sowjetunion entsenden würde, um den Bedarf zu klären. Zweitens wollten wir medizinische Hilfe bis zum Ende des Jahres 1992 anbieten. Wir mußten erst abschätzen können, welche Beziehung sich zwischen den Republiken und der Zentralgewalt entwickeln würde, bevor wir größere finanzielle Unterstützung anboten. Kohl und Major schlugen vor, wir sollten alle überlegen, wie wir unsere bestehenden bilateralen wirtschaftlichen Beziehungen mit der UdSSR im Hinblick auf technische Hilfe überprüfen und ausweiten konnten, um dem Land bei der Bewältigung der unmittelbaren Probleme zu helfen.

Am nächsten Tag gab es eine lange Sitzung des Nationalen Sicherheitsrates über die künftige Strategie gegenüber der Sowjetunion. Hauptthema war, ob wir die Auflösung der Union unterstützen sollten und was in Fragen der Rüstungskontrolle zu tun war – wir hat-

ten ein brennendes Interesse daran, was aus den Atomwaffen der Sowjetunion werden würde.

Präsident Bush merkte an, daß die Situation sehr komplex geworden war, nachdem die baltischen Staaten endlich frei waren, aber auch die anderen Republiken so überstürzt ihre Unabhängigkeit erklärt hatten. Es gab auch noch die Probleme der vielen kleinen Republiken innerhalb der Russischen Föderation, der anderen Republiken sowie der ethnischen Enklaven in der gesamten Sowjetunion. Sie drohten alle mit der Abspaltung. Keiner, hier wie dort, konnte sagen, wie das funktionieren sollte. Außerdem: Jelzin war jetzt ein Held, ein wirklicher Held – aber wie würde das in vier Wochen aussehen? Wir wollten nicht nur handeln, um handlungsstark zu wirken.

Cheney forderte einen aggressiveren Ansatz. Er argumentierte, daß wir mehr Einfluß hätten, als wir dachten, und wir daher gute Gelegenheiten verpaßten, wenn wir einfach nur reagierten. »Ich nehme an, daß die Entwicklungen noch lange nicht abgeschlossen sind«, sagte er. »… Es kann noch immer zu einem autoritären Regime kommen. Ich mache mir Gedanken, wie wir die Frage beantworten sollen, warum wir nicht mehr gemacht haben, wenn in, sagen wir einem Jahr, alles schiefgegangen ist …« Er schlug vor, wir sollten eine Idee von Bob Gates aufgreifen und in allen Republiken Konsulate einrichten, außerdem die humanitäre Hilfe im Auge behalten: »Wir sollten die Ereignisse anführen und steuern.« Das wäre natürlich ein kaum verhüllter Versuch gewesen, den Zerfall der UdSSR voranzutreiben. Scowcroft hielt dagegen, daß unser Hilfsprogramm auf ein starkes Zentrum hin ausgerichtet war, ebenso das der Europäer und der G7. »Das ist doch gerade ein Beispiel für überholtes Denken«, protestierte Cheney. Baker bestand darauf, daß wir weiterhin die Zentralgewalt stützen müßten. »Wir denken darüber nach, wie wir mit den Republiken verfahren sollen«, sagte er. »… Wir sollten mit den Konsulaten warten und alles tun, was wir können, um das Zentrum zu stärken. Wir müssen genau überlegen, wie wir auf den Trend zur Unabhängigkeit in den Republiken reagieren.«

»Aber was sollen wir dann jetzt mit der Ukraine machen?« fragte Cheney. »Wir reagieren nur.« Scowcroft merkte an, daß wir es, wenn alle so wie Cheney dachten, mit fünfzehn oder sechzehn unabhängigen Staaten zu tun bekommen würden. »Die freiwillige Auflösung der Sowjetunion liegt in unserem Interesse«, antwortete

Cheney. »Wenn es ein freiwilliger Zusammenschluß ist, dann wird das geschehen. Wenn die Demokratie versagt, dann ist es besser für uns, wenn wir es mit kleinen Ländern zu tun bekommen.«

»Die friedliche Auflösung der Sowjetunion liegt in unserem Interesse«, korrigierte ihn Baker. »Wir brauchen kein zweites Jugoslawien.«

Der Präsident fragte, ob wir glaubten, daß die Ukraine der neuen Union beitreten würde. »Nein«, prophezeite Cheney. »Sollen wir öffentlich dazu aufrufen?« fragte der Präsident. Cheney riet davon ab: »Unsere offizielle Haltung sollte einfach die Ereignisse kommentieren – auf der Grundlage, daß wir weiter den Wunsch haben, daß die Union erhalten bleibt und so weiter.«

Scowcroft fragte Baker, ob er die Union unterstützen würde, wenn die Alternative in Blutvergießen resultierte. »Wir sind an der friedlichen Veränderung der Grenzen interessiert, im Rahmen der Grundsätze von Helsinki«, antwortete Baker. »Aber wenn es mit der Auflösung zu Blutvergießen kommt, sollten wir die Auflösung dann verhindern?« fragte Scowcroft. Baker fand, daß wir uns an die öffentliche Führerschaft halten sollten, die bereits existierte, und sie nicht noch weiter ermuntern.

»Sollten wir nicht auf den neuen Unionsvertrag warten?« fragte Präsident Bush. »Kann man mit einer schwachen Zentralgewalt überhaupt etwas anfangen?« warf Scowcroft ein. »Kann die Zentralgewalt das Militär überhaupt kontrollieren, wenn sie keine Macht hat?« Cheney glaubte, daß wir mehr tun konnten, wenn wir wüßten, ob es diese Richtung war, in die wir unsere Politik entwikkeln wollten. Powell war sich da weniger sicher. »Wir wollen die Auflösung der alten Sowjetunion erleben«, sagte er. »Ich bin mir nicht sicher, daß das bedeuten muß, daß fünfzehn Republiken plötzlich alleine dastehen. Irgendeine Art von Staatenbund liegt in unserem Interesse. Außerdem müssen wir bilaterale Beziehungen aufbauen.«

Ein weiteres Problem waren das Schicksal, das Kommando und die Kontrolle über die Atomwaffen – die über vier Republiken verstreut waren – im Falle einer Auflösung der Sowjetunion. Scowcroft brachte diesen Punkt auf. »Ich kann gut damit leben, wo sie jetzt sind«, sagte Powell. »Die wichtigere Frage ist, wer sie hat. Jetzt hat sie die Rote Armee. Wenn die sich nach Rußland zurück-

zieht, bin ich mir nicht ganz sicher, wer die Kontrolle erhalten wird.«

Der Präsident erinnerte alle daran, daß »es wichtig ist, daß wir die Leute in dieser Sache nicht beunruhigen«. Er überlegte, ob es irgendeine Möglichkeit gab, wie wir unter diesen Umständen bei den Verteidigungsausgaben Einsparungen vornehmen und die Veränderungen zu unserem Vorteil nutzen konnten. Cheney sagte, daß das Pentagon damit anfing, seine Strategie und alle Rüstungsprogramme zu überprüfen. Eine Möglichkeit waren weitere Kürzungen bei den atomaren Kurzstreckensystemen. Vielleicht konnte man auch über das bestehende START-Abkommen hinausgehen, das wir gerade unterzeichnet hatten. Scowcroft schlug vor, wir sollten auch über die Atomtests nachdenken sowie alle Bereiche der Rüstungskontrolle. Powell fügte hinzu, wir könnten erwägen, die Notwendigkeit der erhöhten Alarmbereitschaft unserer strategischen Bomber zu überprüfen. »Eine Handvoll solcher Vorschläge würde uns wieder in die Offensive bringen«, sagte Präsident Bush. Wir mußten die Wogen glätten, bevor die Lage sich verschlechtern konnte. Er schloß die Sitzung mit der ungeduldigen Bemerkung, es müsse doch noch etwas ehrgeizigere Ziele geben, die wir anstreben könnten.

GEORGE BUSH

In den folgenden Monaten wurde die Diskussion innerhalb meiner Regierung weiterhin von der Frage dominiert, welche Entwicklung wir am meisten begrüßen würden – und wie wir den stark gestiegenen Einfluß der Reformer am besten in diese Richtung lenken konnten, solange uns das möglich war. War es besser, auf eine Reihe unabhängiger Republiken zu setzen, oder bevorzugten wir eine schwache Zentralgewalt in einer Art von Föderation, und sei sie nur aus wirtschaftlichen Gründen? Mein eigenes Gefühl sagte mir, daß die beste Lösung eine Ausbreitung war, also viele verschiedene Staaten, von denen keiner die furchteinflößende Macht der Sowjetunion haben würde. Die einzelnen Republiken brauchten aber eine Verbindung untereinander, die von einem Zentrum aufrechterhalten wurde, damit sie mit der Sanierung ihrer Wirtschaft fortfahren konnten. Es mußte ein gewisses Maß an Zusammenarbeit und Koordination gewährleistet sein, weil die Republiken wirtschaftlich so stark miteinander verbunden waren. Am allerwenigsten konnten wir jetzt gebrauchen, daß wirtschaftliche Barrieren aufgestellt wurden oder es gar zu Handelskriegen kam, wenn sich eine Republik weigern sollte, Getreide oder Energieträger an die anderen zu verkaufen.

Ich bekam, als Leonid Krawtschuk Ende September nach Washington kam, einen Vorgeschmack auf die Abneigung, die die Republiken gegen die Union hatten, und den weiten Weg, den die praktischen wirtschaftlichen Reformen noch zurücklegen mußten, um die Unabhängigkeit zu ermöglichen. Ich hatte ihn erst Anfang August in Kiew besucht, aber so vieles war seither geschehen. Krawtschuk, der lange Zeit ein Amtsträger der Kommunistischen Partei gewesen war, erklärte mir, daß die Ukraine die volle Unabhängigkeit wollte. Im Dezember stand ein Referendum an, um das Votum im Obersten Sowjet zu bestätigen, und es war gut möglich, daß Krawtschuk selber bald keinen Job mehr hatte, obwohl seine Unterstützung für Gorbatschow während des Putsches sein Ansehen bei seinem Volk verbessert hatte.

Krawtschuk erzählte mir, daß die Ukrainer mittlerweile glaubten, daß die Zentralgewalt nichts anderes tat, als ihnen das Leben schwerzumachen. Er bat um wirtschaftliche Hilfe und Investitionen und forderte, wir sollten beginnen, uns auf direktem Wege mit der Ukraine zu befassen und Moskau außen vor zu lassen. Er schien die Auswirkungen und komplexen Zusammenhänge dessen, was er forderte, nicht ganz zu begreifen. Ich wies darauf hin, daß die Ukraine zuerst ihre Handelsgesetze überprüfen und Vereinbarungen mit den anderen Republiken abschließen mußte. Wenn sie Investitionen wollten, dann mußten sie ein Klima schaffen, in dem die potentiellen Investoren wußten, mit wem sie es zu tun hatten. Außerdem mußte es für die Geschäftsleute einfacher werden, in mehreren Republiken zu operieren, nicht nur in einer.

BRENT SCOWCROFT

Obwohl ich das während des Treffens des Nationalen Sicherheitsrates nicht so plump gesagt hatte, glaubte ich, daß wir mit einer Auflösung der Sowjetunion besser dastehen würden. Wirtschaftlich gesehen war das vielleicht nicht die beste Lösung, aber ich fand, daß unseren primären Sicherheitsinteressen durch eine Auflösung am besten gedient wurde, weil dadurch die militärische

Bedrohung, der wir uns gegenübersahen, aufgespalten und verteilt wurde. Ich fand es jedoch nicht gut, wenn das die offizielle Politik der Vereinigten Staaten war. Eine solche Haltung würde auf lange Sicht beinahe zwangsläufig zu Feindseligkeit bei einem Großteil der russischen Bevölkerung führen, der überwiegenden Mehrheit in der Sowjetunion. Wir konnten, realistisch gesehen, nur sehr wenig in die eine oder andere Richtung unternehmen, um das endgültige Ergebnis zu beeinflussen. Daher erschienen die Nachteile einer öffentlichen Stellungnahme, die sich für eine Auflösung aussprach, überwältigend.

Im Außenministerium hielt man sich an Bakers Vorstellung, Einfluß in Richtung einer friedlichen Transformation zu nehmen. Dort stellten sie deshalb eine Liste von grundlegenden Prinzipien für die Unabhängigkeit auf, die ihrer Meinung nach befolgt werden sollten, um Gewalt zu verhindern und sicherzustellen, daß unsere Interessen gewahrt wurden. Baker diskutierte die Liste mit mir und stellte sie am nächsten Tag beim Treffen des Nationalen Sicherheitsrates vor. Die fünf Prinzipien waren denen ziemlich ähnlich, die wir vor der deutschen Wiedervereinigung aufgestellt hatten: Selbstbestimmung mit Hilfe demokratischer Mittel; Anerkennung der existierenden Grenzen – Veränderungen durften nur auf dem Verhandlungswege erfolgen; Achtung von Demokratie und Rechtsstaatlichkeit; Menschenrechte und Festhalten am Völkerrecht und den bestehenden internationalen Vertragspflichten der UdSSR. Später wurde noch ein sechstes Prinzip hinzugefügt: die zentrale Kontrolle der Atomwaffen und Sicherungsmaßnahmen gegen deren interne oder externe Verbreitung. Trotz dieser Liste von Prinzipien haben wir allerdings nie wirklich ein bindendes Strategiepapier der Regierung für den Fall der Auflösung der Sowjetunion entworfen. Teilweise lag das an der großen Bandbreite von Meinungen zu diesem Thema, teils aber auch an der raschen weiteren Abfolge der Ereignisse und den Bedenken einiger in der Regierung hinsichtlich der Ausbreitung der Atomwaffen, die von der Auflösung der Union nach sich gezogen werden könnte.

Ich selber machte mir über diesen letzten Punkt vermutlich am wenigsten Sorgen. Ich fand, daß es durchaus positive Effekte gab, wenn die Kommandostruktur und die Kontrolle über die strategischen Atomwaffen in der Sowjetunion auf die verschiedenen Republiken aufgeteilt wurden. Alles, was dazu dienen konnte, die Schlagkraft eines eventuellen Angriffs zu verwässern, war meines Erachtens sehr wohl den Verfall einer einheitlichen Kontrolle über die Waffen wert. Die Erosion der Autorität der Zentralgewalt erzeugte hingegen einige Sicherheitsbedenken, insbesondere der mögliche Verlust der physischen Kontrolle über die Massenvernichtungswaffen des Landes. Die Atomwaffen der Sowjetunion waren auf dem Gebiet von vier Republiken konzentriert: Rußland, Kasachstan, Ukraine und Weißrußland (Belarus). Wir konnten uns nicht bei allen ganz sicher sein, daß sie fähig waren, sowohl die Waffen als auch spaltbares Material zu handhaben und zu schützen. Obwohl die spezifische Gefahr für die Vereinigten Staaten eher gering war, sorgten wir uns doch darüber, daß diese Staaten eine Reihe neuer Sicherheits-, Kontroll- und Verbreitungsprobleme erzeugen konnten, sowohl füreinander als auch für sich selbst und die umliegenden Republiken. Letztlich kamen wir zu dem Schluß (ebenso wie Gorbatschow und Jelzin), daß wir es bevorzugen würden, wenn die Waffen lediglich in der Hand einer Gewalt waren, die über die Stabilität und die Erfahrung verfügte, sie auch zu kontrollieren. Diese eine Gewalt sollte schließlich Rußland werden, aber zu diesem frühen Zeitpunkt im September hielten wir eine Zentralregierung der Union noch für möglich.

Ein Gefühl wurde in meinen folgenden Telefonaten mit Gorbatschow wie auch in anderen Kontakten auf Regierungsebene immer deutlicher: Es hatte sich ein Klima von echter Kooperation entwikkelt. Vielleicht lag es daran, wie wir Gorbatschow und Jelzin während des Putsches beigestanden und gezeigt hatten, daß wir ihren Erfolg wünschten, vielleicht lag es auch einfach an dem immer größeren Vertrauen, das sich seit Malta und Camp David zwischen uns entwickelt hatte – jedenfalls war es ein Gefühl echter Zusammenarbeit. Offenbar wollte Gorbatschow alle strittigen Fragen lösen. Dafür hatte es klare Beweise gegeben, als James Baker Anfang September nach Moskau gereist war. Er hatte unabhängig voneinander mit Jelzin und Gorbatschow gesprochen, die, so gut sie konnten, zusammenarbeiteten, und hatte eine Einigung darüber erzielt, daß sowohl die Vereinigten Staaten als auch die UdSSR jede Unterstützung für die Konfliktparteien in Afghanistan einstellen würden. Gorbatschow hatte auch zugestimmt, alle sowjetischen Truppen aus Kuba abzuziehen, und hatte uns das sogar mitgeteilt, bevor er die Kubaner informierte. Sowohl Gorbatschow als auch Jelzin waren für die zentrale Kontrolle der Atomwaffen – was auch immer aus der Union werden würde.

Ich rief zum ersten Mal auch bei Jelzin an, um einige neue Vorschläge zur Rüstungskontrolle zu unterbreiten – darunter die Vernichtung der nuklearen Gefechtsköpfe auf Atom-U-Booten und ein Gespräch über Atomtests –, und er sicherte sofort seine Unterstützung zu und sagte, er werde sich in den Gremien der UdSSR dafür einsetzen. Es war problematisch, sich sowohl mit Gorbatschow als auch mit Jelzin über diese Themen zu verständigen. Wir wollten Gorbatschows Autorität nicht untergraben, aber auch nicht den aufsteigenden Jelzin ignorieren – ganz offensichtlich gehörte ihm die Zukunft. Im Grunde dachte ich, daß Rüstungskontrolle noch immer in Gorbatschows Verantwortungsbereich lag. Er reagierte empfindlich auf den Präzedenzfall, den ich schuf, indem ich Jelzin solcherart politisches Gewicht verlieh. Als ich ihm sagte, daß ich Jelzin anrufen wollte, und ihn bat, Jelzin seinerseits zu informieren, wenn ich ihn nicht erreichen konnte, war am Telefon nur eisiges Schweigen zu vernehmen.

Gorbatschow antwortete am 5. Oktober mit eigenen Vorschlägen, und auch er rief mich frühzeitig an. Er wollte alle taktischen Waffen der Marine vernichten und war auch bereit, noch weitere Einschnitte bei den strategischen Atomwaffen vorzunehmen. Er schlug auch ein einjähriges Atomtest-Moratorium vor und Gespräche über die Reduzierung spaltbaren Materials. Außerdem würde die Sowjetunion die Stärke ihrer Armee um 700000 Soldaten verringern. Es gab noch einige Unterschiede in unseren Vorschlägen, aber insgesamt war das sehr positiv und ermutigend. Gorbatschow sagte mir, daß er mit Jelzin gesprochen hatte und dieser ebenfalls zustimmte – das freute mich. Er berichtete auch, daß die zwölf Republiken eine Vereinbarung über die Wirtschaftsunion entworfen hatten und daß es einen neuen Unionsvertrag geben sollte.

Ich sprach am 8. Oktober mit Jelzin über den Wirtschaftsvertrag. Er sagte, er wolle die verbleibenden Probleme bei einem Treffen in Moskau lösen, das in drei Tagen angesetzt war. »Wir wissen, daß wir dabei am wenigsten zu gewinnen haben; wie es aussieht, könnten wir sogar einiges verlieren. Aber wir werden den Vertrag unterschreiben um des größeren politischen Ziels willen – der Rettung der Union.« Er wollte, daß alle anderen Republiken den Vertrag über die Wirtschaftsunion unterzeichnen und diesen dann als Grundlage für einen Vertrag über die politische Union verwenden. Jelzin arbeitete mit Gorbatschow an den Rüstungskontrollinitiativen und schlug noch größere Einschnitte bei den sowjetischen Truppen vor, weil Rußland selber über ein enormes militärisches Potential verfügte. Schließlich unterzeichneten am 19. Oktober acht Republiken einen etwas vagen Vertrag über eine wirtschaftliche Gemeinschaft Unabhängiger Staaten. Die Ukraine und Moldawien folgten einige Wochen später.

Im Oktober bereitete ich mich auf die Friedenskonferenz für den Mittleren Osten vor, die Ende des Monats in Madrid stattfinden sollte. Wir hatten die Sowjetunion eingeladen, gemeinsam mit uns den Vorsitz der Konferenz zu übernehmen. Die Konferenz war für mich besonders befriedigend, weil sie eine unmittelbare Frucht des Golfkriegs war: Ohne die erfolgreiche Lösung dieses Konfliktes und die Bildung der Koalition mit unseren arabischen Verbündeten wäre ein solches Treffen unmöglich gewesen. Wir hofften, auf das Wohlwollen aufbauen zu können, das wir bei unseren arabischen Verbündeten erzeugt hatten, um Frieden und Sicherheit in der Region voranzubringen. Ein beachtlicher Teil unserer gemeinsamen Energie, besonders die von James Baker, floß im Jahre 1991 in diesen Prozeß, um die Konferenz von Madrid zu einem Erfolg zu machen und die noch zögerlichen und unsicheren Spieler an einen Tisch zu bringen.

Ich freute mich auch auf die Gelegenheit, Gorbatschow in Madrid zu treffen und mich mit ihm ausführlich unterhalten zu können.

Tagebucheintragung vom 26. Oktober 1991

Es ist mir klar, daß alles, was Gorbatschow und die Zentralgewalt angeht, wahnsinnig anders als früher ist. Er wird dauernd schwächer. Ich muß unbedingt sehen, in welcher Stimmung er ist. Er ist in den Atomfragen noch immer wichtig, aber all das Wirtschaftszeug – es sieht mir so aus, als würden sich die Republiken da immer mehr herausziehen. Es wird interessant werden, seine Stimmung herauszufinden. Ich erinnere mich gut daran, daß er Jelzin noch vor gar nicht allzulanger Zeit nicht ausstehen konnte. Wie er mir im Juni 1990 in Camp David klarmachte, er würde nicht glauben, daß Jelzin weiterkommen würde. Aber das ist jetzt alles anders. Die jüngsten Berichte sagen, daß Gorbatschow sich nicht mehr lange an der Macht halten kann. Meine Briefings für Madrid geben mir das Gefühl, daß das mein letztes Treffen mit ihm in dieser Art sein könnte. Die Zeit geht mit großen Schritten voran.

Ich traf Gorbatschow am 29. Oktober, dem Tag vor Beginn der Konferenz, bei einem Essen in der Residenz des sowjetischen Botschafters in Madrid. Es fand in einem Gebäude an einem Hügel unterhalb der Botschaft statt, das wie ein Schuhkarton wirkte. Gorbatschow sah gut aus. Das Lächeln war da, aber nicht ganz mit dem gleichen Mumm wie früher. Er beschrieb die internen Entwicklungen in der Sowjetunion und bat um finanzielle Hilfe. Ich wußte, daß es für ihn problematisch war. Er sagte, er brauche 3,5 Milliarden Dollar Kredite für die Landwirtschaft und eine weitere Milliarde an Nahrungsmittelzuschüssen. Es fiel mir schwer, ihn zu enttäuschen. Ich sagte ihm, wir könnten nur 1,5 Milliarden Dollar an Landwirtschaftskrediten anbieten. Die jüngsten Berichte machten deutlich, daß die sowjetische Schuldenlage noch weit schlimmer war, als wir gedacht hatten. Viele Banken standen kurz vor dem Bankrott. Dennoch war Gorbatschow zuversichtlich, daß sie mit all ihren Ressourcen im Hintergrund die Schulden würden zurückzahlen können. Es sah so aus, als ob er die pragmatischen Aspekte dessen, was er forderte, aus den Augen verloren hatte.

Schließlich nahm ich ihn zur Seite und sagte: »Ich möchte Ihre Autorität in bezug auf Jelzin nicht untergraben, aber wir müssen etwas genauer wissen, wie Ihre Beziehung wirklich aussieht.« Jelzin hatte gerade eine vielbeachtete Rede zum Thema wirtschaftliche Reformen gehalten, in der er einige drastische Maßnahmen angekündigt hatte – Abschaffung der Preiskontrollen, schnellere Privatisierung der Landwirtschaft und einiger Industriezweige sowie Beendigung der Auslandshilfe. Er hatte auch die anderen Republiken gewarnt: Sollten sie sich nicht auf einen neuen Unionsvertrag einigen können, würde Rußland seinen eigenen Weg gehen, mit eigener Armee und eigener Währung (beides hatte die Ukraine schon angekündigt). Jelzin hatte Gorbatschow und die Zentralregierung nicht erwähnt, aber davor gewarnt, er habe vor, einige Ministerien und Behörden der »früheren Union« nur noch bis zum 1. November zu finanzieren. Gorbatschow sagte mir, daß der Teil der Rede, der sich mit der Wirtschaft befaßte, positiv zu bewerten sei. Der Rest aber sei besorgniserregend. »Beim Unionsvertrag ist er bei einigen Punkten von der besprochenen Linie abgewichen«, sagte er. »Dennoch unterstütze ich ihn, weil er die Reformen vorantreibt – solange er nicht für die Abspaltung eintritt.«

An diesem Abend gingen wir mit Premierminister Felipe González zu einem Essen, das König Juan Carlos im Zarzuela-Palast gab, seiner Residenz. Der König begrüßte mich sehr freundlich, und ich war erfreut, daß bei unseren früheren Treffen in Tokio (anläßlich der Beerdigung von Kaiser Hirohito) und insbesondere in Camp David das Eis gebrochen worden war. Ich habe eine sehr hohe Meinung von Juan Carlos. Er wird überall als großer Monarch angesehen und genießt zu Hause wie im Ausland großen Respekt für seine Schlüsselrolle beim Übergang des Landes von der Franco-Diktatur zur Demokratie.

Gorbatschow und seine Frau kamen kurz nach uns. Raissa Gorbatschowa erzählte etwas von den Tagen, als sie während des Putsches auf der Krim festgehalten wurden. Ich sagte ihr, daß meine Frau (die nicht zu dem Essen kommen konnte) vor Erleichterung geweint hatte, als sie das Bild von ihr gesehen hatte, wie sie mit ihrem Enkelkind in Moskau aus dem Flugzeug stieg. Sie hatte Frau Gorbatschowa auch einen Brief geschrieben, wie erleichtert sie war, als sie hörte, daß alle in Sicherheit seien. Während wir sprachen, wurde mir klar, daß Raissa Gorbatschowa meiner Frau wirkliche Freundschaft entgegenbrachte.

Wir saßen auf Sofas um einen kleinen Glastisch herum. Der Salon war exquisit und bequem möbliert. Auf den Tischen und an den Wänden befanden sich Fotografien der königlichen Familie, dazwischen formelle Porträts und Wandbehänge. Es wurden mehrere Gruppenfotos gemacht, danach ging die Königin mit Frau Gorbatschowa hinaus, und wir blieben zu viert zum Essen zurück.

Ich saß neben dem König und gegenüber von Gorbatschow, dessen Stimmung insgesamt sehr heiter war. Er gab uns eine faszinierende Beschreibung jener schicksalhaften 72 Stunden auf der Krim.

Er sagte, daß seine Leibgarde sich loyal verhalten hatte, der Chef seiner Sicherheitskräfte ihn aber an die Verschwörer verkauft und ihnen Zugang zu ihm ermöglicht hatte. Er beschrieb, wie er eine Stellungnahme an die Außenwelt auf Video aufgezeichnet hatte, um zu zeigen, daß es um seine Gesundheit hervorragend bestellt war. Er hatte vier Aufnahmen auf einer einzigen Kassette produziert, das Band in vier Teile zerschnitten und in kleine Röllchen gepackt und dann überlegt, wie er diese an seinen Wächtern vorbeischmuggeln könnte. Wenn ich richtig verstand, war der Putsch zu Ende, bevor die Bänder hinausgeschmuggelt werden konnten. Er hatte mir eines davon über James Baker zukommen lassen, als dieser im September in Moskau gewesen war.

Gorbatschow erzählte davon, wie Chruschtschow in den frühen 60ern aus dem Amt gejagt worden war; man hatte ihm vorgeworfen, er sei zu machtgierig. Er berichtete, wie er bei einem kürzlichen Treffen mit den Führern der Republiken gesagt hatte: »Ich brauche keine Macht«, und daß er auch wirklich nicht danach strebe. Er hatte ihnen versichert, daß er die Union erhalten wollte, nicht seine Macht, und wenn sie wollten, daß er zurücktrat, dann würde er das tun. Keiner habe dieses Angebot aufgegriffen. Einmal fragte ihn der König, ob sie versuchten, seine Macht zu beschneiden. Gorbatschow sagte, daß sie das kaum tun würden oder könnten, gab aber zu, daß manche die Macht der Zentralgewalt verringern wollten.

Er war zuversichtlich, daß die Ukraine Teil der Union bleiben würde (ich widersprach ihm nicht, erinnerte mich aber nur zu gut an meine Unterredung mit Krawtschuk kaum einen Monat zuvor). Er wies auf das enorme »russische Problem« hin, das in dieser Republik, wie auch in den anderen, bestünde. Er klang nicht so, als habe er eine hohe Meinung von Krawtschuk, und er glaubte auch nicht, daß dieser die anstehenden Präsidentschaftswahlen gewinnen würde. Im Gegensatz dazu sprach er in höchsten Tönen von Nursultan Nazarbajew, dem Präsidenten von Kasachstan; der habe, wie er sagte, »eine sehr genaue Vorstellung davon, wie die Union funktionieren sollte«. Über Jelzin sagte er, daß er weiter mit ihm zusammenarbeiten wollte, aber ich bekam das Gefühl, daß er ihn einfach nicht ausstehen konnte; dieser Eindruck mag aber auch übertrieben gewesen sein.

Dieser Abend war eine wunderschöne Gelegenheit gewesen, zusammen mit einem Mann, für den ich hohe Achtung besaß und echte Freundschaft empfand, einen angenehmen Besuch abzustatten. Ich vertraute meinem Tagebuch folgendes an:

Seine Probleme sind enorm, und ich muß mich fragen, ob die Vorhersagen nicht stimmten, daß dies das letzte Treffen zwischen den Präsidenten Bush und Gorbatschow gewesen sei. Alles bewegt sich zu schnell für Gorbatschow, und er könne nicht die Kraft bleiben, die er einstmals war. Tatsächlich würde er eher ein Hausmeister werden. Ich muß sagen, wenn Gorbatschow das Gefühl hatte, sich auf einem rutschigen Abhang zu befinden, so ließ er sich das nicht anmerken. Er machte deutlich, daß die Probleme enorm waren, aber er zeigte keine Angst, und er vermittelte nicht das Gefühl, daß er am Ende war.

Unsere Beziehungen zu Rußland und der Ukraine waren die kritischen Punkte in unserem Umgang mit der Auflösung der Sowjetunion. Jelzin begann damit, systematisch Machtbefugnisse der zusammenbrechenden Sowjetunion für Rußland zu reklamieren, die Bindungen zur Zentralgewalt aufzulösen und Anspruch auf die Entscheidungsgewalt in wirtschaftlichen, finanziellen und politischen Angelegenheiten zu erheben. Die Ukrainer standen vor zwei folgenschweren Entscheidungen: Zum einen war da das Referendum über die Unabhängigkeit. Zum zweiten die Frage, ob sie eine Mitgliedschaft in der von Gorbatschow vorgeschlagenen Union anstreben sollten, wenn sie sich für die Unabhängigkeit entschieden hatten. Die Prognosen zeigten an, daß sie sich für die Unabhängigkeit aussprechen würden, wodurch sich die Frage der diplomatischen Anerkennung aufdrängte. Wir mußten darauf achten, dabei nicht übereilt zu verfahren und dadurch die radikalen Nationalisten in der Ukraine und Rußland auf den Plan zu rufen. In Rußland gab es einigen Widerstand gegen den Verlust der Ukraine, wo rund zwölf Millionen Bürger russischen Ursprungs lebten. Eine Konfrontation zwischen diesen beiden Republiken war wirklich das letzte, was wir brauchen konnten, und sei es in der Form eines Wirtschaftskrieges, bei dem Rußland der Ukraine Weltmarktpreise für Rohöl abverlangte und die Ukraine umgekehrt Rußland von industriellen Gütern und Agrarprodukten abschnitt.

Es war ungeachtet Gorbatschows Optimismus keineswegs sicher, ob die Ukraine der neuen Union beitreten würde, und es stand auch noch nicht fest, welche Art von Rahmenvereinbarung zwischen den Republiken getroffen werden sollte. Gorbatschow und die Präsidenten der Republiken stritten noch immer über die Struktur. Gorbatschow wollte eine föderative Union, also einen Staatsverband, während Jelzin und die anderen sich für einen Bund souveräner Staaten aussprachen, auch wenn sie sich nicht darüber einig waren, wie eng eine solche Organisation gewebt sein sollte. Am 14. November stimmte der Staatsrat einer Konföderation souveräner Staaten zu, die, ohne eine gemeinsame Verfassung, lediglich auf einem Vertrag basierte. Sobald die einzelnen Parlamente konsultiert worden waren, konnte der Vertrag unterzeichnet werden. Es war eine verwirrende Lage. Der Vertragstext, der schließlich veröffentlicht wurde, implizierte, daß jeder der neuen Staaten seine eigene Außenpolitik betreiben und sogar eigene Militäreinheiten haben sollte, auch wenn noch eine zentralisierte Armee vorgesehen war, der auch die atomaren Arsenale unterstellt waren. Wie die Union genau funktionieren sollte, war dagegen sehr vage gehalten. Der Vertrag sollte beim Treffen des Staatsrates am 25. November unterzeichnet werden, aber Jelzin verkündete während des Treffens, daß der Russische Oberste Sowjet gegen einige Teile des Vertragswerkes Einwände erhoben hatte und eine Vertagung forderte – eine Ansicht, der sich die anderen Präsidenten bald anschlossen. Jelzin schlug auch vor, daß vor jeder weiteren Arbeit an dem Vertrag das Referendum in der Ukraine am 1. Dezember abgewartet werden sollte. Wenn der Vertrag schon vorher unterzeichnet war, konnte das Ergebnis in Richtung einer Ablehnung der Union beeinflußt werden. Schließlich einigten sich die Präsidenten darauf, den Vertrag zunächst ihren Legislativen zur Entscheidung vorzulegen und ihn dann bei einem weiteren Treffen vor Jahresende zu unterzeichnen, womit sie dem Problem aus dem Weg gingen, bis die Ukraine ihre Wahl getroffen hatte. Gorbatschow war gezwungen, die Angelegenheit zu vertagen.

GEORGE BUSH

Am Tag vor dem Referendum rief ich Gorbatschow an und sagte ihm, daß wir als eine demokratische Nation die ukrainische Bevölkerung unterstützen mußten, wie auch immer sie sich entscheiden würden. Dies wollten wir aber in einer Weise tun, die zu einem friedlichen Übergang zu einer neuen Ordnung aufrief. Mir schien, daß es die Ukraine wieder an den Verhandlungstisch für den Unionsvertrag zurückbringen könnte, wenn wir sie diplomatisch anerkannten, weil dadurch alle nagenden Zweifel an ihrer Souveränität beseitigt wurden. Ich fügte hinzu, daß bestimmte Bedingungen dafür erfüllt sein mußten: gemeinsame und zentrale Kontrolle über die Atomwaffen, eine ansonsten atomwaffenfreie Ukraine, Achtung der Menschenrechte und der Minderheiten und ein Bekenntnis zu den bestehenden Verträgen wie START und KSE. Ich versprach, daß ich einen Unterhändler schicken würde, um Einzelheiten zu besprechen.

Gorbatschow war über diese Neuigkeiten natürlich wenig erfreut. Unglücklicherweise waren einige Einzelheiten aus einem Treffen mit Vertretern der ukrainisch-amerikanischen Lobby bereits an sein Ohr gedrungen, vor allem unsere ernsthaften Überlegungen, die Ukraine diplomatisch anzuerkennen. »Es sieht mir ganz so aus, also wollten die Vereinigten Staaten nicht nur Einfluß auf die Ereignisse nehmen, sondern sich regelrecht einmischen«, beklagte er sich. Er argumentierte, daß zwar die Mehrheit der Republiken ihre Unabhängigkeit erklärt hatte, aber sie sich dennoch an der Union beteiligen wollten. Er schien zu glauben, daß die Ukraine irgendwie unabhängig und doch Teil der Union sein könnte.

Es war offensichtlich, daß Gorbatschow noch immer glaubte, daß die Republiken freiwillig in der Union bleiben würden. Er drängte mich, nichts zu unternehmen, was die Ereignisse in eine »falsche Richtung« lenken könnte. Er wies darauf hin, daß alle Russen und andere Nicht-Ukrainer, die in der Ukraine lebten, Bürger eines anderen Staates werden würden, wenn die Ukraine aus der Union austrat. Schlimmer noch, die Krim (die zu Rußland gehört hatte, bis Breschnew sie der Ukraine zuschlug) drohte damit, ihren Status als Teil der Ukraine »zu überprüfen«, wenn die Republik unabhängig würde. Jelzin hatte schon zur Rückgabe aller ehemals russischen Landesteile in der Ukraine, Kasachstan und in anderen Republiken aufgerufen. »Wenn das so weitergeht«, warnte er, »dann könnte das zu einer Katastrophe für Rußland, die Ukraine und den Rest der Welt werden.« Ich versicherte Gorbatschow, daß ich die Zusammenarbeit mit ihm suchte, daß wir aber auch die Unabhängigkeit als einen Schutz gegen die radikalen Elemente in Rußland und in der Ukraine begrüßten. Ich wollte ihn und Jelzin nicht verärgern und mich auch nicht in ihre inneren Angelegenheiten einmischen. Er erzählte mir von einem Treffen mit den Reformern, die alle übereinstimmend gesagt hatten, daß die politische Union von grundlegender Bedeutung sei. »Ohne sie«, warnte er noch einmal, »wird das Ergebnis eine Katastrophe für die Sowjetunion, für Sie und für die ganze Welt sein.«

Eine Dreiviertelstunde später sprach ich mit Jelzin über die gleichen Themen wie mit Gorbatschow, über die Ukraine und meine Sorge um die Stabilität der Union. Seine Ansichten waren von denen Gorbatschows ziemlich verschieden. Er verstand meine Bedenken. Er wies darauf hin, daß bislang nur sieben Republiken den Unionsvertrag unterzeichnet hatten – fünf islamische und zwei slawische (Weißrußland, das sich jetzt in Belarus umbenannt hatte, und Rußland). Das machte auch ihm Sorgen, weil das zur Folge haben konnte, daß die beiden größten und russischen Republiken von den anderen überstimmt werden könnten.

»Ich werde, wie immer, ganz offen zu Ihnen sein«, sagte er. »Ich glaube, daß es eine ziemlich schwache Union werden wird, wenn die Ukraine nicht beitritt. Ich habe es heute zu Gorbatschow gesagt und gestern auch in einem Zeitungsinterview: Wenn die Ukraine der Union nicht beitritt, dann ist das ein Problem für Rußland.« Er glaubte auch, daß die Ukraine den neuen Vertrag nicht unterzeichnen würde, wenn sie sich für die Unabhängigkeit entscheiden sollte. »Ich denke, daß der neue ukrainische Präsident keine Verhandlungen mit Gorbatschow aufnehmen, sondern eher in Gespräche mit Rußland einsteigen wird«, fügte er hinzu. Wegen der großen Bedeutung der ukrainisch-russischen Beziehungen würde Rußland die Ukraine in jedem Fall diplomatisch anerkennen müssen, wenn diese sich für die Unabhängigkeit aussprach – unabhängig davon, ob sie den Unionsvertrag unterzeichnen würde oder nicht. »Sofort?« fragte ich. »Ja, das müssen wir dann sofort tun«, sagte er fest. »…Gorbatschow weiß das nicht. Er denkt immer noch, daß die Ukraine unterschreiben wird.« Jelzin fügte hinzu, daß er den neuen Präsidenten der Ukraine im Dezember treffen werde, um die Grundlagen der neuen Beziehung zu diskutieren. Ganz oben auf der Liste werde die Behandlung der Atomwaffen stehen.

Er warnte davor, daß es einen Aufruhr unter den Radikalen geben könnte, wenn Rußland die Ukraine nicht anerkennt, vor allem dann, wenn die Bedingungen, die ich ihm und Gorbatschow gegenüber skizziert hatte, erfüllt waren. »Aber Sie haben recht«, sagte er. »Wir können die Bindungen zwischen Rußland und der Ukraine nicht lösen. Ich denke derzeit mit einem kleinen Kreis von Beratern intensiv darüber nach, wie wir die Union erhalten können ... Unsere Beziehungen mit der Ukraine sind wichtiger als die mit den zentralasiatischen Republiken, die wir ohnehin nur durchfüttern müssen.« Er bat mich, über den Inhalt unseres Gespräches Stillschweigen zu bewahren, bis die Ergebnisse des Referendums veröffentlicht waren.

Am Nachmittag sprach ich mit Brian Mulroney und sagte ihm, daß ich nicht vorhatte, die Anerkennung der Ukraine durch die USA lange hinauszuzögern. Ich wollte Rußland und der Ukraine aber die Möglichkeit geben, ihre Probleme unter sich zu regeln. Gorbatschow und Jelzin waren zwar verschiedener Meinung darüber, ob die Ukraine in der Union bleiben wollen würde, aber ich war mir doch sicher, daß sie beide schließlich der Unabhängigkeit zustimmen würden.

Kanada hat eine große Bevölkerungsgruppe ukrainischer Abstammung in den westlichen Provinzen, und Mulroney war schon erheblich unter Druck geraten, die Ukraine anzuerkennen. »Ich würde ungern etwas tun, was Gorbatschow schaden könnte«, gestand er mir, »auch wenn wir alle im Grunde wissen, daß er auf verlorenem Posten steht mit seinem Versuch, die Union zusammenzuhalten.«

»Es sieht ganz so aus«, mußte ich zustimmen.

»Es ist fast schon ein persönliches Anliegen, Gorbatschow zu helfen«, sagte Mulroney. »Mir kommt das ganz ähnlich vor wie damals, als wir uns mit dem Baltikum beschäftigt haben. Wir wollen nichts überstürzen. Es ist eine Frage der richtigen Worte, aber unser Ansatz ist von Ihrem nicht sehr verschieden. Wer werden die Unabhängigkeit der Ukraine anerkennen oder zur Kenntnis nehmen, dann werden wir über die Aufnahme diplomatischer Beziehungen verhandeln.«

»Genau das werden auch wir tun«, antwortete ich.

Die Ukraine war der Schlüssel bei der Schaffung einer funktionierenden Union. Gorbatschow glaubte irgendwie daran, daß die Ukraine sich für die Unabhängigkeit aussprechen und trotzdem der Union beitreten konnte. Jelzin war anderer Ansicht. Seine Bemerkungen über eine frühzeitige Anerkennung gaben der Vermutung Nahrung, daß er es darauf anlegte, die Ukraine aus der Union herauszuhalten, damit diese ein Fehlschlag wurde. Vielleicht ging es ihm auch um die innenpolitischen Folgen einer Anerkennung der Ukraine mit ihrer großen russischen Bevölkerungsminderheit, aber sicher in erster Linie darum, ob der neuen Konföderation von der Ukraine oder von Rußland das Messer ins Herz gestoßen wurde. Außerdem mußte er langfristig die Abneigung in der Ukraine bedenken, die unweigerlich die Folge sein würde, wenn Rußland die Unabhängigkeit der Republik nicht anerkannte. Wir befanden uns jedenfalls in einer reichlich komplizierten Lage zwischen Jelzin und Gorbatschow. Wir standen unter starkem Druck der Amerikaner ukrainischer Herkunft, die Ukraine sofort anzuerkennen, aber das konnte auch bedeuten, sich auf eine bestimmte Seite zu schlagen und damit das Schicksal der Union zu besiegeln.

Als unser Botschafter Robert Strauss Schewardnadse in unsere Pläne einweihte, war der Außenminister zutiefst pessimistisch. Er hatte Strauss gesagt, daß durchaus eine heftige Reaktion des Militärs zu befürchten sei, wenn die Ukraine sich Richtung Unabhängigkeit bewegte. Er hatte am Vortag mit dem General gesprochen, der während des Putsches im August die Verteidigung des russischen Weißen Hauses organisiert hatte. Der Offizier hatte berichtet, daß die konservativen Kräfte innerhalb der Militärapparates noch immer stark waren und sich heimlich aufs Handeln vorbereiteten. Es waren noch immer sowjetische Truppen in den baltischen Staaten stationiert, die ausgesprochen unzufrieden waren. Ähnliche Probleme konnten, in ungleich größerem Maßstab, auch in der Ukraine entstehen. »Das sind verzweifelte Leute.«

Schewardnadse riet uns auch, uns nicht auf die Führer in den einzelnen Republiken zu verlassen, die von einer Welle des Nationalismus getragen wurden. Es sei in der Tat so, daß die Kommunistische Partei in der Ukraine eine der konservativsten in der Sowjetunion war und ihre Führer den Putsch vom August stillschweigend unterstützt hatten. Er behauptete, daß Krawtschuk in Wirklichkeit frühzeitig über den Putsch Bescheid gewußt, aber nichts unternommen habe, um Gorbatschow zu warnen. Jetzt hätte sich die Partei mit den separatistischen Kräften in der Ukraine verbündet, um sich selbst zu retten.

GEORGE BUSH

Am 1. Dezember sprachen sich die Ukrainer mit überwältigender Mehrheit – 90 Prozent – für die Unabhängigkeit aus, und Krawtschuk wurde mit 62 Prozent der Stimmen zum Präsidenten gewählt. Am 3. Dezember rief ich ihn an, um ihm zu gratulieren. Er erzählte mir, daß Jelzin schon mit ihm Kontakt aufgenommen und zugesagt hatte, daß Rußland die Ukraine anerkennen würde. Die beiden wollten sich am 8. Dezember treffen, um die weitere Politik abzustimmen – genau, wie Jelzin es versprochen hatte. Ich besprach mit ihm, welche Entwicklungen wir zu sehen hofften, etwa die Abschaffung der Atomwaffen, ein Bekenntnis zu den KSZE-Prinzipien, Achtung der Grenzen und Garantie der Minderheitenrechte. Ich sagte Krawtschuk, wir würden einen Gesandten schicken, um diese Fragen zu besprechen. Am 8. Dezember rief Jelzin an und berichtete von seinem Treffen mit Krawtschuk und Stanislav Schuschkewitsch, dem Präsidenten von Belarus. Tatsächlich befand er sich noch mit ihnen in einem Konferenzraum in einer Jagdhütte nahe der Stadt Brest.

»Heute fand in unserem Land ein sehr wichtiges Ereignis statt, und ich wollte Sie davon unterrichten, bevor Sie es aus der Presse erfahren«, sagte er blumig. Er verkündete, daß sie gegen Ende des zweitägigen Treffens beschlossen hatten, daß »das bestehende System und der neue Unionsvertrag, den zu unterzeichnen wir von allen Seiten aufgefordert werden, uns nicht zufriedenstellen. Deshalb haben wir uns zusammengesetzt und buchstäblich vor wenigen Minuten eine gemeinsame Vereinbarung unterzeichnet.«

Jelzin schien einen Text vorzulesen, der wie eine vorbereitete Erklärung klang, die die Probleme bei den Verhandlungen im Umfeld des Unionsvertrages und jene der bestehenden Sowjetunion aufzählte. Er erklärte, daß die kurzsichtige Politik der Zentralgewalt sie in eine politische und wirtschaftliche Krise gestürzt habe. Das Ergebnis sei nun, daß sie ein Abkommen unterzeichnet hatten.

»Dieses Abkommen«, stimmte er an, »besteht aus sechzehn Artikeln und betrifft im wesentlichen die Gründung einer Gemeinschaft oder Gruppe unabhängiger Staaten.« Kurz gesagt: Jelzin hatte mir gerade gesagt, daß er und die Präsidenten der Ukraine und von Belarus beschlossen hatten, die Sowjetunion aufzulösen.

Als er mit dem vorbereiteten Text fertig war, änderte sich sein Tonfall. Er erklärte mir, daß das Abkommen auch einen Artikel enthielt, der die neue Gemeinschaft allen früheren Republiken öffnete. Die Mitglieder wollten zu ihren internationalen Verpflichtungen stehen, die aus den Abkommen und Verträgen entstanden waren, die die frühere Union abgeschlossen hatte, einschließlich der Auslandsschulden. »Wir sind außerdem für eine zentrale Kontrolle der Atomwaffen und für den Atomwaffen-Sperrvertrag«, versicherte er mir. Das Dokument war von den Führern der drei beim Treffen vertretenen Republiken bereits unterzeichnet worden. Er habe gerade ein Telefonat mit Präsident Nazarbajew in Kasachstan beendet, der mit allen getroffenen Entscheidungen einverstanden war und das Abkommen bei nächster Gelegenheit ebenfalls unterschreiben wolle.

Die Bestimmungen klangen mir so, als seien sie extra dafür ausgelegt, die Unterstützung der USA zu gewinnen, denn sie sprachen direkt alle Bedingungen für die Anerkennung an, die wir formuliert hatten. Ich wollte nicht voreilig unsere Zustimmung oder auch Ablehnung verkünden, »Ich verstehe«, sagte ich einfach.

»Das ist sehr ernst«, sagte Jelzin. »Diese vier Staaten erwirtschaften neunzig Prozent des Sozialproduktes der Sowjetunion. Dies ist ein Versuch, ein Schritt, um eine Gemeinschaft zu erhalten, aber uns von der zentralen Steuerung zu befreien, die uns über siebzig Jahre lang Befehle erteilt hat. Dies ist ein sehr ernsthafter Schritt, und wir hoffen – wir sind uns sogar sicher, ganz sicher –, daß dies der einzige Ausweg aus der kritischen Lage ist, in der wir uns befinden.«

»Herr Präsident«, fügte er dann hinzu, »ich muß Ihnen im Vertrauen sagen, daß Präsident Gorbatschow die Ergebnisse dieses Treffens noch nicht kennt. Er wußte, daß wir uns treffen wollten – ich habe ihm sogar selber gesagt, daß wir uns treffen würden. Natürlich werden wir ihm unverzüglich den Text unseres Abkommens zukommen lassen, denn er wird sicherlich Entscheidungen auf seiner Ebene treffen müssen. Herr Präsident, ich war Ihnen gegenüber heute enorm offen. Wir vier Staaten haben das Gefühl, daß es nur einen möglichen Ausweg aus dieser kritischen Situation gibt. Wir wollen nichts im geheimen tun – wir werden sofort eine Stellungnahme an die Presse geben. Wir hoffen auf Ihr Verständnis.«

»Lieber George«, sagte er. »Das ist alles, und es ist enorm wichtig. Wegen der bisherigen Erfahrungen zwischen uns wollte ich nicht einmal zehn Minuten warten, um Sie zu informieren.« Ich versprach, das Abkommen zu lesen, sobald er es mir zugestellt hatte, und dann schnell zu antworten. Ich hatte ein etwas unangenehmes Gefühl. »Wir werden mit Ihnen und den anderen zusammenarbeiten, wenn sich das entwickelt«, sagte ich. »Wir hoffen natürlich, daß diese Entwicklung einen friedlichen Prozeß darstellen wird.« Ich umging die Frage, ob Jelzin für sein Vorgehen mit amerikanischer Unterstützung rechnen konnte, und fügte hinzu, es sei uns klar, daß derartige Vorgänge von den beteiligten Ländern bestimmt werden müßten und nicht von außenstehenden Dritten wie den Vereinigten Saaten. Jelzin stimmte mir zu und sagte mir noch im Vertrauen, daß er sich sicher sei, daß die anderen Republiken ihnen bald folgen würden.

BRENT SCOWCROFT

Nachdem das Abkommen über die Gemeinschaft Unabhängiger Staaten am 8. Dezember geschlossen worden war, arbeitete Jelzin beharrlich daran, die Zerlegung der UdSSR zu vervollständigen. In Wahrheit hatte er damit schon begonnen, als er nach dem Putschversuch im August zusammen mit Gorbatschow vor dem Russischen Obersten Sowjet aufgetreten war. Man kann sich fragen, ob das ein schon lange angestrebtes Ziel war oder ob Jelzin einfach die Gelegenheit ergriff, die sich ihm unerwartet geboten hatte, als Gorbatschow in der Folge des Putsches immer schwächer wurde – und er immer stärker.

Die Bedeutung, die die Abstimmung über den Unionsvertrag im August als Auslöser für den Putsch gehabt haben muß, wird in gewisser Weise dadurch unterstrichen, wie sehr sich auch Jelzin mit dem ukrainischen Referendum über die Unabhängigkeit beschäftigte. Er schien fest entschlossen, die Ukraine davon abzubringen, Gorbatschows Union beizutreten. Sowohl für die Putschisten als auch für Jelzin war die neue Union ein Schritt, einer veränderten

Sowjetunion wieder Halt und einen neuen Kurs zu geben – und damit unangreifbar zu machen.

Es war schmerzhaft mitanzusehen, wie Jelzin Gorbatschow Stein für Stein die Sowjetunion entriß, um die meisten dieser Steine dann nach Rußland zu transferieren. Schließlich hatte Gorbatschow praktisch kaum noch etwas zu überwachen, höchstens General Jewgenij Schaposchnikow, den Kommandeur der sowjetischen Armee, dessen Truppen sich in rasanter Geschwindigkeit auf die einzelnen früheren Republiken verteilten. Vielleicht hatte für Gorbatschow wirklich die Stunde geschlagen, aber er hätte doch ein weniger schändliches Ende verdient.

GEORGE BUSH

Gorbatschow war außer sich wegen Jelzins Machenschaften, vor allem wegen des gezielten Tiefschlags gegen die zusammenbrechende Union. Sowohl er als auch Jelzin rangen darum, die Unterstützung des Militärs zu gewinnen.

Tagebucheintrag vom 8. Dezember 1991

Wir hören jetzt von Gorbatschow, daß der ganze Handel von Jelzin und den anderen illegal sei. »Wir brauchen ein Referendum, die Bürger müssen sich äußern.« Und ich selber mache mir an diesem Montag abend Gedanken wegen möglicher Militäraktionen. Wo war die Armee – sie haben stillgehalten. Was wird jetzt geschehen? Kann die Situation außer Kontrolle geraten? Wird Gorbatschow zurücktreten? Wird er versuchen zurückzuschlagen? Hat Jelzin das alles bis zu Ende gedacht? Es ist schwierig – eine sehr schwierige Situation.

Fünf Tage später rief Jelzin mich wieder an. Die Parlamente der Ukraine, von Belarus und von Rußland hatten am Tag zuvor die Vereinbarung über die Gemeinschaft ratifiziert, und die Führer der fünf zentralasiatischen Republiken hatten beschlossen, ebenfalls beizutreten und das Dokument am 21. Dezember in Alma-Ata in Kasachstan zu unterzeichnen. Er fügte hinzu, daß auch Moldawien und Armenien zu verstehen gegeben hatten, unterschreiben zu wollen. »Es wird also so sein, daß am 20., 21. oder 22. Dezember zehn unabhängige Staaten gemeinsam die Vereinbarung unterzeichnen werden. Außerdem habe ich mit dem Generalstab der Armee, den Sicherheitskräften und den Truppen des Innenministeriums gesprochen. Sie alle unterstützen unsere Entscheidung. In Moskau ist heute alles sehr ruhig.« Er sei täglich in Kontakt mit Gorbatschow, um einen sanften Übergang sicherzustellen. »Es wird so sein, daß es Ende Dezember, Anfang Januar eine vollständige Gemeinschaft Unabhängiger Staaten geben wird und die Zentralgewalt aufhört zu existieren. Wir behandeln Michail Gorbatschow mit größtem Respekt und sehr freundlich. Es liegt an ihm, sein eigenes Schicksal in die Hand zu nehmen.« Die Atomwaffen würden einem vereinten Kommando unterstellt werden. Ansonsten müßte nur noch die Frage der Bodentruppen gelöst werden, denn Marine und Luftwaffe zählten nach ihrer Ansicht zu den strategischen Waffen – lediglich die Ukraine wollte eigene Bodentruppen haben.

Ich fragte ihn, was Gorbatschow seiner Meinung nach tun würde. Jelzin sagte, er habe Gorbatschow tags zuvor getroffen. »Er ist nicht abgeneigt, der Entscheidung der Zehn zuzustimmen. Er ist sich der Realität durchaus bewußt. In Übereinstimmung mit dem Vertrag von 1922 können wir jetzt festhalten, daß die zehn Republiken das Abkommen unterzeichnen werden und daß diese Entscheidung endgültig ist. Die zentralen Staatsorgane werden also einfach aufhören zu existieren.« Kurz gesagt, die Sowjetunion würde verschwinden.

Ich war besorgt angesichts der Verachtung, mit der Jelzin offenbar mit Gorbatschow umsprang, der soviel für die Sowjetunion – und den Frieden – getan hatte. Ich erinnerte Jelzin daran, daß wir sowohl mit ihm als auch mit Gorbatschow über die Jahre, in denen sich all dies entwickelt hatte, eng zusammengearbeitet hatten. »Wir haben eine hohe Meinung von ihm, von Schewardnadse und den anderen Reformern, und die Geschichte wird ihnen bescheinigen, in dieser Hinsicht viel ausgerichtet zu haben«, sagte ich. Die jetzt anstehenden Veränderungen, so hoffte ich, würden in einer freundlichen und freundschaftlichen Weise ablaufen. »Ich garantiere Ihnen und verspreche Ihnen persönlich, Herr Präsident«, sagte Jelzin, »daß all dies in einer guten und anständigen Weise über die Bühne gehen wird. Wir werden Gorbatschow und Schewardnadse mit größtem Respekt behandeln. Alles wird ruhig und schrittweise vor sich gehen, ohne radikale Maßnahmen.«

Am Nachmittag rief ich Gorbatschow an und sagte ihm, daß wir nicht versuchen würden, auf die Geschehnisse Einfluß zu nehmen. »Ich denke an Sie, beruflich und auch persönlich«, sagte ich. »Ich hoffe, Sie können etwas Licht in diese Situation bringen, die für uns doch sehr verwirrend ist.« Gorbatschows Ärger war offensichtlich. Er sprach schnell, als er mir die Ereignisse seit dem 25. November aufzählte, dem Datum, an dem alle dem Entwurf des Unionsvertrages zugestimmt und der Staatsrat, einschließlich Jelzin, eine Resolution unterzeichnet hatten. Der Vertrag war zur Ratifizierung an die Republiken gegangen und danach an den Obersten Sowjet der UdSSR. »Jelzin hat in allen Phasen teilgenommen und Kooperationsbereitschaft signalisiert«, sagte er ärgerlich. »Er hat seinen Kurs radikal geändert, seit er in Minsk war. Zwei Tage hatte ich keinen Kontakt mit ihm ... und das war für mich eine ganz unerwartete Wendung.« Gorbatschow sagte, er habe sein Bestes getan, um den Vertragsprozeß am Laufen zu halten, und alles habe auf eine positive Reaktion des russischen Parlaments hingewiesen. »Aber ganz plötzlich will Jelzin alles anders haben. In der Politik kann einfach alles passieren, vor allem, wenn man es mit solchen Politikern zu tun hat.« Die Leute sagten nun, der Prozeß sei in einer Sackgasse, aber er verstünde nicht, warum. Alle hatten zugestimmt, außer der Ukraine. »Okay, die Ukraine wollte also unabhängig werden«, sagte er. »Aber sie hatten bereits signalisiert, daß sie einem Wirtschafts- und Verteidigungsvertrag beitreten könnten – genau das hat Krawtschuk mir zu verstehen gegeben, und das hat er doch auch durch sein Handeln signalisiert. Wo liegt also der Unterschied? Die Ukraine hätte auch den Unionsverträgen beitreten können.« Die Ereignisse entwickelten sich nun in einer Richtung, die er nicht hatte einschlagen wollen, aber er war sehr pragmatisch in seiner Reaktion auf das, was er als einen Verrat von Jelzin und Krawtschuk zu empfinden schien. »Wir sind Politiker«, sagte er. »Wir haben es mit Realitäten zu tun und müssen uns entsprechend verhalten.«

Was auch immer passieren würde, er wollte, daß dieser Prozeß im verfassungsmäßigen Rahmen vor sich ging. »Ich werde die Entscheidungen der Republiken anerkennen«, sagte er. »Die Erklärung von Minsk wurde in der Version veröffentlicht, die aus dem Stegreif entstanden war, und es gibt da eine Reihe von Sachen, die noch nicht klar sind. Das Land war schließlich voll entwickelt und könnte jetzt auseinanderbrechen.« Er hoffte, daß die anderen Republiken eingebunden werden könnten, vielleicht, um die Bestrebungen von Rußland und der Ukraine aufzuhalten, die Union auseinanderzunehmen. Viele juristische Fragen waren noch ungeklärt, vor allem, wer für die auswärtigen und die Sicherheitsbelange der UdSSR und für ihre finanziellen Verpflichtungen die Verantwortung übernehmen sollte. Was würde mit dem Sitz im Sicherheitsrat der UNO geschehen? »Das sieht alles sehr nach der Arbeit von Amateuren aus«, klagte er.

Ich denke, Gorbatschow war ein wenig betäubt von dem, was mit ihm persönlich und in seiner Funktion als Präsident der Sowjetunion, als Führer eines herausragenden Landes geschah. Seine Autorität entglitt ihm. »Sie haben mir meine Rolle aberkannt«, sagte er. »Ich verstehe die Lage, auch wenn ich dieses Vorgehen nicht billige.« Er bestätigte, was Jelzin über die Armee gesagt hatte und daß die Atomwaffen unter Kontrolle waren. »Welche Rolle soll ich in der Zukunft spielen?« fragte er. »Wenn die Gemeinschaft eine amorphe Organisation ohne Entscheidungsmechanismen für die Außen- und Verteidigungspolitik sowie wirtschaftliche Zusammenarbeit ist, dann sehe ich für mich darin überhaupt keine Funktion mehr. So wie ich die Situation jetzt einschätze – und ich glaube, daß die Gemeinschaft ein Fehler war –, brauchen wir eine bessere Abstimmung zwischen den Republiken; sonst werden wir die Lage nicht überwinden können, diesen Erdrutsch, in dem wir uns befinden ...« Ich weiß nicht, ob »bessere Abstimmung« heißen sollte, daß er sich ein Präsidentenamt vorstellen konnte und damit einen Platz für sich selbst. Jelzin hatte aber schon systematisch alle Macht der Union von Gorbatschow abgezogen.

Das Ende kam schnell. Am 21. Dezember unterzeichneten in Alma-Ata sämtliche Republiken außer den baltischen und Georgien die Beitrittserklärung zu der Gemeinschaft Unabhängiger Staaten. Von der UdSSR war nichts mehr übrig.

Mein Freund Michail Gorbatschow trat am ersten Weihnachtsfeiertag des Jahres 1991 vom Amt des Präsidenten der Sowjetunion zurück. An diesem Morgen erhielt ich eine Nachricht von ihm, daß er noch einmal mit mir sprechen wollte, ein »letzter Anruf«, um 17 Uhr Moskauer Zeit, 10 Uhr in Washington. Ich nahm das Gespräch in Camp David an, wo ich die Feiertage mit meiner Familie verbrachte.

Er wünschte meiner Frau und mir fröhliche Weihnachten. Er sagte, daß er mir auch einen Brief geschrieben habe und daß er dessen Inhalt bekräftigen wollte – er habe große Wertschätzung für das, was wir zusammen gemacht hatten, zu meiner Zeit als Vizepräsident und später als Präsident. Er war nicht verbittert über den Zusammenbruch der Sowjetunion und sein eigenes politisches Schicksal, schien aber erschöpft und unsicher, was die Zukunft des Landes anbetraf, das er liebte.

»Die Debatte innerhalb unserer Union darüber, welche Art von Staat wir erschaffen sollten, nahm eine andere Richtung als die, die ich für richtig hielt«, räumte er ein. »Aber lassen Sie mich versichern, daß ich meine politische Autorität und Funktion dafür einsetzen werde, daß diese neue Gemeinschaft effizient arbeiten kann. Ich bin erfreut, daß die Führer der Gemeinschaft in Alma-Ata bereits wichtige Vereinbarungen über atomare und strategische Fragen getroffen haben. Ich hoffe, daß sie in Minsk Entscheidungen treffen werden, die einen Kooperationsmechanismus zwischen den Republiken betreffen.«

Er sorgte sich um das Schicksal dessen, was sein Land gewesen war. »George, lassen Sie mich Ihnen etwas sagen, das ich als sehr wichtig ansehe: Natürlich ist es notwendig, als nächsten Schritt alle diese Länder diplomatisch anzuerkennen. Aber bitte behalten Sie im Auge, wie wichtig es für die Zukunft der neuen Gemeinschaft ist, daß die Zerfallserscheinungen der alten Union nicht noch schlimmer werden. Es ist unsere gemeinsame Pflicht, dabei zu helfen, daß der Prozeß der Zusammenarbeit der Republiken funktioniert. Das möchte ich Ihnen gegenüber wirklich betonen.«

Er fuhr fort: »Jetzt zu Rußland – das ist der zweitwichtigste Punkt, den ich in diesem Gespräch betonen möchte. Vor mir liegt ein Dekret, das ich in meiner Funktion als Präsident der UdSSR über meinen Rücktritt von diesem Amt verfaßt habe. Ich werde auch von meinen Pflichten als Oberkommandierender der Streitkräfte zurücktreten und die Kontrolle der Atomwaffen an den Präsidenten der Russischen Föderation übertragen. Ich werde die Amtsgeschäfte kommissarisch weiterführen, bis der Verfassungsprozeß abgeschlossen ist. Ich kann Ihnen versichern, daß alles streng kontrolliert ablaufen wird. Sobald ich meinen Rücktritt erklärt habe, werde ich diese Dekrete in Kraft setzen. Es wird keine Unterbrechung geben. Sie können einen ganz ruhigen Weihnachtsabend verbringen. Noch einmal – lassen Sie mich Ihnen sagen, daß wir in bezug auf Rußland alles tun sollten, um es zu unterstützen. Ich werde das Gesagte zum Wohle Rußlands umsetzen. Aber unsere Partner sollten das auch tun und ihren Teil übernehmen, um Rußland zu helfen und zu unterstützen.«

Schließlich sagte er noch: »Was mich anbetrifft, ich habe nicht vor, mich in der Taiga oder in den Wäldern zu verstecken. Ich werde meinem politischen Leben treu bleiben. Ich habe vor allem die Absicht, bei allen Prozessen in der Weltpolitik zu helfen, die hier von der Perestroika und dem Neuen Denken ausgelöst worden sind. Ihre Leute, die Pressevertreter hier vor Ort, haben mich gefragt, wie es um meine persönliche Beziehung zu Ihnen bestellt ist. Ich möchte Sie zu dieser historischen Stunde wissen lassen, daß ich unserer Zusammenarbeit, unserer Partnerschaft und Freundschaft größten Wert beimesse. Unsere Rollen werden sich ändern, aber Sie und ich wissen, daß die Veränderungen, die wir gemeinsam vollbracht haben, Bestand haben werden. Raissa und ich senden Ihnen und Ihrer Frau die besten Wünsche.«

»Michail«, antwortete ich, »lassen Sie mich Ihnen zunächst sagen, wie dankbar ich für diesen Anruf bin ... Wir werden uns weiter für die Belange Ihres Landes einsetzen, besonders um die der Russischen Republik, deren enorme Probleme sich diesen Winter noch verschlimmern könnten. Ich bin hoch erfreut zu hören, daß Sie nicht vorhaben, sich in den Wäldern zu verstecken, und daß Sie weiter in der Politik und der Öffentlichkeit aktiv bleiben wollen. Und ich bin voller Zuversicht, daß das der neuen Gemeinschaft zum Vorteil gereichen wird.«

Ich fuhr fort: »Ich habe Ihnen einen Brief geschrieben, der vermutlich heute losgeschickt wird. Darin steht geschrieben, daß ich völlig davon überzeugt bin, daß alles, was Sie getan haben, in der Geschichte fortleben und von künftigen Historikern gewürdigt werden wird ... Michail, ganz persönlich: Mir sind einige wundervolle und starke Bemerkungen aufgefallen, die Sie über die Beziehung geäußert haben, die es zwischen uns gegeben hat, natürlich auch die Beziehung zu James Baker. Ich weiß das über alle Maßen zu schätzen, weil ich das genauso empfinde. Sie haben mich wieder einmal hier oben in Camp David erreicht. Wir sind hier mit meiner Frau und mit den Familien dreier unserer Kinder … Der Hufeisen-Wurfplatz, wo Sie diesen Treffer geworfen haben, ist noch gut in Schuß, und so vieles erinnert mich hier oben an Sie, daß ich in meinem Brief geschrieben habe, wie sehr ich hoffe, daß unsere Wege sich bald wieder kreuzen werden. Sie werden hier stets höchst willkommen sein. Und ich würde wirklich Wert auf Ihren Rat legen, sobald Sie Ihre Angelegenheiten etwas geordnet haben. Vielleicht könnten wir uns genau hier in Camp David treffen. In jedem Fall aber ist die Freundschaft, von der Sie sprachen, zumindest auf meiner Seite so stark wie immer, und das wird auch bleiben, wie auch immer die Ereignisse sich jetzt entwickeln werden. Daran besteht kein Zweifel.

Ich werde natürlich den Führer der Russischen Republik und die Führer der anderen Republiken mit Respekt behandeln, offen und effektiv, und dabei hoffentlich Fortschritte erzielen. Wir werden die diplomatische Anerkennung vorantreiben und dabei größte Achtung für die Souveränität jeder einzelnen Republik deutlich machen. Wir werden mit Ihnen in einer Fülle von Angelegenheiten zusammenarbeiten, genauso produktiv, wie wir mit Ihnen in dieser Hinsicht zusammengearbeitet haben. Aber nichts wird mich in meinem Wunsch beeinflussen können, mit Ihnen in Kontakt zu bleiben und Ihre Vorschläge willkommen zu heißen, wenn Sie Ihre neuen Pflichten übernehmen, welche auch immer dies sein werden. Und vor allem wünsche ich, unsere Freundschaft aufrechtzuerhalten, die Barbara und ich so sehr schätzen.«

Ich schloß mit den Worten: »An diesem besonderen Tag im Jahr und zu dieser historischen Stunde möchten wir Ihnen daher Lebewohl sagen und Ihnen für all das danken, was Sie für den Weltfrieden getan haben. Haben Sie vielen Dank.«

»Ich danke Ihnen, George«, sagte Gorbatschow. »Ich bin sehr froh, all dies heute gehört zu haben. Ich sage auf Wiedersehen und schüttele Ihre Hand. Sie haben viele wichtige Dinge zu mir gesagt, und ich weiß das zu würdigen.«

»Alles Gute für Sie, Michail.«

»Auf Wiedersehen.«

Nachdem wir aufgelegt hatten, sprach ich wieder einmal einige Sätze in mein kleines Diktiergerät, dem ich im Laufe der Jahre so viele Gedanken anvertraut hatte:

Es war die Stimme eines guten Freundes; es war die Stimme eines Mannes, über den die Geschichte äußerst positiv urteilen wird.

Es war etwas sehr Bewegendes an diesem Telefonat – wirklich etwas Historisches. Ich habe ihm gegenüber Camp David erwähnt und daß ich möchte, daß er wieder hier hochkommt, zu dem Ort, an dem er den »Hufeisen-Treffer« geworfen hat, und ich glaube, daß ihm das gefallen würde; kitschig, aber so fühle ich nun einmal. Ich wollte nicht rührselig oder zu emotional werden, aber ich hatte buchstäblich das Gefühl, bei einem Telefonat wie diesem von einem echten Hauch der Geschichte angeweht zu werden. Es war einfach bedeutsam, ein enormer Wendepunkt. Bei Gott, wir haben großes Glück, in diesem Land zu leben, wir sind einfach gesegnet.

Nachwort

GEORGE BUSH

Ich fühlte eine enorme Ergriffenheit, als ich schließlich Zeuge der endgültigen Auflösung der Sowjetunion wurde. Ich war erfreut zu sehen, wie Freiheit und Selbstbestimmung die Oberhand gewannen und eine Republik nach der anderen ihre Unabhängigkeit errang. Es war zwar richtig, was Gorbatschow mir in unserer letzten Unterhaltung gesagt hatte: Rußland und seine Nachbarn hatten noch einen weiten Weg vor sich. Aber ich war immer zuversichtlich gewesen, daß die Menschen in Mittel- und Osteuropa, wenn sie die Wahl hatten, am Ende den Kommunismus ablehnen und sich für die Freiheit entscheiden würden. Ich erinnere mich an die vielen gespannten und fröhlichen Gesichter in den Menschenmengen in Warschau, Danzig, Prag und Budapest – Gesichter von Menschen, die spürten, daß die Freiheit nahe war. Es war ihr Sieg. Wir hatten alle gewonnen, im Osten wie im Westen. Ich denke, daß der Fortschritt zu einem Großteil möglich geworden war, weil er nicht auf Kosten der einen oder der anderen Seite ging. Ich konnte Gorbatschow überzeugen, daß wir aus den Schwierigkeiten der Sowjetunion und ihrer Verbündeten keine Vorteile ziehen wollten und wir der Perestroika aufrichtig Erfolg wünschten. Ich konnte ihm vertrauen, und ich hoffe, er wußte, daß auch er mir trauen konnte, als wir gemeinsam an der Lösung der internationalen Probleme arbeiteten, denen wir uns gegenübersahen, während sich unsere Welt veränderte. Ich glaube, daß unsere Beziehung in dieser kritischen Phase vieles erleichterte.

Ich hatte enormes Glück, daß mir das Privileg zuteil wurde, als Präsident in jener Zeit dienen zu dürfen, die sich als die letzte Phase des kalten Krieges herausstellen sollte. Die Veränderungen, an denen wir teilhatten, waren die Kulmination aller Anstrengungen, die viele Menschen in den USA und andernorts über die Jahre unternommen hatten. Wir konnten auf der sorgsamen Planung und den Erfolgen von Ronald Reagan und seiner Regierung aufbauen, die ihrerseits die Arbeit ihrer Vorgänger fortgeführt hatten. Angefangen bei jenen, die in unserer Armee gedient hatten, bis zu denen, die unsere Politik in den verschiedenen Regierungen geplant und umgesetzt hatten, hatten alle ihren Anteil an der friedlichen Beendigung des kalten Krieges. Die besondere Rolle von Gorbatschow, Schewardnadse und den anderen mutigen Reformern lag ganz entscheidend darin, die Sowjetunion in die internationale Gemeinschaft zurückzubringen. Ohne sie hätte sich der kalte Krieg noch länger hingezogen, und die stete Gefahr des Atomkrieges würde noch immer über uns schweben.

Als wir unser Amt antraten, wußten wir natürlich nicht, was alles zu geschehen im Begriff war. Ich denke, daß unser Beitrag und unsere Leistung darin lagen, wie wir die kritischen Ereignisse, die wir hier beschrieben haben, in ihrer Entwicklung gelenkt und geformt haben. Manche vertreten die Ansicht, daß das Ergebnis der Revolutionen in Osteuropa, die deutsche Wiedervereinigung und auch der Golfkrieg unvermeidlich waren; aber nichts davon stand von vornherein fest. Wir haben gegenüber den Reformern in Osteuropa den richtigen Ton sanfter Ermunterung angeschlagen und damit den Druck auf die kommunistischen Regierungen aufrechterhalten, sich in Richtung größerer Freiheit zu bewegen, ohne die Sowjetunion an die Wand zu drängen und damit zu blutigen Übergriffen zu verleiten. In Sachen Deutschland gelang es uns, in enger Zusammenarbeit mit Helmut Kohl, die Verbündeten für die Vereinigung zu gewinnen und die Sowjetunion zu überzeugen, ein vereintes Deutschland in der NATO zu akzeptieren – das war vermutlich das wichtigste Moment in der Umgestaltung Europas. Dadurch wurde die Teilung Europas beendet und gezeigt, daß Frieden – Frieden ohne Angst – in greifbarer Nähe war. Im Golfkrieg ist es uns, so hoffe ich, gelungen, einen positiven Präzedenzfall für ein künftiges Vorgehen bei internationalen Krisen zu schaffen und zu zeigen, wie sich Koalitionen schmieden lassen, wie die UNO sinnvoll eingesetzt werden und zu Hause und im Ausland vorsichtig Unterstützung für die Ziele der USA gewonnen werden kann. Am wichtigsten aber ist mir, daß wir hoffentlich zeigen konnten, daß die Vereinigten Staaten niemals Aggression in der internationalen Arena akzeptieren werden.

Ich bin stolz auf das, was wir geleistet haben, und dankbar für die Weisheit, die Erfahrung und die Vernunft des besten Teams, das ich mir in meiner Regierung hätte wünschen können. Wenn es jemals eine Zeit gegeben hat, in der Teamwork und Kameradschaft in der Politik wirklich etwas ausrichten konnten, dann war es diese. Ich bleibe auch in Zukunft überzeugt davon, daß wir die richtigen Leute zur richtigen Zeit am richtigen Ort hatten. Ich hatte auch Glück, so viele weise Freunde unter den Führern der Welt zu haben, deren Rat ich suchte und fand – von Ottawa bis Paris, Bonn und London, und von Tokio bis Kairo, Ankara und Riad.

Wenn ich in die Zukunft sehe, habe ich ein gutes Gefühl über die Rolle, die die Vereinigten Staaten in der vor uns liegenden neuen Welt spielen werden. Wir haben den politischen und wirtschaftlichen Einfluß und die Stärke, unsere eigenen Ziele zu verfolgen, aber als die führende Demokratie und als das Leuchtfeuer der Freiheit, und angesichts der Segnungen unserer Freiheit, unserer Ressourcen und unserer geographischen Lage haben wir eine größere Verantwortung, diese Macht zum Nutzen des gemeinsamen Wohls einzusetzen. Wir haben auch eine Verpflichtung zu führen. Aber unsere Führerschaft beruht nicht allein auf wirtschaftlicher Stärke und den militärischen Muskeln einer Supermacht: Ein großer Teil der Welt bittet um unserer Engagement und verläßt sich darauf. Die Vereinigten Staaten werden in den meisten Fällen als segensreich betrachtet, ohne territoriale Begierden und mit wenig Neigung, unsere beachtliche Macht auszuüben.

Aus diesen Gründen ist die Bedeutung der Führung durch den Präsidenten vielleicht noch größer geworden. Von innen her gesehen, ist es wichtig, daß der Präsident die Richtlinien in der Außenpolitik bestimmt, Ziele und Prioritäten festlegt und das tut, was für alle richtig ist, auch wenn das nicht populär ist – und dann im Lande dafür Unterstützung gewinnt. Die Herausforderung, die die Führerschaft in der Außenpolitik für den Präsidenten darstellt, liegt nicht darin, auf den Konsens zu hören, sondern diesen zu Hause und im Ausland zu schmieden. In keinem Bereich ist diese Führerschaft so entscheidend wie in dem, einen neuen Konsens innerhalb unseres Volkes über die Rolle Amerikas in der Welt herzustellen. Es sollte keine Frage sein, daß wir den zukünftigen Herausforderungen mutig entgegentreten müssen, ohne in den Protektionismus oder Isolationismus zurückzufallen, den wir früher in diesem Jahrhundert gezeigt haben. Unsere Nation kann es sich nicht mehr leisten, sich eigensinnig in seine Grenzen zurückzuziehen, sobald die internationalen Krisen sich zu legen scheinen, nur um bei den nächsten Umwälzungen wieder zutage zu treten. Dieses wiederkehrende Muster wollte ich durchbrechen, als der kalte Krieg vorüber war, und auf diesem Weg müssen wir weitergehen.

Die gegenwärtige internationale Lage, obwohl sehr turbulent, ist wie am Anfang jeder Epoche ein unbeschriebenes Blatt im Buch der Geschichte, und die Bedeutung des amerikanischen Engagements war nie größer. Wenn die Vereinigten Staaten die Führung nicht übernehmen, dann gibt es keine Führung. Es ist unsere große Herausforderung, aus diesem blutigsten Jahrhundert der Geschichte etwas gelernt zu haben. Wenn wir unserer Verantwortung nicht gerecht werden, wenn wir uns vor der Rolle drücken, die nur wir spielen können, wenn wir, statt unsere Verpflichtung für die Welt anzunehmen, in Gleichgültigkeit verfallen – dann werden wir eines Tages wieder den höchsten Preis für unsere Versäumnisse und unsere Kurzsichtigkeit bezahlen müssen.

Personenregister